高等学校会展经济与管理专业
本科系列规划教材

婚礼策划与组织
（第2版）

主　编　郑建瑜

重庆大学出版社

内容提要

本书的核心内容围绕婚礼策划与组织展开,系统介绍了婚礼概述、行业认知、基础理论、婚礼策划、婚礼场景策划、婚礼仪式策划、婚礼相关活动策划、主题婚礼策划、婚礼策划方案——综合案例、婚礼人员组织、婚礼财务管理、婚礼设备与用品管理、婚礼风险管理、婚礼组织方案——综合案例等内容。随着婚礼形式日益多样化发展,本书在内容上重点偏向于"婚庆"这一婚礼的新形式,紧跟时代潮流,同时结合活动策划与项目运作的相关理论,案例丰富,思路清晰,理论与实践并进,对婚礼活动的策划与组织具有一定的指导意义。

本书既可作为高等院校婚礼策划与组织专业或方向以及会展类专业的教学用书,也可作为与婚庆行业相关企业职工培训的参考书。

图书在版编目(CIP)数据

婚礼策划与组织/郑建瑜主编. --2版. --重庆:
重庆大学出版社,2018.10(2022.8重印)
高等学校会展经济与管理专业本科系列规划教材
ISBN 978-7-5689-1193-1

Ⅰ.①婚… Ⅱ.①郑… Ⅲ.①结婚—礼仪—高等学校
—教材 Ⅳ.①K891.22

中国版本图书馆 CIP 数据核字(2018)第 145742 号

高等学校会展经济与管理专业本科系列规划教材

婚礼策划与组织

(第 2 版)

主 编 郑建瑜
责任编辑:李桂英 何俊峰 版式设计:尚东亮
责任校对:杨育彪 责任印制:张 策

*

重庆大学出版社出版发行
出版人:饶帮华
社址:重庆市沙坪坝区大学城西路 21 号
邮编:401331
电话:(023)88617190 88617185(中小学)
传真:(023)88617186 88617166
网址:http://www.cqup.com.cn
邮箱:fxk@cqup.com.cn(营销中心)
全国新华书店经销
重庆升光电力印务有限公司印刷

*

开本:787mm×1092mm 1/16 印张:23.25 字数:567 千
2014 年 1 月第 1 版 2019 年 3 月第 2 版 2022 年 8 月第 4 次印刷
印数:8 001—9 500
ISBN 978-7-5689-1193-1 定价:59.00 元

编委会

主　任：

马　勇（教育部高等学校旅游管理类专业教学指导委员会副主任，中国会展经济研究会
创会副会长，湖北大学旅游发展研究院院长、教授/博导）

田卫民（教育部高等学校旅游管理类专业教学指导委员会主任，云南大学工商管理
与旅游管理学院院长、教授/博导）

委　员：（以姓氏笔画为序）

于世宏（沈阳师范大学会展管理系副教授）

王佩良（湖南商学院会展经济与管理系主任、副教授，博士）

王春雷（上海对外经贸大学会展管理系主任、副教授，博士）

卢　灵（广西财经学院会展经济与管理系主任）

刘松萍（广州大学旅游学院教授，博士，广州市会展产业研究所所长）

孙晓霞（暨南大学深圳旅游学院会展专业负责人，博士）

许传宏（上海工程技术大学艺术学院书记、教授）

杨　琪（天津商业大学公共管理学院副院长、副教授，博士）

杨劲祥（广西财经学院会展经济与管理专业教师）

吴亚生（上海工程技术大学艺术学院副院长、教授）

何会文（南开大学泰达学院会展管理系副主任、副教授，博士后）

陈献勇（沈阳师范大学会展管理系主任、副教授，博士）

郑向敏（原华侨大学旅游学院院长、教授/博导）

郑建瑜（上海师范大学会展管理系书记、教授，博士）

赵伯艳（天津商业大学会展经济与管理系副教授，博士）

黄　彬（浙江大学城市学院会展专业负责人、教授）

曹　勇（重庆文理学院旅游学院副院长、副教授）

蓝　星（上海对外经贸大学中德合作IEMS会展项目系主任、副教授）

蔡清毅（厦门理工学院会展系主任、副教授）

第2版 前言

自2008年"次贷"危机以来，国际经济陷入低迷状态，金融、房地产等诸多行业都不景气，但婚庆行业并没有受到影响，仍然红红火火，特别是在中国。2009年，"十一""中秋"双节期间，国内各大城市婚庆消费火爆，均取得了良好的经济效益，并且传统婚庆公司和旅游、珠宝、金融、汽车、房地产等企业整合营销的趋势越来越明显。在经济低迷状态下，婚庆行业已经成为拉动内需的重要产业，北京、上海、广州、深圳等城市的婚庆公司如雨后春笋般涌现。

婚庆作为一个新兴行业，在全国的发展已到空前迅速的程度，并且，在独生子女群体成为新婚主流的前提下，多数家长也都要求婚礼够排场、要风风光光，为此不惜全力支持，婚庆市场的含金量显而易见。由此可见，婚庆行业的前景非常广阔，保守估计，未来5～10年，婚庆行业仍将持续快速发展。婚庆消费市场的婚纱礼服、婚纱摄影、婚礼服务、婚宴、珠宝首饰等行业的发展日趋成熟，并与新婚消费的其他行业，如家电、家具、床上用品、室内装修、房地产、汽车、银行保险等40多个关联行业，逐步形成令人瞩目的婚庆产业链，充满了巨大的潜在商机。

同时，婚庆行业还处于行业标准不健全、管理不规范的市场环境中，企业的规模较小，从业经营者水平参差不齐，这样的处境往往反映了这个产业正处于上升阶段，潜在的发展空间巨大。此外，人们对婚礼的要求越来越高，其追求正在从"物质层面"向"精神层面"转变，婚庆服务机构也从传统的简单服务开始向重视婚礼文化层面，注重婚礼策划方向转变。通过专业婚庆服务机构操办婚礼成为趋势，一批专业婚庆公司的实力将进一步显现出来。值得关注的是，婚庆人才逐渐成为制约婚庆行业发展的重要因素。

随着婚庆行业的不断发展，新人们的结婚需求越来越多样化、个性化，这就要求婚庆服务公司能够提供独特的高品质服务，巨大的市场需求造成婚庆专业人才的严重短缺，特别是在婚庆司仪、婚礼策划等领域,专业人才需求量巨大,保守估计在 10 万人以上。但是,由于我国婚庆礼仪服务教育起步时间较晚,更多依赖短期培训,培养出来的学生在知识结构、职业素养和综合能力等方面往往与婚庆市场的需求不匹配,尤其是目前国内正规的婚庆教材稀缺,很大程度上制约了我国婚庆服务教育以及婚庆行业本身的发展。因此,推出一本思路清晰、系统完善、切合实际的婚庆用书迫在眉睫。

本书围绕婚礼的策划与组织展开论述,从婚礼策划和婚礼组织两个部分对婚礼活动的举行进行了系统的理论研究。书中每个章节后都配有相关的案例及专家评析,以及复习思考题,以便帮助读者更好地理解各章节的内容。本书借鉴了国外活动组织的经验以及国内项目研究的主要成果,结合婚礼活动本身的特点,从婚礼策划包含的主要方面出发,阐述了婚礼策划的整个内容及过程,并从婚礼组织的人、财、物各方面的组织出发,阐述了婚礼组织的具体事项。同时,本着理论与实践相结合的原则,书中配备了丰富的案例,使读者能够更好地理解书中的理论知识。

本书结合婚庆行业的实际发展状况以及发展前景,对婚礼的策划与组织进行了系统的阐释和总结,运用大量的婚庆实例,使活动策划与组织理论、项目管理理论与婚礼活动相结合,对婚庆服务机构、婚庆公司、婚庆人才培养机构的意义重大。系统的理论和丰富的案例相结合是本书最大的特点。本书既考虑到婚礼作为一种特殊活动的独特性,又与现实案例相结合,多方位全面介绍了婚礼活动的策划与组织,是一本不可多得的指导性用书。

本书具有较强的专业性、系统性、时代性、实用性和前瞻性,可作为广大高校相关专业的教学用书以及婚庆服务行业策划与组织专业人员的培训教材,也可供婚庆公司创业者学习借鉴。

本书由上海师范大学旅游学院郑建瑜担任主编,负责拟订编写大纲,撰写第 1 章、第 3 章至第 7 章、第 12 章至第 14 章以及全书的统稿和修改工作;重庆文理学院旅游学院周健华编写了第 2 章和第 8 章;上海师范大学旅游学院企业管理专业研究生匡娇娇编写了第 9 章、第 10 章、第 11 章,在此表示衷心的感谢。

在我国,对于婚礼活动的具体研究仍是一个较新的领域,将婚礼活动的策划与组织具体运用的理论和实际案例的结合作为一个专题来研究是一种创新性的尝试。本书对婚庆行业进行了系统性的研究,书中的很多内容均结合了婚庆行业的最新动态,有些内容是首次被系统论述和提及。作者真诚地希望能通过本书为中国婚庆行业的发展提供一定的方向,对婚礼策划与组织的从业人员提供指导性服务。

尽管编者本着认真负责的态度,尽最大努力来编写本书,但是婚礼活动涉及面广,加之编写时间紧等多方面原因,本书的不足和错漏之处在所难免。因此,恳请广大读者和业内专家不吝赐教,以使该书不断得到修正和完善。最后,编者期待这本书能够为婚庆服务专业人才的培养提供指导,在婚庆教育方面起到积极的促进作用,共同为我国婚庆行业的发展做出贡献。

编　者

2018 年 4 月

目 录

第1章
婚礼概述

【学习目标】

1. 掌握婚礼的内涵及特点。
2. 了解婚礼的产生与发展。
3. 掌握我国传统婚俗习惯与文化。
4. 掌握中西方婚礼文化的差异。

【学习重点】

通过本章的学习和介绍,熟练掌握婚礼的内涵、特点,以及我国传统婚俗,在此基础上,能够熟知中西方婚礼文化的不同特点。

【案例导入】

小王(男)和小刘(女)经过 5 年的爱情长跑,决定进入婚姻的殿堂。结婚对两个家庭来说都是一件大事,双方父母几次见面后,两人终于在 2018 年 3 月于民政部门登记,领了结婚证。接下来,两人在工作之余拍摄了婚纱照,日子甜蜜而美好。可是最近小王却犯了愁,因为小刘有天晚上问他是否举行婚礼。小刘觉得结婚必须要举行婚礼,这不仅是一种仪式,更是对开始婚姻生活的一个正式的纪念,从此从恋爱阶段正式跨入家庭阶段,也是对他们爱情的一种尊重和总结。可是小王却迟迟不肯举行婚礼,他的意思是,以前结婚也就是让大家热闹一下,现在结婚也就是图个排场,吃吃饭,收收礼金。本来家庭条件就不好,两个人工作也忙,既然领了结婚证,婚礼不举行也可。正因为这事,两人几番交涉,还差点吵架,小刘始终觉得不举行婚礼就不叫结婚,结婚可是一辈子的大事。

刚刚举行完婚礼的小赵还没来得及度蜜月,就发现自己的钱不够用了。他的账本显示:婚宴每桌 2 388 元,一共 50 桌,共计近 12 万元;婚庆费用总计近 3 万元;亲戚来武汉的住宿、车马费,以及各种杂费共计 6 000 多元。婚礼花了接近 16 万元,而收的礼金一共不到 10 万元,一场婚礼下来,要倒贴 6 万元。

去澳大利亚度蜜月的陈小姐说,她和先生都是硅谷的技术人员,他们不办婚礼,只请两家最亲的亲戚吃了一顿饭。两人在澳大利亚"好吃好喝",也只花了不到 3 万元,比办婚礼更划算。

如今,办与不办婚礼,成为不少新人的"纠结点"。办一场出彩的婚礼,实在"烧钱";不办,却又总觉得人生不那么圆满,少了一点回忆。这一章我们学习的内容主要有婚礼的内涵和特点,婚礼的产生与发展以及中国传统婚礼习俗和中西方婚礼文化的差异。通过本章的学习,了解婚礼活动的基本情况,对办不办婚礼、如何举办婚礼有一个更深刻的认识。

1.1 婚礼的内涵

婚礼,中国古时称为"昏礼",是我国传统文化精粹之一,古人认为黄昏是吉时,所以会在黄昏举行娶妻之礼,因此,夫妻结合的礼仪称为"昏礼"。

我国的婚礼不明确限定举办场合,一般都会在亲朋好友面前举行。婚礼的现场氛围喜庆热闹,也有一些正式仪式,如男女两家订婚、互送聘礼嫁妆、送嫁迎娶、宴请亲朋好友、举行正式仪式等。因此,从某种意义上说,婚礼不仅是两位新人的结合,也是两个家族的结合,是为了庆祝婚姻关系的确定而举行的一种仪式,可以说是一种法律公证仪式或宗教仪式,并不具有法律上的硬性规定和约束力。但在传统文化里,婚礼是取得家族承认和社会认可的一种必要仪式。婚礼有多种内涵,表现为以下内容:

首先,婚礼是一个庆祝仪式。婚姻在人的一生中不可或缺,婚礼就是为了纪念新人婚姻生活的开始而举行的庆祝仪式。在整个婚礼仪式中,两位新人在亲朋好友面前,分享两个人的甜蜜爱情并展现共同生活的勇气和决心,亲朋好友会送出祝福,在喜庆热闹的氛围里,共同庆祝两位新人走到一起,真正意义上独立于父母,组成新的家庭。婚礼正是为了庆祝两位新人甚至两个家庭的结合而举行的仪式。

其次,婚礼是一种承诺。开始婚姻生活,共同承担家庭和社会责任,对每位新人来说都具有重大意义。每位新人在结婚前都不能预知自己的婚后生活,因此,举行婚礼是新人彼此对婚后生活向对方做出的承诺。两位新人在正式仪式中,带着亲友的祝福和认可,相互宣誓,为婚姻生活打造了美好的开端。对于新人来说,婚礼后才是真正意义上的婚姻生活的开始。婚礼是对婚姻生活的一种承诺。

再次,婚礼是一种感恩。在举行婚礼的特殊日子,新人在获得祝福和认可的同时,也要正式地感谢见证这场婚礼的每一个人。一是要感谢双方父母,新人从此以后会独立于父母,组成新的家庭,要正式地感谢父母多年的养育之恩;二是感谢亲朋好友的到场和祝福,以及双方单位的领导和同事多年来的支持和帮助;三是新人也会在这个意义非凡的时刻,做真诚的告白,感谢对方的爱与信任。

最后,婚礼是一种正式的告知。新人在登记之后,无法一一通知每一位亲朋好友,婚礼的举行就是一种正式的告知,向亲朋好友乃至全社会告知他们结婚的消息。

婚礼自古以来就受到人们的重视,"明媒正娶"的观念一直延续至今。随着现代社会婚礼文化的发展和交融,人们渐渐开始注重婚礼的参与性,强调共同参与、共同庆祝,因此,"婚庆"一词逐渐进入人们的视角。虽然婚庆行业在国内起步较晚,但日趋成熟的消费环境以及消费者追求个性化、时尚化、多样化的需求,都推进了婚庆行业的发展。婚庆活动,简单地说是"婚礼+庆典",即为纪念新人结婚而隆重举行的仪式,专门为新人量身打造的一系列庆祝活动。在婚庆活动中,除了有神圣的宣誓仪式,还可以有其他一系列庆祝活动,如倒香槟、切蛋糕、表演节目助兴、嘉宾致辞祝贺等。当然,新人的正式仪式依然是庆祝活动的核心,可以说,婚庆活动并无固定形式,流程也可任意增减,其庆祝活动内容可以丰富多彩,庆祝形式可以五花八门。婚庆参与主体不局限于两位新人和见证人,扩大到亲朋好友、领导同事、街坊邻居等。通常情况下,婚庆活动的中介是婚庆策划机构,客体是婚礼庆典活动。

【相关链接】

结婚登记

订下婚约的男女接下来就是去民政部门登记了,下面是一些关于结婚登记的小知识。

1. 男女双方需满足的条件

男方年满22周岁,女方年满20周岁;双方均具备完全民事行为能力(无智力障碍和精神障碍等);没有直系血亲和三代以内旁系血亲关系;均不患有医学上认为不应当结婚的疾病;自愿并共同到婚姻登记机关提出申请的男女即满足了结婚条件。

2. 办理结婚登记的部门

双方均是内地居民的,男女双方到一方当事人常住户口所在地的婚姻登记机关办理结婚登记。

中国公民同外国公民在中国内地结婚的,双方到内地居民户口所在地的婚姻登记机关办理。

内地居民同香港居民、澳门居民、台湾居民、华侨在内地结婚的，男女双方应当共同到内地居民常住户口所在地的婚姻登记机关办理结婚登记。

3.结婚登记所需材料

登记结婚，一定要带以下材料：

户口簿：户口簿上必须有户籍专用章，婚姻状况一栏应与本人实际婚姻状况（未婚、离婚、丧偶）一致。

身份证：身份证与户口簿上的姓名、性别、出生日期、身份证号码应一致。

照片：双方两寸近照半身免冠同一底版合影证件照3张。

1.2 婚礼的特点

1.2.1 项目制

项目运作的过程一般包括立项分析、策划、准备、组织、实施、评价等阶段，其最大的特点是项目运作的一次性。婚礼活动与项目运作相比，有些流程是很类似的。新人婚礼活动的举行，也要从最初的预算分析开始，发出正式的请柬，经过策划和准备阶段，在婚礼举行的当日组织和实施，送走宾客后，也要进行整场婚礼的总结，甚至要进行回礼。这一系列的过程，不仅涉及面广而且环节众多，从送出请柬开始到送走宾客，每一个流程都有可能出错，而一旦某个环节出现差错，将会给整场婚礼活动带来负面效果。同时，婚礼也具有运作的一次性，一场婚礼举行后，假如效果不甚理想，是不可能再重复第二次的。因此，在某种程度上，婚礼活动具有项目制的特点。

1.2.2 难以度量性

婚礼活动是专门为新人提供的特殊服务，服务质量的好坏是没法度量的。每一位新人都希望自己的婚礼与众不同，这样一来，婚礼活动服务的标准化推行就变得十分困难。婚礼形式再相似，即便是同一场婚礼，对每一位新人而言，实际感觉也是不同的，再加上婚礼的一次性决定了新人不可能提前体验和事后重复。新人在真正举行婚礼前，只能凭借自身经验和感官进行判断，无法度量婚礼服务的质量，也没有统一的标准去度量。

1.2.3 主题性

如今的新人强调突出自我、展示自我，不喜欢举办雷同的婚礼，甚至不再满足于传统的宴请答谢这种程式化的婚礼模式，渴求自己的婚礼别具一格。在这样的大背景下，众多个性化、主题化的婚礼应运而生，如音乐婚礼、烛光婚礼、草坪婚礼、热气球婚礼、沙滩婚礼等。这些婚礼或格调高雅，或浪漫温馨，或清新脱俗，但都个性突出，符合每位新人的独特要求。综上，主题性是时代发展赋予婚礼的新的特点，每一位新人都希望婚礼策划师可以打造一场属于自己的与众不同的主题婚礼。

1.3　婚礼的产生和发展

1.3.1　婚礼的产生

婚礼是男女双方确立婚姻关系时所举行的、专门为新人打造的一系列活动,其中最重要、最基础的环节莫过于婚礼仪式的举行。婚礼仪式是婚礼活动中最具意义的一环,是新人婚姻关系被社会认可的仪式。婚礼的产生,使得原始社会简单随意的结合被规范化,它是人类走向文明的重要体现。

最早的婚礼产生于原始社会末期,考古资料显示,早期的炻器上已有关于婚礼场面的记载,进入奴隶社会后,临时性对偶婚转变为长久性对偶婚得到进一步确立。根据《大戴礼记·盛世篇》记载,在中国传统的民俗文化中,婚礼的重要意义是"别男女"。按儒家思想,夫妇是家庭的基础,而夫妻关系的确立,其标志是婚礼,婚礼乃人伦之本、风教之始。所以,以庄重而严格的程序来昭示"男女之别"是必需之举,婚礼之后的夫妻关系才能有一个稳固的基础。自汉武帝"罢黜百家,独尊儒术",使婚礼变得越来越重视礼节,为防止男女关系混乱,当时社会上逐渐形成了一些成文或不成文的规定——只有举行正式仪式的婚姻才能得到社会和家庭的认可,婚礼作为一种礼节性的存在,进一步得到发展。在传统社会里,婚礼的作用如同现代社会领取结婚证,同取得法律和社会的承认是一样的。

对于当事人来说,婚姻毫无疑问是一件大事,而举行有见证意义的结婚仪式则是广泛昭示男女双方结为夫妻的有效途径。对于社会和旁人来说,婚礼本身是一桩公开的事务,新人的亲朋好友都来参加这个公开的婚礼,表明社会对婚姻当事人的合法结合是认可的,社会和亲属从此将接受新的义务和角色,迎接或多或少的生活新变化。对于新人而言,结婚是他们一生的重大转折,意义重大。婚礼仪式的举行,表明男女双方的关系有了重大转折,并且有了新的权利与义务。

婚姻当事人的宗教文化心理也在一定程度上决定着婚礼的产生。在迷信较为盛行的时代,人们试图通过一定的仪式,借以取得所信奉的神灵、祖宗的保佑和认可。长期以来,万物有灵的观念一直左右着人们的思想,许多事情都要祷告神灵,以取得神灵的保佑。直到近代,人们依然沿袭古代的习俗,将拜堂(祖灵)、拜天地等作为婚礼中不可缺少的环节,许多象征吉祥的礼物如花生、栗子也是不可缺少的。

1.3.2　婚礼的发展

纵观上下五千年的中国历史,从伏羲时代的议婚"以俪皮(成对的鹿皮)为礼",到夏商时代的"亲迎于堂",再到周代完整的"六礼",婚礼随着社会关系、生活面貌的改变而演变。由于社会文化、宗教观念、地域文化的差别,婚礼文化的面貌也是不同的,但大体来说,中国古代的婚姻礼仪有许多共性,一般都包括议婚、订婚和结婚等过程的礼仪程式,有"成妻之礼""成妇之礼"等。"成妻之礼"分为六礼,即纳采、问名、纳吉、纳征、请期和亲迎;"成妇之礼"即拜见公婆、拜谒祖庙。

随着时间的流逝,各地民情的不同以及人性的解放,"六礼"所规定的基本程序虽然大体上还在被遵守,但完全意义上的"六礼"已经不存在了,人们把注意力较多地集中到了结婚当天的仪式上,其余的程序被逐渐淡化了。男女平等,自由恋爱普遍盛行,媒人上门提亲的现象越来越少;互联网、手机微信等现代信息网络技术的飞速发展,使得青年男女相互交流的形式、效率都发生了翻天覆地的变化。现代生活节奏的加快也使传统婚礼的繁缛流程大大简化。

当今时代,传统婚礼正在发生着重大变革。随着国民经济的快速增长和社会生产力水平的不断提高,大众消费呈现出消费需求多样化、消费水平和消费能力不断提高的特点。人们日益看中个性化、时尚化的隆重庆祝仪式,强调以婚礼为中心的整个庆祝活动的举行,使整个活动更具开放性和纪念意义,由此,婚庆活动作为一个新兴的市场兴奋点从21世纪初开始,逐渐受到越来越多人的关注。同时,人们消费水平的不断提高,新人们对婚礼需求的日益多样化和追求个性的心理,也推动着婚庆行业的发展。

1.4 中国传统婚礼习俗

1.4.1 "三书"与"六礼"

1)三书

聘书:定亲之书,男女双方正式缔结婚约,纳吉(过文定)时用。

礼书:过礼之书,即礼物清单,详尽列明礼物种类及数量,纳征(过大礼)时用。

迎亲书:迎娶新娘之书,结婚当日(亲迎)接新娘过门时用。

2)六礼

纳采:古时婚礼之首,意属女方时,延请媒人做媒,谓之纳采,今称"提亲"。

问名:男方探问女方姓名及生日时辰,以卜吉兆,谓之问名,今称"合八字"。媒人提亲后,若男女双方八字相合,没有相冲,便相互交换两家的庚谱,作为定亲的最初凭据。

纳吉:问名若属吉兆,遣媒人致赠薄礼,谓之纳吉,今称"过文定"或"小定",为"过大礼"之前奏,通常在婚礼前一个月举行。男家择定良辰吉日,携备三牲酒礼至女家,正式奉上聘书。

纳征:奉送礼金、礼饼、礼物及祭品等,即正式送聘礼,谓纳征,今称"过大礼",这是定亲时的最隆重的仪式,在婚前15~20天进行,男家择定良辰吉日,携带礼物和多种礼品送到女家。

请期:由男家请算命先生择日,谓之请期,又称"乞日",今称"择日"。

亲迎:新郎乘礼车,赴女家迎接新娘,谓之亲迎。

1.4.2 传统婚礼的流程

我国自古就是"礼仪之邦",非常重视礼节,婚礼便是传统礼仪的重要组成部分。我国传统婚俗礼仪,主要由先秦时代"六礼"习俗演变而来,并在这个基础上不断丰富发展,逐渐繁衍出最基本的21道程序。其全过程为:发八字、定庚、求肯、过门、选期、报期、歇嫁、陪礼、过礼、陪十兄弟、陪十姊妹、辞父母、哭嫁、发亲、拦车马、接升、交亲、拜堂、闹房、喝"纠脑壳茶"、回门。还有一些更为繁缛的,如订盟、求喜、传茶、铺床、坐床、示箱等。尽管这些繁缛仪式已被简化或改变,但在一些地方仍然流行,甚至在新式婚礼越来越流行的今天,举办一场传统婚礼反而成了一种时尚。下面主要介绍一些基本的广为人知的流程。

相亲:男女决定自己的婚姻大事,要依据父母的意见,由媒人牵线。过去人们比较迷信,认为男女应门当户对,就把双方的年龄、生辰八字压在灶君神像前的净茶杯底,以此来推测神的旨意,如果三天内家中没有异常的情况,就请算命先生来看年庚是否相配,生肖有无相克。

定亲:在定亲之前,男方会托媒人把礼钱和聘礼用红纸包好,然后由媒人送到女方家中。聘礼根据当地习俗来定,一般会选择金银首饰,同时,女方会有回礼。在定亲的时候,男方会送"过书",女方送"回帖"认可,俗称"文定"。在"文定"后,就挑选吉日迎娶。定亲礼品多是现金、喜幛或喜轴,并书以"百年好合,五世其昌""天作之合"等;送嫁礼多为绣花或者绸缎面被、被头或者日用器物,也有红枣、花生、桂圆、莲子,寓意"早生贵子"。

成亲:在成亲的前一天,男方送女方"轿前担",一般为鱼肉,迎亲的日子叫"好日"。成亲的前几天,新郎会亲自或派人把喜帖送至亲友家。

搬嫁妆:在成亲的前一天,男方去女方家搬嫁妆,女方把嫁资放在厅堂上让人观看,称"看嫁资"。器物披挂红色彩线,衣服等熏以檀香,箱底放数枚银元,俗称"压箱钱"。嫁资搬到男方,也陈列于厅堂供人观看。女方取钥匙开箱,俗称"掏箱"。

安床:在结婚的时候,安床是重中之重。男方在结婚之前,会将新房重新粉刷布置,再根据床位坐向、夫妻八字等细节选择时辰,安置新床。从安床之后至新娘入门为止,依古俗,不能空床无人睡,也不能单人睡,须一男孩来同睡至结婚时新娘进门。结婚安床不同于一般安床,它被认为与夫妻生活美满、生育等有关,所以历来很受重视。

坐花轿:传统婚礼非常重视坐花轿,坐花轿还含有明媒正娶、原配之意,女子一生只能坐一次。迎亲之日,花轿出门,一般要以净茶、四色糕点供奉"轿神"。一路上要放铳、放鞭炮,用大红灯笼开路,沿途吹吹打打。

上轿:新娘上轿前,一般假装不愿出嫁,经男方喜娘三次催妆后,才准备梳妆;然后新娘坐在娘腿上,亲娘为女儿喂上轿饭,寓意不要忘记哺育之恩;女儿在上轿时,母亲要哭送,哭词多为祝颂、叮嘱的话,新娘也要含泪叩别,甚至放声大哭;最后新娘由兄长抱上轿,进轿坐定后不可随便移动,寓意平安稳当;新娘起轿时,女家要放炮仗,并以茶叶、米粒撒轿顶;新娘的兄弟随轿而行,称为"送轿"。

拜堂:花轿进门,男家奏乐、放炮仗热闹迎接。新娘出轿门,一般要跨过一只木制朱红漆的"马鞍子",踏在红毡上,由媒人扶着站在喜堂右侧位置,新郎站左侧。拜堂仪式开始后,新郎、新娘要双双拜天、拜地、拜祖宗、拜父母以及夫妻对拜。随后,新娘在新郎的陪同下,向男方父母或年长者以及贺喜的亲友敬茶。被敬茶的人在喝完茶后要给新人封"利市"(即红包)。男家随后设宴款待亲友。复杂的拜堂仪式结束后,新郎执彩球绸带引新娘进入洞房。入洞房后,经过"坐床""请方巾",新郎稍坐即出,新娘换装。新郎、新娘行"拜见礼",论亲疏、辈分依次跪拜见面,受拜的长辈要给新娘红包,俗称"见面钱"。随后举行"待筵",新娘坐首席,由四名女子陪筵劝食,新娘多不真吃。

贺郎酒:成亲的当晚,男家准备好席酒,叫"贺郎酒",新娘要一桌一桌地逐个为长辈和客人斟酒,酒要斟满又不可淌出。宴后,喜家请有福有德的宾客两人至洞房,向新娘、新郎行"三酌易饮"礼,每敬一次酒(新人只饮一口)相互交换一次酒杯。主贺者要唱"贺郎词",戏谑、祥和兼有。

闹洞房:新婚之夜,一般都要闹洞房。闹洞房的形式多种多样,多以戏谑新娘为主。午夜过后客人相继离开,新郎随即出门送客。媒人会在新房内给新人铺床,新娘会给红包。新郎回至洞房,一起吃"床头果",然后新郎上床休息,新娘则要"坐花烛"。有的地方花烛不可吹灭,烛尽新娘方可上床。

回门:新婚一到三天内,新郎、新娘要"回门",即新娘要回娘家。

满月盘:一个月后,新娘娘家会派人送一担礼品,称"满月盘"。

总之,传统婚姻习俗程序烦琐,以上只是列举了主要的婚礼程序,现今,很多传统的婚俗已被简化或者改变。在整个传统的婚嫁过程中,营造喜庆气氛是一个重要的方面。此外,传统婚俗的"食仪"并不局限于婚宴当日,很多食品也不单纯是为了让众人饱口舌之福,而是更多地表达幸福、吉祥、美满的美好愿望。

如今,婚礼形式越来越多样化、个性化,带有鲜明的时代特征,如相八字环节已基本省略,婚车取代了花轿等。然而,传统婚礼习俗仍然深深地影响着现代婚礼,尤其是在农村,很多地方仍然保留着传统的婚礼,一场原汁原味的传统婚礼在城市也同样受到新人们的追捧。

【相关链接】

婚俗禁忌

禁忌是人类社会普遍具有的文化现象,婚礼的举行虽是吉事,但顾忌也有很多,这是由于鬼神观念和封建思想的长期存在,对人们生活产生各种影响,人们在从事各种活动时,或多或少都会有些禁忌,婚俗禁忌有多方面的体现。

1. 婚期禁忌

①忌女方主动提出婚期。

②同年内一家禁忌举办两次婚事,同屋不能有进有出。一家乃至同住一屋的几家,不能在一年里又嫁女儿又娶媳妇,否则会被认为不吉。

③在农忙季节的五月、七月、九月,有些民族禁忌嫁娶,否则不吉。其实,五月、七月、九月天气炎热,食物易腐,牲畜易病,人们又比较劳累,这期间尽量避免举行嫁娶婚礼也是有道理的。中国台湾民间也有忌四至九月嫁娶的习俗。

④汉族和其他少数民族都有忌单日结婚、嫁娶的习俗。所谓"好事成双",婚姻是男女双方的喜事,若取单日,则不吉。有些地方特别忌七月七日嫁娶,还有的忌初五、十四、二十三等日子嫁娶。

2.迎娶禁忌

①出嫁前一个月,新娘忌见生客,忌操持家务,忌大吃大喝。实际上这都是怕在结婚当日引起不必要的麻烦。

②在迎娶途中,如遇另一队迎娶车队,则称"喜冲喜",会抵消彼此的福气,因此必须互放鞭炮,或由双方媒人交换花朵,以化解之。

③新娘坐在花轿内不能移动,以示"四平八稳",不能回头,有"不回头,不后悔"之意。

④有些地方忌光,有"黄昏亲"的习俗。民间有这样一种说法,"拜堂不见天,老来当人仙"。据《白虎通义·嫁娶篇》记载,"婚姻者何? 昏时行礼,故谓之婚也;妇人因夫而成,故曰姻"。因此,从男方迎亲到女方,再回到男方拜堂,新人都不能见亮光。旧时拜堂成亲,需要经过风水先生排日期、定时辰,认为白天声音嘈杂,而夜深人静成婚便清清静静。

⑤缝制嫁衣要选择吉时,且忌有口袋,以免将娘家的财产以及福气带走。婚服要用一整块布料,取"从一而终"之意。

⑥送嫁迎亲过程中,花车上的花掉了忌捡起。

3.婚宴禁忌

①喜宴完毕,收拾盘碟时,忌将空盘相叠。

②不小心打碎碗碟也属犯忌,通常将碎片收拾起来,放在石臼的圆心处,表示破了又圆。

③交杯酒忌酒杯同仰同合,且婚宴酒菜要成双。

总之,婚俗禁忌也是传统文化的一部分。随着现代社会文明程度的提高,许多旧的习俗、禁忌已被改造或抛弃。在当今的城市,几乎完全不见昔日婚姻禁忌的旧影,在农村虽保留了一些,但也在变迁中。新式婚俗成为时尚后,传统婚俗中许多不合理的禁忌越来越少,但是,为了美好愿望而形成的一些婚俗禁忌还是应该适当保留。

1.5 中西方婚俗文化比较

1.5.1 传统婚俗文化

关于婚俗文化,《礼记》中记载:"夫妇者,万世之始也。"作为"万世之始"的婚姻所产生的习俗,人们称之为婚俗,而一切关于婚俗所产生的各种思想行为理念、风俗习惯以及由此所辐射出来的活动就称为婚俗文化。婚俗文化对于一个民族文化的传承,国民凝聚力的增强,社会稳定和家庭的和谐都有着十分重要的意义。各种婚俗文化有着明显的时代印记,展示了不同民族、不同社会群体的生活面貌。婚俗文化在朝代更迭、生产发展、风俗承袭过程中,已经深深地融入社会生活和文化传统中。

经历各个年代的发展,婚俗文化的寓意不断丰富和变化,但是很多寓意仍然得到了传承。传统的婚俗文化,代表了生生不息的繁衍文化、趋吉避凶的吉祥文化以及追求幸福的精神寄托等。

1）繁衍文化

受各种传统婚俗观念的影响，传统婚礼习俗的内容多为祈求多子多福，尤其是要多生男孩达到传宗接代的目的。在传统婚俗中，人们用"铺床""压床"的形式，寄托生子的愿望，筷子、红枣、花生、桂圆、莲子等物品也被赋予了预祝生子的寓意，成为人们用于祈子的婚礼用品。因此，繁衍文化是传统婚俗文化里重要的一部分。

2）吉祥文化

中国人向来重视婚姻大事，庆祝婚姻生活开始的婚礼活动一般都是喜庆热闹的，人们借婚礼祈求未来生活的吉祥美满。婚礼的主色采用吉祥喜庆的红色，婚礼现场贴满大红的喜字和寓意吉祥的喜帖。人们要吃喜糖、喜饼，还有很多细节透露出鲜明的吉祥文化。在古时，宝瓶、盘长结、鸳鸯等寓意吉祥的物品也常出现在婚礼上。

3）追求幸福的精神寄托

在我国传统的婚姻制度中，男女婚姻关系的缔结，意味着两人在今后的生活中将融为一体，共同走完以后的人生道路。因此，人们会在婚礼上表达幸福长久的愿望，在一些流程上寄托追求幸福的美好愿望，如夫妻要喝象征天长地久的女儿酒，悬挂寓意幸福长久的盘长结，还有表达夫妻永不分离的团圆饭及生死树等。

1.5.2 婚俗文化的比较

不同的国家有不同的婚礼传统和习俗，这也反映出了它们不同的文化。民族传统文化的一个重要组成部分就是婚礼习俗，它反映了一个民族传统文化的特点。由于历史背景、文化底蕴的不同，中西方国家在婚俗和婚礼上也有较大的差异。

1）婚礼举办场所

中式婚礼的举办场地象征着婚姻中的核心点，一般在新郎家举行，如果婚礼是在新娘家举办的，那么婚姻的核心就在女方。古时候，新郎要去新娘家接亲，新郎骑着马，新娘则坐在花轿里，人们敲锣打鼓和新娘一起去新郎家，等到了新郎家，两个新人就开始举行婚礼，之后，喜宴开始，在场的所有宾客和亲友开始入席。如今，送嫁迎娶不再用花轿，而是选择花车车队，也有越来越多的新人出于方便选择在酒店置办婚礼，更有时尚潮流的新式婚礼，如草坪婚礼、沙滩婚礼、热气球婚礼等。每个地区，每个民族有不同的婚礼形式，但婚礼的举办形式总的来说有3种：①新郎将新娘接到新郎家，然后婚礼开始，这是最传统的形式；②婚礼仪式在新娘家举行，两个新人将在新娘的家里生活，这是比较少见的形式；③两个新人在酒店或者户外（草坪、花园、海边、高山等）举行婚礼，亲朋好友也会赶来庆贺，这是目前最流行的形式。

西式婚礼几乎是在教堂举行的，是一个宗教结婚仪式。在教堂举办婚礼的这一传统是在人们的宗教信仰基础上形成的。知名戏曲花旦邓莜玲曾说过："欧洲和美洲的许多人信仰基督教，这一信仰在他们的日常生活中起着重要作用。基督教的分支天主教和东正教认为，婚礼及其他六项宗教仪式是耶稣制定的七项'神圣仪式'，这在基督教中是很重要的仪式。"

在举行婚礼的那一天,正式的婚礼仪式没有开始前,新郎和新娘是不能见面的,否则会给他们今后的生活带来霉运。如今,西方国家的新人们也创造出了许多别出心裁的婚礼仪式,如在水下,在冰上,在沙漠里。然而,大部分人还是选择在教堂举行婚礼,这样的婚礼场面神圣,氛围庄重,在他们的生命中会留下一段深刻、幸福的回忆。

2)主色调

红色是中式婚礼的主色调。红色在中国总是与婚礼这种喜庆的日子分不开的,红色的凤冠霞帔、红盖头、红喜字、红花轿等一切都显得喜气洋洋。随着新式婚礼的出现,为了彰显个性,使婚礼给人留下深刻印象,婚礼用色也越来越大胆,但是,红色依然是不变的主色。

西式婚礼的主色调是白色。白色的婚车、白色的婚纱、白色的蛋糕等都显示着西式婚礼的简约、浪漫,一切白色的物品都会成为西式婚礼上受欢迎的装饰物。蓝色在西方国家象征着纯洁、忠贞,因此常用作婚礼配色,这与中国传统习俗有很大的不同。

3)婚礼仪式

中国传统婚俗有"三书六礼""三叩九拜"的礼节,这些礼节只有中国才有,具有鲜明的中国特色。因此中国传统婚礼仪式比较繁复,场面喜庆、热闹,也有比较感人的环节,其中比较经典的仪式有拜堂、闹洞房等。

西式婚礼讲究的是神圣和简单,在神父和亲朋面前许下神圣的誓言,婚礼场面庄重而浪漫,比较经典的仪式有许誓、交换戒指、抛花球等。

4)喜宴

中式婚礼的喜宴以传统酒席为主,亲朋好友热闹地聚在一起用餐,出席婚宴的人会向新人祝贺,新人也会逐桌地敬酒,另外还有一些余兴的节目表演,宴席中间新娘还要换一至两套礼服。

西式婚礼的喜宴通常在教堂的结婚典礼结束之后举行,婚宴过程中通常举行舞会。婚宴舞会一般会有特别的礼仪,比如第一支舞过后,新郎会护送新娘到她父亲身边,让父女两人跳一支舞,这些特殊的礼仪结束后,在场的宾客们会被邀请一起下场跳舞。宴会会在相互敬酒与庆祝中进行,一直到新人坐上车进行下一项活动——度蜜月。

5)中式婚礼与西式婚礼的区别

中式婚礼讲究"天地人和谐"的思想以及人们祈福迎祥的心理。在中国传统意义上,婚姻不仅是两个人的事,还是两个家族甚至是社会关系的事,需要一系列仪式来反映婚姻的庄重,引起新人以及在场宾客的重视,热烈喜庆的氛围体现了婚礼对于新人及家庭的深刻意义,可以说是"人前的婚礼"。

西式婚礼则讲究神圣和简单。许下神圣的誓言、统一着装的男女傧相以及天使一般的花童,众星捧月般地把一对新人衬托得像童话中的王子和公主,满足了新娘儿时的梦想。婚礼气氛浪漫而神圣,带有浓厚的西方宗教文化特色,是"神前的婚礼"。

中西方婚俗文化的比较如表1.1所示。

表 1.1 中西方婚俗文化的比较

婚礼	氛 围	地点	主色调	仪 式	喜 宴	性 质	亮 点
西式	庄严、肃穆	教堂	白色	神圣、简单	招待酒会、舞会	神前的婚礼	许誓、抛花球
中式	喜庆、热闹	随意	红色	热闹、繁复	酒席	人前的婚礼	拜堂、闹洞房

　　总之,尽管中西方婚礼的习俗各异,但都传达了人们对美好生活的向往,对新人结合的祝福,婚礼都是值得每对新人纪念一辈子的大事。如今随着中西方国家在经济、文化的交流日渐频繁和深入,中国现代传统婚礼也受到西方文化的影响,目前中国的婚礼依然保留了传统意义上的送嫁迎娶、拜天地、闹洞房等婚礼程序,但是,有些细节也将中西式婚礼结合起来,比如新娘在婚礼喜宴中穿白色婚纱、新郎着西式礼服等。

【相关链接】

美国婚礼习俗

　　美国人喜欢在 6 月结婚,在美国有"六月新郎"的说法,每年 6 月在美国各地都可以遇见结婚的新人,这是因为英语里的"六月(June)"和罗马神话中主管爱情和婚姻的女神"朱诺(Juno)"的发音相似。美国人认为,在 6 月举行婚礼,"婚姻女神"就会给新婚夫妇带来欢乐和幸福。纵观所有的文化,结婚都是一件值得庆贺的喜事。美国人在婚姻观念上,讲求感情第一、交往自由、择偶自由、爱情自由,男女恋爱一般不需要媒人介绍,父母也很少干涉。从而,婚礼的举行也讲究自由,在海底举行的婚礼,客人们会戴着氧气罐跟着入水庆祝;在山顶举行的婚礼,客人们光着脚陪伴着新娘新郎登高庆祝,但无论婚礼在什么时间、什么地点举行,总有一些传统的风俗。

　　1. 婚礼前的准备和新婚礼品

　　在婚礼举行前先要订婚,然后把请帖发给好朋友、附近居住的人以及远方的亲朋。在传统上,男方要先请求女方的父亲允许自己娶她,女方的父亲答应后,男方才能向女方求婚。男方通常会送给未婚妻一枚钻戒作为订婚的象征。订婚期可以持续几个星期、几个月,甚至几年。当然按照习俗,婚前还要有一系列的程序。先是举行订婚仪式,届时男女双方都要交换订婚戒指,把事先准备好的钻戒戴在对方左手的无名指上。这种风俗可以追溯到原始社会晚期,当时有些部落在举行婚礼时,男女双方要交换花环以保证灵魂的结合,如今交换戒指,则象征着双方坚不可摧的爱情和婚后相互承担的义务。男女结婚之前,通常好友都要来聚会,双方各自的好友在婚前派对上会赠送许多实用的礼物。女方的亲戚朋友们举行送礼会,礼品以厨房用品居多,如咖啡壶、烹饪书籍等;男方亲戚朋友们也会准备一次聚会,并且只允许男宾参加,在聚会上,他们通常会送给新郎一件比较珍贵的礼物,以此来共同追忆曾经的美好时光。给新婚夫妇送礼,一般会在接到请帖或在公布结婚之日后,把礼物送到新娘或新郎家,礼物应用白纸包装,系上白丝带,写上祝福词,并且附上自己的名片,新婚礼品大多是花瓶、餐具、瓷器或其他家居用品。

2. 举行婚礼

按照习俗,结婚当日在走上教堂的圣坛之前,新娘和新郎是不能会面的,婚礼进行之前,新郎也不允许看新娘的礼服,新娘通常都会穿着雪白的结婚礼服,带着洁白的面纱,象征着纯洁的爱情。美国婚礼中的另一个习俗就是"Something old, something new, something borrowed, something blue."即"旧东西、新东西,借来的东西,蓝色的东西",这句"求好运"的话可追溯到19世纪维多利亚女王时代,许多美国新娘非常认真地遵守着这一传统,如果结婚当天,新娘身上穿戴有这几件东西,即预示着他们的婚姻无比幸福长久。"旧东西"是指很多新娘会戴着一件家传珠宝或是穿自己的母亲或祖母的婚服,这象征着在婚后仍然能和新娘的家庭和过去保持联系;"新东西"可以是婚服、新首饰或者新鞋,象征着新娘的新生活能交好运,顺顺畅畅;"借来的东西"可以是一块漂亮的手帕或者好朋友的婚纱,这通常在提醒新娘在她需要的时候,朋友和家人会帮助她;"蓝色的东西"通常是穿在新娘腿上的吊袜带,也可以是根缎带或一件珠宝首饰,象征着爱情的忠贞不渝。无论穿什么,新娘都应该是婚礼上穿得最漂亮、最重要的女士,因此,人们认为其他女士在婚礼上穿得比新娘漂亮是很不礼貌的。整个婚礼活动从婚礼仪式开始。仪式一般在教堂举行,此时宾客们分别坐在教堂走廊的两侧,女宾坐右侧,男宾坐左侧,女宾前面是新郎父母,男宾前面是新娘父母。婚礼开始,新娘挽着其父的手臂,缓缓通过走廊向圣坛走去;他们前后都是身着同一服饰的伴郎伴娘,伴郎和伴娘通常都是新郎和新娘的兄弟姐妹或好友;这时,花童走到新娘前面,从花篮中把一片片花瓣撒落在走廊上;新娘父亲把新娘牵上圣坛,把她交给新郎;接着,新郎在左,新娘在右,面对牧师站好,由牧师为其举行传统的婚礼仪式。按照传统习惯,新娘新郎夫妻双方要许诺彼此相爱,此时,新人们互赠结婚戒指,戒指象征着他们对婚姻的承诺;最后,牧师宣布仪式结束,新人回到走廊上。整个仪式一般不超过45分钟。

3. 婚宴

在婚礼仪式后,经常会举行盛大的婚宴,这个婚宴也叫招待酒会。酒会上备有各种丰富的食物,食物的种类是以新郎新娘的文化传统以及新娘家里的喜好和经济状况来决定的,而且由新娘的家庭来支付。接下来是新娘和新郎一起握着刀切蛋糕,新娘新郎先互相给对方吃一块蛋糕,随后将蛋糕切成小块分给客人们享用。吃过蛋糕后,新娘站在房子中央,把花束抛给那些参加婚礼的单身女性。新娘手捧的鲜花是幸福的象征,那个接住鲜花的女士,被认为是下一个要结婚的人。另外,新郎把吊袜带从新娘腿上解下,把它抛向未婚男士,接住它的男士,也被认为是下一个要结婚的人。在婚礼上,接住吊袜带的男士会邀请接住鲜花的女士跳下一支舞,他们还要和一对新人一同拍照。

4. 度蜜月

婚宴结束后,新婚夫妇向客人道别,客人们纷纷往他们身上撒生米粒,祝愿他们今后儿孙满堂,宾客们在诙谐滑稽的场面中送新娘新郎去度蜜月,此时新郎要设法带着新娘赶紧离开,但一些调皮的宾客则想出各种花样阻止汽车离开,比如把几串相同的钥匙挂在车尾或者把剃须膏抹在车窗前,使新郎不得不下车擦掉,当汽车一旦冲出人群包围时,宾客们便在车后面一阵追赶,最后在笑声中目送汽车远去,这种做法象征着人们对新娘的爱慕,表现出亲人和朋友对新婚夫妻难舍难分的感情。有的新婚夫妇在附近的旅馆度过一夜就算蜜月旅行,也有的去异国他乡的旅游胜地度过两个星期,如今很少见到新婚夫妇真正甜蜜地玩一个月了。

几乎每种文化都有仪式来标志一个人的生活变化,婚姻对于各种文化的人而言都是最基本的变化之一,美国也不例外,每对新人都会以自己独特的方式来继承传统的婚礼风俗。

【案例】

一定要举行婚礼仪式?

按照我国法律规定,男女双方办理了结婚登记手续,即确立了夫妻关系,举行婚礼仪式并不是结婚的法定程序。但由于文化传统的影响以及现实的考虑,男女双方结婚,几乎都要举行一定的仪式,婚礼仪式作为一项重大的礼仪,已成为结婚中不可缺少的重要部分。有些人认为,即便领了证,但是不举行婚礼,就相当于没有正式的告知,在一起生活也是有伤风化的,况且结婚是一辈子的大事,总要留一些甜蜜的回忆,婚礼的举行在人的一生中影响深刻;而有些人认为,只要领取了结婚证,举不举行婚礼对婚姻关系并没有法律上的影响,不举行婚礼也是可以理解的。

婚礼是为了"广而告之"?

小王和男朋友原本是一个单位的,谈了一年多恋爱,感觉正好的时候,男朋友被调到另一个单位。新单位的工作需要长驻外地,四五个月才能回一次家,每次在家只能待一个多月,于是两人决定在一次休假时领结婚证,并且准备下一次休假时举行婚礼。但是小王的男朋友第二次休假时正好赶上冬季,小王不想在寒冷的天气里举行婚礼,于是婚期被延至下一个假期。谁知不久之后小王又调动了工作,为了尽快熟悉业务,小王把全部精力都投入到工作上,感觉自己已没有多余的时间去筹备烦琐的婚礼。小王本来想等男朋友回来操办婚礼,可是回家没多久,小王的男朋友就接到通知去参加培训,就这样,婚礼又告吹了。

小王和男朋友不是多么有事业心的人,却想等工作稳定之后再组成小家庭,但是总是有各种琐事耽误婚礼,一年又一年地拖下来。小王和男朋友也不太急着结婚了,可周围的朋友和同事虽然都知道他俩领了结婚证,但很自然地都把小王当作没结婚的人,总是有人问小王什么时候结婚。对小王来说,登记就算是结婚了,可是周围的人不一定都这么认为,总不能拿着结婚证挨个给人看吧?况且还有对自己有意见的人。如果大家不知道自己已经结婚了,闲言碎语的总是让人别扭。于是去年,小王和男朋友"狠狠心"抽出时间,把房子简单地收拾好,订了饭店,然后给所有的亲朋好友发去了请柬,在他们的见证下举行了婚礼。

只要感情深,何必为风光,拿钱打水漂?

小李是一个饭店的厨师,媳妇是工厂的女工,可以说日子过得相当拮据,要房没房,要钱没钱,但婚礼不能不办。家里老人觉得,结婚不请亲朋好友聚一聚,那算什么事,借钱也要办。可小李觉得,结婚是两人的事,婚礼是"演给大伙儿看的事",后来小李借钱办了婚礼,直到儿子出生才把钱还上,现在想想,婚后上抚老下养小,小李觉得当初有点"打肿脸充胖子"。青年男女没有登记结婚,那算不合法;登了记,举不举行婚礼,那纯粹是做给外人看的。"众目睽睽、神圣婚礼"就一定"白头到老,永不变心"? 小李夫妇当初虽然是凑合着借钱办了一场"穷婚礼",但婚后二人生活和睦，他们都觉得婚礼不过是外在的形式，没必要太看重。

小李的弟弟前年结婚，小两口都事业有成，收入跻身"白领"之列。两人看得开，相爱几年，感情笃深，加之在外企工作，少有真正意义的朋友，两人宣布，利用国庆节长假，去"新马泰"玩一趟，两家人在酒楼聚一聚，就算结婚了。这个提议竟然也得到家里人的支持，两口子感情深，比什么都强。前院的老刘家二小子结婚那叫火爆，大奔车队，五星饭店包厅办酒席，结果没到两年又办离婚，就是瞎折腾。

世俗也好，时尚也好，反正小李觉得，登记了即为合法夫妻，婚礼办不办，全在自己，要是为了风光拿钱打水漂，实在是得不偿失。

如果可以重新选择，一定要举行婚礼！

小林是结了婚的人，但对于婚礼，小林一点也不想提，因为根本就没有。他们领了证两个人就住到了一起，直到现在。丈夫是个很实在的人，他说花那么多钱有什么用，给别人看而已，还不如攒着以后好买房子什么的。没办法，小林觉得人就是生活在这样一个非常实际的现实社会。但是对于女人来说，结婚是一个里程碑，它的前面是天真和幻想，后面则是未知的崎岖和坎坷，而婚礼，既是对少女时代的告别仪式，又是崭新未来的开幕式。对于婚礼，女人有一种与生俱来的情结，每个女人都希望自己的婚礼热烈而隆重，这一点可能跟男人不同，男人的排场是讲给别人看的，而女人却只想要一份回忆，一份在尘满面、鬓如霜时能信手拾起的甜美新鲜的回忆。

婚姻等同于平平淡淡，而没有婚礼的婚姻还要把平平两个字去掉，淡淡的，一直淡到一片空白。一片空白的婚姻又是哪个女人梦寐以求的呢？小林总是想，如果可以重来，我一定会举办一场热烈、隆重的婚礼。

（资料来源：今晚报，2008-10-06，有删减）

专家评析：

现在，婚宴与举行结婚仪式的方式有"深化改革"的趋势，而教堂婚礼与旅行婚礼则渐受青睐，人们对结婚方式的选择表明了现代人在结婚观念上的转变。传统的婚礼形式一向以单纯的家庭操办型为主，婚礼的大部分花费由父母资助，而且在父母的旨意下，结婚就应该大摆筵席，在亲朋好友的祝贺声中体体面面地完成人生中的一件大事，才算是"功德圆满"。这种方式在如今的年轻人看来是极其烦琐的，好像是父母和婚礼司仪导演的一场戏，并不能体现男女主角的个人价值。

曾经风行一时的集体婚礼，在某种程度上的确迎合了年轻人"追求时尚和简单"的心理，但集体婚礼的客观形式毕竟太千篇一律，让喜欢天天追新的现代人逐渐失去对它的热情。如今的新人追求的价值不仅是节约和简单，还更注重一种感觉上的满足。物质的丰富和收入的提高，推动着新人从求新求异中追逐这种满足感。他们既不再拘泥于世俗的传统婚礼，也不随波逐流于集体婚礼，全凭自我想象去追求精神享受的婚礼，目的是让自己和爱人得到尽情地放松，同时他们渴望个人的价值在与众不同的婚礼上得以显现。

如果说历史上的婚礼，主要是宣告一种严肃的社会衍生方式和新的经济组合形成，那么新时代的结婚则是一种对生活情趣要求更高的文化活动。人们对结婚模式的选择，既间接体现了人们生活质量的提高，同时也体现了一个世道的社会风气与价值观的选择。

复习思考题

1. 简述婚礼的内涵。
2. 婚礼的性质有哪些？并简要叙述。
3. 简述婚礼的产生与发展。
4. 我国传统婚俗中的"三书""六礼"是什么？并简要叙述。
5. 我国传统婚俗文化主要包括哪几个方面？并简要叙述。
6. 简要论述中西方婚俗文化的不同之处。

第2章
行业认知

【学习目标】

1. 了解我国婚庆行业现状。
2. 学会对目前的婚庆行业进行市场分析。
3. 掌握我国婚庆行业的具体管理情况。
4. 了解婚庆行业发展趋势。
5. 掌握婚庆礼仪服务行业的基本情况。

【学习重点】

　　通过本章的学习和指导,能够清楚地了解目前我国婚庆行业现状,会进行基本的市场分析,了解婚庆行业的发展趋势,重点掌握我国婚庆行业的具体管理情况以及婚庆礼仪服务行业的基本情况。

【案例导入】

2005年2月27日,首届中国婚博会暨北京结婚展在北京展览馆落下帷幕。该博览会的成功举办得到了广大国内外新闻媒体、社会各界,尤其是时尚婚庆产业界知名厂商及广大时尚拟婚青年族群的普遍关注和热忱参与,很好地推动了中国婚庆时尚与国际时尚接轨,被社会各界及新闻媒体誉为"2005年中国开春第一时尚"。博览会不仅搭建了中国婚庆文化交流的平台,同时也为北京地区每年十余万对新婚人群提供了一个一站式婚庆消费的"超市"和新婚咨询的平台。据组委会统计,共有5万余拟结婚人士、时尚青年和近万名业内人士参观并受益于首届婚博会。

如今,中国婚博会每年在北京、上海、广州、天津、武汉等地同时举办春夏秋冬四季展。展示内容包括婚宴酒店、婚纱摄影、婚庆服务、婚纱礼服、婚戒首饰、新娘彩妆、婚礼用品等。中国婚博会已经成为广大新人们竞相传播、定期守望的结婚时尚盛会和便捷一站式的结婚消费服务平台,被政府、业界及媒体称作"中国结婚时尚风向标",并引领着国际结婚时尚风潮。

2016年春季婚博会以11.6亿元的成交额再创新高,其中,婚嫁首饰2.34亿元,婚礼摄影1.26亿元,婚礼服务1.03亿元,喜宴酒店2.67亿元,婚纱礼服1.05亿元,结婚百货1.25亿元,蜜月旅行0.65亿元,旗下上海家博会也有1.35亿元的收入。中国婚博会堪称全球最大的婚展。婚嫁消费再现强劲势头,成为拉动中国内需的有力引擎。

婚博会如此火爆,那么作为婚博会展示内容的婚庆行业到底是怎样的呢?这一章我们学习的内容围绕婚庆行业展开,分析其构成、现状及发展趋势,并简要介绍了与本书内容紧密相关的婚庆服务行业。通过本章的学习,可以从宏观上把握婚庆行业的产生与发展。随着经济的发展和社会开放程度的提高,人们对婚庆的重视程度也越来越高,婚庆消费能力也越来越强,婚庆行业面临着巨大的机遇。同时人们对婚庆的质量、形式及内容的创新要求也越来越高,婚庆行业起步较晚,尚未形成成熟体系的婚庆行业也面临着一些挑战。

2.1 婚庆行业市场分析

2.1.1 婚庆市场的内涵

1)婚庆市场

婚庆市场是指为了满足婚庆需求,在婚庆的整个过程中涉及的对相关企业和个人需求的总和。宏观上讲,其既包括婚庆消费市场的婚纱礼服、婚纱摄影、婚礼服务、婚宴、珠宝首饰等发展日趋成熟的行业,也包括新婚消费的其他行业,如家电、家具、床上用品、室内装修、房地产、汽车、银行保险等。

2)婚庆产业链

(1)产业链

产业链是产业经济学中的一个概念,是各个产业部门之间基于一定的技术经济关联,并依据特定的逻辑关系和时空布局关系客观形成的链条式关联关系形态。产业链是一个包含价值链、企业链、供需链和空间链四个维度的概念，这四个维度在相互对接的均衡过程中形成了产业链。产业链的本质是用于描述一个具有某种内在联系的企业群结构，是一个相对宏观的概念，存在两维属性：结构属性和价值属性。产业链中大量存在着上下游关系和相互价值的交换，上游环节向下游环节输送产品或服务，下游环节向上游环节反馈信息。

（2）婚庆产业链

婚庆产业链属于以产品与服务结合的需求拉动型产业链，而且有多种产品与服务。婚庆产业的核心活动是新建家庭，其产业链主要是围绕着婚前准备、婚礼庆典及婚后蜜月三个不同阶段形成。

婚庆产业链是指在一定的地理区域内，以新人消费需求为导向，所有企业部分或完全围绕新婚消费主题，以产品、服务为纽带结成的一种具有价值增值功能的战略关系网链。

2.1.2 婚庆产业市场容量

1）市场容量

市场容量是指在不考虑产品价格或供应商策略的前提下，市场在一定时期内能够吸纳某种产品或劳务的单位数目。国际市场容量实际上就相当于市场需求量。一般新兴产业市场容量较大，发展较为成熟的产业市场容量较为饱和。

2）婚庆产业的市场容量、结构

根据国家民政局的统计数据，中国新婚人群愿意把自己全部积蓄的30%作为婚礼消费，全国每年因为婚礼而产生的消费可达到3 000亿元，占我国GDP的1.9%，截至2009年全国城镇居民因结婚产生的直接消费总额已超6 000亿元人民币，并保持稳步上升趋势，整个结婚消费市场发展势头强劲。婚庆市场是一个有着巨大商机的市场，涉及相关的几十大类品种的产品，如服装、摄影器材、餐饮、旅游、珠宝、礼品、服务等，婚庆市场前景乐观。

20世纪90年代出生的人们已进入婚龄，这一时期的新人们对婚庆的内容和形式的创新以及服务质量都提高了要求，这也将带动整个婚庆行业的结构调整和资源整合，促进婚庆行业向精简化、高质量发展。同时这些新人可以说是"独生子女一代"，对婚庆的重视程度和消费意愿都更高，这就使得婚庆由20世纪80年代的"量"向90年代的"质"的转变，也将会给婚庆企业的发展带来重要机遇，但也会给婚庆企业提出更高的要求。

从产业结构上来说，婚庆产业正逐渐成长为一个新的朝阳产业，其产业链条较长，带动效应强。婚庆消费市场的婚纱礼服、婚纱摄影、婚礼服务、婚宴、珠宝首饰等行业的发展日趋成熟，并与新婚消费的其他行业如家电、家具、床上用品、室内装修、房地产、汽车、银行保险等40多个关联行业，逐步形成令人瞩目的婚庆产业链，充满了巨大潜在商机。在婚庆产业快速发展的过程中，相关企业也越来越注重品牌服务和规模经营，婚庆的高层次服务也在增多，整个行业都在为满足当代青年多元化、时尚化、个性化、追求浪漫服务的需求而努力，婚庆产业大的产业链正在逐步形成。

2.1.3　我国婚庆消费需求分析

我国经济的快速发展,人民生活水平的日益提高和人们对现代社会时尚的追求,使得大众化的婚庆行业也慢慢地走向市场化运作,从而诞生了有一定规模、符合我国国情的婚庆市场。这一市场不断完善和扩大,必定使中国婚庆文化更具个性化和时尚化,这已成为当今社会的又一流行趋势。

1)新婚消费需求现状

随着我国经济的发展,婚庆行业正逐渐成长为一个新的朝阳产业。面对潜力巨大的婚庆市场,国内婚庆行业的发展也在发生着改变。新婚人群对于结婚的消费需求已由过去的模式化、单一化需求逐渐转变为个性化、多样化需求。婚庆行业市场规模也在稳定增长,未来其市场前景广阔。

目前,我国适婚年龄的主力军为"85后""90后"人群,而我国从20世纪80年代开始实施计划生育政策,这一代多为独生子女。随着"85后""90后"成为结婚的主力,我国办理结婚登记的人数已经连续四年下降。中商产业研究院发布的《2018—2023年中国婚庆行业市场前景及投资机会研究报告》数据统计显示,2017年,全国依法办理结婚登记1 059.1万对,比上年减少83.7万对,同比下降7.3%。据了解,随着人们受教育程度的提高,结婚年龄也在不断推后。对不少高学历、高收入的女性来说,婚姻不再是获得安全感的唯一途径。

此外,中商产业研究院的数据显示:2010—2014年我国新人初婚年龄集中区间由20～24岁延至25～29岁。预计未来几年,我国居民初婚年龄将继续集中在25～29岁,并有继续向大龄发展的趋势,更长时间的财富积累使得消费者对婚庆具备更强的支付能力。

新婚消费被人们称为"时代的镜子"。从20世纪70年代的"三转一响"(自行车、手表、缝纫机和收音机)到20世纪80年代的"三大件"(电视、冰箱、洗衣机),20世纪90年代的"无钻不成婚",直至21世纪的"有车、有房、有存款",新婚消费一直踏着都市的时尚步伐,留下时代的痕迹。结婚被视为人生最重要的里程碑,与其他产业相比,结婚消费的非理性成分更多。尤其在"4+2"(4个父母支持下的一对独生子女)的今天,婚礼的档次越来越高,结婚消费必将逐年增长。考虑结婚人数的增长和收入水平的提高,预计未来几年每年结婚直接消费将超过8 000亿元。

2)新婚消费结构及婚礼形式

在结婚费用节节升高的同时,结婚花费的项目由单一性逐步走向多样化,由注重实用性发展为外在表现性,由满足功用性需求走向满足情感性需求。

20世纪70年代及以前的结婚花费集中在两大方面,一是婚宴(62.8%),二是添置家具(58.1%);到80年代除上述两项大的开支外,结婚的首饰、礼品(44.2%)和拍结婚照(26.4%)的开支出现了攀升;90年代这两项开支更是显著上升,分别达到59.2%和43.7%。2000年后,结婚的花费项目出现了多样化趋势,蜜月旅行(22.2%)和请婚庆公司提供专业化的服务(29.6%)成了结婚过程中重要开支项目。从结婚费用的开支项目来看,早期的结婚花费主要用于实用性项目的开支,比如添置家具和制办婚宴,到80年代后,首饰礼品、结婚照、蜜月旅行开始逐渐盛行,实用性开支有所下降,而外在表现性项目开支增多,到90年代以后,结婚花费更加多样化。从结婚费用的跃进和开支项目的多样化可以看出国人生活水平的逐步改善和提高。

结婚是件大事情,婚礼则成为结婚最直接的表征形式,为了一生中最美丽的时刻,每个人都希望自己的婚礼能够办得隆重、体面一些。在20世纪80年代前,近98%的城市居民用酒席婚宴作为自己婚礼的主要形式,有的人则只简单地请亲戚朋友吃吃糖、喝喝茶等;80年代后,蜜月旅行逐渐盛行,一部分人开始把婚礼和旅行结合起来,在领略祖国大好河山和不同风土人情的同时,享受自己的婚礼和蜜月。20世纪90年代后,婚礼形式逐渐多样化,一部分接受西方文化熏陶的青年人选择举行西式婚礼,在教堂神圣而庄严的气氛中,完成自己的婚礼仪式。这个阶段集体婚礼也开始盛行起来,一部分青年人从集体婚礼隆重而热闹的氛围中获得对自己婚礼的记忆。从目前出现的邮轮婚礼、热气球婚礼、潜水婚礼、跳伞婚礼等五花八门的婚礼形式来看,现在的新人们不怕新奇怪异,就怕平庸寻常,力求自己的婚礼形式新颖独特,留下永久的记忆和回味。

从以上变化可以看出,一方面,人们对彰显个性的自我意识需求更强,在消费观念上受经济条件和西方观念的影响,从老一代的省俭型走向享受型,体现在结婚上,表现为追逐更多的消费项目和创新更多更新颖的婚礼形式。另一方面,新人们在结婚这件大事上肯花钱、舍得花钱,对花费项目需求多样化,这些信息都表明,结婚相关产品和服务市场蕴藏着巨大的商机。谁能够把握结婚时尚的演变,充分利用结婚这个概念,把自己的产品和服务与结婚这个概念完美结合起来,在宣导产品概念的同时,赋予自己产品和服务独特的喜庆气息,创造独特的产品和独特的婚礼婚宴形式,谁就能够抓住新人们的心,赢得新人们的青睐。

3)结婚消费需求的发展趋势

尽管全国许多机构都先后对结婚消费进行过调查,但缺乏全国性的连续调查和报道。为此,这方面的数据不系统。我们力求从宏观上加以描述。

①结婚消费费用增加。尽管随着人口红利消失,结婚人口降低,但我国人口基数庞大,相对于其他国家,我国结婚对数规模仍然较大,婚庆市场需求持续旺盛。婚嫁行业资金消费不断上涨,客单价消费的增长,将为婚礼市场带来新的增量。

中商产业研究院的数据统计显示,2017年狭义婚嫁消费(包括婚礼策划、婚纱摄影、婚纱礼服、婚宴四大核心产业)市场规模达14 623亿元,预计2018年市场规模突破18 000亿元。同时,到2021年将突破30 000亿元,未来几年婚庆行业市场潜力巨大。

②结婚消费范围不断扩大。例如新娘婚纱从以往租用型,变成了挑新款买回家。婚礼现场的灯光、音乐、司仪等标准也节节攀升。

③现代人的婚礼正由"物质型"向"精神型"转变。新人们也越来越多地关注文化层面,更加追求时尚、健康、文明,个性化、时尚化越来越强化。

④结婚年龄越来越大,结婚人数将逐渐下降。现在人们晚婚晚育的观念越来越强,使得他们更倾向于在年龄较大时结婚,这就使得人们的结婚年龄较早些年稍大一些。同时,从2013年开始"90后"也陆续进入婚龄,但"90后"受国家计划生育政策的影响,可以说是独生子女一代,所以每年结婚的人数将在未来几年呈递减的趋势。但是由于是独生子女,而且是思维解放

的一代,对婚庆的重视程度也将前所未有的提高,这也成为婚庆行业的重要机遇。

⑤我国的新婚消费集中在节假日,传统观念对结婚择日仍有影响。

⑥经济发展较快的城市里,婚礼出现了新的变化,婚礼的形式、内容、地点变得多样化、个性化。

⑦婚庆从"攀比风""炫耀风"到流行"婚事应该从简"的观念,目前随着社会经济的发展,又转换成在经济承担能力之内的婚庆行为,得到人们的认可。

2.1.4 婚庆思维的变化对结婚消费的影响

随着人们生活水平的提高和生活方式的改变,当代青年的爱情观中,自由恋爱、自主结婚以及现实主义观念越来越强,当今青年人在婚姻消费的内容和形式上已有了很大的变化。过去那种低成本的婚姻消费已经成为人们的回忆,而如今新一代的青年早已跳出了这个陈旧的模式,取而代之的是高消费的婚庆模式。

1)婚姻观念的变化

随着人们思想的解放,由父母包办婚姻的传统主义婚姻观慢慢地转向自由恋爱、自主结婚。在婚事的操办上,父母也越来越尊重子女的意见,甚至完全按照子女的意见来操办,这就使得新一代的青年们拥有更大的操作权,又加上现代男女更注重"一生一次"的婚事,就让婚庆消费变得更高了。

2)婚姻质量的体现

现在我国的国民教育水平越来越高,人们的素质也随之提高,更关注婚姻质量和幸福程度,希望由"经济型"婚姻转向相互扶持、相互激励的"精神型"婚姻。他们不希望结婚后受到柴米油盐的困扰,于是婚姻消费变为衡量婚姻质量的重要标志。

3)结婚消费体现自我价值

婚姻对于每一个人来说都是非常特殊的,因为自己将成为事件的主角。婚姻消费在这一阶段被很多新人拿来体现自身价值,会尽量将婚庆做到符合自身风格,更多地体现自主意识。

4)婚庆消费的高质量、个性化要求

现代的青年们是开放的一代,拥有新潮的思维,对婚庆要求也越来越高,高档次、创新、个性成为婚庆内容和形式的灵魂。

新的婚庆思维给婚庆业在婚庆服务内容和形式以及质量上都提出了较高的要求,但也给婚庆行业带来了巨大市场,也必将带动婚庆行业的行业结构调整和优化,使其更加适应市场需求。

2.2 婚庆行业发展现状及问题

2.2.1 我国婚庆行业发展现状

1）产业链逐步形成

我国结婚产业在婚礼服务、婚纱摄影、婚纱礼服生产、婚宴服务四大行业龙头企业带动下，76个关联行业相互连接，逐步形成了以结婚消费产品和服务为核心的行业集群。婚庆消费市场的婚纱礼服、婚纱摄影、婚礼服务、婚宴、珠宝首饰等行业的发展日趋成熟，并与新婚消费的其他行业如家电、家具、床上用品、室内装修、房地产、汽车、银行保险等40多个关联行业，逐步形成令人瞩目的婚庆产业链，充满了巨大的潜在商机。

2）总量规模

随着婚庆市场的快速发展，现已经形成了"五一""十一"两个大的婚庆市场消费旺季，各地的婚纱摄影、婚礼服务、婚宴场所、蜜月旅游等企业早在每年的2、3月份和7、8月份就开始为这两大结婚旺季策划筹备。婚纱摄影、婚礼服务的企业数量持续增加，市场供给总量有所扩大。依据中国婚博会对相关行业专家的调研，全国婚纱影楼平均每年以10%的速度增加，影楼婚纱销量每年至少以20%的速度递增。

3）企业规模

中国结婚产业的主要行业企业的规模较小，从业经营者水平参差不齐，从从业平均人数来看，全国各城市的婚庆企业的平均从业人员很少，婚礼策划企业平均每家从业人员在10人左右，婚纱摄影企业平均每家40~60人，一些婚庆公司甚至只有一间办公室用来联系分项服务。尽管婚纱礼服生产企业具有大中型企业，但除中国潮州、厦门等大型生产基地外，手工定制和家庭作坊式的小型企业还是占大多数。为了对行业从业人员进行规范，提升从业者的专业素质，2004年4月底，中国社会工作协会婚庆行业委员会出台一项政策：从2004年开始在国内婚庆行业推行婚庆策划人、主持人持证上岗制度。中国社会工作协会婚庆行业委员会出台一项政策，规定2004年"五一"前夕开始在国内婚庆行业推行婚庆策划人、主持人持证上岗制度。

4）区域市场结构

婚庆行业消费的区域性特点非常明确，婚庆产业的区域性特点也很明确，在全国各地区都有知名的婚庆策划公司、婚纱摄影公司，在当地市场已经形成了一定的知名度和良好的口碑。在区域分布上，结婚产业各行业的企业产品销售和服务区域性很强，很少出现跨地区经营的大型连锁企业。服务企业主要集中在北京、上海等相对发达城市，生产企业主要集中在沿海及发达的大中城市，在小城市的分布较少。

5）地域性的行业品牌正在形成

由于结婚产业是一个新兴的服务行业,除原来相关行业的迁移品牌外,真正的全国性结婚产业品牌在各地尚未形成,但一批在当地市场份额大、具有竞争优势的行业领先企业,正在逐渐形成行业品牌,优势企业主导的行业整合将提升市场集中度和行业整体盈利水平。近年来在北京、上海、广州、深圳等新婚消费能力很强的地区,已经出现了连锁经营的服务企业,涉及婚纱礼服、婚纱摄影、婚礼服务等方面,例如色色摄影、金夫人摄影等知名影楼早就实现了全国连锁、本地分区布点的格局。

6）全国缺少婚庆"一条龙"服务的专业市场

全国婚纱市场呈广州、上海、苏州三角鼎力局面,但其他各地婚庆产品主要掺杂在服装、礼品、小商品市场内,高档产品、珠宝、服装等主要到百货商场、专卖店采购,婚庆公司、摄影公司、鲜花专卖店散布在城市的各个角落,市场呈高度分散局面,目前没有真正意义的婚庆服务"一条龙"服务市场。

7）新市场建设热开始升温

我国婚庆用品批发市场起步较晚,与消费需求有一定的差距,近年来,北京、上海、苏州等地在政府的政策导向下开始进行各类婚庆用品批发市场的建设,新市场建设热开始升温,新建婚庆市场多数以摄影器材和婚纱礼物为主题,面积基本在 2 万平方米以下,以中小型市场为主。

2.2.2 我国婚庆行业存在的问题

婚庆行业在我国虽然属于蓬勃发展的朝阳行业,但起步晚、市场不规范等原因,使得我国婚庆行业难免存在着一定的问题。市场的良莠不齐,诚信缺失,服务缺乏创新,资源整合效率差都影响了婚庆行业的发展和整体形象。目前我国婚庆行业的问题主要表现在以下几个方面。

1）服务同质化,缺乏创新

我国目前的婚庆服务同质化问题严重,不能满足个性化需求。随着时代的发展,现代青年们求异倾向明显,希望自己的婚礼能够与众不同,在整个婚庆的过程中会提出很多个性化的要求。但是现在的大多婚庆公司只能提供化妆、租车、司仪等一系列普通婚庆服务,无法满足客户的个性化需求。

高端新婚消费市场不成熟,缺乏为高收入新婚人群量身定做的产品和服务。随着经济的发展,高层次的客户对婚庆的要求大多是量身定做,很多婚庆企业自身实力不够,在人力和财力以及服务上都无力支撑此类业务,导致婚庆行业整体发展缓慢。

2）市场规范程度低,秩序混乱

虽然目前婚庆行业是"掘金"行业,前景看好,但起步晚,缺乏政府和行业的规范约束,存在市场混乱,"红色投诉",诚信缺失等问题。各地的婚庆公司发展迅速,良莠不齐,整体实力都较弱,而且彼此间相互独立,不能进行有效的沟通和交流。公司运营起来,问题频出,都影响了行业的发展。

虽然有上海婚庆协会等行业协会,但是行业协会对企业的约束力较低,而且尚未制定完善的行业标准和管理办法,使得各地婚庆企业各自为政,行业管理力不从心。政府方面针对婚庆行业只制定了少许的针对性政策对行业进行管理,所以我国婚庆行业的规范化进行仍需要一个漫长的过程。

3)资源配置效率低,发展困难

从整体来看,婚庆行业资源配置效率低下,产业资源亟待整合,旺季之后婚庆行业面临洗牌。由于婚庆企业的相互独立,缺乏联系,信息沟通不畅,不能很好地利用整个市场的资源进行整合,很多婚庆小企业的业务相对集中,在婚庆旺季之后,业务较少,发展遇到困境。

4)品牌化程度低,市场范围小

从根本上来说,婚庆企业不能做成全国性的品牌,在全国范围内形成市场,是缺乏符合产业发展的企业营销模式。很多婚庆企业是在区域范围内进行婚庆业务的,一方面区域具有局限性,包括区域范围内的婚庆特点、市场消费状况等,都会导致婚庆企业在婚庆运作时走同一模式,很难扩大市场和企业规模以及积累相关经验。另一方面,区域内的业务使得很多企业忽略了宣传营销,大多靠小范围内的"口碑"或"熟人"的营销模式,这都让婚庆企业很难走出去,扩大市场规模,更不要说形成具有影响力的品牌了。

5)专业人才少,素质偏低

我国的婚庆企业起步晚,各项配套服务上不完善,从职业培训到高校教育等培训都不够发达,虽然也有了一些婚庆培训企业,但大多是培训婚庆司仪。而要走真正的婚庆商业化品牌模式,就需要从整个婚庆的策划到后期的服务进行专业人才的专业化操作,从而提高婚庆质量,立足市场。

很多婚庆企业是从原来的照相馆发展起来的,由原来的单一业务拓展到整个婚庆产业,其运营模式大多局限在采用当地的婚庆"习惯法",很难突破和超越自身的局限性,无法对更高层次和更高要求的婚庆业务进行专业操作。

因此,从行业规律看,婚庆市场洗牌在即,亟须出现强势品牌来提升服务质量。婚庆行业要把握好市场脉搏,提升文化内涵,开发出符合市场的商品。对日益壮大的婚庆市场,相关部门应加强管理,如对婚庆公司从审批注册到管理,从等级到价位,都应该有一套相应的规定和措施,并且严格把关,规范运作。企业也要树立品牌意识,增强整个产业链的吸引力,树立行业整体信誉形象。

2.3 婚庆行业的管理

婚庆市场所涉及的直接和相关行业至少有几十个门类,但是目前全国婚庆市场缺乏行业规范管理,处于服务质量良莠不齐、收费混乱、竞争无序的状态。

一些地方婚庆行业无照经营比较普遍;婚庆收费标准不统一、收费项目不统一,有行业暴利的倾向;部分婚庆服务者为了规避自己的责任,往往在签订合同时采取格式条款将责任转嫁到消费者身上,一旦遇到消费纠纷,消费者往往难以维权;婚庆行业法规不健全,行业规范管理缺失;婚庆服务质量差,行业诚信度偏低。

为规范管理婚庆行业服务,工商管理部门首先从市场准入方面加强对婚庆行业的监督管理,对尚未取得营业执照从事婚姻庆典服务活动的,坚决依法予以取缔;开展婚庆服务市场专项整顿,全面推行《婚姻庆典服务》标准,以加强管理力度;充分发挥"12315"消费者申诉举报作用,保证消费者维权渠道的畅通便利;探讨通过行业协会来规范婚庆行业经营行为等。

2.3.1　政府

2003 年 11 月 18 日,经民政部批准,中国社会工作协会婚庆行业委员会在北京成立。该委员会将负责全国婚庆行业的指导和管理,制定行业标准,开展婚庆行业及产品的认定认证、员工岗位培训等工作,以规范婚庆行业的管理和服务。中国社会工作协会副会长徐留根介绍,全国每年因结婚产生的消费总额已达 2 500 亿元,同时带动了包括婚姻介绍、婚纱影楼、美容美发、首饰礼品、家居用品、饭店旅游在内的 40 多个相关产业的发展。据戴比乐斯钻石推广中心对北京、上海、广州三地的调查,每对新人平均钻饰消费为 5 820 元,北京婚庆市场仅首饰一项就达 10 亿元以上,整体市场份额至少达几十亿元。民政部门统计数字显示,全国每年有近 1 000 万对新人喜结良缘,这些准备结婚的人愿意把自己 31% 的积蓄用于婚庆相关的消费。因此,婚庆行业委员会是为适应行业发展的需求而成立的,它将在行业内部建立一种自我管理、自我教育、自我规范和自我发展的机制,推动全国婚庆行业健康、有序地发展。

【相关链接】

中国社会工作协会婚庆行业委员会

中国社会工作协会婚庆行业委员会是经中华人民共和国民政部批准成立的,中国婚庆行业的全国性的行业管理和指导机构,是全国从事和关注婚庆文化、婚庆服务、婚庆用品、婚纱影楼、婚宴服务等经营、生产、研究、宣传等单位和个人自愿组成的非营利的、公益性的、行业性的、全国性的社会团体。

1. 委员会的宗旨

坚持以人为本的科学发展观,坚持运用社会工作的理念和方法,宣传、倡导中国特色的社会主义先进婚庆文化,规范婚庆行业自律,开展婚庆行业为全社会服务,推动婚庆产业发展,为促进社会和谐和建设人民美好生活做出贡献。

2. 委员会的任务

制定婚庆行业及相关产业的行业标准和行业规范,监督指导婚庆市场运作,推动婚庆行业科学发展。组织婚庆文化和婚庆产业的理论研究,掌握婚庆行业发展的规律和动态,向有关部门提出相关立法或制定政策的建议。举办婚庆行业职业技能及相关专业的培训,编写相关培训教材和书籍。开展婚礼、婚俗、婚姻文化的宣传、知识普及和心理咨询等工作;倡导文明、健康、时尚、高雅的婚礼模式,举办有示范意义的婚庆或相关的大型活动,引导婚庆行业的发展方向。举办婚庆行业及相关产品的考核、评比和表彰;开发、认定、推介符合行业标准的婚庆产品。协调解决与婚庆行业有关的各类纠纷,维护会员的合法权益。组织开展国内和国际婚庆行业间的学术、业务交流与合作。承办政府有关部门委托的事务。承办中国社会工作协会交办的其他工作。

3. 机构设置及部门职能

行政办公室:资料、档案、财务的管理;婚庆服务及相关产业行业标准的制定;会员单位的资格认证、评比表彰;组织婚庆文化及婚庆产业的专题调研理论研究。

宣传推广部:负责对外的媒体联系、政策宣传;广告方案策划、图书及相关刊物的出版发行等。

大型活动部:策划、举办、监督和指导婚庆及相关行业的各类活动、展览、会议以及婚庆流行趋向发布。

培训考核部:负责婚庆领域的培训考核;岗位标准认定;图书、刊物及教材的编写。

法律事务部:承担婚庆行业委员会的相关法律事务;向有关部门提出制定相关法律法规,维护会员合法权益等。

会员享有的权利:拥有选举权与被选举权、批评建议权;享受本会提供的各种业内信息、优惠待遇;优先参加婚庆领域内的培训、推介活动;获得委员会对会员纠纷的调解、协调、帮助等。

2.3.2 行业协会

1)婚庆行业协会

行业协会是指介于政府、企业之间,商品生产业与经营者之间,并为其服务、咨询、沟通、监督,公正、自律、协调的社会中介组织。行业协会是一种民间性组织,不属于政府的管理机构系列,是政府与企业的桥梁和纽带。行业协会属于我国《民法》规定的社团法人,是我国民间组织社会团体的一种,即国际上统称的非政府机构,属非营利性机构。

我国婚庆行业协会是随着婚庆行业的迅速发展出现的,由于婚庆行业各种不规范现象的出现,急需一个组织的引导,婚庆行业协会应运而生。目前很多省市都设立了自己的婚庆行业协会,既保障了消费者的权益,也引导婚庆行业向正规化方向发展。

2)上海婚庆行业协会范例

(1)上海婚庆行业协会简介

上海市婚庆行业协会于2004年1月筹建,行业业务主管单位是上海市经济委员会,协会业务主管单位是上海市行业协会发展署,登记主管单位是上海市社团管理局。本团体同时接受上海市经济委员会、上海市行业协会发展署、上海社团管理局的业务指导和监督管理。该协会是以本市婚庆礼仪的企业为主,包括有关婚礼策划、摄影、摄像、化妆、司仪、布置、喜糖、婚车、花卉等,由婚礼一条龙服务的企事业单位自愿组成。跨地区、跨部门、跨所有制的行业组织,是以推动行业生产与技术发展,加强行业规划管理为目标的实行行业服务和自律的非营利性社会团体。

协会现有注册会员单位 102 家,分布在上海各个区。其中国企 1 家,集体 2 家,外企合资 2 家,其他多为民营股份制企业,企业数量及产值均占全产业一半以上,具有广泛代表性。

协会宗旨以政府经济发展战略为指导,团结婚庆礼仪行业的相关企业、事业单位和学术团体,对内组织指定行约、行规,维护行业整体利益,实现行业自律;协调行业与政府主管部门的交流与沟通,宣传贯彻国家政策、法律法规,提高婚庆的业务水平和服务质量,保障国家利益和消费者利益,普及业务知识,引导消费者了解这个行业的发展,发挥婚庆行业对社会、经济、文化发展和社会主义精神文明建设的积极推动作用。

(2)上海婚庆礼仪投诉处理办法(草案)

上海婚庆礼仪投诉处理办法(草案)

第一章 总 则

第一条 为保护婚礼礼仪服务消费者和从业企业的合法权益,正确、及时处理客户对婚礼服务投诉,根据《中华人民共和国消费者权益保护法》及有关规定、制定本办法。

第二条 上海婚庆行业协会投诉部受理投诉,依照本办法执行。

第三条 上海婚庆行业协会对受理的消费者投诉案件,应当根据事实,依照法律、行政法规和规章以及合同条款或双方约定公正合理地处理。

第二章 投诉管辖

第四条 上海婚庆行业的婚礼服务投诉由协会负责受理,如对协会处理不服可向上海市人民法院起诉。

第三章 投诉受理

第五条 消费者投诉应当提供书面材料,并载明以下内容:

(一)投诉人姓名住址、联系方式、投诉日期。

(二)投诉事项、具体理由、事实陈述及相关证据(包括签订的上海市工商局和上海婚庆行业协会共同制订的上海市婚礼庆典服务合同)。

第六条 消费者委托代理人进行投诉活动的,应当向上海婚庆行业协会投诉部递交授权委托书。

第七条 下列投诉不予受理:

(1)两个月后,被投诉方不再负有违约责任的;

(2)已达成调解协议,且没有新情况、新理由的;

(3)对存在争议的服务项目无法实施检验鉴定的;

(4)消费者知道或者应当知道其权益受到伤害之日起超过 30 日或者超过规定或约定期限的;

(5)法院、仲裁机构、有关行政机关或消费者保护委员会已受理或处理的;

（6）不符合国家法律、法规及规章规定的。

第八条 上海婚庆行业协会投诉部在接到投诉材料后七日内，以书面形式或电话通知投诉人，做出如下处理：

（一）投诉符合规定的，予以受理；

（二）投诉不符合规定的，告之不予受理的理由。

第四章 投诉处理

第九条 对消费者的投诉应当予以登记，并及时处理。

第十条 上海婚庆行业协会受理投诉的案件，属于民事争议的，采用调解方式予以处理。

第十一条 上海婚庆行业协会对未履行规定的义务引起的服务质量争议，应当督促被投诉公司全力整改。

第十二条 上海婚庆行业协会对行政违法行为的投诉，应当移送有管辖权的行政执法部门处理，对构成犯罪行为的投诉，应当移送司法机关处理。

第十三条 上海婚庆行业协会投诉部进行调解时，应当征得投诉人的同意，调查核实投诉情况，认定有关事实。

第十四条 对婚礼服务不符合上海市婚礼庆典服务合同或双方约定及服务标准的，上海婚庆行业协会投诉部视具体情况责令被投诉公司整改及经济赔偿。

第十五条 对有争议的婚礼服务项目需要进行质量检验、鉴定的，上海婚庆行业协会投诉部在征得投诉人同意后，由协会指定的检验机构进行质量检验、鉴定。该费用由投诉人预付，处理终结时，该费用由败诉者支付。

第十六条 负责婚礼服务争议调解达成一致意见的，应当签订《婚礼服务争议调解书》，由投诉人和被投诉人自觉履行。

第十七条 调解书应当写明投诉事项、事实、调查核实情况和当事人协议的结果。调解书一式三份，由投诉人、被投诉人负责人签名，加盖公章，送达双方当事人及上海婚庆行业协会。

第十八条 接到消费者申诉书之日起三十日内终结调解。调解不成的应当及时终止调解，并交上海市人民法院进行处理。

第十九条 上海婚庆行业协会投诉部建立和健全投诉档案管理制度。档案的保管期，通常为三个月，也可根据投诉的重要性和保留价值等具体情况确定。

第五章 附 则

第二十条 本办法由上海婚庆行业协会负责解释。

第二十一条 本办法自颁发之日起实施。

赔偿具体方案：

一、婚车的投诉处理办法

1.婚庆公司所提供的婚车与协议车辆的车型或颜色有差异：

A.婚庆公司若提供与协议车辆同等级车型或高于协议车辆车型的车辆，婚庆公司不予赔偿；

B.婚庆公司提供低于协议车辆车型的婚车，由婚庆公司负责赔偿，赔偿方式为退婚车款，并免费使用提供车辆。

2. 婚车在婚庆活动中抛锚：

A. 若婚庆公司在事发后一小时内换同等级婚车，则由婚庆公司负责赔偿，退还婚车款的50%；

B. 若婚庆公司在事发后一小时内换低于协议车型的婚车，则由婚庆公司负责赔偿，赔偿方式为退一赔一（婚车款）；

C. 若婚庆公司在事发后一小时内未换来婚车，则由婚庆公司负责赔偿，赔偿方式为退一赔二（婚车款）。

3. 婚庆公司原因造成婚车迟到：

A. 婚车在协议时间后30分钟内到达协议规定地点，婚庆公司不予赔偿；

B. 婚车在协议时间后30~60分钟内到达协议规定地点，由婚庆公司负责赔偿，退还婚车款50%；

C. 婚庆公司若不能在协议时间提供婚车更换婚车型号，应提前15天通知客户，并与其协商。若双方协商成功，则按协商办法执行；若双方协商失败，则由婚庆公司退还全部婚车款；

D. 婚庆公司若未能提前15天通知客户，而婚车在婚庆活动当天未能到达协议规定地点，由婚庆公司负责赔偿，赔偿方式为退一赔二。

4. 婚车装饰物丢失：

A. 在婚车行进过程中，婚车车头花飞落，应就近扎花，费用由婚庆公司负责（费用与支付扎花费同额）；

B. 若婚车装饰物的颜色或样式与协议规定有差异，由婚庆公司负责退还花款。

5. 若婚车没有空调，由婚庆公司负责退还50%的车款。

6. 婚庆公司原因须变更客户预定的车辆，按以下方式处理：

A. 婚庆公司若不能在协议时间提供婚车或需要更换婚车型号，应提前15天通知客户，并与其协商。若双方协商成功，则按协商办法执行；若双方协商失败，则由婚庆公司退还全部婚车款（客户自行安排车辆）；

B. 如果婚庆公司在约定用车时间一周之内（包括用车当日）通知客户变更车辆，可调换同级别车辆并赔偿租车费用的5%，或全额退款（客户自行安排车辆）。

7. 客户原因造成车辆损坏的，由客户承担相应修理费用。

二、摄影、摄像的投诉处理办法

1. 婚庆公司所提供的摄像机型号与协议规定有差异：

A. 婚庆公司以模拟摄像机替换数码摄像机，由婚庆公司负责赔偿，赔偿方式为退一赔一（摄像款）；

B. 婚庆公司以数码摄像机替换模拟摄像机，则婚庆公司不予赔偿。

2. 摄像内容不全：

A. 摄像的重要镜头必须在协议双方鉴定下，预先给予书面注明；

B. 若摄像内容缺少重要镜头，则由婚庆公司负责退还摄像款。

C. 若摄像内容全无，则由婚庆公司负责退赔摄像款，按退一赔五的标准赔偿（摄像带遗失按此方法赔偿）。

3. 摄像内容制作不清晰：

A.摄像内容应以专题片制作为标准,并通过鉴定;

B.若摄像内容制作不清晰,由婚庆公司负责重新制作,直到鉴定中心通过。

4.摄影出现质量问题:

A.传统摄影(以36张为基数)若坏照超过15%,由婚庆公司负责赔偿,1卷赔5卷,并由婚庆公司承担冲印费;

B.在摄影过程中重叠过多拍摄的照片,由婚庆公司负责赔偿,按实际数退还摄影部分摄影款及冲印费。

三、场地的投诉处理办法

1.若由婚庆公司为客户提供酒店场地布置,而婚庆公司未能在协议时间内提供协议指定场地布置,则由婚庆公司负责赔偿,赔偿方式为退一赔一(布置场地款)。

2.婚庆过程中,婚庆公司原因造成装饰物坠落,由婚庆公司负责赔偿,赔偿方式为退一赔一(坠落费用)。

3.婚庆活动所需物品(如香槟酒、签到本等)若未到,应及时补救;未能及时补救,则由婚庆公司负责赔偿,赔偿方式为退一赔一。

4.婚庆蛋糕处理办法:

A.婚庆公司在递送蛋糕的过程如由婚庆公司造成的场地搞错,蛋糕递送误点,蛋糕严重破损,所造成客户的婚庆仪式无法正常进行的损失,均由婚庆公司负责,赔偿方式为退一赔一(蛋糕费);

B.若发生蛋糕食物中毒重大事故,将根据《中华人民共和国食品卫生法》进行处理。

四、司仪的投诉处理办法

A.司仪在比协议规定时间晚30分钟以内到达,若不影响婚庆程序的进行,不做赔偿。

B.司仪在比协议规定时间晚30分钟以上到达,若影响婚庆程序的进行,则由婚庆公司退还全部司仪款。

C.司仪在比协议规定时间晚30~60分钟以内到达,若不影响程序的进行,则由婚庆公司退还司仪款的50%。

D.司仪在比协议规定时间晚30~60分钟以内到达,若影响程序的进行,则由婚庆公司负责,赔偿方式为退一赔一。

E.在婚庆活动进行中,司仪将主要人名弄错,或漏掉重要的或双方约定的程序,由婚庆公司退还司仪款的50%。

五、化妆的投诉处理办法

在婚庆活动当天,婚庆公司在未征得客户的同意下,擅自更换化妆师,则由婚庆公司退还全部化妆费。

六、退单处理办法

A.在签订合同一周内,如无故退单或退其中某个项目,必须补偿对方此项目的10%,婚庆服务总价的10%;

B.在签订合同一个月内,如无故退单或退其中某个项目,必须补偿对方此项目的20%,在签订合同一个月后,婚庆服务总价的20%;

C.如无故退单或退其中某个项目,必须补偿对方此项目的30%,婚庆服务总价的30%;

D. 在婚前一周内如无故退单或退其中某项目,必须补偿对方此项目的 50%,婚庆服务总价的 50%;

E. 非人为特殊原因,在签订合同后要求退单,凭有效证据对方必须同意全款退单(租车定金不退)。

注:以上各项赔偿,必须在上海婚庆行业协会评估之后方可执行,若鉴定无恙,由客户承担责任。

在签订合同后,有不可抗拒的原因,可以全额退款(不包括租婚车款外),合同可以缓期。

2.4 婚庆行业发展趋势

20 世纪 90 年代出生的青年们在 2013 年前后陆续达到婚龄,在新的机遇和挑战面前,婚庆行业面临着一次洗牌,婚庆企业进行品牌化、规模化、服务一体化和进行资源整合成为必然。婚庆企业只有不断地适应市场变化,迎合新人们的口味,才能获得市场。主要来说,近些年,婚庆市场的发展趋势主要体现在以下几点。

1)服务一体化

服务是婚庆活动的本质和灵魂,婚庆服务的一体化一方面可以给客户带来更加便捷的体验,还可以在整个婚庆活动的各个环节进行资源整合,更容易明确责任所在;另一方面,可以给婚庆企业带来整体业务,在整个业务的资源整合中节约成本,增加利益。

服务一体化是现代婚庆发展的必然趋势,服务质量将不断提升,更注重服务档次和内容,有系统的职业取向序列将成为服务一体化的重要内容。

2)企业品牌化

品牌是一个企业的无形资产,拥有品牌才能占领市场,拥有效益。当今各地的婚庆企业层出不穷,良莠不齐,市场运作独立,这就使很多企业只能局限在区域范围内运作,很难走出去。缺乏大市场,企业规模小,资源整合能力差使企业想要拥有很高的效益几乎成为一件不可能的事情,这就需要企业更加注重创建婚庆产业知名品牌,增强婚庆创新能力,打造核心竞争力。提高全行业经营管理水平,同时进行品牌培养期间必要的媒体宣传,才能使企业走向品牌的道路。

3)行业规范化

婚庆行业是一个朝阳行业,前景看好但混乱无序,产业服务不规范。婚庆公司良莠不齐,鱼龙混杂,导致"红色投诉"居高不下,这一系列问题都影响了婚庆行业的整体形象和发展。现在婚庆各方都在积极努力,改善婚庆发展环境。

(1)各地区婚庆协会不断成立,将大力提倡贴心服务、诚信服务

各地的婚庆公司如雨后春笋般涌现的同时,婚庆协会也在不断增加,目的就是避免各婚庆企业相互独立,不成系统的状况,积极地组织婚庆企业进行研讨,统一规范,不断地改善婚庆市

场环境。

（2）政府更加重视婚庆文化，制定和完善新婚消费行业规范，整治行业市场

由于婚庆行业产业链长，涉及范围广，在促进经济发展上发挥着重要的作用，因此在行业协会进行行业内规范和约束的同时，政府也更加注重婚庆行业的规范，制定一系列与婚庆相关的政策措施，在行政上对婚庆行业进行规范，也在不断地促进婚庆行业的良性发展。

4）宣传媒体多样化

现代的婚庆企业越来越重视对企业自身的宣传，以吸引客户，占领市场。传统的婚庆企业一般在区域范围内利用口碑传播，被动地等待客户。而现代的婚庆企业，一改之前被动的商业模式，积极利用各种媒体进行宣传，电视、报纸等大众媒体成为其主要的宣传媒体，同时辅之以传单、公交广告等媒介。网络等现代科技手段也在婚庆产业的宣传和销售中发挥着重要的作用。

宣传媒体的多样化不仅使企业获得更多的业务，还是培养企业品牌的重要途径。

5）人才专业化

目前婚庆市场的主流客户群是"90后"。他们对婚礼个性化的要求更高，不满足于千篇一律的婚礼模式。从婚庆的策划、执行到婚庆产品甚至是婚礼司仪都需要更加专业的人才，以确保"终身大事"办得有质量、有水平。

现在各地的婚庆培训机构不断增加，其中培养婚礼司仪成为主要的业务。在婚礼中，司仪的作用举足轻重，优秀的司仪一般负责贯穿策划婚礼的整个环节，价位在800～2 800元不等，而不做策划、只负责现场主持的司仪出场费至少也在500～1 000元。

婚庆协会也进行职业资格审核，如"注册婚庆策划师"等职业资格证书。这都将促进我国婚庆行业在人才方面向着专业化的方向发展。

【相关链接】

2017年中国婚庆行业现状与发展趋势报告

2016年是整个婚庆行业最动荡的一年，婚庆市场消费主体发生了很大的变化。我们不妨称之为"婚市转折年"。结婚消费人群的主要变化是："90后"首次超过"80后"，城市结婚人口首次超过乡镇；而2016年结婚消费人群的主要变化是：高额订单锐减，但基础市场客单价普遍上涨，中端市场规模得到稳固和扩大，整个中国婚庆行业愁多乐少，但乐的仍有八成忧心忡忡。昨日辉煌今日衰，今日仍在风光的又有几个看得懂未来？

中国婚庆是一个泛消费市场，我们把婚庆通俗地称为"大幸福产业"，与结婚相关的消费都可以计入大幸福产业。其包含婚宴、婚纱、摄影、婚礼策划、礼服和婚车以及蜜月旅游、喜糖、喜酒、珠宝首饰和家电、家纺，甚至涵盖了金融、保险、房产、家装、旅游以及母婴健康的幸福产业，的确是万亿人民币级别的消费市场，成为推动经济社会持续发展的重要力量。婚庆作为"大幸

福产业"迎来全面利好。

1. 婚庆行业的市场环境可以用"非常恶劣"来形容,由于供需信息不对称,目前婚庆市场上存在诸多市场痛点,从而市场同质化竞争激烈、婚庆公司进驻酒店使服务品质下降,婚庆公司接单难现象已成普遍。2017年是"婚企转型年",市场的最终洗牌在这一年到来。婚庆市场格局重新定位,婚庆行业洗牌将成为常态。

2. 众所周知,婚庆市场纷繁复杂、产业市场规模庞大,拥有年均超过千万亿元的婚庆消费产值,直接或间接的从业人员已经超过了1 000万人。

2016年全国各级民政部门和婚姻登记机构共依法办理结婚登记11 328 806对,3 468 005对夫妇分道扬镳。2015年全国各级民政部门和婚姻登记机构共依法办理结婚登记12 134 056对,离婚登记3 127 161对。2016年结婚登记比2015年减少805 250对,而离婚登记增加了340 844对。结婚人数逐年下降,随着人口红利的消失,婚庆市场逐步走向精耕细作。

3. 中国婚庆经历过几年的变革试错,越来越多的婚庆企业开始尝试拥抱共赢,婚庆产业更加回归商业理性。中国婚庆企业及婚庆人必须保持前沿的婚庆市场分析能力,才能远离被淘汰的命运,了解婚庆市场的发展趋势,打好有准备之仗。婚庆行业进入规模化整合、均衡性发展的新阶段,行业产业链整合成为必然趋势。

4. "互联网+"婚庆通过跨界、整合、开放、信息化、在线化、数据化等方式和手段,打破了以往的行业潜规则,赋予婚庆行业新的发展思维,增强行业的体验服务意识,满足个性化定制需求。随着消费者越来越理性,信息越来越透明,传统的婚庆服务公司生存空间越来越小。

5. 中国婚庆行业逐渐发展为跨行业、多业态的创新产业格局,婚庆消费总体呈现支出水平显著增长、个性化需求明显增多的态势,人们用于婚礼的消费支出仍将继续保持增长,进而拉动婚庆市场的繁荣。

6. 随着人民生活水平的提高,结婚新人对婚礼文化和品质需求更加重视,因此婚庆行业的关注度也越来越高。婚庆行业这种重品类、低频次的市场属性在消费者心理诉求中占据着相当大的比例。中国婚庆行业从过去作坊式的分散经济逐渐发展为跨行业、多业态的创新产业格局,并有向多样化、便利化、精细化、品质化、网络化和产业化发展的趋势。

7. 伴随中国经济增长进入换挡期,婚庆产业的发展步伐与全国经济形势一致,也将从高速发展向中低速发展转变。中国婚庆经过30年的高速增长,正面临着转型升级的重要时期,婚庆行业已经进入品牌竞争时代。婚庆市场竞争从区域、类别、局部已经上升为品牌之间的立体战。强化和加快品牌建设,建立更高层面的品牌内涵,实现更高效的系统化品牌工程成为品牌婚庆企业必走之路。而品牌战略的重要性提升、品牌层面的竞争也将更加强化,没有品牌基础的中小婚庆企业将被淘汰,以品牌企业为中心的婚庆集团将陆续出现。"互联网+"给婚庆产业带来的变化,对从业者提出更高的要求,引入竞争机制,才能从本质上改变婚礼产业的构造,在未来,最成功的婚庆品牌一定是拥有最成功的服务团队。具有品牌价值的婚庆企业的招牌正在被擦亮,区域性的龙头企业若隐若现。婚庆行业的消费人群的日益年轻化趋势又使得一些品牌企业需要迅速提升自身的服务力、创新力、公信力,从而适应时代潮流大趋势。

8. 婚庆产业链从一个"链条"向着"网状"形态演变,而且这张网越织越大、越来越密。从上游到下游,婚庆市场无疑拥有着其他行业无法比拟的超长产业链,疏通上下游索道、封闭产业链端口、整合行业资源、释放企业活力的枢纽、盘活固有传统婚庆市场、发展新兴婚庆产业服务,从而使资本的原始积累变为强势扩张,用全新的理念去诠释现代婚庆产业发展的新思路。

9. 越偏向服务重的行业越难受到互联网化因素制约,因此更需去探究真正用户价值,完成产品升级最重要的垫脚石,扩宽横向发展渠道,打造真正意义上的婚庆新时代。随着互联网的不断发展,婚庆产业链的完善将建立在婚庆企业全产业链发展的基础上,许多互联网婚庆公司都在进行平台化发展,致力于婚庆一条龙服务。在当前婚庆市场环境下,婚庆企业应该借力互联网浪潮,扩大本身在婚庆市场的影响力,提高服务水平,打破信息不对称,增强用户信任度,建立自身在市场中的地位。互联网的线下服务的需求加大,将有越来越多的婚庆企业重视服务的导入,用服务驱动婚庆产品的销售。

10. 合作共赢、资源整合婚庆企业才有未来和发展。婚庆产业的资源争夺战即将打响,并将掀起投资整合并购风潮。随着资本进入婚庆市场,全国目前有投资布局的资本不下30家。上市公司涉及的主营业务有地产、家纺、白酒、家居、园林、旅游、婚恋以及互联网消费。婚庆行业迎来"上市"潮,导致更多的婚企登陆新三板挂牌交易抢滩资本市场。婚庆市场万亿元的规模,吸引了越来越多的资本投身其中。值得说明的是:互联网时代你能忽悠得了个别投资商,但绝忽悠不了整个中国婚庆产业的消费市场。

11. 打造"一站式"的购物场景,打造出更完善、更具体、更人性化、可持续的综合性的婚庆服务平台。婚庆行业如果想快速规模化,本质还是要回归到产品化。从用户的场景、各个细分品类去尝试打造一个可产品化、可规模化的商业链条出来,这样婚庆市场才能进入发展的快车道。

12. 各种婚庆方面应用和APP大量出现,让人的能力产品化和可复制化,在某一程度上解决了婚庆行业人才稀缺的现状,降低了成本,提升了效率,也为将来全国婚庆领军品牌的出现铺垫了技术基础。同时,技术也越来越不成为婚庆行业的核心竞争力,核心竞争力在回归到服务行业的本质:服务和口碑。

13. 个性化婚礼依然备受推崇,人的长相有美有丑,造人的上帝解释说,任何东西批量生产了,就很难保证部分的质量。虽然是笑话,但也说明了个性化婚礼的重要性。

14. 婚庆行业与旅游行业的联系越来越紧密,婚庆旅游成为行业热点备受政府的支持和关注。婚庆旅游将带动婚庆行业新一轮的爱情浪潮。积极引导婚庆产业市场与旅游产业的融合发展,不仅为众多新人提供"与众不同"的个性时尚婚礼,也能够促进旅游产业和婚庆产业的多元化同步发展。

15. 婚庆行业根深蒂固的线下属性以及低频消费的本质和互联网格格不入。互联网注定无法直接提升婚礼本身的品质,互联网能够提升的是办婚礼的人,以婚庆行业的从业人员与"常驻人口"——婚礼人为切入点,通过互联网的手段,改变婚礼人的经营模式,引入竞争机制,提高婚庆从业人员的专业素养与服务品质,以此提高婚礼的品质,迎合新人日益增高的品质追求与个性化需求,才是"互联网+婚庆"的正确玩法。线上线下的结合是不可避免的,婚庆网络化大势所向,"婚庆+互联网"已经成为标配,无须再去怀疑,就是看谁能把这个标配和链条融合得很好。

16. 婚庆行业是一个线下行业,产品效果的优劣取决于打造产品的人,用户对婚礼的满意一定是建立在婚庆人上。尽管婚庆行业逐步转战互联网,但是采用的商业模式依旧是传统婚庆的老路,低价、套餐、附赠,互联网显然不能够改变婚礼本身。婚礼的展现也无法在线上表现出个性化，没有实体依托的互联网婚庆平台很快就会因为品牌吸引力不足被淘汰，婚庆行业的天然弱势使婚庆品牌的打造不具备大规模复制能力，传统婚庆寻求在互联网上的突破，用户体验的提升依托的不是价格与品牌，而是婚礼的服务团队，不管线上如何展示。

17.“婚庆保险”“婚庆分期服务”“结婚贷款”“婚宴主题酒店”等的出现将使婚庆市场发生大变革。“婚宴主题酒店”的兴建浪潮或许破局困扰我们婚庆行业收取入场费的问题。

18. 婚庆行业协会商会积极推动婚庆产业发展，对接政府有关部门，调研并编制全国婚庆产业发展的规划，预计在2至3年内，由行业协会主导和参与建设的全国将有100个婚庆产业园、超级婚宴主题酒店或其他婚庆项目产生。婚庆行业协会商会要发挥协会指导、协调、服务、监督作用。

2017年，中国婚庆将进入优胜劣汰的调整期和优化配置的发展期。一批劣质经营、违规经营、粗暴经营、投机经营、失信经营的婚庆企业将被淘汰出局。不遵守行业规则、侵害消费者权益的经营者逐步被淘汰，真正实现婚庆服务及相关婚庆产业健康发展。

随着婚庆产业的发展，婚庆必将成为一个充满生机的、规范的，具有广泛影响力的产业。婚庆产业的发展必将对促进广大人民群众的精神文化生活起到重要作用。

（资料来源：2017年中国婚庆行业现状与发展趋势报告，有删减）

2.5　婚庆礼仪服务行业

2.5.1　行业简介

具体来说，婚庆礼仪服务指的是为客人的婚礼进行赋有创意的一种策划服务，涵盖各种婚礼形式或是各种婚礼形式的组合体。它可以根据每对新人的不同爱好、追求或诉求点而为他们量身定制婚礼安排，或可以依据新人的兴趣和要求使整个婚礼围绕一至两个主题或两至三个侧重点进行。为表达这些主题和侧重点需要布置会场格调，灯光、音乐、道具、情感表达方式、舞台节目、主持人以及主持词等各种人、物、情景等元素的完美配合，方能演绎出一场策划与期待中的婚礼。如果只是简单的流程组合加会场布置及项目服务，那只能说是进行了婚礼服务项目组合。一场好的婚礼是有灵魂的，是能让所有来宾朋友共同参与、共同投入、共同欢乐、共同震撼、共同感动、共同祝福，当然它也应是令新人和参与者们难以忘怀的。

调查报告显示，我国最近几年来平均登记结婚人数约为811万对，其中城镇居民占41%。在新婚消费方面，88.40%的新人需要拍摄婚纱照；49.14%计划请婚庆公司为他们筹办婚礼；78.74%准备到酒楼举办婚宴；36.83%要为新娘购买婚纱；67.66%将安排蜜月旅游。每对新人的加权平均消费金额达到12.58万元。按此计算，中国城镇结婚人群一年的消费总额为4 183亿元。

婚庆礼仪服务作为第三方服务利润可观，现有市场空间巨大，我国目前专业婚庆公司不多，业余类婚庆公司参差不齐，缺少管理规范。有专业服务人员、专业管理人员，规模大、体系化、规范化操作、有高知名度品牌的专业婚庆服务店是顾客的首选。婚庆服务包含多项服务，每项服务均有利可图。它主要包括新人美容化妆、婚纱礼服首饰租售、婚礼摄像、光碟编辑制作、婚礼照相、婚礼当日相册制作、礼宾车队出租、鲜花彩车制作(包含捧花、胸花、腕花、肩花、颈花等)、新房布置、酒店布置、婚礼主持、道具租赁(音响、灯光、舞台、特色婚礼道具等)、婚庆用品出售、特色婚礼策划、督导执行等。能直接带动服务的还涉及婚宴预订、酒水代购、结婚首饰戒指选买、礼宾花、冷焰火、喜糖、喜帖、喜烛等婚庆用品购置等。在中国走向国际化、时尚化的趋势下,婚庆行业市场也必将呈现出前所未有的新局面。婚庆礼仪服务行业属于现代服务业,一般其行政主管是工商行政管理局,并有相应的婚庆行业协会作为行业辅助机构,服务对象为婚礼新人。

2.5.2　婚庆礼仪服务公司

1)经营模式

婚庆礼仪服务公司的经营模式分为两种:一是独立经营模式,即包办婚礼庆祝活动过程的所有业务;二是委托合作模式,即婚庆礼仪服务公司只负责最擅长和最专业部分,其他服务全部采取社会化合作模式,由社会专业人士负责制作。根据现有市场状况分析,婚庆礼仪服务公司大多采用委托合作模式经营与管理。这样,可以最大限度地发挥自身专业特长,从而为创建良好社会口碑奠定市场基础。

2)市场准入

婚庆礼仪服务归属于现代服务业,进入婚庆礼仪服务行业并无行业准入条件,只需按正常程序报批工商行政管理部门,领取营业执照即可。

3)配套合作企业

配套合作企业如图2.1所示。

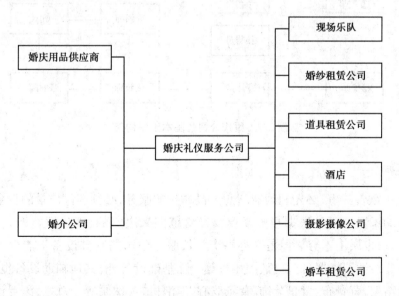

图2.1　配套合作企业

4）行业品牌

婚庆礼仪服务作为一种现代服务业态,其价值主要体现于所提供服务的质量。目前,仅就婚庆礼仪服务体系而言,尚未形成大规模的服务品牌。纵观整个婚庆礼仪服务行业,无论是行业协会还是社会新闻媒体等机构,尚未就该业态组织过任何评选活动,而且婚庆礼仪服务行业的规模非常庞大,目前市场上尚未形成比较认可的行业品牌(虽然业内也有一些行业品牌)。

5）服务项目

婚庆礼仪服务行业所提供的项目有:婚庆咨询热线电话、新人美容化妆、新婚购物咨询服务、蜜月旅游服务、周年婚礼纪念、婚纱礼服首饰租售、婚礼摄像、光碟编辑制作、婚礼照相、婚礼当日相册制作、礼宾车队出租、鲜花彩车制作、新房布置、酒店布置婚礼主持、道具租赁、婚庆用品出售、特色婚礼策划、督导执行。当然,这些服务项目要根据婚庆礼仪服务公司的规模来定,一般基本人员设置在5人左右。

6）婚庆公司的基本组织构架

婚庆公司的基本组织构架如图2.2所示。

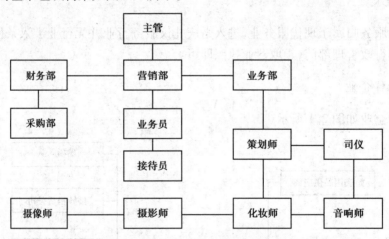

图2.2　婚庆公司的基本组织构架

7）设备设施

古人说:"工欲善其事,必先利其器。"想要高质量的服务,必须有高质量的设备。婚庆礼仪服务公司设备的添置主要是根据投资规模及经营范围来决定的,现代婚礼形式纷呈,花样百出,各类游艺器材也层出不穷。但是开办婚庆礼仪服务公司的基础设备不能少,如计算机、扫描仪、刻录机、非线性编辑器、传真机、照相机等。除基础设备外,其他辅助设备也是不能少的,主要包括背景桁架、背景布、背景装饰、背景双心、泡泡机、气球泵等。总之,添置设备的原则是经济、实用、够用,少了影响业务的开展,多了造成设备闲置,同时还将占用大量的资金,有时可能会在一定的时间内,造成公司资金的周转困难。

8)行业现状

随着婚庆市场的快速发展,现已经形成了"五一""十一"两个大的婚庆市场消费旺季,各地的婚纱摄影、婚礼服务、婚宴场所、蜜月旅游等婚礼服务企业早在每年的二三月份和七八月份就开始为这两大结婚旺季策划筹备。各种婚纱摄影、婚礼服务的企业数量持续增加,市场供给总量有所扩大。婚庆市场虽大,但婚庆产业的主要行业企业的规模较小,从业经营者水平参差不齐。从从业平均人数来看,全国各城市的婚庆企业的平均从业人员均很少,婚礼策划企业平均每家从业人员 10 人左右,婚纱摄影企业平均每家 40~60 人,一些婚庆公司甚至只有一间办公室在对外四处联系分项服务,没有统一的店铺和成熟的经营模式。婚庆市场存在着诸多问题,也突显了不少商机。经营者没有物流平台,在批发市场进货不是商品雷同,就是品种不齐,每次进货都要到各地采购,不仅路途遥远,而且费用高、效率也低。

9)婚庆礼仪公司竞争的特点

差异化:现在有许多婚庆公司与新人缺乏沟通,导致婚礼无法展现新人预想的效果。婚庆公司要认真对待每对新人,将每场婚礼当作一件艺术品来完成,努力做到尽善尽美。

专业化:多数婚庆公司通常出于成本考虑,几乎不设专门负责策划的团队。具有竞争力的婚庆礼仪服务公司都拥有专业策划团队,团队成员都具备国家颁布的专业资格证书,同时精通各种主题的策划。

个性化:是婚庆礼仪行业中极具竞争力的一项内容,现代年轻人越来越追求个性化,谁都希望自己的婚礼是独一无二的,而在现有的大多数婚庆公司中,婚礼的整体策划基本由司仪独自完成,导致婚礼内容单一,千篇一律,没有考虑新人的个性服务需求。如果公司能根据不同的新人量身定制属于他们自己的特色婚礼,相信会具有更强的竞争力。

10)婚庆礼仪公司竞争的形式

价格竞争:主要体现在,价格是否在同行业中是最低的,能给予多大的折扣优惠。如今的婚庆市场竞争非常激烈,为了增加客源,一些经营者率先采用价格促销策略,同时也使其他经营者被迫作出反应,从而就产生了所谓的"价格战"。

服务竞争:主要体现于专业性,也是获得消费者认可的主要因素。因此服务态度和服务质量,直接影响公司的生意,服务竞争衍生出了多种多样的服务形式,如婚纱摄影、喜糖配送、联合服务等多种灵活的服务形式。

11)营销策略

对婚庆公司来说,针对不同的婚庆经济,应该采用不同的营销方式,主要表现在以下 3 个方面:

(1)提高服务档次和内容

在婚庆服务市场,无论是酒店还是婚庆公司,在结婚高峰时间里(例如"五一"期间),其能

组织的资源是有限的,可以算是卖方市场经济。因此可以在保证诚信的前提下,积极提高服务的档次和内容,通过有限的资源和时间,获得更高的回报。

（2）定位营销

在婚庆用品市场,新婚伴侣采用的商品是明显区别于一般类别的,原有的产品很难满足这种特殊的需要。婚庆公司要想在婚庆行业中有作为,一定要推出有针对性的产品系列或者子品牌,以起到有效区分的作用。考虑婚庆经济的规模,建议在结婚潮高峰到来之前,婚庆公司就要提前进行适当的广告宣传,准确定位、提前宣传、提高曝光率,这样可以达到很好的效果。如果等到竞争对手反应过来时,他们已经错过商机。

（3）优惠和促销

在生活配套市场,采购的商品本身与平常差别不大,但是采购量多,时间集中,针对这样的特点,适当的优惠和促销是比较好的营销手法。促销和优惠的方式与平常的方式有所不同,要侧重于从新人的需求出发,因此,投入的关注度很重要。

12）促销策略

婚庆礼仪服务公司(婚庆公司)经营的促销方式多种多样,人们开展促销方面有很多不同的做法,目前比较常用的促销方式有以下几种:

①价格促销:在这类促销中,刺激购买的诱因都是以价格为基础的,价格是其中主要的吸引因素,因而在促销信息中往往被突出地加以强调。

②劝试型促销:涉及这类促销活动的目的在于,鼓励婚庆公司目标对象试用产品或服务,其方法之一常常是利用价格刺激顾客尝试某一产品或服务。

③份额竞争型促销:这类促销的目的在于,通过采取某种形式的刺激措施,从竞争对手那里夺去市场份额。明显低于竞争者的价格、高于竞争者产品的待遇,或者胜过其他竞争者的优点,是这类促销的核心内容。

④介绍型促销:这类促销的设计目的是,向市场介绍新的服务项目,介绍型促销还可用来争取其他客人。

⑤营造回头业务型促销:这类促销的设计目的是,通过增加婚庆公司曾服务过的对象介绍新客户,而提供某种奖励或报偿去营造回头业务。

⑥有奖型促销:这种类型的促销是,通过提供某种中奖机会,诱使人们购买企业的产品或服务。

⑦联合型促销:这类促销主要是指,将某一产品或服务系于另一公司的产品或服务进行促销。这通常是在双方都明显受益的情况下采用的。

⑧合作型促销:合作型促销和联合型促销有些类似,但合作型促销的采用是因为双方各自的预算都有限,或者是因为将这些产品或服务放到一起促销会更具价值。

【相关链接】

中国婚庆网的六个婚庆经验

1. 千万别在最喜欢的东西上省钱：为了减少遗憾，完成梦想，千万别在该花钱的地方省钱。两人商量一下，对新人来说，哪些环节是最重要的，最不可替代的？哪些环节是次要的，可以省略的？然后制订出合理的婚礼开支计划，把钱花在刀刃上。

2. 千万别把婚礼安排得太紧凑：选择自己最喜欢的、最有意义的仪式，而不是面面俱到的大拼盘。这样就可以留出一些时间给摄影师，让他为新人留下更多美好的瞬间。留出一些时间给远道而来的亲朋，和他们聊一聊，留出一些时间给自己和伴侣，适当地休息一下，充分享受新婚的喜悦和欢乐。

3. 千万别在照片和摄像上省钱：许多新娘都非常重视婚纱、仪式和宴会，但在照片和摄影上都不太在意，往往找朋友来兼任这项工作。但是，除非朋友具有专业水准，否则一定不要在摄像和摄影上省钱，这样才能保证20年后你们依然有最美好的回忆。

4. 千万别忘了多邀请些亲戚朋友：中国人非常讲究热闹团圆，在结婚大喜的日子，应该尽可能邀请所有的亲戚朋友，以免留下遗憾。尽管大家的爱好和性格并不相同，亲疏远近也有差距，但他们参加婚礼的目的是见证浪漫时刻，享受甜蜜感觉，给你们带来美好祝福，所以还是尽可能地邀请朋友参加你们的婚礼。

5. 千万别选择穿着不舒适的服饰：在选择服饰时，除了漂亮、时尚，适合自己之外，更不要忘记了其穿着舒适，是否行动自如，是否适合长时间穿着，如果不是，请及时调整。

6. 千万不要太追求完美：你已经花了很长时间去准备这场婚礼，现在要做的就是充分享受这一天。即使事情没有像预想的那样进行也没关系，问问自己，它是否会影响婚后的幸福生活，如果不会，那还想它干什么？

（资料来源：中国婚庆网，2015-01-14，有删减）

【案例】

记者暗访婚庆行业水有多深？

9月、10月的上海又将迎来千对新人喜结连理。如今，新人们早已习惯找婚庆公司操办婚礼，然而婚礼当天由于婚庆公司的操办不尽如人意，许多新人留下了"一辈子的痛"。婚庆行业水有多深？记者近日暗访婚庆行业后不得不鸣呼"坑哉"，呼吁新人们选婚庆公司时要多留意。

记者在调查中发现，如今随着上海婚庆行业蓬勃发展，其中滥竽充数的不法公司也不在少数，婚庆行业门槛低，无须专业知识，只要会甜言蜜语和肯为新人跑腿就能做。

近年来出现了在繁华区域婚庆公司扎堆的现象,如人民路婚庆一条街、天意婚庆广场、伊犁路等都出现了婚庆一条街。记者发现这些所谓的婚庆一条街,多数婚庆店内只有一位介绍婚庆的人,依靠一台计算机和一张嘴,而说出来的婚庆价格能把新人吓住。

记者和一男生假扮成要结婚的情侣,以顾客身份走进人民路一家私人婚礼企划店,这家装修陈旧,门可罗雀,面积不过8平方米的店铺摆了几张桌子和几把椅子,一个人,一台计算机,一张嘴,说的价格和方案更是"一鸣惊人"。

此男子自称店内员工兼资深策划师,他拿出了笔记本电脑,打开电脑中的婚礼场景照片和视频给记者看,声称婚礼现场都是他们布置的,而记者在视频中却看到了如香格里拉、四季酒店等五星级酒店举办的超豪华婚礼。

"我们公司什么都做,说白了就是'点菜式'的婚庆,新人需要什么我们就提供什么,套餐类的暂时还没有。"这位自称资深策划师的男子随后给记者看了一段视频,声称是他们做过的顶级婚礼,花费竟然高达150万元,并且轻描淡写地说道:"我们老板混娱乐圈,是电视台的,什么样的名人都能请到,如果需要明星助阵,我们家是最划算的。"

记者在视频中看到二位司仪均为东方卫视著名主持人,并且婚礼现场还有过气明星的演唱,整个婚礼现场大多是歌舞表演,而灯光、舞台均无特殊效果,甚至没有T台。对此,记者咨询了业内人士,称二位主持人的主持价格不过15万元,整个婚礼策划花费(包括请明星等)不过50万元,却收了150万元,暴利高达300%。

"婚庆现在万把块钱就差不多了,我也不建议你们选择太贵的,我们是私人公司,其实也不赚钱。"记者随后向男子咨询了一场普通方案的婚礼,男子报价4万余元并且一再推荐记者订五星级豪华酒店,称酒店可以包投影、拱门等。记者顿时感到疑惑,对于一个普通婚礼策划,4万元的报价到底花费在哪里?

记者临走时要了这位男子的名片,环顾四周没发现店内有营业执照。后上网搜索该婚礼企划,只有零星几条图片信息,无评价,无顾客来往。

草台班子以低价诱客先下单,婚礼现场加项加价宰你没商量。记者在暗访中发现,婚庆公司的报价差距悬殊,其中不乏一些非专业的草台班子,就是所谓的皮包公司。针对"一人一台计算机一张嘴"的婚庆公司,业内人士表示,一些不太正规的婚庆公司,几乎都是草台班子,没有专业的策划团队,在别的公司干过几天就自立门户,接了活以后都是临时拼凑人去做。

(资料来源:中国妇女报,2013-09-12,有删减)

专家评析:

行业标准欠缺,良莠不齐,婚庆服务行业属于发展初期,行业内缺少监督和管理机制,竞争行为失序,价格畸高,行业定价随性大,一些商家任意提高价格。此外标价意识薄弱,缺乏透明度,消费者不能完全了解服务内容及价格行情,信息的不对称导致漫天要价的现象时有发生。因此应该完善行业服务标准,明确准入制度,加强明码标价管理,引导行业价格自律,强化监管和考核工作,提升行业管理水平和服务意识。

复习思考题

1. 从婚庆市场、婚庆产业链、婚庆市场容量三个方面简述婚庆市场的内涵。
2. 简要分析我国婚庆消费需求现状。
3. 我国结婚消费需求的发展趋势有哪些?
4. 简要分析我国婚庆行业发展现状。
5. 我国婚庆行业发展过程中遇到哪些问题?
6. 从政府和行业协会两个方面简述婚庆行业的管理。
7. 简要介绍婚庆礼仪服务行业。
8. 简要叙述婚庆礼仪服务公司的相关情况。

第3章
基础理论

【学习目标】

1. 掌握活动策划的基本环节。
2. 熟知活动策划各个环节的内容及要点。
3. 了解项目运营与管理的基本内容。
4. 熟知项目运营与管理各部分的内容及要点。

【学习重点】

  通过本章的学习和介绍,能够认识到活动策划和项目运营的共通之处,了解项目运营与管理的基本内容,熟知各部分的内容及要点,重点掌握活动策划的基本环节以及各个环节的内容及要点。

【案例导入】

婚礼是人生中的一件大事。爱情故事虽有不同,但是每一对即将走向婚姻殿堂的新人,无不希望把婚礼办成让所有人都能见证他们爱情的经典一刻,甚至希望能将其演绎成一部个性而时尚的电视剧。正是出于这种需求,如今举办一场别致的婚礼并不是一件简单的事。如果没有一定的活动策划与组织的相关知识,对婚礼细节处理不当,可能婚礼就成了一个形式烦琐、劳民伤财的活动。

张跃和孙梅梅经过三年的热恋,在 2018 年 5 月已经领了结婚证,准备 10 月举行婚礼。参加过很多朋友的婚礼,张跃和孙梅梅都觉得传统的婚礼形式太麻烦,太折腾人,又要备酒席,又要找婚庆公司,还要在婚礼上敬酒,一天下来累得不行,何苦呢? 两人一商量,干脆不办婚礼了。可是这个想法竟遭到了双方父母的一致反对。一边是娶儿媳妇,恨不得热热闹闹;一边是嫁闺女,恨不得风风光光,他们不举行婚礼的计划成为泡影。为了让老人高兴,张跃和孙梅梅只能按照传统的方式准备,发请柬、订酒店、找婚庆、试婚纱……随着婚期的临近,一大堆事情让两人焦头烂额,再加上两人工作本来就很忙,张跃累得嘴角起疱,孙梅梅更是急得团团转。

如今的婚礼堪称一场以新郎、新娘为中心的盛大活动,从婚礼的创意、来宾的邀请、人员的组织到婚礼灯光、婚礼仪式,每一个细节都可能影响婚礼当日的效果,同时这个极具纪念意义的活动必须顺畅圆满地举行,否则会给新人留下终生遗憾。考虑到婚礼的意义重大,寻找合适的婚庆公司成为新人的选择。婚庆公司的职责是圆新人的婚礼梦,由于婚礼具有活动策划和项目管理的特点,为确保婚礼的圆满举行,婚礼策划师以及婚礼执行团队必须具有活动策划与项目管理的必要知识。本章学习的主要内容就是关于活动策划与组织以及项目运营与管理的基础理论,是婚礼活动策划与组织的指导理论,通过学习本章的指导思想和理论方法,可以为婚礼的策划与组织提供理论支撑。

3.1 活动策划与组织

策划、组织的一切活动都是公司形象的反映,因此从发出邀请到正式活动的整个过程都不容有失。不论策划的是新产品发布会、公司年会、销售会议、奖励活动,还是筹款晚会,注意细节都是保证活动取得成功的秘诀。然而细节是一把双刃剑,可以成事也可以败事,不论是 50 人还是 2 000 人的活动,不论活动经费是几千元还是数十万元,"完美"都是活动追求的终极目标,包括选择最佳的活动会场;制订与控制预算;制订日程安排、分配员工、与其他相关专业人士合作;使餐饮、装潢、娱乐与活动主题相协调。

3.1.1 初期规划

1)确定活动目标

不论是举办活动还是参加活动,都要在开始策划前确定活动目的,即明确活动目标。为了使活动能给主办公司在财力、精力、时间上所花费的投资带来成效并获得回报,活动的策划必须能满足公司的期望,也能满足客人的期望。因此,需要制订活动预期,最大限度地吸引客人参加,竭尽所能地完成活动的各种目标,并传达出活动背后所隐含的深远含义。

活动目标分为有形和无形两种,在活动前、活动中和活动后均有可能实现,例如销售奖励活动,凡参加者必定是已经完成一定销售目标的人,因而属于活动前实现目标的类型。此外,活动目标还可以为在将来的活动中能够实现更高层次的目标而搭建平台、找到定位。活动目标必须使举办活动的公司与参加活动的客人都感到物有所值,并且能够兼顾公私双方的利益。

2)活动策划要点

(1)活动元素——组成活动的方方面面

进行活动策划时要牢记一点:活动各元素是环环相扣的。只要有一点疏忽,就有可能引发多米诺骨牌效应,使活动功亏一篑。首先要准备一份活动部署一览表,并随着计划的进展而对其进行修改与调整,这样可以避免发生紧急状况或突发意外。提前进行周详的计划,就可以在出现突发状况或临时变动时临危不乱。初期规划必须考虑到活动各元素的时间安排、物流管理与内容编排,这些将会影响日后的实际活动、活动现场以及活动效果。这些活动元素包括交通、食宿、货运、排练场地、活动当天的安排;除了活动各项内容的费用、员工薪酬、安保、各种许可证、保险等费用外,还有设备的拆卸与撤离的费用、场租、劳务、设备、工会费用以及工作餐等。

(2)活动要素——活动不可或缺的部分

活动不可或缺的组成部分是指在进行前期策划时,必须具备的部分。要想确定这些活动要素,必须考虑以下几个方面:

①硬成本。如机票、酒店、场地要求、会议或活动主会场要求;用餐要求;具体活动要求等,以及所有应缴纳的税费、服务费、许可证、保险费、通信费、员工薪酬以及管理费。

②活动期望——是什么吸引了来宾的到来。

③活动亮点——活动的哪些方面会让客人难忘。活动的某些必要成分并不取决于经费的多少,而是取决于活动本身具有的情感指数以及活动令人心动的程度。在开始构思活动之时,必须将本次活动的必要"成分"明确下来。在满足活动的根本需求的过程中,要根据经济与情感双方面的价值取向,来全面考虑每一项决定。活动要素是活动设计的核心,其他活动元素都要围绕它们展开。

(3)环境——活动场地与活动风格

①活动场地。活动的前期规划和最终形式可能会大相径庭。如果只是为了尽快确定活动日期而将活动设计的重心放在活动会场上,那么可能会失去本次活动的最终意义,活动可能会和活动会场的格调十分合拍,但无法达到客户心中想要追求的效果。如今的活动会场只要不受到预算的限制,就没有想不到的,可以选择空中(飞机上)、水下(如马尔代夫的水下餐厅)、沙漠等,但是特别的只是少数,更多的是选择一些传统的活动场所,包括私人别墅、酒店、会展中心、博物馆、艺术馆、私人游艇、露营帐篷。举办活动的地点可以是主题公园、娱乐中心、宴会厅、种植园、林间、屋顶、体育场等。在制订活动规划时,不论是寻找传统的还是个性十足的活动场地,都要考虑地点、日期、季节、时间、室内外、预算等情况。

②活动风格。活动风格是活动试图达到的氛围或是整体效果。为了能让人耳目一新,不同的风格也可以混搭。活动风格个性鲜明,没有什么条条框框,和经费也毫不沾边。资金可能会限制活动内容的选择,但是对于凌驾其上的主题以及活动风格的本质却无能为力。在确定请柬、活动场地、客人着装、花饰、布景、音乐、娱乐以及餐饮等方面都会受到活动风格的影响,这些方面所营造的氛围融合在一起,就最终构成了活动风格。常见的活动风格有传统型、经典型、现代型、典雅型、浪漫型、休闲型、娱乐型、主题型、运动型等。

(4)活动气氛——活动营造的某种氛围

活动通常会带来活跃的气氛。会场布景、音乐、饮食、活动内容以及客人之间的相处都会激发活跃的气氛,营造特定的氛围,而气氛活跃性的高低则取决于策划的好坏。时间安排、物流安排以及活动内容安排的策划欠佳,那么气氛的活跃性势必会降低。会场活动规模在于客人的数量,宾客人数的多少会影响现场气氛的活跃度。

(5)情感——对活动的感受

活动风格会使活动所营造的氛围锦上添花。例如浪漫的风格可以唤起浓情蜜意、深情款款等与爱意有关的感情;娱乐型活动可以勾画出欢乐的特性,散发出快乐愉悦的温情。活动风格和活动所要表达的情感需一致,活动风格可以准确地反映出活动目标的精髓,而所营造的氛围可以使活动更出彩。

3)初期规划

决定举办活动之后,需要进行活动构想以及成本的初步估算,确定有足够的资金,并为活动拨出专款。要明确活动的目的,确保活动确实物有所值,接下来就是对活动进行初期规划。在此阶段,如果公司没有自己的活动策划师,那么就需要专业人士的帮助,聘请活动策划公司、私人活动策划师和公司自己的员工联手,让自己公司的员工直接与活动供应商合作,进行活动设计、预算管理、后勤管理、时间安排、活动的操作以及活动的全程构思和精心安排。

在策划大型活动时,人们通常想到的是"财",而不是"才"。客户——不论是公司、非营利组织、社会团体还是结婚的新人——应该知道在什么场合下需要得到专业的帮助,来解决活动制作从创意到实施的过程中方方面面的问题。活动策划人员绝对不应该将自己的工作仅看作服务性行业,认为自己的工作只是记录客户的订单。恰恰相反,他们应该使自己、使自己的公司、使整个活动策划业成为商业销售与营销不可多得的宝贵工具,在设计、制作、举办活动等方面,成为企业客户、非营利组织以及个人的得力助手。不要把聘请活动策划人员与活动顾问看作金钱上的浪费,事实上,他们最后还可能帮助客户省钱。例如,优秀的公关公司可以帮助选定嘉宾名单,确保客人的选择恰到好处;协助举办新闻发布、制作宣传材料,使活动得到国内外媒体的宣传报道。有创意的活动策划师可以提供活动策划方案,其中包括策划、组织、物流、协商等方面的内容以及具有点睛作用的小细节。公司应该清楚何时何地需要专业人士的帮助,把握好时机和场合。

(1)策划小组

组建策划小组时,无论是专业策划团队还是与公司活动委员会合作,组内各成员的技能、兴趣范围、时间安排与其职责范围应尽量协调一致。如果公司、组织机构等让自己的员工来处理活动事宜,则必须指派专人出面与活动策划公司或供应商联系,以免人多语乱、莫衷一是,出现信息不对称的情况。

（2）活动类型

活动类型的确定要视目标客人的情况而定,比如专业人士工作繁忙,或许不愿意抽出自己本该陪伴家人的有限时间去参加一次研讨会。但是如果活动也邀请了他们的家人参加,或许情况就会好很多。举办公众活动时,要想在活动正式开始之前请媒体进行宣传报道,以便吸引更多的客户,那么就要寻找可以帮助实现此目标的策划或者公关公司来合作。

（3）活动时间

活动策划的时间需要考虑很多因素,用一个半月的时间准备人数超过1 000人的高档次大型活动并非不可能,但是效果却会大打折扣,与预期收益相差甚远,可能找不到最佳的场地,也无法提供最精彩的娱乐节目。在确定策划所需时间问题上,要列出需要进行的各项工作,并拟定其完成时间,并且要预留时间。

4）预算监控

（1）费用表

进行活动策划之后,要制作费用表,列出各项拟定预算,这样不仅在进行活动内容安排时,可以一目了然,不至于最后发现严重超出预算,还可以随时了解自己处理经费的情况,从宏观上对每项活动的预算进行调配,使活动个性突出,又不超出成本指标。另外,随着活动的进行,要经常对账,每次出现新的支出或者做出了任何修改或变动,都要对预算情况及时更新。

由于活动的内容各不相同,因此费用表也并无固定公式或格式,开始制作费用表时,将活动的整个过程从头到尾梳理一遍,列出项目大纲,接下来再将具体费用填入表中,注意各项条款与要求均需有书面凭证,确保供应商将合同中的内容表述得清楚明白。另外,最后还要检查是否还有额外的费用需要列入总账中,确保将其记为预算,比如某些活动会场会根据实际用电情况来收取电费。增减活动项目时,也要及时对预算进行调整。

（2）付款时间表

在签约前要制订一份付款时间表,用来查看是否需要调整付款日期。某些企业客户会要求活动策划公司为其活动预先垫付费用,这种业务风险过高,必须尽量避免。从客户到供应商都要制订付款时间表,这是很重要的,可以避免给活动策划公司带来财务方面的风险。付款时间表也应该根据费用表的变更情况随时更改。

3.1.2 活动组织与时间安排

任何活动都有其节奏和流程,必须予以妥善安排,所有的细节都需要事先组织得井井有条。对活动进行精心的统筹安排是活动成功举办的前提保证,因为这样可以使人分清轻重缓急,并将活动的结束时间以及各项工作的时间要求安排得恰到好处。

1）活动统筹安排

在确定了客户目标、活动目标，确定了活动风格，编制了成本清单以及初步预算，与供应商接洽并签订合同之后，就应该开始把合同中决定的时间安排和物流情况添加到活动安排表中，这个活动安排表将成为所有参与主体——活动策划人员、公司的活动策划团队以及供应商——开展工作所依据的出发点，即正式的活动统筹安排。随着活动的逐步展开，必要的变动不可避免，活动要素或增加，或减少，或更新；时间方面的要求可能会发生出乎意料的变化，伴随着新情况的出现，供应商要求与活动会场要求的变化，要不断地更新活动统筹安排。

组织井然有序，密切关注细节，这是组办活动获得成功最为重要的两大要素。活动策划者必须不断进行核查，以确保活动按照计划有序开展。所有参与主体——公司客户、活动策划人员、供应商——必须严格遵守合同所规定的指导方针。活动要素中必须设置严格的截止时间，规定何时完成何事。在活动组织中，原本一件不起眼的小事，有可能会产生难以想象的影响。

在与客户、供应商以及一线策划人员进行前期会面之前，就应该将一切都安排妥当。前期会面按照计划应该安排在设备的搬入和安装之前进行，以便所有参与者都有时间对相关细节做最后的检查，找出本来可以预见到，由物流方面的疏忽所导致的一些纰漏。活动策划者在活动举办前要确保所有人都保持良好的状态，能够成功地协调和执行活动的每个环节，而不是还在四处张罗本该早已准备好的基础工作。

【相关链接】

活动统筹安排实例

这是 11 月 1 日举办活动所涉及的邀请工作，主要内容是关于制订客人名单和请柬的时间安排。这些最初的时间安排可以按照时间顺序纳入主体活动统筹安排中，并随着活动的展开加以拓展，见表 3.1。

表 3.1　活动统筹安排内容

完成日期	任　务	负责人
5 月 1 日	客人名单制订会议	×××
5 月 1 日	请柬设计会议	××
5 月 7 日	与邮递公司签订合同	××
5 月 15 日	客人名单的审查与确定	×××
7 月 12 日	请柬设计一审	××
7 月 26 日	请柬设计二审、确定	××
8 月 3 日	客人名字与地址审查	×××

续表

完成日期	任　务	负责人
8 月 5 日	客人名单与地址交接	×××
8 月 9 日	信封和客人名单交付邮局、印刷地址	××
8 月 15 日	请柬交付邮局包装	××
8 月 23 日	请柬邮递到首选嘉宾	××、×××
9 月 13 日	贵宾通行证邮递到接受邀请的嘉宾	××、×××
9 月 27 日	首选嘉宾回复截止	××、×××
9 月 27 日	请柬邮递到备选嘉宾(若可行)	××、×××
9 月 27 日	备选嘉宾回复截止(若可行)	××、×××
10 月 8 日	贵宾通行证邮递到接受邀请的备选嘉宾(若可行)	××、×××

2)时间安排

策划活动时间的第一步是确定年份,如同确定预算一样,确定活动时间应该从后向前安排——确定年份、月份、星期以及具体的日期。在活动的统筹上列出进驻场地、安装设备、演练、正式活动、拆除设备和撤离等多方面的要求,以了解你是否有充分的时间进行策划和准备。

选择合适的活动日期是活动取得成功的重要因素之一,除了确保多数志愿者能够出席之外,选择活动日期还要考虑很多因素,比如活动日期前后是否有其他活动安排,来参加活动的嘉宾是不是需要接孩子放学等。在确定最终时间之前还要考虑季节因素,例如,5 月和 6 月传统上是举行婚礼和学校毕业典礼的高峰期。气候也是必须要考虑的因素之一,需要对活动举办地的气候记录进行检查。

3)活动场地

搭建活动构想的框架,并了解活动在空间上的所有需求(包括供应商搬入设施、安装、排练、正式活动、拆卸设备以及运走设备所需要的空间)后,就可以选择最佳的活动场地了。对于一个经验丰富的活动策划师来说,一个完全符合需要的场地会引起一种强烈的共鸣,这是一种长期的经验积累出来的直觉。在开始寻找活动场地前,要进行活动构想,制作活动规划表,深入了解活动空间、活动以及供应商的需求,这样才能真正了解什么样的条件才能最大限度地满足活动的首要要求,如果活动的首要要素不具备,那么其他要素——雄伟的建筑、精致的阳台、富丽堂皇——再完美也无关紧要。

(1)活动场地的选择及要求

正如房地产业流行的一句话,位置决定一切。活动场地的地位极其重要,这将决定活动的成败。如今活动场地有很多选择,限制其选择的也许只有想象力和预算了。如果想让活动场所不对外开放,需要支付的费用相对要高一些,也可以找一处有包房的会场,这样就不用包下整个会场,而只租用包房来招待客人。当然,最重要的是找到符合活动情况的场地,有经验的活动策划师一般不会退而求其次,而是找到合意的场地,这在举行特殊活动时尤其重要。

活动地点的选择并不局限在酒店、会展中心和餐厅,但是为了找到合适的活动地点,尽量把一切做得完美,花费时间和精力是必需的。举办户外活动时,还要考虑天气情况。总之,活动场地有很多选择,关键是要与活动内容和客人相吻合。

开始策划活动时,要有全面的活动规划,确定基本的活动流程,然后依次选择举办活动的地点,设想活动的全过程,确定对相应活动空间的要求。比如,考虑视听和舞台效果需要较高的天花板;布置和排练也需要一定的空间;确保布置好的场地可以保留到活动当天,需要提前24小时预订宴会厅;需要为演出人员准备一间化妆室;为员工准备一间办公室或安排一个区域摆放陈列物品,这些要在着手准备布置时通知会场方预留出合适的空间。

合适的活动地点为实现一切设想发挥着重要作用,比如活动场地是否有足够的停车位,是否有足够的安保人员等。例如,某活动想通过场景布置给人带来一种奢华的感觉,使其成为未来几年人们都津津乐道的活动,就在沙漠闪烁的星空下,由知名音乐家为客人演奏专场交响乐演出,客人在日落时分乘坐热气球到达,着陆时送上香槟。在策划富有创意活动的同时,也要考虑活动地点的实际花费问题,如万一天气状况或风力情况不适合热气球飞行,就要有后备的交通工具,还要准备返程的交通工具(热气球在天黑后无法飞行);一顶塑料帐篷(天气不好时使用);一顶烹饪帐篷、一个卫生间;运送设施到沙漠的车辆;随时待命的医疗救援以及保安人员;灯光设施;备用发电机以及负责处理突发情况的监察员等。当把所有的费用纳入预算后,策划师可能会发现在沙漠里举办这样一场特殊活动的费用实在太高,转而考虑其他方案或者看成本表里哪里还有可以调用的资金以实现最初的梦想。策划师在任何情况下都要考虑资金的状况,以作出明智的决定。这样在活动策划和实施阶段才能取得成功,而不是造成最终无法解决的"意外"。

(2)酒店和会展中心

酒店和会展中心是最常用的活动举办场地,但是必须了解两者的区别,才能更好地选择。

如果除去活动会场之外,还需要使用客房,那么在酒店举行活动可能更划算。因为酒店将从客房、食品和饮料方面获得收入,安装设备和进行排练时租用房间的费用就能得到一定的优惠。一般来说,如果酒店收取食品和饮料的费用,就不会再加收活动正式举办时的会场租金。当然,这还要取决于活动总的消费。在酒店举办活动,客人去会议室只需步行,这样就节省了交通费。如果客人住在酒店而要去会展中心参加会议,那就无法徒步前往,这样就会涉及交通费用。不是所有会展中心都与附近酒店签有特价客房协议,这就需要分别与酒店和会展中心协商,这时候就需要比较一下成本,看看二者在价格方面的差异。

除了房租以外,还要考虑其他费用问题。大多数酒店会允许活动的设备安装人员停车卸设备,也会安排人手帮忙搬运物品。酒店通常不会收取用于登记或陈列物品的桌椅使用费,而且通常还会提供专用的玻璃杯等器具,如果不超过一定数量,一般不会收取额外的费用。酒店的宴会厅通常设有地毯,这也省去了铺地毯的费用,另外,酒店通常也会提供带锁的储物间。在酒店举办活动,活动的时间不论是一天,还是长达几天,如果不需要使用客房,可以与酒店协商为人员和贵宾提供休息室和更衣室。

酒店可以提供多种服务,包括干洗、熨烫、传真、复印、对讲机、布置标语等。当然,这些服务会收取额外的费用,策划师要提前弄清楚所有的附加费用,并确保把所有费用及时记录下来。

上述情况不适用于在会展中心举办活动。在会展中心,卸货要付劳务费,除去工会的费用之外,还会有起价费和加班费。此外,使用桌子、窗帘和桌布都需付费,会展中心还没有专用酒杯,展区也没有铺地毯。选择在展区举办活动,一定要落实各项服务的费用问题。

对在上述两种场所举办活动的成本进行比较之后,选择更适合活动举办的场所。会展中心也能像酒店一样免去某些租金,当然要考虑活动的总费用。酒店和会展中心举办活动各有利弊,最重要的是找到能够满足特殊活动要求的地点,确保必须纳入预算的所有事项可能产生的费用。

(3)餐厅、私人场所和酒宴外包

如今人们都想找一个与众不同的地方举行活动,而不是局限在传统的宴会厅里。博物馆、美术馆、艺术剧院、私人住所、历史建筑、滑冰场、高尔夫俱乐部、水族馆、游船、花园、沙漠或者海滩,这些可能都是更加适合的地方。可以举办活动的地点不胜枚举。

某酒店拥有一套豪华私家别墅,别墅带有一个美轮美奂的花园,这里就是举办特殊活动的极佳场所。酒店可以获取房租、食品和饮料方面的收入(酒宴必须外包),客人则可以亲身体验酒店外别墅和花园的特殊景致。

3.1.3 客运交通

交通也属于活动的一个组成元素,因此对于交通方式的设计同样需要发挥独创性,以确保不论采用的交通形式是水路、陆路、空路或者这几者的结合,嘉宾在前往活动地点的旅途中总能感觉到愉快和兴致勃勃。要尽量使旅途变成舒适怡人的体验活动,而不要把它当作交通的一种方式。为参加活动所提供的交通方式有三种,即水路、陆路和空路。水路包括包租船只、游艇等;陆路包括豪华汽车、巴士、专列等;空路包括专用喷气式飞机、商务航班、热气球等。

客运服务为活动的举办提出了富有创意性的挑战。例如,在某次活动中,嘉宾们乘坐的是一字排开的人力车,车夫身上穿的是印有主题标志的 T 恤衫,而送客人回来的交通工具则改为普通的旅游巴士。在停车与交通的安排上也需要体现出创意。如果安排专车接送,则无须考虑停车位的问题。可以找一些趣味性的交通工具,例如双层巴士、校车、渡轮、游艇等。另外,客人要事先对活动内容有所了解,在给客人的请柬上一定要详细介绍活动安排。

对于交通方式、换乘车次数以及时间的安排要细心周到。例如,客人经过了长途飞行,接着坐车去酒店,如果去参加当晚的接风宴依然需要交通工具,那么客人参会的热情可能不会太高,因为他们在同一天内过于奔波。与其这样,不如在客人下榻的酒店举办一个简单的欢迎会,以便让客人早些休息,从而第二天早上能够精力充沛,以一种放松的心态来参加活动。同时还可以将省下的经费用于第二天的晚宴,并作为正式的接风宴。如果宴会必须在当晚举行,那么要尽量避免让客人乘坐汽车,以舒缓交通给他们带来的疲乏感。如果活动在当地举行,参加活动的客人打算自行前往会场,那么交通方面的需求在选择活动场地时也要重点考虑,为举办活动提供最便利的后勤保障,确保坐公交车的客人不会错过末班公交车。

不论采用何种交通方式,都必须把交通运输看作活动的一个有机组成部分,交通安排和生活的主体部分一样,都要让客人感到是一种享受,并且最大限度地计划好经费,要注意交通费与食宿费一样,存在着隐性成本,应选择最好的付费方式。

3.1.4 迎宾

迎宾的方式预先为活动定下了基调。活动并不是从客人步入会场的那一刻才算开始,而是从客人到达会场门口或者到达指定停车处时,就已经正式开始了。客人下车时的天气状况、通往会场的路面状况以及客人到达会场的第一印象等都需要预先计划并进行安排。迎宾工作可以采用演奏迎宾曲的形式,体现出独特的迎宾场面——既可以是简中有细、粗中见雅的小场面,也可以是轰动震撼的大场面。迎宾工作的各个环节都要和时间安排与物流要求密切配合,而且还要兼顾成本和创意。

迎宾工作要考虑加入激发活力的元素,激起嘉宾对活动的渴望,而不该只是单调乏味、普普通通地走进会场。要让客人在第一印象里就觉得这里与别处不同,感觉到周围令人兴奋的气氛。可以调动客人情绪、激发客人兴趣的方式不计其数。某活动策划公司曾经用聚光灯照在特制的图案上,设计出通往主会场的移动路标。此外,音乐、娱乐、特效也可以预先让客人感受到活动的精彩。

如果参加活动的客人是来自异地或是国外,接机工作就显得十分重要,方式要别出心裁。可以向当地旅游局咨询最低费用的接机标准,较为常见的接机安排是聘请当地的乐队为客人演奏,挂出欢迎横幅,并提供当地的饮品。客人到达目的地之后,首先要让他们领略当地的文化,如果当地天气十分特殊,也要作好相应的准备。当然,更重要的是,在客人没到达之前,要提前预订好酒店房间。

3.1.5 餐饮

在佳肴美酒的主题聚会上,餐饮可以成为当仁不让的主角。它可以因无限创意而令人赏心悦目,可以令人馋涎欲滴,可以让人敞开心扉,而且还是带给家人的温馨礼物。除了房间的布局外,餐饮以及提供餐饮的方式也在实现公司与活动目标的战略规划中发挥着至关重要的作用。食品的设置应该可以有效地把人们吸引到某个房间里来,并且让人们走动、交谈起来,而不是只坐在自己的椅子上,等着服务员把饮料和小吃送进来。要事先确定饮料和小吃的开放时间和地点,恰当地选用餐饮的类型和服务,以此作为调动客人积极性的工具,来达到公司和活动的目的。要考虑餐饮及其提供的方式将给活动所带来的不同效果,例如,在活动过程中,如果活动室内没有提供饮料服务,那么客人一般更愿意聚集在吧台前;如果没有办法让客人走动交流起来,那么客人就会站在一个地方不动。所以,活动策划者要制造一个契机吸引人们走进活动室,用食品、饮料和娱乐来促进人们之间的互动。

1)菜单设计

在设计菜单之前,要先做一个初步预算,了解固定成本和附加费用,这样就可以宏观把握餐饮的开支在整个活动中具体占多少。如果活动会场在餐饮中可以获得丰厚的利润,通常活动策划者会要求免收租金或者减少租金。如果布置会场、安装照明设备和装饰耗时过长,而导致会场需要暂时停业,则需要以场租的方式补偿会场的收入损失。

菜单的设计比较简单,只需要决定准备什么菜品以及什么时候上这些菜品,众口难调,菜品并不是决定活动成败的主要因素,关键是考虑活动的实际情况与客人的需求情况来决定何时呈上这些菜品,另外还要考虑厨房的位置以及提供食物的方式。会场的布局、食物的摆放、招待服务和人员的流动性在某种程度上比菜品更具有挑战性。当然,菜品的选择也要考虑时间、季节以及地方特色,尽量准备一些大家普遍能够接受的菜品。如果想在菜品上玩出创意,就需要多费些心思。一般早餐和午餐不提供酒类饮品。

2)工作人员的安排

活动的工作人员对活动的成功与否起着至关重要的作用,要让所有的人——供应商、志愿者、公司员工——都清楚了解活动的具体安排以及他们必须满足大要求(着装、礼仪、言行等方面),如果他们具有活动的使命感,把自己当成活动不可缺少的一部分,那么活动必定会有很好的效果。这就需要活动策划人员的沟通以及公司内部的激励机制,信息和沟通是保证活动顺利进行的关键,活动策划者不仅要和重要负责人保持联络,还要和所有幕后工作者保持联络。

要合理安排活动工作人员的餐饮和休息,提供安全的地方供活动工作人员存放衣服及贵重物品。另外,这些费用也要纳入预算,确保活动的顺利举办。

3.1.6　活动嘉宾

全面、详细地了解参加活动的客人的情况,才可以使活动的内容和形式尽量满足客人的需要、品位以及对活动的期待。

1)嘉宾名单

活动类型多种多样,邀请对象也千差万别,但是不论举办什么活动,必须确保参加活动的人选是最合适的人选。在确定嘉宾名单时,首先要确定宾客人数,考虑活动所有的物流和预算方面的问题,才能够确定邀请的宾客人数。然后是确定具体的嘉宾名单,首先要了解客人的基本资料,包括年龄情况、职业,是否携带配偶或家属,选用何种交通方式等,这对活动能否成功举办十分重要。其次,为了合理性起见,要分别准备首选宾客名单和备选宾客名单。

2)请柬

请柬的设计和发放是十分重要的。首先,请柬的设计要融合活动的一些元素,让宾客大体了解活动的相关信息,可以将活动标志或者活动地点标志印在请柬上,根据请柬设计的具体情况,尽早和印刷社取得联系,并沟通好相关细节,以防万一。其次,要考虑活动的预算情况,选择合适的纸张及装饰。对于请柬的书写也要注意,一般人们更愿意打开手写的请柬,需要注意的一点是,请柬上除了活动举办的时间和地点,必须要求宾客在某个截止时间予以回复,这样就可以根据具体人数调整预算,更好地安排相关活动。最后就是请柬的发放要及时,并且确保能够按时送到宾客手中。

3)媒体

根据活动的需要,确定是否需要媒体参加,如果需要,那么要考虑媒体的特点进行相关的活动安排。首先,媒体工作人员是很忙碌的,一般要仔细安排相关时间,也要考虑他们是否需要专门的时间来进行采访,以及是否需要开一个新闻发布会。其次,如果媒体作为应邀宾客参加,还要考虑他们的餐饮问题。最后,媒体可能需要私下采访和拍照的房间,还可能需要场地供摄制组停靠车辆、铺设电缆,以及媒体器材合适的电源接口。

3.1.7 其他活动

当活动策划领域开始在吸引客源方面展开竞争,同时活动也开始对客户开展工作发挥越来越重要的作用时,活动策划就必须做到出类拔萃、与众不同。为使活动有创意并使活动的巧妙设计可以保证活动、客户目标以及客户在时间、金钱、精力上的投入获得回报,同时活动达到并超出客人的期望,策划人员必须掌握活动设计技巧,并在活动的各方面注意各个细节。

1)娱乐活动

不同年龄阶段的群体会有不同的喜好,因此娱乐节目的安排要谨慎,既需要了解观众的类型,也需要准确定位所举办活动的类型,确保节目主持人、演员、歌手都能把握活动的风格,并且严格地遵守活动的规章制度。

现场表演是活跃气氛、打破僵局的最佳途径。在举办活动之前,要了解当地独特的娱乐活动,这样可以为客人助兴。在正式活动开始或者结束时,策划人员可以为客人安排一些娱乐活动项目,比如杂技、流行乐、民族舞、魔术、钢琴演奏等;还可以为客人安排的娱乐活动有很多,关键是安排最合适的节目。

娱乐活动的安排也要做好详细规划。舞台上要进行活动的一切具体细节,包括节目主持人、音响、灯光照明以及大屏幕显示,都需要列出详细的节目表或者活动清单,并且活动策划者要了解所选定娱乐活动的内容,以防沟通时或使用道具时出错。如今的娱乐活动发展越来越细致,娱乐活动的举办越来越复杂和繁乱,公司一般会请专业主持人来活跃会场气氛。活动正式开始前,需要表演人员进行试演,利于演员了解演出现场,也利于策划人员了解演员的表演效果以及和观众互动的方式。

2)摄影与摄像

活动的相片和胶片是客人永久的留念,也是客户用来做后期处理,或者用以在其业内杂志、网站上刊登出来,以期赢得更多业务、提升品牌知名度并打造公司形象的商机。这些照片和胶片是公司激励员工的信息和活动策划公司优秀创造力的体现。如果在活动中需要进行摄影和摄像,那么就需要明确以下几个问题:

①明确所需要的最佳摄影类型;

②认真考虑所需摄影师的数量;

③深入了解摄影师、摄像师的专业水平。

如果摄影师的数量不够或者其拍摄的角度不对,就会错失绝佳的拍摄机会。有些媒体会带自己的摄影师来,但是活动策划方也要聘请一两个摄影师,因为好的宣传机会稍纵即逝。总之,对活动策划而言,要做好两手准备,打破常规,创造性地解决问题,尽量制订好后备计划,活动的不可预知性也要求活动策划方案有极高的快速应变能力。

3)主题营造

(1)餐桌摆饰

餐桌摆饰的风格多种多样,可以简朴也可以奢华,但必须在一定程度上呼应活动主题。摆饰用品可以是鲜花、鱼缸,也可以选择糖果袋或者工艺玩具。鲜花是活动装饰的极佳选择,可以为活动带来勃勃生机,又不失高雅。餐桌摆饰可以使用同一种颜色、同一种花卉营造视觉上的震撼,也可以采用错落有致的布局营造意想不到的效果。这就需要活动策划者在花艺设计方面有一定的了解,或者聘请专门的花艺设计师在花材、花色的搭配上进行专业的设计。

在选定餐桌摆饰时要注意两点:一是摆饰不能挡住客人的视线,二是要考虑客人将摆饰带走的可能性。摆饰虽然典雅别致,但挡住了客人的视线就得不偿失了;另外,如果摆饰是活动策划方租借的,客人将摆饰带走会对预算造成巨大损失。

(2)室内装潢

所谓室内装潢包括会场内所有的陈设和装饰,问题的关键在于如何装饰。首先要观察活动会场的环境,包括地毯、墙壁的颜色,此外还有椅子、餐具、银器和玻璃器皿等,尽量搭配出令人耳目一新的效果。

在进行室内装潢时,要善于分配室内装潢的资金,在均分反而达不到预期效果时,可以使分配有所侧重。比如在一次晚宴活动中,桌布采用的是会场普通的亚麻布,但是在晚宴接近尾声的时候,餐桌上的花饰被同时撤下,一篮篮松露巧克力从空中落下,刚好落在每张餐桌的正中央,客人离开时仍然对刚才的一幕赞不绝口。尽管活动从餐具到食物也算精致,但是真正令人难忘的还是那从空中落下来的巧克力。

各种装饰的细节,比如菜单、席位卡、桌号牌、节目单、标志牌等都要协调配合,这对活动的整体效果会产生重要影响。因此,会场用品和装饰品都可以租赁,关键在于如何在预算控制下进行最完美的搭配。

(3)特效

特效可以触动人的各种感觉,如视觉、听觉、嗅觉、味觉和触觉,在所有活动中,都能达到奇特壮观的效果。例如,让声音来自房间的各个角落而不只是来自舞台;让房间充满芳香迷人的气味;用激光、烟花或者智能灯照亮整个房间,让房间里充满缤纷的色彩;用干冰制造出各种烟雾效果;在光洁的墙面和地面上照出特制的图案或标志。

特效有时候极为复杂,活动策划方必须了解其安装所需要的时间以及产生的各种费用,更重要的是必须符合各项活动的安全标准,因此,决定为活动做特效时要仔细斟酌。

(4)临别礼物

临别的礼物如果设计巧妙,就可以把活动再次推向高潮,因此礼物无须贵重,但尽量意义深远,让礼物成为每位客人心中回忆的一部分。比如在某次电影观赏晚会中,在此之前安排客人观看了一场音乐会,当曲终人散,客人们回到房间,发现音乐会光碟就放在他们的枕头上,光碟上还系着一根丝带。尽管礼物并不贵重,但可以反映出活动策划方的用心。

3.1.8　活动风险评估

如今,风险评估在活动策划以及很多领域都发挥着举足轻重的作用,风险评估及活动可行性评估包括选址、天气因素、财务等问题,各项评估都需要认真细致,在签订合同前,一定要将防范措施列入活动计划。有些方面可能会影响活动的顺利举行,进行风险评估的主要方面包括以下6个:

①出席活动人数的减少;

②恶劣的天气;

③主讲人的缺席;

④公司拟突遇紧急情况;

⑤其他活动及其安排;

⑥不可抗力因素。

有关物流方面的风险评估包括以下9种:

①各种必要的许可证;

②了解电话、天然气、水电线路等情况的最新信息;

③可供使用的盥洗设施;

④电力线路设备;

⑤地面覆盖材料;

⑥如果附近有私人住宅,要考虑关于噪声方面的规定;

⑦疏散和应急程序的防范措施;

⑧确保各类执照、证书、许可证没有过期,例如酒水营业执照、保险单等;

⑨举办活动的当天正好遇到当地的节庆,则可能导致各种交通中断、服务质量下降。

有很多为客户、乙方公司、参观活动的客人以及供应商降低或者消除活动风险的方法,包括制订物流方案、修订合同、办理保险等。关于减员、取消活动和不可抗力等方面的合同条款尤其要注意。策划人员应该就赔偿金问题与相关人员协商,在活动正式举办前,策划人员应该检查会场的安全措施,并对易出问题的重点区域进行实地考查,查看活动会场的应急程序手册或者了解其处理紧急情况的方法,以防不测。

对于合同而言,责任并不是单方面的,而是双方面相互之间的赔偿、双方的保险、相互之间的解约条款。如果活动会场方面进行翻新、修建或者所有权发生了变化,会场业主必须及时通知;如果发生了不良情况,要将所引发的后果明确告知,这些内容必须包含在合同条款中。另外,合同内容必须经过公司律师审核、认可,必须了解何时何地需要签订免责书。除了活动的解约保险外,是否还可以在附加条款中增加其他保险,从而将策划与准备活动过程中的所有费用都包括在解约赔偿条款中。活动公司必须要求供应商和会场方面出示相关投保证明,例如供应商方面的劳工补偿险、车辆险、设备损失与损坏险等。

当今社会,人们的法制意识越来越强,因此为客户、客人、活动策划公司及其员工、供应商减少危险并降低活动风险则变得至关重要。如果忽略了这一步,可能要付出高昂的代价,这一代价不仅体现在金钱方面,还可能体现在其他方面,因为活动中可能存在死亡和严重伤害的危险。活动策划公司有责任确保采取了一切可能的防范措施以避免发生任何人员损伤,并购买相关保险以减少意外发生后的损失。

对所举办活动的每一项内容都要仔细地进行风险评估。策划公司和客户公司的法律部门必须介入其中,对其认可的内容要签署同意书。活动风险评估必须在规划阶段以及签订合同之前进行,这样才可以保证作出明智的选择,并对合同进行合理的修正,同时将保险、许可证、物流安排等方面的全部费用列入预算计划。活动风险评估是成功举办活动,有效控制预算的保障。

3.2 项目运营与管理

3.2.1 项目管理简述

社会和经济的发展离不开项目,项目是构成各行各业发展的基础。

1)项目的定义

对于项目,人们从不同角度给出了许多不同的定义。

现代项目管理认为,项目是一个组织为实现既定的目标,在一定时间、人员和其他资源的约束条件下,所开展的一种有一定独特性、一次性的工作。

国际标准化组织(International Organization for Standardization,IOS)对项目的定义是,项目是由一系列具有开始和结束日期、相互协调和控制的活动组成的,通过实施活动而满足时间、费用和资源等约束条件与实现项目目标的独特过程。

对于项目的概念,可以从以下几个方面进行理解。

(1)总体属性

项目实质上是一系列活动,一项工作不能完成整个项目目标。尽管项目是由组织进行的,但它并不只是组织本身;尽管项目的结果可能是某种产品,但项目也不只是产品本身。例如,谈到一个"工程项目",我们应该把它理解为包括项目选定、设计、采购、制造(实施)、安装调试、移交用户在内的整个过程,而不能把"工程项目"理解为移交给用户的产品(土木建筑物)。事实上,现实项目的具体定义依赖于该项目的范围、过程,对结果的明确要求及其具体的组织条件。

(2)过程属性

项目必须是临时性、一次性、有限性的任务,这是项目区别于其他常规活动和任务的基本标志,也是识别项目的主要依据。项目活动是一个过程。各个项目经历的时间可能是不同的,但各个项目都必须在某个时间内完成,有始有终是项目的共同特点。

(3)结果属性

项目都有一个特定的目标,或称独特的产品或服务。任何项目都有一个与以往其他项目不完全相同的目标(结果),通常是一种独特的产品或者服务。这一特定的目标通常在项目初期设定出来,并在其后的醒目活动中逐步地实现。尽管有些项目包含部分重复的内容,但在总体上仍然是独特的。

(4)周期属性

项目就是一次性的任务,任何项目有开始必然就有结束,结束就意味着项目的完结。

(5)约束属性

项目有资金、时间、资源等许多约束条件,只能在一定的约束条件下进行,这些约束条件是完成项目的制约因素。

2)项目的特点

尽管项目的形式多种多样,内容五花八门,但还是有一些共同之处。对于一般项目,其主要特征有以下5个。

(1)一次性

项目有投入也有产出,不同于周而复始的反复行动,更不是无终了的。例如,建设一座火电厂可以当作一个项目,但建成投产以后的日常生产过程则不能当作项目。只有认识到项目的一次性,才能有针对地根据项目的特殊性进行管理。

(2)多目标性

项目的目标有成果性目标和约束性目标。成果性目标是指项目的功能要求,即设计规定的生产产品的规格、品种、生产能力目标。约束性目标是指限制条件,如工程质量标准、竣工验收投产使用、工期、投资目标、效益指标等。当然,项目的目标并不是一成不变的,可能在实现目标的过程中发生变化,或是因为顾客提出更改目标;或是由活动本身产生的新信息表明原来的目标不完全恰当,需要重新确立醒目及其目标。

(3)独特性

项目的独特性是指项目所生成的产品或服务与其他产品或服务相比具有一定的独特之处。通常一个项目的产出物,即项目所生成的产品或者服务,在一些关键方面与其他的产品或者服务是不同的。

(4)制约性

项目的制约性是指每个项目都在一定程度上受客观条件和资源的制约。客观条件和资源对于项目的制约涉及项目的各个方面,其中最主要的制约是资源的制约,如人力资源、财力资源、物力资源、时间资源、技术资源、信息资源等方面的制约。项目的制约性是决定一个项目成败的关键特性之一。

(5)寿命周期性

项目任务的一次性决定了项目有一个确定的起始、实施和终结过程,这就构成了项目的有限寿命。对于一般项目来说,项目的有限寿命可分为三个阶段:第一阶段是项目的前期阶段,一般包括项目规划、布置,即要明确项目的任务、基本要求、所需的投入要素、目标及成本效益分析论证。第二阶段是项目的实施阶段,即具体组织项目的实施以实现项目的目标。第三阶段是项目终结阶段,包括项目的总结、清理等。

项目除了上述特征以外还有其他一些特征,包括项目的创新性和风险性、项目过程的渐进性、项目成果的不可挽回性、项目组织的临时性和开放性等。这些项目特征是相互关联和相互影响的。

3)项目管理的概念

项目构成了社会经济生活的基本单元,项目开发的成败决定着一个国家、一个地区或一个企业的发展速度和综合实力。随着项目规模的日趋扩大及技术工艺复杂性程度的提高,专业化分工越来越精细,投资者对项目在质量、工期、投资效益等方面的要求也越来越高。因此,项目管理已成为决定项目生命力的关键。

所谓项目管理,是指为满足或超越项目有关各方面的要求和期望,运用各种理论知识、技能、方法与工具所开展的项目计划、组织、领导、协调和控制等活动。

项目管理的概念要点如下:

(1)项目管理的目的

项目管理的目的是满足或超越项目有关各方对项目的要求和期望。它具体包括以下几个方面:

①项目本身的共同要求与期望。这是所有项目利益相关者共同要求和期望的内容,例如,对项目范围、项目工期(时间)、项目造价(成本)和项目质量等的共同要求和期望。

②项目有关方面不同的要求与期望。这是不同的利益相关者的需要与期望,包括项目的业主、供应商、承包商、项目所在社区和政府等各方面的要求和期望。

业主的要求和期望是以最小的投资获取最大的收益;供应商的要求和期望是获取更多的利润;承包商的要求和期望是以尽可能低的成本实现客户的质量要求;政府与社区的要求和期望是满足社会公众的需要,等等。他们的要求和期望存在着很多的不同,项目管理的目的就是最大限度地满足各方的要求和期望。

(2)项目管理的手段

项目管理的根本手段是运用各种理论知识、技能、方法和工具区开展各种各样的管理活动。

为了使项目能够最大限度地满足或者超越项目所有利益相关者的要求和期望,就必须开展各类相关活动。项目管理活动与一般的作业管理活动的原理和方法有所不同,所以,项目管理必须综合运用各种理论知识、工具、技能和方法,包括系统分析法、计划方法、网络理论、质量管理方法、成本管理方法等。

4)现代项目管理的知识体系

现代项目管理的知识体系是指在现代项目管理中所要开展的各种管理活动所要使用的各种理论、方法和工具,以及所涉及的各种角色的职责和它们之间的相互关系等一系列相关管理理论与知识的总称。

(1)项目集成管理

项目集成管理是指在项目管理过程中为确保各种项目工作能够很好地协调与配合,而开展的一种整体性、综合性的项目管理工作。开展项目集成管理的目的是要通过综合与协调去管理好项目各方面的工作,以确保整个项目的成功,而不仅是某个阶段或单项目标的实现。

(2)项目范围管理

项目范围管理是在项目管理过程中所开展的计划和界定一个项目或项目阶段所需完成的工作,以及不断维护和更新项目范围的项目管理工作。开展项目范围管理的根本目的是通过成功界定和控制项目的工作范围和内容,确保项目的成功。

(3)项目时间管理

项目时间管理是在项目管理过程中为确保项目按既定时间完成而开展的项目管理工作。开展项目时间管理的根本目的是要通过做好项目的工作计划和项目工期的控制等管理工作,确保项目的成功。

(4)项目成本管理

项目成本管理是在项目管理过程中为确保项目在不超出预算的情况下完成全部的项目工作而开展的项目管理工作。开展项目成本管理的根本目的是全面管理和控制项目的成本(造价),确保项目的成功。

(5)项目质量管理

项目质量管理是在项目管理过程中为确保项目的质量所开展的项目管理工作。

(6)项目人力资源管理

项目人力资源管理是在项目管理过程中为更有效地利用项目所涉及的人力资源而开展的项目管理工作。开展项目人力资源管理的根本目的是对项目组织和项目所需人力资源进行科学的计划和有效的管理,以确保项目的成功。

(7)项目信息与沟通管理

项目信息与沟通管理是在项目管理过程中为有效且及时地生成、收集、储存、处理和使用项目信息,以及合理地进行项目信息沟通而开展的项目管理工作。开展项目信息与沟通管理的根本目的,是对项目所需的信息和项目利益相关者之间的沟通进行有效的管理,以确保项目的成功。

(8)项目风险管理

项目风险管理是在管理过程中为成功地识别项目风险、分析项目风险和应对项目风险所开展的项目管理工作。开展项目风险管理工作的根本目的是对项目所面临的风险进行有效识别、控制和管理。

(9)项目采购管理

项目采购管理是在项目管理过程中为确保能够从项目组织外部寻求和获得项目所需的各种商品与劳务的项目管理工作。开展项目采购管理的根本目的是对项目所需的物质资源和劳务的获得与使用进行有效的管理,以确保项目的成功。

现代项目管理知识体系的9个方面的内容又可以分成3个部分。其一是涉及项目全局性和综合性管理的部分,包括项目集成管理、项目范围管理和项目风险管理。其二是涉及项目目标性和核心性管理的部分,包括项目成本管理、项目时间管理和项目质量管理。其三是涉及项目专项性或保障性管理的部分,包括项目信息与沟通管理、项目采购管理和项目人力资源管理。

3.2.2　项目整体管理

1)项目整体管理的概念

项目整体管理是指在项目的整个生命周期内,汇集项目管理的知识领域,对所有项目计划进行整合执行和控制,以保证项目各要素相互协调的全部工作和活动过程。它从全局的、整体的观点出发,通过有机地协调项目各个要素(进度、成本、质量和资源),对相互影响的各项具体目标与方案进行权衡和选择,尽可能地消除项目各单项管理的局限性,从而实现最大限度地满足项目干系人的需求和期望的目的。

项目整体管理对于项目的成功起着关键性作用,项目经理是项目整体管理的责任者,也是项目的综合协调者。项目团队成员在项目经理的指导下制订相应的项目计划。项目经理要领导项目团队根据项目目标进行决策,负责协调所有团队成员、计划和工作,并解决他们之间的冲突,同时还应与所有的项目干系人进行很好的沟通。

项目整体管理基于项目整体计划的 3 个主要过程:项目整体计划制订、项目整体计划实施、项目整体变更控制。

①项目整体计划制订,即收集其他计划过程的结果,并将其汇总成为一份连贯、一致的文档。

②项目整体计划实施,即通过进行项目计划规定的活动,实施项目计划。

③项目整体变更控制,即协调整个项目期间的变更。

2)项目整体管理的特点

(1)综合性

项目单项管理都是针对项目某个特定的方面所进行的管理,如项目进度管理主要是针对项目进度进行的管理,不涉及或很少涉及项目管理的其他方面。项目整体管理则是综合项目管理的所有方面,平衡项目各个方面之间的冲突,对它们的目标、工作和过程进行协调、管理,如项目的某个目标要求的提高,可能会以降低或牺牲其他目标为代价,这时就有必要分析和权衡这两个方面的综合作用对项目总体绩效所产生的影响。

(2)全局性

全局性是指为了最大化地实现项目总体目标,从全局出发协调和控制项目各个方面,消除项目各单项管理的局部性,有时甚至可以不惜牺牲或降低项目的单项目标,以协调统一项目各方面的单项管理为主要内容。如奥运会筹建项目的整体目标以进度为第一位,为了加快项目的进度就不得不增加项目的成本,这是在项目成本管理和进度管理这两个单项管理中所无法达到的。

（3）系统性

系统性是指项目整体管理把项目作为一个整体系统来考虑,将项目的内、外部影响因素相结合,不仅要对系统内部进行管理和控制,还要兼顾来自外部环境的影响因素、问题等,并对其进行管理和控制,如在项目的实施过程中客户所提出的一些任务的变动要求等,项目整体管理则需要应对这一变化要求,对项目做出相应的调整,但项目的单项管理则不会考虑这一方面的变动。

3.2.3 项目范围管理

1）项目范围和项目范围管理

项目组织要想成功地完成某个项目,在明确了项目的预定目标后,必须开展一系列的工作或活动,这些必须开展的工作构成了项目的工作范围。项目管理的首要工作就是进行项目范围管理。

（1）项目范围

所谓项目范围,是指为了满足客户的要求,成功地实现项目的目标,项目所规定要做的所有工作。

确定项目范围就是为项目界定一个界限,划定哪些方面是属于项目应该做的,而哪些方面是不应该包括在项目之内的,定义项目管理的工作边界,确定项目的目标和主要的项目可交付成果。

要注意区分产品范围和项目范围的概念,产品范围是指客户对项目最终产品或服务所期望包含的特征和功能的总和;项目范围是为了交付满足产品范围要求的产品或服务所必须完成的全部工作的总和。项目范围最终是以产品范围为基础而确定的,产品范围对产品要求的深度和广度决定了项目工作范围的深度和广度。

（2）项目范围管理

项目范围管理实质上是一种功能管理,是对项目所要完成的工作范围进行管理和控制的过程与活动,包括确保项目能够按要求的范围完成所涉及的所有过程,如启动一个新项目、编制项目范围计划、界定项目范围、项目干系人确认项目范围、对项目范围变更进行控制。

（3）项目范围管理的步骤

项目范围管理的步骤如下:
①把客户的需求转变为对项目产品的定义。
②根据项目目标与产品分解结构,把项目产品的定义转化为对项目工作范围的说明。
③通过工作分解结构,定义项目工作范围。
④项目干系人认可并接受项目范围。
⑤授权于执行项目工作,对项目进展进行控制。

2）项目范围管理的作用

项目范围管理的作用主要包括以下4个:

①为项目实施提供工作范围的框架。

②提高资金、时间、人力和其他资源估算的准确性。

③确定进度测量和控制的基准,便于对项目的实施进行有效的控制。

④明确项目的具体工作任务。

3.2.4　项目进度管理

1)项目进度和项目进度管理的概念

（1）项目进度的概念

项目进度是指项目实施的进展情况。在现代项目管理中,项目仅是一个综合的概念,将项目任务、工期、成本有机地结合起来,形成一个综合指标,以全面反映项目实施状况。

（2）项目进度的指标

每种项目在实施过程中都要消耗时间、劳动力、材料、成本等才能完成任务,而这些消耗指标对所有工作都是适用的,因此,有必要形成一个综合性的指标体系,从而能全面反映项目实施进展情况。综合性进度指标可以准确、方便地描述各个活动、工作包、项目单元直至整个项目进度。目前常用的有以下四种指标:持续时间、完成的实物量、完成的价值量、资源消耗指标（如工时、机械台班、成本等）。

（3）项目进度管理的概念

项目进度管理是指根据项目进度目标的要求,对项目各阶段的工作内容、工作程序、持续时间和衔接关系编制计划,将计划付诸实施,在实施过程中经常检查实际进度是否按计划要求进行,对出现的偏差分析原因,采取补救措施或调整、修改原计划,直至项目完成。项目进度管理的最终目的是确保项目目标的实现。

进度、质量、费用是项目建设的核心目标,进度控制、质量控制及费用控制是实现这三大目标的保证。三大目标对一个项目而言不是孤立存在的,三者是一个既统一又矛盾的整体。对所有项目而言,三大目标的理想值是高质量、低投资、进度快。因此,项目管理者在实施项目进度管理过程中要对三个目标全面系统地加以考虑,正确处理好进度、质量和投资的关系,提高项目的综合效益。特别是一些投资较大,技术含量较高的项目,在采取进度控制措施的时候要注意其对成本和质量的影响。

2)项目时间管理与进度管理的区别

项目时间管理又称为项目工期管理。工期和进度是两个既有联系又有区别的概念。由工期计划可以得到项目各阶段的计划工期。使用的实践参数包括活动、项目单元和整个项目的持续时间、开始和结束时间、容许的变动余地（时差）等。项目工期管理的目的是使项目实施活动与上述工期计划在时间上吻合,即保证分部、分项工程按计划及时开工,按时完成,保证总工期不推迟。

项目进度管理的总目标与项目工期管理是一致的,但在控制过程中它不仅追求时间上的吻合,而且还追求与劳动效率的一致性。首先,工期常常作为进度的一个指标,在表示进度计划及其完成情况时有重要作用。所以,进度管理首先表现为工期管理。有效的工期管理才能实现有效的进度管理,但仅用工期表达进度会产生误导。其次,进度的拖延最终一定会表现为工期的拖延。最后,对进度的调整常常表现为对工期的调整。为加快进度,改变施工次序,则意味着通过采取措施使总工期提前。

3.2.5 项目费用管理

1)费用和项目费用管理的概念

费用是指企业在一定时期内为生产经营过程所发生的、以货币形式表现的各种耗费。它包括与产品生产有直接联系的各项费用(直接成本和制造费用统称为制造成本)和与产品生产无直接联系的各项期间费用(销售费用、管理费用、财务费用等)。

项目费用管理是指在保证工期和满足质量要求的情况下,利用各种措施把费用控制在计划范围内,并进一步寻求最大限度的费用节约。项目费用估算是项目费用控制的基础。

项目费用管理包括对项目费用进行预测、决策、计划、控制、核算、分析和检查等一系列工作。

2)影响项目费用的因素

影响项目费用的因素有很多,主要有以下5个。

（1）项目范围

项目范围界定了完成项目所需要的工作内容,这些工作都要消耗一定的资源。因此,项目范围界定了费用所发生的范围。

（2）质量

质量和费用之间存在着辩证统一的关系。在一定范围内,质量水平越低,项目费用就越小;如果质量要求高,则在完成项目时需要采用更好的资源,耗费更长的时间,费用也会相应增加。但是,质量水平低到无法使项目正常运行,经常发生故障,则总的费用反而上升。

（3）工期

工期与费用之间也存在辩证统一的关系。在一定范围内,工期越长,不可预见的因素越多,风险越大,费用越高。

（4）价格

在项目范围确定的情况下,资源价格越高,费用越高。因此,项目在通货膨胀时期实施,费用往往较高。

（5）管理水平

在项目进行期间,较高的管理水平可以减少失误,降低间接费用,从而降低总费用。

3)项目费用管理的特点

项目费用管理的特点包括以下3个:

①项目费用管理是贯穿项目全生命周期的动态控制。对项目的投资人来说,项目费用管理不仅贯穿项目的启动过程、规划过程、执行过程、监控过程和收尾过程,还贯穿项目的运营或使用、资金的回收和增值过程,直到项目的生命周期结束。

②项目费用管理具有全面性。项目费用管理包括项目全过程,以及影响成本的全部要素。

③项目费用管理与质量管理和进度管理具有密切的关系。这是因为项目费用与质量、进度之间具有密切的关系。在进行项目费用管理时必须结合项目的质量和进度。

3.2.6　项目质量管理

1)项目质量与项目质量管理的概念与内容

(1)项目质量的概念

ISO 9000 对质量的定义是:产品或服务能满足规定或潜在需求的特性和特征的集合。

(2)项目质量管理的内容

项目质量管理主要包括以下 3 个方面的内容:

①项目产品质量,即项目最终可交付成果的质量。项目产品质量是一个综合性指标,通过项目产品的适用性、耐用性、安全性、可靠性、经济性及与环境的协调性体现出来。

②项目工序质量,即人、机器、材料、方法和环境对项目质量综合起作用过程中所形成的产品质量。不同工种的作业程序尽管不同,但产品都是由一道又一道工序加工制作出来的,每一道工序的质量是下一道工序要求的相应属性。

③项目工作质量,即参与项目的实施者和管理者为了保证项目质量所从事工作的水平和完善程度,反映项目的实施过程和产品质量的保证程度,通过项目范围内所有阶段、子项目、工作单元的实施质量和项目过程体现管理工作与决策工作的质量。

这三个方面的质量必须满足项目目标,任何一个不满足要求,都会对项目产品、项目相关者及项目组织产生重大影响,损害项目总目标。

2)项目质量管理的原则

项目质量管理的原则是在 ISO 9000 标准体系基础上,结合项目工作的实际情况,总结项目管理的实践经验而高度概括的最基本、最通用的一般性规律。这也是组织、领导和实施项目质量管理的基本原则,是提高项目管理水平,实现项目质量改进和获得不断成功的基础。它具体包括以下 8 个原则。

(1)以顾客为中心原则

项目工作组的生存依赖于顾客的需求。理解顾客当前和未来的需求,满足其合理的要求,并不断超越其期望是项目工作组的首要任务。在项目质量管理过程中,顾客的需求是项目质量的标准和前提。项目工作组应仔细调查和研究顾客的需求与期望,并把它转化为项目质量的标准与要求,同时采取有效措施去积极实现。此原则必须在整个项目工作组中坚决贯彻与执行。

（2）领导导向原则

作为项目工作组的最高领导,项目经理必须将本组织的宗旨、外部环境和内部条件有机地相互统一起来,制订出项目工作组的长远规划和近期目标,并营造一个使员工能够充分参与其中的组织环境。在项目质量管理过程中,项目经理是整个项目质量管理的最高管理者,决策、领导并监督一个项目的质量工作。为了营造一个良好的环境,项目经理应确立项目质量方针和质量目标,建立并实施一个有效的质量管理体系,确保业主的需求得到满足。同时,项目经理应该在质量管理过程中做到透明、务实并以身作则,树立"项目质量第一"的信念。

（3）全员共同参与原则

项目质量管理不仅需要项目经理的正确领导,而且有赖于项目工作组全体成员的积极参与,没有他们对项目质量的保证,就难有符合标准的项目。所以,不仅要对全体员工进行项目质量知识、职业道德、以客户需求为中心的意识和敬业精神的教育,而且要激发他们对质量管理的积极性和责任感。

（4）实行过程方法原则

将项目质量管理所需的相关资源与活动作为过程进行管理,可以更高效地获得期望的结果。项目质量国际标准 ISO 10006 提供了 10 个过程,在项目质量管理过程中,根据顾客的实际需求,通过合理配置资源,协调分配职责与业务流程的管理以及信息的及时反馈,提供给顾客一个满足其质量要求并符合质量标准的项目结果。

（5）运用系统理论原则

针对所设定的项目质量目标,把从项目质量计划、质量保证到质量控制,以及最终项目质量审核的一系列过程视为一个相互关联的系统过程。在整个系统过程中,实施全面质量管理,有助于提高项目实施的效率和有效性。最后,所实施的项目既达到有关规定和标准的要求,同时又能满足业主需求。

（6）以事实为基础原则

在项目质量保证和控制过程中,对于每一个实际发生的质量问题应及时采取措施并记录在案,作为文档保存下来,这有助于提高今后的项目质量。

（7）持续改进质量原则

持续改进质量是项目工作组的一个永恒目标。在项目开发前,首先,应明确顾客的质量要求,制订相应的项目质量计划;其次,在项目开发过程中,依据此计划书的相关项目质量标准与规则,项目工作组应进行必要的项目质量保证和控制、审核工作,不断改进项目实施过程中产生的质量问题,最终达到顾客所需的程度。

（8）互利的供方关系原则

供方是项目供应链上的第一个环节,供方的供货过程是质量形成过程的组成部分。供方供货质量影响项目质量,在组织的质量效益中包含着供方的贡献,供方应按组织的要求也建立质量管理体系。通过互利关系,可以增强组织及供方创造价值的能力,也有利于降低成本和优化资源配置,并增强应对风险的能力。

3）项目质量管理的作用

项目质量管理是围绕有关项目质量而进行的计划、组织、协调、控制和改进等一系列活动。其作用在于以下 4 个方面。

（1）有利于节约项目开发的成本

项目质量管理的目标是确保所实施的项目质量达到既定的要求与标准。进行有效的项目质量管理，降低所实施项目在质量上未达标的可能性，可以减少项目返工的次数并弥补项目质量不达标的损失，以及项目开发和实施的成本。简而言之，提高项目质量本身就意味着提高项目的效能和节约劳动消耗。

（2）有利于增强员工的凝聚力

在项目开发过程中，工作流程的程序化、标准化和规范化，不仅能提高所开发项目的质量，而且更能提高项目组成员的士气，增加凝聚力。

（3）有利于提高项目组的声誉

提高项目的质量，积极开展项目质量管理工作，发现项目质量上的问题并加以改进，使项目的实用性得到改善，将树立起项目组良好的社会声誉。

（4）有利于更好地满足顾客的需求

项目质量管理的目标是交付满足顾客质量需求的项目。对项目质量的事前、事中和事后控制，全面提高项目质量，能更好地满足顾客的需求。

3.2.7 项目人力资源管理

当今世界组织之间的竞争是产品的竞争，是技术与管理的竞争，而归根结底是人才的竞争。人力资源已经逐渐成为管理的核心，因此，一些有识之士把人力资源称为"第一资源"。

一般认为，人力资源，又称劳动力资源或者劳动力，是指能够推动整个经济和社会发展，具有劳动能力的人口总和。人力资源的最基本方面包括体力和智力。如果从现实的应用形态来看，人力资源则包括体质、智力、知识和技能四个方面。

人力资源管理，就是运用现代化的科学方法，对与一定物力相结合的人力进行合理的培训、组织和调配，使人力、物力经常保持最佳比例，同时对人的思想、心理和行为进行恰当的诱导、控制和协调，充分发挥人的主观能动性，使人尽其才，事得其人，人事相宜，以实现组织目标。

人力资源管理的具体任务包括：制订人力资源计划；人力资源成本会计工作；岗位分析和工作设计；人力资源的招聘和选拔；雇用管理与劳资关系；入场教育、培训和发展；工作绩效考核；帮助员工的职业生涯发展；员工工资报酬与福利保障设计；保管员工档案。

对企业决策层而言，人、财、物、信息等可以说是企业管理关注的主要方面，人又是最为重要、活的第一资源，只有管好"人"这一资源，才算抓住了管理的要义、纲领，纲举才能目张。

1）项目人力资源管理的含义

所谓项目人力资源管理，即在对项目目标、规划、任务、进展情况等进行合理、有序的分析、规划和统筹的基础上,采用科学的方法,对项目过程中涉及的所有人员,包括项目经理、项目团队成员、项目发起方、投资方、项目业主以及项目客户等进行有效的协调、控制和管理,使他们能够同项目管理团队紧密配合,在各方面尽可能地符合项目的发展需求,激励并保持项目团队成员对项目的忠诚,最大限度地挖掘项目团队的人才潜力,充分发挥其主观能动性,最终实现项目的战略目标。

2)项目人力资源管理的主要过程

项目人力资源管理主要包括以下 4 个阶段。

(1)组织规划

依据项目工作分解结构(WBS)所定义的工作范围与内容以及管理项目利益相关者的工作要求,对项目工作进行分解与归类,分析确定完成项目任务所需的角色与职位以及它们之间的相互关系,将各角色的职责和报告关系形成组织结构图与职责描述表,并结合项目进度要求制订人员配备管理计划。

(2)项目团队组建

依据组织规划提出的角色要求,根据人员配备管理计划要求,招募项目工作所需的人力资源。

(3)项目团队建设

培养团队成员的能力,促进成员之间的交互作用,从而提高项目绩效。项目团队组建完毕之后,通常不能立即形成项目管理能力,需要培养、改进和提高项目团队成员个人的工作能力以及项目团队的整体工作能力,使项目团队成为一个战斗力强大的集体。项目团队建设包括职责、流程、计量、考核、文化等多个方面。

(4)项目团队管理

项目团队管理包括跟踪团队成员的绩效,提供反馈,解决问题,协调变更事宜以提高项目绩效。

3.2.8 项目沟通管理

人的因素是一个项目成功的关键所在,再简单的项目也不可能由一个人来完成。而在一个群体中,要使每一个成员能够在共同的目标下,协调一致地努力工作,就绝离不开组织协调和沟通。

1)项目协调

(1)项目协调的意义

协调是项目管理的一项重要工作,要使项目取得成功,协调具有重要作用。协调可使矛盾的各个方面居于统一体中,解决它们之间的不一致,使系统结构均衡,项目实施和运行过程顺利进行。在项目实施过程中,项目经理是协调的中心和沟通的桥梁。在整个项目的目标设计、项目定义、设计和计划、实施控制中有着各式各样的协调工作。大型项目实施周期长,只有处理好项目内外的大量复杂关系,才能保证项目目标的实现。因此,项目协调管理对项目目标的实现具有以下重要意义:一是调动工作人员的积极性;二是提高项目组织的运转效率;三是为项目实施创造更有利的条件。

(2)项目协调的内容

项目协调的内容大致可分为以下几个方面:

其一,人际关系的协调。这包括项目组织内部的人际关系、项目组织与关联单位的人际关系。人际关系的协调主要是解决人员之间在工作中的矛盾。

其二,组织关系的协调。这主要是解决项目组织内部的分工与配合问题。

其三,供求关系的协调。这包括项目实施中所需的人力、资金、设备、材料、技术、信息的供应,主要通过协调来解决供求平衡问题。

其四,配合关系的协调。这包括施工公司、建设单位、设计单位、分包单位、供应单位、监理单位之间在配合关系上的协调和步调一致,以达到同心协力的目的。

其五,约束关系的协调。这主要是为了解和遵守国家及地方政府在法规、制度等方面的制约,求得执法部门的指导和认可。

(3)项目协调管理的范围

把项目作为系统,则项目协调的范围可分为系统内部的协调和对系统外部的协调。

①项目管理的内部关系协调。项目内部关系的协调分为项目内部人际关系的协调、项目内部组织关系的协调、项目内部需求关系的协调三种形式。

a.项目内部人际关系的协调。这种协调指项目经理与其下属的关系、职能人员之间的关系等。协调这些关系主要靠执行制度,坚持民主集中制,做好每个人的思想政治工作,充分调动他们的积极性。要用人所长,责任分明,实事求是地对每个人的绩效进行评价和激励。在调解人与人之间的矛盾时要注意方法,重在疏导。

b.项目内部组织关系的协调。项目中的组织形成系统,系统内部各部分构成一定的分工协作和信息沟通关系。组织关系的协调要靠组织正常运转。

c.项目内部需求关系的协调。工程项目运作需要资源,因此资金、劳动力、材料、机械设备、动力等需求,实际上是求得项目的资源保证。需求关系的协调就是要按计划供应,抓重点和关键,健全调度体系,充分发挥调度人员的作用。

②项目管理组织与外层关系的协调。项目对外部的协调分为项目与近外层关系的协调和项目与远外层关系的协调两种形式:

a.项目与近外层关系的协调。这包括与业主的关系、与设计单位的关系、与供应单位的关系、与公用单位的关系等。这些关系都是合同关系或经济关系,应在平等的基础上进行协调。

b.项目与远外层关系的协调。工程项目与远外层的关系包括与政府部门、金融组织、现场环境单位的关系。这些关系的处理没有定式,协调更加困难,应按有关法规、公共关系准则和经济联系来处理。

2)项目沟通

(1)项目沟通概述

沟通是一种人与人之间传递信息的活动过程。人在社会上生存,不可能不和其他人进行沟通。沟通是组织协调的手段,是解决组织成员间矛盾的基本方法。组织协调的程度和效果常常依赖于各项目参加者之间沟通的程度。

①沟通的基本模式。沟通的基本模式是:谁向谁说了什么而产生了效果。根据这个模式,对信息的效果产生重要影响的沟通要素包括沟通者、内容和接受者。

a. 沟通者。对任何沟通而言,信息发送者都是很关键的。信息发送者所发送的信息源的可信赖性、意图和属性都很重要。研究证据表明,对沟通的反应常受到以下因素的重要影响:沟通者的意图、专业水平和可信赖性。

b. 内容。影响沟通效果的另一个重要因素就是信息的内容。信息的内容可以用以下两种方法构建出来。

·利用情感诉求。从总体看来,现有的证据表明,当听众的情感强度上升时,对沟通者所提建议的接受程度并不一定相应地上升。对任何类型的劝说性沟通而言,这种关系更可能是曲线形的。当感情强度从零度增加至一个中等情感强度的时候,接受性也增加;但是情感强度再增强至更高水平时,接受性反而会下降。这就表明情感强度在高与低的两端时都可能有钝化的作用。中等情感强度是最有效的。然而,在现实中,对某信息应施用多大程度的情感诉求还要靠主观判断。

·利用理性诉求。有研究给出以下建议,在劝说型的沟通中,通常明确地给出结论比让听众自己得出结论更为有效,特别是听众一开始不同意评论者的主张的时候更是如此。

c. 接受者。接受者是沟通中的第三个重要因素。个人的个性会对沟通产生重要的影响,个人所处的社会群体也会对沟通产生重要的影响,特别是当这种沟通违背这个群体的文化惯例时,会表现得尤为强烈。

在项目实施过程中,沟通主要是组织部门沟通和人际沟通。

②组织部门沟通。组织部门沟通是指项目组织各个部门之间的信息传递。组织内部的信息沟通有正式渠道和非正式渠道。正式渠道是指组织内部按正规方式建立起来的沟通渠道,信息既可以从上级部门向下级部门传递(如政策、规范、指令),也可以从下级部门向上级部门反映(如报告、请求、建议、意见),还可以是同级部门之间的信息交流。非正式渠道是由组织内部成员之间的共同利益而形成的。这些利益既可能因工作而产生,也可能因组织外部的各种条件而产生。通过非正式渠道传递的信息有时会被曲解,与正式渠道相矛盾,有时又会成为正式渠道的有效补充。

③人际沟通。人际沟通就是将信息由一个人传递给另一个人或多个人,也包括人与人之间的相互理解,如项目经理与团队成员之间的沟通。人际沟通不同于组织部门沟通,比如,人际沟通主要通过语言交流来完成,并且这种沟通不仅是信息的交流,还包括感情、思想、态度等的交流。人际沟通的障碍有一个特殊的方面,就是人所特有的心理。因此,人际沟通要特别注意沟通的方法和手段。

(2)沟通的重要性

①沟通是项目决策和计划的基础。项目管理层想要制订科学的计划,必须以准确、完整和及时的信息作为基础。通过项目内外部环境之间的信息沟通,就可以获得许多信息,从而为科学计划及正确决策提供依据。

②沟通是项目科学管理的手段。项目管理层如果没有良好的信息沟通,就无法实施科学

管理。只有通过信息沟通,掌握项目各方面情况,才能为科学管理提供依据。

③沟通是建立和改善人际关系的必需条件。信息沟通是人的一种重要的心理需求,是人们用以表达思想、感情和态度的手段。畅通的信息沟通,可以减少人与人之间不必要的冲突,改善人与人之间、组织之间的关系。

④沟通是项目经理成功领导的重要措施。项目经理要通过各种途径将意图传递给项目团队成员并使项目团队成员理解和执行。如果沟通不畅,项目团队成员就无法正确理解和执行项目经理的意图,从而无法使项目顺利进行下去,最终导致管理混乱甚至失败。

3)项目冲突管理

冲突就是项目的各因素在整合过程中出现的不协调现象。冲突管理就是项目管理者利用现有的技术方法,对出现的不协调现象进行处置或对可能出现的不协调现象进行预防的过程。项目中常见的冲突有项目进度冲突、项目优先权的冲突、人力资源的冲突、技术意见和性能权衡的冲突、管理程序的冲突、项目成员的个性突出、费用冲突等。

(1)处理冲突的方式

常见的项目冲突的方式包括以下3种:

①建立公司范围内的冲突解决政策与程序,但是,这种方式可能会忽略各个不同项目之间的差异,试图用相同的办法解决不同的冲突,无法做到具体情况具体分析。

②预先建立项目冲突解决程序,通常使用线性责任图来拟定冲突解决程序。

③当项目经理和职能经理间有冲突时,利用他们共同的上级在维护公司最大利益的基础上解决他们的冲突。但是,这种方式无法解决项目经理负责的低一级的冲突。

(2)冲突的管理模式

冲突的管理包括以下5种模式:

①回避。这主要指有意忽略冲突并且希望冲突尽快解决;以缓慢的程序来平息冲突;以沉默来避免面对面的冲突。

这种模式适用于以下情况:当冲突微不足道且有更重要的问题等待解决时;当知道毫无机会可满足所关心的事时;当潜在的分裂超过解决所带来的利益时;当收集资料比立刻作决定重要时;当需要冷静地重新认识整个事态时。

②妥协。这主要指谈判、寻求交易、寻找满意或可接受的解决方案。

这种模式适用的情况有:当目标明显不值得努力,有瓦解的趋势时;当势均力敌的对手致力于相互排斥目标时;当时间成本很大时;当合作与竞争都不成功时。

③竞争。这种模式适用于快速、决定性的行为是必需的,例如紧急事件,强制执行重要但不受欢迎的行为,如减少成本。

④迎合。这主要指强迫服从、让步、顺从。

这种模式适用于:发现己方错误,并愿意虚心改正;议题对别人比己方重要,采取合作态度满足别人。

⑤合作。这种模式适用于双方所关心的事很重要,以至于需要寻找一个整合的解决方案;目标很确定,需吸纳与己方不同的看法。

3.2.9　项目风险管理

项目的立项、分析、研究、设计和计划都是基于对将来各方面情况预测之上的,基于正常的、理想的技术、管理和组织之上的。而在实际实施以及项目的运行过程中,这些因素都有可能发生变化。这些变化会使原定的计划、方案受到干扰,使原定的目标不能实现。这些事先不确定的内部和外部的干扰因素,人们称为项目风险。风险是项目系统中的不可靠因素。

风险在任何项目中都存在。项目作为集合经济、技术、管理、组织各方面的综合性社会活动,在各个方面都存在着不确定因素。这些风险造成项目实施的失控现象,如工期延长、成本增加、计划修改等,最终导致经济效益降低,甚至项目失败。现代项目的特点是规模大、技术新、持续时间长、参加单位多、与环境接口复杂,可以说在项目实施过程中危机四伏。许多领域由于其项目风险大,危害性大,例如国际工程承包、国际投资合作,所以被人们称为风险型事业。

所谓项目风险管理,是项目组织通过风险识别、风险估计和风险评价,以此为基础合理地使用多种管理方法、技术和手段对项目活动涉及的风险实行有效的控制,采取主动行动,创造条件,尽量扩大风险事件的有利结果,妥善地处理风险事故造成的不利后果,以最少的成本保证安全、可靠地实现项目的总目标。

项目风险管理概念的要点主要表现在以下几个方面:

①项目风险管理是一项综合性的管理活动,其理论和实践涉及自然科学、社会科学、工程技术、系统科学、管理科学等多门学科。

②管理项目风险的主体是项目管理团队,特别是项目经理。项目风险管理要求项目管理团队采取主动行动,而不只是在风险事件发生之后被动地应付。项目管理人员在认识和处理错综复杂、性质各异的风险时,要统观全局,抓主要矛盾,创造条件,因势利导,将不利转化为有利,将威胁转化为机会。

③项目风险管理的基础是调查研究,必要时还要进行试验。只有认真地研究项目本身和环境以及两者之间的关系,才能识别项目面临的风险。

④风险识别、风险估计和风险评价是项目风险管理的重要内容。但是,仅完成这部分工作还不能做到以最少的成本保证安全、可靠地实现项目的总目标,还必须在此基础上对风险实行有效的控制,妥善地处理风险事件造成的不利后果。

3.2.10　项目采购管理

1)项目采购的概念

项目采购的概念,与一般概念上的商品购买含义不同。它是指以不同方式从项目组织外部获得货物、工程和服务的整个采购过程,它的标的是货物、工程和咨询服务。

(1)货物采购

货物采购属于有形采购,是指购买项目所需的投入物,如机械、设备、仪器、仪表、办公设备、建筑材料(钢材、水泥、木材等)、农用生产材料等,并包括与之相关的服务,如运输、保险、安装、调试、培训、初期维修等。这类采购可以通过招标完成,也可以通过询价完成。

（2）工程采购

工程采购也是有形采购,是指通过招标或其他商定方式选择工程承包单位,即选定合格的承包商承担项目工程施工任务与之相关的服务,如人员培训、维修等也包括在内。

（3）咨询服务采购

咨询服务采购不同于一般的货物或工程采购,属于无形采购。咨询服务采购包括聘请咨询公司或单个咨询专家。咨询服务的范围很广,大致可分为以下4类:

①项目立项阶段的咨询服务,如项目的可行性研究。

②项目设计工作和招标文件编制任务。

③项目管理、施工监理等执行性服务。

④项目技术援助和培训等服务。

2）项目采购管理

项目采购管理是保证项目成功实施的关键活动,如果采购的货物、工程和咨询服务没有达到项目规定的标准,必然会降低项目的质量,影响项目的成本、进度等目标的实现,甚至导致整个项目的失败。项目采购管理的总目标是以最低的成本及时地为项目提供满足其需要的产品。

在项目采购管理中,主要涉及4个关键角色,以及他们之间的角色互动。这4个关键角色是项目业主/客户、项目组织者（包括承包商或项目业主/客户组织内部的项目团队）、资源供应商以及项目分包商。项目业主/客户是项目的发起方、出资方,是项目最终成果的所有者或使用者,同时也可以是项目资源的购买者。承包商或项目团队是项目业主/客户的代理方,对项目业主/客户负责,完成项目采购任务,然后从项目业主/客户那里获得补偿。资源供应商是为项目组织提供项目所需资源的工商企业组织,直接与承包商或项目团队交易,满足项目的资源需求。当项目组织缺少某种专业人才或资源去完成某些项目任务时,分包商可以直接对项目组织负责,也可以直接对业主/客户负责。他们从项目组织或项目业主/客户那里获得劳务报酬。在项目采购管理中,这4个主要角色之间的有效沟通、积极互动可以使项目实施获得成功,反之就会发生项目因为资源不到位而出现实施进度受阻或项目失败的风险。

项目采购管理过程涉及的买卖双方的合同是法律文件。合同是指对双方都具有约束力的协议书,使卖方有义务提供规定的产品、服务或成果,使买方有义务提供货币或其他有价值的对价。合同既可以简单也可以比较复杂,并可反映可交付成果的简单或复杂性。项目管理团队负责促使合同符合项目的具体要求。因应用领域的不同,合同也可以称为协议、分包合同或采购订单。项目采购管理过程涉及的各种活动构成合同生命期。通过对合同生命期进行积极管理,并认真斟酌合同条款和条件措施,可避免或缓解一些可识别的项目风险。就产品或服务签订合同,是管理或假定潜在风险的一种责任分配方式。

【案例】

人民日报评明星婚礼:别办成消费"封神榜"

明星在社会心理层面有着潜在的巨大影响力,他们为大众提供了一个可窥视的对象,并以此参与人们的自我认知和人生定位,悄无声息地引导着一个社会的风气和价值观。

一段时间以来,明星婚礼接连点燃舆论爆点。娱乐新闻、微博、朋友圈,有故事,有特写,有分析评论,全方位立体式的报道席卷着社会舆论,把明星婚礼频频推上头条。

明星婚礼到底有怎样神奇的力量,能吸引如此众多的目光?这不免让人思索。浏览微博发言或网友评论会发现,除了祝福和评论这段姻缘以外,最多的一类是"八卦"婚礼细节,包括对奢华排场的咋舌,对奢侈用品的咂摸,对人际关系的揣测。总结起来就是:对明星生活方式、明星"朋友圈"的好奇和窥探。

借着舆论的"好奇",自媒体平台上出现了一众"时尚博主",他们会在第一时间拿到第一手材料,分析男女主人公服装、配饰的品牌和款型,植入自己要推荐的时尚产品;另一些更加外围的"博主"则会用图片链接把读者引向一个"明星同款"的网购产品。借助一场明星婚礼,奢侈品牌、明星代言产品、微商爆款构成了一个层级分明的消费金字塔,而明星也就被塑造成了站在塔尖的"消费英雄",放射出偶像的光晕,继续指引着消费的"方向"。在这场共赢的游戏中,资本无孔不入,明星也乐得大操大办并向媒体大敞大开。

在宣传的强光下,一场亲人朋友见证爱情和祝福姻缘的仪式,无形中被资本紧紧捆绑,全力包装,推上前台,它超出了结婚仪式的初衷,变成一个炫耀性消费的秀场。恰如一位网友不留情面地批评:"这场婚礼就是一场商演,一次广告出卖,是商业行为。"

还有一种针锋相对的反批评:"有什么好吐槽的,换位思考,人家花自己挣的干净钱,为自己心爱的人办一场童话般的婚礼,有什么不可以?别吃不到葡萄说葡萄酸。"这样的观点不无道理。如果从常人的角度去看,只要是合法收入,当事人怎样消费,当然是个人私事,但问题恰恰在于,我们能否把明星视为"常人"?

随着中国社会消费能力的快速提升,影视产业的迅速扩容,在文艺相关的时尚产业中,本土明星的话语权逐渐跃升。近些年来,那些代言"国际顶级品牌"的洋脸蛋逐渐被中国面孔取代,与国际时尚界的深度结合使中国内地明星成了国内国际资本的宠儿,也使得他们最终超越"知名艺人"而成为社会学意义上的真正"明星":他们不仅是大银幕上的熟悉面孔,更是时尚消费的当代图腾;他们既是有血有肉的普通人,又是资本循环的关键一环。

然而,对于这种潜在的变化,对于"明星"的巨大影响力,我们的社会,甚至包括某些明星本人,并未有足够的认知。电影理论家路易斯·贾内梯对明星有这样的描述:"明星直接或间接反映了观众的需求、欲望和焦虑。他们是梦的食粮,让我们可以有最深的幻想和迷恋。""明星是观众的至爱产物,也是时尚、价值和公众行为的带领人。"明星研究专家雷蒙·德格纳则说:"从明星可以看到一个国家的社会史。"明星在社会心理层面有着潜在的巨大影响力,他们给人们提供了一个窥视的对象,并以此参与他们的自我认知和人生定位,悄无声息地引导着一个社会的风气和价值观。

在逐渐富裕起来的中国社会,在大众创业、万众创新的当下,对明星婚礼的关注显示了人们对财富、成功和幸福生活的渴望,甚至是不切实际的幻想,明星们也沉浸在自己一时无法理解的财富和成功神话中,他们的炫耀性消费既是一种富起来以后的扬眉吐气,也是对资本体系自觉不自觉的配合,而对于价值引导的责任,许多明星尚无自觉。近些年来,明星公益渐渐兴起,尽管未必都是发自内心的主动行为,也许掺杂了自我宣传包装的功利心,但未尝不显示着一种价值引领的朦胧意识。

作为社会价值和风尚的引领者,明星的言行无形中塑造着人们对"什么是幸福生活"的理解。那些缺乏自我约束和自我要求的明星,言行中透露出来的消费唯奢乃至堕落有理等负面观念正在不断地侵蚀着社会的大脑,让有识之士忧心。不过,令人乐观的是,我们也能从"奢侈品热"退潮等现象看出,中国社会的生活观念正酝酿着从炫耀性消费向品质至上的转型。回归生活的质朴,重寻情感的本真,逐渐成为整个社会的潜在思潮。而在此刻的中国,作为社会的强势群体,明星的反省、沉淀、自觉和主动引领,都显得尤为重要。

但愿,明星婚礼不再办成消费的"封神榜"。

(资料来源:中国新闻网,2016-08-30,有删减)

专家评析:

婚礼是一种特殊活动,除了具备普通活动在策划和组织上的特点,还具有项目制的特征。因此,婚礼功能也日渐多样化,除了传统的告知、庆贺等功能,越来越多的新人选择在婚礼上体现与众不同的自我价值。从早期明星的隐婚,到如今公开地办婚礼,明星的"婚俗"悄然发生了变化。婚礼的公关功能日益显露,婚礼已成为明星包装、宣传自己的营销利器。明星作为公众人物,其行为举止会对大众产生潜移默化的影响。明星婚礼的举办也会引起人们的模仿跟随,应做到理性对待,结合自身实际情况,切勿盲目跟随。

复习思考题

1. 简述活动策划与组织的主要组成环节。
2. 活动的初期规划阶段包括哪些主要内容?简要叙述。
3. 简述活动组织及时间安排的要点。
4. 活动对场地有哪些要求?举例叙述。
5. 活动策划人员应该如何策划和组织活动的客运交通情况?
6. 活动的迎宾环节需要注意哪些问题?简要叙述。
7. 活动的餐饮环节包括哪些主要内容?
8. 活动策划者应该如何安排和组织活动嘉宾?
9. 简述娱乐活动等其他活动。
10. 简要叙述项目的定义和特点。
11. 项目管理主要是指什么?
12. 现代项目管理的知识体系包括哪几项?简要叙述。
13. 分别叙述现代项目管理的九大组成部分。

第4章
婚礼策划

【学习目标】

1. 掌握婚礼策划的内涵。
2. 掌握婚礼流程策划各个环节的内容及要点。
3. 掌握婚礼花艺设计的基本内容及要点。
4. 了解婚礼策划师、婚礼司仪及其职责。

【学习重点】

　　本章内容为婚礼策划与组织的基础内容,通过本章的学习,了解婚礼、婚礼流程、婚礼花艺、婚礼关键人物的基本情况,重点掌握婚礼策划的内涵;婚礼流程策划以及婚礼花艺设计各个环节的基本内容和要点。

【案例导入】

纵观整个婚礼筹备，婚礼策划是最让新人头痛的，包含的内容最琐碎。于翔和李玲早在读大学的时候就已相识，两人虽有意但是由各种原因始终没有在一起。毕业后两人一个去了北京，一个去了上海。原本渐行渐远的两人，辗转几年后，在杭州再次相遇，单身的两人迅速擦出爱的火花，彼此都十分珍惜这苦苦盼来的缘分。经过三年的恋爱，两人终于决定结婚。他们的爱情故事曲折而浪漫，两人决定在婚礼上向亲友告知他们特别的恋爱经历。经过几次讨论，他们决定向婚礼策划师求助，希望婚礼策划师可以帮助他们举行一场浪漫而深刻的婚礼。婚礼策划师小王在得知两人的爱情经历后也十分感动，经过几番深入的交谈，小王最终决定为他俩举办一场"爱有天意"的主题婚礼。确定婚礼的主题只是婚礼策划的第一步，如何将婚礼主题通过各种手段充分体现才是最重要的。在婚礼举行前，小王又多次找到于翔和李玲，细致地挖掘他们恋爱过程中的点点滴滴，仔细讨论了婚礼场地布置、灯光音响、花艺设计、婚礼标志甚至婚礼请柬等诸多内容。经过小王与两位新人的努力，终于及时制订出让人满意的婚礼策划方案。

婚礼策划涉及整场婚礼的方方面面，可以说涉及的细节越详细越好，其中婚礼流程、花艺设计、婚礼策划师、婚礼司仪这四大部分是婚礼策划的重要元素，婚礼流程是婚礼策划的基础，花艺设计是现在最流行的婚礼布置要素，婚礼策划师是婚礼策划的灵魂人物，而婚礼司仪则涉及婚礼的核心策划内容——婚礼仪式的具体实施。在这一章我们要学习的内容就是围绕婚礼流程策划、婚礼花艺设计、婚礼策划师、婚礼司仪四大部分展开，在宏观上对婚礼策划这一概念进行论述。本章所讲内容是婚礼策划与组织的基础内容，贯穿整场婚礼的方方面面，是系统学习婚礼策划与组织的开始，也是统筹把握婚礼策划与组织的关键。

4.1 婚礼策划的内涵

随着经济与社会的不断发展，即将举行婚礼的新人们逐渐开始注重婚礼的重要性，打造属于自己独特的浪漫婚礼成为每位新人的选择。婚礼的举行是一件大事，同时也是一件琐事，婚礼活动的举行涉及人、财、物的方方面面。因此，选择专业的团队来完成自己梦想中的婚礼成为一种趋势。在西方国家，举行婚礼的第一件事不是订酒店，而是选择专业的团队进行婚礼策划。

婚礼策划是指根据新人的婚礼诉求为新人量身打造婚礼而进行的专业策划，是策划行业市场细分的结果，涵盖各种婚礼形式及婚礼形式的组合体。在通常情况下，婚礼策划是由婚礼策划师根据每位新人的不同爱好、追求或诉求点为新人专门策划的、满足新人独特需求的个性化婚礼，"流程组合加场景布置"并非简单的婚礼服务项目组合，而是围绕每位新人的兴趣和要求展开。因此，婚礼策划除了要求丰富的婚礼经验、广博的婚礼知识外，更重要的是与新人沟通。一般整个婚礼围绕一至两个主题或两至三个侧重点展开。

婚礼策划以婚礼的主题为核心，涉及婚礼活动的各个方面，包括婚礼的流程策划、婚礼的花艺设计、婚礼场景策划、婚礼仪式策划以及婚礼相关活动，如演艺活动、婚礼音乐、婚礼短片、互动游戏设计。传统观念认为，婚礼策划就是"流程组合加场景布置"，实际上，婚礼策划的着重点在于婚礼本身,婚礼本身的气氛大于场景布置,场景布置是为婚礼服务的,是为了更好地表达婚礼主题而设置的一个元素,整场婚礼要表达的主题是真实的、感人的,同时也是与新人自身特点相吻合的。因此,婚礼策划要避免"有形无义",只有一些形式上的东西,体现不了整个婚礼的精华,场景布置只是作为一个元素,需要迎合整场婚礼的意义所在。如果一场婚礼把重点放在场景布置而忽略婚礼本身的话,是使更多的人注意场景布置而不是注重婚礼本身。

一个成功的婚礼策划需要兼顾很多元素,一般要遵循"十六字原则":源于调查、重在定位、贵在创新、巧在运作。

4.1.1 源于调查

和新人沟通是婚礼策划最开始也是最关键的部分,精准地把握新人的心理诉求是婚礼策划的基石。这就需要婚礼策划师具有良好的职业素养、丰富的婚礼策划经验和婚礼相关知识;善于与新人沟通,对新人的背景如性格、恋爱情况、家庭情况甚至是成长经历都能够精确地掌控,真切地明白新人心中所想;又能够运用专业知识将新人的诉求变成现实,有时候还需要发挥主观能动性,运用沟通技巧挖掘新人的想法,引导并帮助新人作出合理的婚礼需求判断,对新人的想法做适当的补充和专业指导。

4.1.2 重在定位

随着生活水平的提高,人们对婚礼艺术产生了前所未有的热情,很多婚礼方案都折射出历史性、艺术性、趣味性和兼顾性的构思,同时风格也丰富多彩。体现民族特色、地方特色、时代精神和人性化的婚礼创意层出不穷,特别有些策划创意新颖、立意高雅、构思巧妙。比如在初春举办一场油菜花主题婚礼;在古风悠扬的古筝声中举办一场秦汉式婚礼;这些策划经得起推敲和琢磨,使婚礼有了自己的韵味和灵魂。也有一些策划,就是婚庆道具的堆积,各色的闪光灯闪烁不停,音响里各种流行音乐狂轰滥炸,婚礼司仪的主持词中充满各种华丽浮夸的辞藻,不但不能使人身心愉悦,还会让人产生听觉疲劳。因此,婚礼策划不仅需要精准地把握新人的心思,还要对整场婚礼有一个完美的定位,将新人的心思提炼成一个主题或者是两三个侧重点,选择用最适合的婚礼形式表现出来,才能使整场婚礼显得底蕴十足。

4.1.3 贵在创新

创新是每一个婚礼策划都应该追求的目标,无论是立意创新、流程创新还是物品创新,在一个婚礼策划中都应该有所体现,比如用漫画在迎宾区展示新人的校园爱情,既清新又文艺,同时还可以透露出他们在校园恋爱的信息;将新人看过的电影编制成一封情书,并把新人海报制作成电影上映的画报来展示。这些根据新人的故事进行的细节创新,既突出了婚礼主题,又让人觉得真实而温暖。当然,创新也可以适当地标新立异,比如将婚宴改成自助形式,在婚宴前举行鸡尾酒会等。大胆的创新要根据宾客的特点,不能脱离整体的婚礼定位。

4.1.4　巧在运作

一个好的婚礼策划,最后一步就是实际的运作,做好人、财、物的细致分工,参与婚礼的工作人员要协调配合,各司其职,确保婚礼策划的实际运营效果。具体的婚礼活动组织人、财、物的细节会在本书后半部分讲到。

4.2　婚礼流程策划

如今社会的婚礼形式可谓多种多样、异彩纷呈,年轻的新人们为了使这一天印象深刻,在婚礼上增加了各种创意环节。因此婚礼的流程没有统一的规定,新人们乐于使自己的婚礼与众不同、富有个性,这也是婚礼策划与组织的目的所在——为新人量身打造个性十足的婚礼。另外,全国各地风俗不尽相同,婚礼流程在某些环节上也不一样。总的来说,目前我国的婚礼形式可以大体分为现代流行婚礼、传统民俗婚礼、教堂婚礼、中西合璧式婚礼、家庭婚礼、集体婚礼和其他特色类婚礼(表4.1)。

表4.1　婚礼形式分类

形　式	内　容
现代流行婚礼	目前国内最常见的富有时代特征的婚礼形式,包括花车娶亲、酒店典礼、大宴宾朋、新人敬酒、嬉闹洞房等流程
传统民俗婚礼	又称纯中式婚礼,主要是花轿摇、唢呐响、接新娘、红霞帔、红盖头、戴红花、点花烛、拜天地、敬高堂、入洞房等流程,同时,每个民族的婚礼都有自己的传统环节和特色
教堂婚礼	主要有教堂、神父、圣经、圣水、婚誓、婚戒、唱诗班等内容
中西合璧式婚礼	是西式婚礼和中式婚礼的结合
家庭婚礼	小型婚礼,指邀请重要的亲友及少数朋友参加
集体婚礼	是最省心省事的选择,也是各地妇联、特大型企业经常举办的婚礼形式,一般选择在节假日举办,但不利于突出婚礼个性
主题婚礼	烛光婚礼、户外婚礼、空中婚礼、水下婚礼、热气球婚礼等

尽管婚礼形式多种多样,但是大多数婚礼的一般流程都是由婚礼筹备、送嫁迎亲、婚礼仪式、婚礼喜宴四个部分组成的。接下来围绕现代流行婚礼介绍婚礼的流程策划。

4.2.1　婚礼筹备

结婚是人一辈子的大事,两位新人一旦准备结婚,就要作好万全的准备,在婚礼举行前,要使自己的婚礼深刻难忘,很多细节都应该考虑到,新人也可以咨询长辈或亲友获取相关经验。

婚礼筹备一般包括婚前检查、婚期择定、选择婚庆公司和婚礼策划师、选择场地、预订婚宴、确定伴郎伴娘和证婚人、发放喜帖、选择婚纱礼服和拍摄婚纱照,还有一些比较琐碎的诸如新郎新娘的婚前饮食、新娘的美容瘦身、结婚钻戒及新房的选购,拍婚纱照前的细致准备等细节不再一一赘述(具体见相关链接)。

1)婚前检查

目前很多新人都没意识到婚前检查的重要性,婚前检查还不能成为每对新人的自觉行动,但是为了安心、愉快地迎接结婚的大日子,进行婚检是十分必要的。除了生理上的检查,"心理婚检"也成为新人们的选择。婚前检验能够帮助男女双方适应对方的沟通方式,帮助新人找出可能出现的婚姻问题,完成一个基本的婚姻规划。鉴于社会日益降低的婚姻质量,进行婚前心理辅导对新婚家庭很有必要。

2)婚期择定

精心挑选适当的婚期有助于婚礼的完美举行。选择举行婚礼的吉日是一件需要综合考虑的事情。首先要考虑传统习俗中的婚期禁忌,避开三月、七月、九月这些传统中不适合结喜的月份;然后要考虑双方各自的家庭状况,避开新人及家人的生日(或是忌日),并选择在双方学习、工作较为轻闲的时期;最后,婚姻不光是两位新人的结合,也是两个家庭的融合,新人双方家人的观点也是十分重要的,一般也都选择在亲友比较空闲的时间,以便来参加婚礼。现在也有很多新人选择第一次相遇的日子或者祖父母结婚的日子,这样会使婚礼浪漫并具有纪念意义。

婚期的挑选需要考虑诸多因素,可以咨询相关的专业人士,如婚礼策划师或者婚礼秘书,除了上述因素,还要考虑到季节、节假日和婚礼预算(举行婚礼的高峰月婚宴价格会比较高)。

3)选择婚庆公司和婚礼策划师

近年来,很多婚庆公司应运而生,在婚礼举行当天,肯定会有大大小小的琐事,如果找到一家品质、服务俱佳的婚庆公司帮忙全程操办,新人就可以轻松地享受婚礼的全过程。通常情况下,婚庆公司会提供婚礼策划、婚礼主持、现场督导、摄影摄像、新人造型(化妆跟妆)、花车车队、场景策划、演艺活动八大服务。

婚礼策划师要为新人策划婚礼的全过程及细节,帮助新人完成婚礼梦想。选择专业的婚礼策划师虽然比新人自己策划多出了一部分开支,但是婚礼策划师有丰富的婚礼筹备经验,通过一对一的沟通,可以给新人提供专业的帮助。另外,婚礼策划师也有专业的渠道,可以在很多方面帮助新人节省开支。

4)选择场地

目前国内举办婚礼的场地根据新人的要求和婚礼形式的不同大体分为5种类型。

(1)一站式婚礼会所

一站式婚礼会所,顾名思义就是提供婚礼的一站式服务,将婚纱摄影、婚礼仪式、婚宴等服务以打包或菜单的选择方式推荐给新人的高级婚礼会所。这种婚礼场地一般会采用"宴会厅+

草坪+仪式堂"的专业模式,与之配套的是从策划、喜宴、舞台、司仪、督导等一系列的婚礼专业服务。一站式婚礼会所省时省力,是目前所有婚礼场地中最专业最具特色的,同时,其价位比较高,可选择性也低。

(2)星级酒店

星级酒店的硬件环境应气派体面,宴会厅的可选择性也较多,同时服务人员都经过专业的培训,服务规范,礼貌周到。金碧辉煌的环境会给人高端奢华的婚礼享受,同时费用也相对较高。

(3)郊区别墅

郊区别墅一般私密性比较好,整体环境高雅而富有个性,庭院内一般会有草坪和假山等。可以考虑在室内,也可以考虑举行草坪婚礼或者户外婚礼派对,是现在许多年轻人的选择。同时,选择在郊区别墅要考虑餐饮的外包、宾客的接送,婚礼规模也比较小。

(4)特色餐厅

选择在特色餐厅举行婚礼,时尚而有个性,适合主题婚礼,其婚宴菜肴一般口味佳、分量足。如今很多品牌的宴会厅环境也越来越华丽,不同的餐厅都有独特的概念和风格,同时服务费用较低,适合要求婚宴菜肴实惠可口或是婚礼另类时尚的新人。特色餐厅一般规模比较小,突出的个性风格也很难满足各个年龄阶段人群的口味。

(5)特殊类型的场地

特殊类型的场地能带给人们个性独特的婚礼体验,一般包括游艇、酒吧、海滩、水下等。要求婚礼独特就要付出更多的精力,这些特殊类型的场地因为季节、天气、婚宴、宾客接送等因素,可操作性比较差,同时折射出这类场地的特殊魅力。

比较上述5种类型的场地,可以总分为室内和室外两个大类,室内场地可以利用现场所有条件与环境,需要的精力和费用相对较少,室外场地受天气、季节、可操作性等婚礼条件的限制,需要投入的精力和费用比较多,但是会有独特浪漫的婚礼感受。

5)预订婚宴

结婚场地不同,婚宴也具有不同的价位和特色,选择星级酒店或比较高级的餐厅,其价位自然较高;选择特色餐厅,其婚宴相对来说比较经济实惠,并且具有特色菜品;而若在郊区或户外举行婚礼,婚宴一般采取外包的方式。婚宴可以说是婚礼预算中较大的开销,而且宾客不一定会准时出席,数量很难确定,最好和承办婚宴的酒店或餐厅协商,暂定"最低确保席数"和"最高预计席数",最迟于婚礼前三日确定最后的席数。另外,参加婚礼的来宾众口难调,菜品也是很难确定的。如今很多酒店都可以承办喜宴,并且推出不同价位的婚宴标准,为新人提供了很多选择。婚宴上要特别安排出新娘桌、工作人员桌等特殊桌位,还要购买婚宴用品,包括酒水(白酒、啤酒、饮料);瓜子、开心果等坚果;喜糖(散糖、盒装喜糖)、喜烟等。在婚宴场地还要注意准备新娘换衣间。

6)确定伴郎伴娘及证婚人

一般伴郎、伴娘年龄和两位新人相仿,性格外向,可以炒热现场气氛,也可以帮助新人应酬宾客。因此,伴郎、伴娘在婚礼上也充当着重要角色,既是新郎、新娘的贴身管家,又是关键时刻的新人代表。伴郎、伴娘的数量并无特殊限制,但一般会保持一致。伴娘的主要任务是帮助新娘挑选婚纱、出席预演晚宴、协助新娘实施婚礼计划、在新郎迎娶新娘时设置重重考验等。伴郎的任务相对要重一些,在婚礼之前安排新郎的单身派对、帮助新郎挑选礼服、保管新郎、新娘的戒指、协助新郎顺利迎娶新娘、作祝酒词并帮新郎挡酒、带领大家一起闹洞房等。婚礼当天,伴郎、伴娘都需要穿着相对正式的礼服,但不能抢新郎、新娘的风头。

证婚人是举行结婚仪式时新人请来作结婚证明的人,是新人双方婚姻合法的证明人。一般以男方家族为中心,从礼仪的角度证婚人应居客位,礼仪次序上一般在主婚人前面,主婚人一般由新郎的父母担任。证婚人通常由女方聘请,大多是新娘单位领导,当然也可以由男方聘请。证婚人证婚的程序是先宣读婚书(结婚证书),宣读完后表明"特此证婚"最后致简短的贺词。

7)发放喜帖

在婚宴预订后,接着要做的就是要通知亲朋好友这一重要消息。目前结婚主要采用喜帖(请柬)的方式发出通知,正规的请柬遵循一套固定的用词模式,一般在婚礼前一个月发出。喜帖的款式很多,有传统的红底金字熨印、简洁浪漫的银白色请柬或镶有花边或丝带的田园式请柬,有普通折式、时尚新款的三折或立体请柬。请柬的颜色要和婚礼的主色调配套,为新人的婚礼定下基调。如果婚礼采用某种风格,在喜帖上应该有所反映。另外,宾客名单的确定也是一项大工程,直接影响着婚礼预算。在请柬结尾最好写上"敬请赐覆"的字样,以确定婚宴数量,减少婚礼开支。

8)选择婚纱礼服

对一场完美的婚礼来说,婚礼着装是十分重要的。如今结婚礼服和婚宴服都有多种款式和风格,新人可以让伴郎、伴娘协助挑选,也可以具体咨询负责新郎、新娘整体造型的化妆师,保证新人当天的气质(尤其是新娘)、妆容、婚纱款式与婚礼整体风格一致。

9)拍摄婚纱照

拍摄婚纱照的意义在于记录新人最为幸福的时刻,留下婚姻生活的第一个美好印记。一般婚庆公司都与影楼有所合作,新人可以选择与婚庆公司合作的影楼拍摄。如果婚庆公司规模较大,会配备独立的摄影棚。婚礼策划师要根据婚礼策划的具体细节,与新人商讨婚礼海报、大型画报的相关事宜。

4.2.2 送嫁迎亲

送嫁迎亲是婚礼当日的第一个重要环节,将美丽的新娘从娘家接至婚礼仪式现场或是新郎家中,预示着一对新人将从这里拉开一场完美婚礼的序幕。

在传统婚礼中,送嫁迎亲是很重要的一环,需要较强的组织性,要按照既定的流程,否则很容易出差错,当然,整个过程也是十分有趣和热闹的。婚礼当日,新郎召集好车队,按照安排好的车队顺序及行车路线,就可以出发去接新娘了。出于传统习俗以及祈福心理的考虑,在车队迎亲过程中,比较重要的一点是婚车不可掉头,车队也不能走回头路。因此,在婚礼前,车队总管应事先组织车队试跑,找到最熟悉、最合适的迎亲路线。另外,在行车过程中也讲究技巧,车与车之间不能太近,也不能太远,防止中途插入其他车辆,造成婚礼意外情况的发生。车队在迎亲途中,要燃放婚庆礼花,表示庆贺。新郎怀着激动兴奋的心情来到新娘家,通常情况下,女方会设置一定的障碍,以考验新郎的诚意,应对这一切。新郎会提前准备红包,红包越大,过程就越顺利。接下来还要经过"找鞋"的过程,即亲朋将新娘的鞋子藏起来,让新郎寻找,找到新娘的新鞋才可以带走新娘。一般情况下不会将鞋子藏得太隐蔽,以免影响婚礼的流程和气氛。一切就绪后,新娘和家人会坐上婚车,与新郎一起前往酒店,这是目前最常见、最流行的婚礼形式。

如今很多地方仍然选择在男方家中举行结婚仪式,婚宴的场地由男方和女方分别设置,婚礼司仪会直接来到男方家,在男方家中主持婚礼仪式。这样,新郎坐着婚车来到新娘家,接走新娘和她的姐妹(伴娘)。在迎走新娘前,新郎要郑重地向岳父岳母敬茶,改口称父母,并向他们许下承诺,会给他们的女儿幸福。这时,女方父母会给新人红包,并给予祝福,新娘要叩拜父母,并由父亲盖上红盖头,新郎鞠躬行礼即可。在新娘出门后,有些传统婚俗如女方家人会泼一盆清水,撒一捧米,分别象征着女儿正式从这个家庭脱离以及新人以后富足美满的日子。新郎将新娘抱上第一辆婚车,其他车辆准备就绪后,车队就可以出发回新郎家了。在新娘进门之前,各地也有一些传统流程,比如挂门帘、滚床、跨火盆等,这些在新人举行婚礼前,长辈会传授经验,新娘当天要从容应对,注意相关礼仪,同时控制好时间。之后,新娘要向男方父母敬茶、改口,男方父母同样也会给新人红包,给予祝福。

现在的婚礼形式多种多样,但是送嫁迎娶却是必经的过程,尽管很多传统的细节会被省略,但在新郎接走新娘这个过程中,人们依然会闹一闹,故意刁难一下新郎,讨一些喜气。这是我国传统婚俗文化的体现,也是祖祖辈辈传下来的习惯,代表着我国特有的文化习俗。在教堂婚礼中,婚礼仪式举行前,新郎、新娘是不能见面的。在婚礼举行当日,新娘由父母陪伴至结婚教堂,一般由父亲亲手将女儿交至新郎手中。虽然没有了喜庆热闹的结婚场面,但是温情意味十足,场面也是十分神圣和感人的。

4.2.3　婚礼仪式

婚礼仪式是新人在众亲友面前许下承诺的精彩一环,仪式的举行将在亲友的见证下正式确立新人间的婚姻关系,是婚礼中最核心最隆重的时刻。一般会在酒店搭建舞台、铺设红毯,设置专门的精致的仪式区。

婚礼仪式一般由婚礼司仪宣布开始,在此之前,可以由演艺人员表演各种节目助兴。《结婚进行曲》的背景音乐响起,新人入场,这时新人应该适当地放慢脚步,自然大方地向沿途的亲朋致意。新娘这时要特别注意裙摆,尤其是及地长裙,防止踩到裙子。接下来婚礼司仪会先后介绍新人、双方父母、特邀嘉宾等。背景音乐也应该随时变换。

证婚人证婚是婚礼仪式高潮的开始。首先,证婚人要先宣读新人的结婚证书,并送出祝福,在证婚人的主持下,新人在众人面前许下一生相守、不离不弃的誓言。随后新人替对方将戒指戴在左手无名指上,最后新人相互拥抱、接吻,主婚人做最后的致辞,祝福两位新人婚姻生活的开始,并对未来提出期许。这是婚礼仪式里最重要的环节,整个过程最突出的就是两位新人,其他细节不必过多修饰。

宣誓仪式举行后,新郎、新娘要发言,对过去两个人的爱情做简短的回忆,并感谢父母和在场的宾客,然后向双方父母敬茶,一般会与父母拥抱,这个拥抱将是新人与父母一辈子最难忘的时刻。然后新人父母也要发言(也可以请主婚人代为发言),祝福新人,答谢来宾。接下来是一系列的庆祝仪式,新人要共点花烛,许下白首之约。新人共同倒香槟,并喝交杯酒。这个时候新娘可以抛捧花,是现代婚礼的一个小高潮。接下来新人共同切蛋糕,在品尝了第一口蛋糕后,把蛋糕分给在场的宾客,在一片甜蜜共享、欢乐喜庆的气氛中,婚礼仪式结束,进入婚宴阶段。通常新人退场后,新人的好友会聚在一起闹一番,提出各种要求故意刁难一下新人,比如要求新人当众接吻或者两人不用手同吃一个苹果等,也就是"闹洞房"的过程。等好友们散去,新娘才开始换礼服,准备出去敬酒。

总的来说,婚礼仪式没有固定的模式,上面介绍的是最常见的婚礼环节。新人可以根据自己的情况进行流程设计,也可以添加一些有创意、有个性的元素,比如,在婚礼中放飞蝴蝶;用歌声答谢父母和来宾;赠送惊喜小礼物;用遥控飞机运送戒指等。

4.2.4 婚礼喜宴

喜宴,俗称"吃喜酒",是新人为答谢亲友而举办的隆重宴席。婚礼仪式结束后,婚宴就可以开始了。婚宴是整场婚礼中气氛最热闹的部分,席间觥筹交错,祝福和喜悦不断。敬酒是这个环节的重要部分,是新人和宾客互动的关键时刻。这个时刻新郎既要顾及场面的气氛和亲友的情分,又不能醉倒。其间新娘会换下新娘礼服,换上简单的礼服,便于向各桌的客人敬酒。婚宴虽然喜庆热闹,但是不需要过多的设计,人们可以随性而为,没有什么限制。因此,婚宴部分一般没有出彩的设计,由新人和亲友自行支配,工作人员做好相关的服务和安保工作即可。

【相关链接】

婚礼摄像与婚礼摄影

结婚典礼是一个隆重而富有纪念意义的活动,摄像师会将整个过程拍下,不仅能够给新人留下珍贵的礼物,还能让整个婚礼活动变得更加隆重、正式。婚庆公司在摄像之前,应与新人签署摄像协议书,以明确双方责任,避免不必要的纠纷。

婚礼摄像要讲究方法,捕捉婚礼活动的精彩瞬间,才能为婚礼留下完美的记录。第一,拟订计划。在拍摄前事先拟好拍摄计划,并了解新人及其家人对摄像的要求,认识新人双方的家属,以防漏拍而造成遗憾。第二,观察环境。摄像前要先注意周围状况,这样在拍摄时就可以考虑哪些镜头可以选择,哪些场面可以用什么景色;拍摄时不要大意,应时刻观察周围或身后的状况,不要因为踩空或因来往的车辆造成伤害。第三,兼顾剪辑。当用摄像机记录眼前的景物时,每一个机位的选择都要考虑后期制作时剪辑的可能性,这样才能制订出切实有效的拍摄方案。第四,捕捉高潮。当拍摄一场盛大的典礼时,要悉心观察在场的每一个人,突出每一个姿态张扬的动作,记录每一句饱含深情的话语,将他们的情绪贯注镜头中,完美呈现一场人生盛典。婚礼摄像通常有一些不能错过的经典镜头,如新娘化妆;带上头纱的瞬间;透过头纱的新娘的侧脸;新娘的背影;新娘和父母一起坐等新郎;新郎抱新娘下车进仪式堂;鞭炮特写等。

如今许多新人很重视婚礼摄像而忽略婚礼摄影,认为摄像有声有色、有活动图像,更时尚、更气派。其实摄影和摄像是两种不同的视觉欣赏形式,摄影偏重于瞬间的精彩和构图,这些有意义的瞬间足以展示和升华婚礼的内容和喜庆气氛。另外,照片易于随身携带,也可以洗印多张赠送给亲朋好友或寄给远方朋友,不需要什么设备即可随时随地观赏,这是摄像无法比拟的。婚礼摄影也有一些经典的瞬间,比如新娘化妆前后的样子、装饰一新的新房、车队行驶途中、接待客人的场景、婚礼庆典仪式抓拍、婚宴抓拍、给新郎新娘、新人父母及亲朋好友合影留念等。

4.2.5 婚礼筹备基本流程表范例

1. 拟订婚礼筹备计划
1.1 决定婚礼日期、地点、仪式及婚宴方式
1.2 确定婚礼预算(本书第 11 章)
1.3 确定婚庆公司及婚礼策划师
1.4 与父母及朋友讨论婚礼计划
1.5 确定伴娘、伴郎
1.6 确定主婚人、证婚人
1.7 草拟客人名单
1.8 预订婚宴

2. 婚礼前准备
2.1 告知结婚信息:发喜帖给亲友;电话通知外地亲友;网上发布结婚通知;再次确认主婚人、证婚人;及时反馈亲友受邀信息;对于重要亲友再次确认
2.2 结婚物品采购:新郎新娘婚纱礼服;结婚戒指;喜糖、喜帖、红包、喜字(部分婚庆公司提供);彩带、拉花、喷雾(部分婚庆公司提供);烟、酒(白酒、啤酒)、饮料、瓜子、花生、开心果等坚果及水果
2.3 新郎、新娘形象准备:新娘开始保养皮肤;新郎可做适当保养
2.4 拍婚纱照(可根据各影楼进度及新人情况,决定拍摄时间)
2.5 布置新房(可由婚庆公司提供)
2.6 确定婚礼司仪
2.7 婚礼化妆预约(可由婚庆公司提供)
2.8 婚礼车辆预约(可由婚庆公司提供)
2.9 婚庆摄像预约(可由婚庆公司提供)
2.10   其他:调换崭新钞票;为远道而来的亲友准备客房

3. 婚礼前一天的准备
3.1 与婚礼所有工作人员沟通
3.2 确认婚礼当天发言人的准备情况

3.3 最后确认婚礼当天所有物品准备情况

3.4 新郎、新娘特别准备:新郎、新娘反复熟悉婚礼程序;预演婚礼;好好休息

4.2.6 婚礼当天基本流程表

婚礼当天基本流程表如表4.2所示。

表4.2 婚礼当天基本流程表

结婚日期:

酒店名称:

新郎姓名: 电话:

新娘姓名: 电话:

伴郎姓名: 电话:

伴娘姓名: 电话:

婚宴地址: 厅   电话:

第一部分 主要负责人联系方式

总管: 电话:

新郎家负责人: 电话:

新娘家及迎亲车队负责人: 电话:

乐队及氢气球负责人: 电话:

宴会负责人: 电话:

外景摄像负责人: 电话:

婚庆公司负责人: 电话:

第二部分

5:30 起床

7:00 化妆师为新娘、伴娘化妆;摄影师跟拍

7:00 新郎去拿新娘捧花、头花、嘉宾花,扎婚车并和摄像师、伴郎碰头
      酒店安排:婚宴负责人及协助人员到达酒店,协助婚庆公司布置婚宴现场,
      由婚宴负责人检查完成情况

8:30 婚车到影楼接新娘到酒店

9:00—10:30 新郎、新娘吃饭、休息

10:00 将糖、烟、酒、茶、饮料等带至酒店(负责人:×××)

10:10 最后检查酒席安排、音响、签到处等细节(负责人:××× ×××)

10:30 准备好新郎、新娘迎宾用的香烟、打火机、糖(负责人:×××)

11:00 签到处人员就位;引导人员门口就位;新郎、新娘、伴郎、伴娘门口迎宾

12:00 司仪准备;花童(2名)准备;伴郎、伴娘、手持准备;音响准备
       结婚证书、戒指准备;气球、彩带到位

12:28 仪式开始:

(1)司仪开场

(2)新人入场(追光,奏乐,彩带、抛气球、放礼炮)

(3) 司仪介绍

(4) 主婚人致辞

(5) 证婚人颁发结婚证书并致辞

(6) 新人父母上台

(7) 新郎、新娘交换戒指,三鞠躬

(8) 新人给父母敬茶

(9) 双方父母退场

(10) 新人答谢辞

(11) 新人切蛋糕、开香槟、喝交杯酒

13:00　婚宴正式开始;新郎、新娘退场;新娘换礼服;新人快速补充体力

13:20　新郎、新娘逐桌敬酒

14:20　宴席结束,宾客与新人合影;部分宾客散场

15:00　总管清点所剩烟、酒、糖等;统计晚餐人数

17:00　通知酒店晚餐准备数量

18:00　请宾客进晚餐

20:00　闹洞房(酒店提供新房);总管清点所有物品;宾客离开酒店

4.3　婚礼花艺设计

鲜花是现代婚礼中必不可少的时尚元素,可以使婚礼现场变得唯美浪漫而富有生机,深受追求时尚和浪漫的年轻人青睐。婚礼用花最关键的是花语、花形、花色的选择以及花材品种的正确使用,一般多以玫瑰、郁金香、百合、康乃馨为主;另外,常用花还有天堂鸟、红掌、跳舞兰、蝴蝶兰、剑兰、洋兰;满天星、情人草、勿忘我等;常用叶主要有巴西木叶、针葵、散尾葵;剑叶、龟背叶、水芋叶;文竹、蓬莱松、天门冬等。

玫瑰:结婚一般用红色玫瑰,寓意真挚的感情。红玫瑰是表达爱情的专用花卉,是婚用鲜花中应用最广的一种。玫瑰花花容秀美,有"花中皇后"之称。

百合:婚用鲜花中,百合被广泛使用,寓意"百年好合"或者"百事合意"。在我国传统文化中,百合一直被视为吉祥花卉。

郁金香:常选用红、黄、紫、白几种颜色,红色寓意"爱的告白";黄色寓意"爱的来临";紫色寓意"爱的永恒";白色寓意"爱的纯洁",是结婚用花的好材料。

康乃馨:又名香石竹,大红和桃红色康乃馨最常用作婚用鲜花,前者寓意"女性之爱",后者寓意"不求代价的爱"。一般用于新娘捧花、新郎胸花、婚礼花篮、花车、新房等。

这些花材使新人的婚礼显得高雅而别致,也用其自身的丰富寓意祝福新人们百年好合、白头偕老。

4.3.1　婚礼用花的特点

婚礼用花一般具有四个特点:花大、色艳、新鲜、寓意好。"花大"具有两层含义:一是指花朵的体量要大;二是指花朵的开放度要大,也就是说要选择处于盛开期的花朵。"色艳"即花朵

的色彩要艳丽、浓烈,要体现婚礼喜庆的气氛;"新鲜"即花朵被剪下来的时间较短,整体完好,损伤程度小;"寓意好"是指花本身的寓意——花语要好,如百合寓意"百年好合";天堂鸟寓意"比翼双飞";红掌寓意"心心相印";跳舞兰寓意"欢快愉悦的心情"。

4.3.2 婚礼花车的装饰

婚礼花车是指新郎迎娶新娘时乘坐的精心装饰的婚用轿车。近几年,婚车的装饰及婚车车队的运用成为一种流行时尚,一般情况下采用气球、彩带以及专门设计的婚用道具,如新人娃娃等进行装饰。鲜花用于婚车的装饰可以提升婚礼的品质和档次,使婚礼显得温馨而精致,其装饰原理都差不多,均是为了增添婚礼的喜庆氛围。婚车的装饰通常情况下分主车和副车,一个婚车队一般为主车 1 辆,副车 4 辆、6 辆或者 8 辆不等,车队可以由亲朋或车友会的朋友提供,也可以由婚庆公司提供。主车是新郎迎接新娘乘坐的专车,此车型与款式一般为档次较高、价值不菲、外观豪华的轿车。婚车的装点工序主要是指对主车的精心装点,主要对车头、车顶、车尾、车门、车体边缘五个部分进行装饰。

1)车头

车头的装饰以心盘为主,心盘即婚车前面装饰的造型,可以采用婚礼道具,也可以使用鲜花编制,是装饰主车的主要方式。用鲜花装饰通常有西式和现代自由式(东方式)两种插花风格。西式插花风格是用较多的花叶组合成一个相对规则的图案,一般为心形,给人以大气、热烈的感觉,通常放在前车盖的中央位置;现代自由式是采用较少的花叶组合成一个不规则的图案,给人以新颖、别致、浪漫的感觉,通常置于车前盖的前后方或者左右方。进行插花装饰时要注意它是否牢固,也要控制好它的高度(一般在 30 cm 以内),固定用的附属材料要避免暴露在外。

2)车顶

车顶的装饰以下垂的瀑布形造型为主,高度最好控制在 20 cm 以内,可以装饰在车顶中央,也可以放在副驾驶座位的车体外顶部。一般整体风格要与车头的鲜花装饰相协调。

3)车尾

车尾的装饰与车头类似,一般要稍微简约一些,也可以采用单心或双心交叉的图案,大多装饰在车后盖的中央,也可以在左部或右部。车尾的装饰不受高度和款式的严格控制,较为自由,但是也要和整体协调一致。

4)车门

车门的普通装饰是用简单的花朵配以少许叶材,用包装纸包好,扎上蝴蝶结,固定于车门的把手上。高档的装饰则用百合、跳舞兰、蝴蝶兰等高档花,配以满天星、情人草等配花做成小花束,再将其固定在车门把手上。

5）车体边缘

车体边缘一般采用百合、康乃馨等较大的花朵配以其他碎花或叶材，一朵朵地固定成单体或串状，连在一起，沿着车身固定在车体边缘。若采用单体的形式，要控制适当的间隔距离。车体边缘的装饰也要和整体风格协调。

副车的装饰相对简单，一般只装饰车体边缘，用鲜花和彩带围绕，车身前后贴上大红喜字，整体风格要和主车装饰风格保持一致。如今婚车装饰也是日益丰富和灵活，最主要的是使车型丰满，增添婚礼的喜庆气氛。

4.3.3 新娘捧花

新娘捧花是婚礼中新娘手捧的专用花束，原则上其设计要与新娘的婚纱相匹配并相互辉映。身披婚纱的新娘若是捧上一束美丽的鲜花，不仅能把新娘衬托得更加娇俏明艳、端庄华贵，也能倍增婚礼神圣而喜庆的气氛。新娘抛捧花是婚礼保留节目之一，能够接到新娘抛出的捧花的人就是下一位新娘——这是一个源于欧洲的浪漫传说。抛出的是快乐，接到的是幸福，既能分享新人的甜蜜，又使婚礼充满时尚的味道，新人也借此传递出美好的祝愿和对朋友的感谢。因此，在一场婚礼中，新娘捧花无疑是第一饰物，尤其是户外婚礼，婚礼捧花的地位就显得更为重要。手捧花的制作要求精致、优美，造型和色彩必须根据新娘的体形、肤色、脸色、婚纱颜色以及气质特点来设计。色彩清丽的捧花能与新娘淡雅的素色装扮上下辉映，增添新娘的温婉娴静；而色彩明艳的捧花能与打扮艳丽的新娘相统一，更添喜气。欧美婚礼中的白色婚纱一般配上白色、奶白色的捧花，而我国，仍喜欢明快的花色和红色系的花朵作为婚礼捧花的主色，用来烘托喜庆的热烈气氛。随着人们审美水平的提高，新娘捧花从款式、造型和色彩上都与礼服、发式的整体风格相协调，即头饰花、胸花、新娘捧花系列化，目前国际上较为流行的有玫瑰系列、洋兰系列和康乃馨系列捧花。

新娘手捧花类型有很多种，每一种花的材质也不一样，大体上，新娘的手捧花可以分为以下6个基本类型：

1）球形捧花

球形捧花象征圆满、和睦、吉利，是婚礼时较受欢迎的一种造型，也是最大众化，较传统的款式，使用的花材也比较广泛，只要稍加调整，无论与什么款式的婚纱礼服搭配都很匹配。球形捧花尤其适合腰身紧缩，裙摆自腰部开始撑起的婚纱款式和体态较小的新娘。

2）三角形捧花

三角形捧花有"一个圆和一枝长花串"和"一个圆和三个花串"两种类型。这种款式的捧花别具一格，要根据新娘的体形加以调整。

3）弯月形捧花

弯月形捧花传统中带有典雅的气息，其圆弧形造型，缀以兰花、玫瑰、百合等花朵，非常适合传统婚礼或者正式的盛大婚礼。其造型可依据新娘的喜好做成直立或者横式，尤其适合身材高挑、纤细的新娘，能够衬托出其高贵优雅的气质。

4）瀑布形捧花

瀑布形捧花最大的特点是花束下摆款款生姿，由上往下自然垂缀的效果，也是极具人气的款式。抛射状的线条像瀑布般飞跃而下，可夸张，可柔美，动感十足。高挑型的新娘可选择华丽的款式，与长裙摆的礼服搭配，一般放在腰间。身材娇小的新娘也可采用高雅的兰花为主花，做成简约的风格。

5）水滴形捧花

水滴形捧花的基本构图为"一个半球和三角形"的组合，就像水滴形。水滴形捧花也是十分讨喜的类型，和圆形捧花一样，适合任何体形的新娘。

6）花束形捧花

花束形捧花一般采取握式，散发着自然的田园风，比较随意自然，若使用缎带装饰，造型也可以千变万化，适合户外或别开生面的婚礼使用。

如今新娘捧花的类型不断丰富，以纯红玫瑰加百合花为圆形的新娘捧花的观念已经改变。捧花的类型多种多样，除了上述几种，还有 S 形、心形、圆环形甚至直接采用花篮。新人们乐于使用最适合自己的捧花，让婚礼终生难忘。另外，西式婚礼中，花童的花束也要注意和新娘捧花相映成趣。

【相关链接】

手拿捧花的正确姿势

随着轻快而庄严的进行曲，新娘缓缓地步上红毯，走道两旁是亲友满满的祝福与认可，作为女主角的新娘要学会优雅地手拿捧花走到仪式舞台，让自己看起来落落大方，高雅脱俗。

单手持花时，正确握法是小指与拇指同侧，将花紧紧夹住，如此就可以把花束固定住，不至于让其乱摇。

双手持花时，应该抬头挺胸，双肩自然地垂下，将捧花置于腰骨上方，这样会给人怡然舒适、自信稳重的感觉。如果将捧花提高置于胸前，肩膀就会提高，给人紧张的感觉。

另外，在典礼进行时，新郎通常站在新娘右侧，因此，新娘这时是单手持花，应该以左手拿住捧花。如果是俏皮可爱的环形或球形捧花，可以直接提在左手上，或者挂在左手手腕上。

4.3.4　胸花

婚礼用的胸花主要是由新人佩戴，一般新人双方父母、证婚人也要佩戴胸花。传统胸花采用塑料或者尼龙纱布制成，颜色主要是大红色。使用鲜花作为胸花已经是现代婚礼中常见的时尚元素，男方胸花装饰在西装口袋上侧或领片转角处，女方佩戴在上衣胸前，显示出庄重、典雅的气质。常见的胸花类型主要有单花形、三角形、新月形、S形等。鲜花胸花的体积不宜过大,根据需要可以加饰丝带,主花材的选用也要根据婚礼的主色、礼服的色彩和材质选定,与新娘捧花交相辉映,达到时尚明快的效果。

总的来说,鲜花是现代婚礼中必不可少的时尚元素。使用鲜花作装饰可以达到意想不到的浪漫效果,直接提升整场婚礼的氛围和档次。如果婚礼的主花为玫瑰花,可以将玫瑰花瓣散落在花道、仪式台等各处,营造浪漫的氛围。用鲜花装饰婚礼细节也是提升婚礼档次的方法之一,细到迎宾牌、签到台、新娘头花、腕花甚至是蛋糕刀等各处,花艺的运用可以使整场婚礼显得高雅而精致。仪式区主舞台用冷色调或者色调对比鲜明的花艺装饰,与室内的环境灯光相融合,也具有强烈的视觉吸引力。鲜花的勃勃生机决定了其在婚礼中多多益善,但要注意整体风格的协调。婚庆公司在进行鲜花装饰时,也要突出亮点,比如在给来宾第一印象的迎宾区,除了风格上的统一,有别出心裁的亮点是十分重要的。

【相关链接】

婚礼花艺

花艺设计涵盖了更加广泛的空间和领域,从传统的婚礼花艺、宴会花艺到现代的商业空间花艺、样板间花艺装饰、橱窗花艺装饰、时尚发布会花艺、展览展示空间花艺,甚至舞台花艺、演出花艺、摄影花艺等。越来越多的设计师将花艺融入自己的设计作品,使作品得到更大的提升。

而高级婚礼花艺设计则是一个中国专业婚礼花艺设计师与宴会策划师的高级进修课程,目前国内的花艺设计市场还是以"复制设计"为主,花艺设计、空间花艺设计还处于比较初级的阶段。在众多空间中,鲜花的使用还是以花店提供的插花为主,缺乏对"主题设计"的把控。现有的花艺工作者的服务已经越来越难以满足人们对婚礼花艺日新月异的需求变化。在尖端的婚礼花艺设计课程中可以看到,策划、设计流程、空间设计效果、多元素的设计运用等,都是为了满足现代花艺空间个性化需求。

在高级婚礼花艺设计课程中囊括了欧洲各种典型婚礼仪式、宴会设计策划建议,以及如何创造出不同空间氛围的有效方法。这有助于国内的婚礼策划师、花艺设计师们去创新、去设计、去更好地与国际最先进的婚礼花艺接轨。

(资料来源:中国婚庆网,2015-03-26,有删减)

4.4 婚礼策划师

婚礼策划师这个行业起源于欧美地区,在欧美地区早已形成有系统培训且专业素质较高的团队。婚礼策划师要做的不是流程组合、场地布置等此类简单的事情,而是一套完整的程序,包括帮新人挑选吉日、挑选酒店、挑选婚礼服装、选择婚礼场地、布置场景、确定背景音乐、为新人量身设计一套适合新人个性的婚礼方案等。同时,婚礼策划师还要协调婚礼现场的灯光、舞美、音乐和婚礼司仪,并负责婚庆摄像、摄影全过程及后期制作等。为做到司仪、音乐、灯光三位一体同步进行,婚礼策划师会用对讲机读倒计时,并在各个程序中设计独到的手势来引导新人,新人只要耳听婚礼司仪、眼看婚礼策划师就能有条不紊地进行婚礼仪式。因此,婚礼策划师是为新人提供婚礼流程创意策划,进行婚礼现场监督,帮助新人在婚礼中完成他们梦想的核心执行人员,是根据婚礼新人和婚庆公司的要求,独立策划婚礼方案,并准确地监督策划方案实施全过程的综合性人才。

4.4.1 职业责任

婚礼策划师是一个易学难精的职业,硬性门槛并不高,但要熟知婚俗、礼仪、舞美、心理等很多方面的知识,同时对执行力及细节要求也非常高,如拍摄机位、新人礼服的选择等都要考虑周全。总的来说,婚礼策划师的主要职业责任分为四个部分:了解新人诉求并指导新人、策划婚礼并撰写婚礼策划案、监督婚礼策划案的实施、协调婚礼现场各项工作。

1)了解新人诉求并指导新人

初次与新人见面,婚礼策划师要快速掌握新人的基本信息,比如年龄、从事的行业、性格、兴趣爱好、收入等。然后要善于洞察新人的需求,婚礼策划师在与新人的漫谈过程中逐渐了解新人对婚礼的诉求,同时引导新人的潜在需求,充分把握新人对婚礼的期许。每个人对婚礼的要求都不同,但这并不意味着没有规律可循。性格外向的新人往往希望婚礼简洁明快,希望主持人风趣幽默;性格内向的新人,希望婚礼温馨浪漫,希望主持人感性温情。有某一类爱好的新人,往往希望把这一元素加入婚礼中,比如喜欢某部电影,就希望把主题曲放在婚礼中用;喜欢旅游,就把桌卡用各地旅游名胜命名等。婚礼策划师还要协助新人做相关的婚礼筹备,比如确定婚礼日期、场地以及婚纱礼服,直到新人为完美婚礼做好万全准备。

2)策划婚礼并撰写婚礼策划案

婚礼策划师与新人进行深度沟通后,要为新人量身策划出新人满意的婚礼策划方案,包括婚礼流程及仪式策划、新婚当日的时间安排及具体流程、酒店实地沟通及场地设计策划、婚礼音乐及后期视频剪辑策划、婚礼现场准备及婚礼彩排细节策划、婚前倒计时表等。

3)监督婚礼策划案的实施

这项职责考查作为一个婚礼策划师的执行能力,包括婚前代办事务,如代订酒席、代为租车、代发请柬、代为联系外景公园等;提供婚礼用品的设计和采购;协助彩排;婚庆摄像摄影全过程及后期制作;婚礼当天的统筹安排和整体协调等。

4)协调婚礼现场各项工作

婚礼策划师用对讲机及特定手势协调婚礼现场的人、事、物(一般设置婚礼督导共同协调),处理婚礼现场的突发事件。

4.4.2　职业知识及素养

婚礼策划师需要具备多方面的专业素质,不仅需要具备深厚的传统婚俗文化知识,还要熟知有关婚礼的各种习俗,同时还要精准理解和掌握新人的要求。婚礼策划师具备的专业知识主要有以下几个方面:

①婚礼形式,包括现代流行婚礼、传统婚礼、教堂婚礼、户外婚礼、烛光婚礼等;

②婚礼道具,包括背景、路引、花亭、拱门、T台的搭建、香槟塔与烛台桌等;

③花材花艺,了解花材的花语,在婚礼现场各个不同场合的设计与摆放,花车的装饰,捧花、胸花的配置;

④婚礼特效,了解各种特效设备在婚礼不同环节中的配合使用,包括泡泡机、追光灯、冷焰火、计算机摇头灯、投影仪、干冰机等;

⑤音乐短片,包括音乐、短片等影音在婚礼上的使用;

⑥婚礼色彩,根据场地环境,策划创意,选择合适的婚礼色调,冰绸、纱幔、花材的色泽搭配;

⑦人员分工,与司仪、摄影摄像、化妆跟妆、婚礼督导、音控等人员的配合;

⑧成本控制,了解婚礼各环节所产生的费用;根据新人预算定位婚礼档次等。

婚礼策划师需要具备的职业素养有以下几个:

①换位思考(尊重、理解、包容、指导);

②文化底蕴(音乐、美术、人文、历史);

③沟通能力(与新人、婚礼工作人员的沟通);

④想象能力(出色的婚礼创意与婚礼策划);

⑤组织能力(婚礼活动中人、财、物的组织);

⑥协调能力(突发事件的处理)。

对婚庆公司而言,婚礼策划师的工作还包括分析每单婚礼的整体情况,总结婚礼的优劣势等,具体如下:

①跟单、追单、签单;

②撰写策划书,设计策划方案;

③监督每单所需各种资源的落实情况;

④婚礼前,按新人需求查看现场,解决各种突发情况并及时上报相关领导,协调现场人员及合作商;

⑤代表公司出席婚礼现场,保证婚礼正常进行;

⑥提交合同及策划方案,填写执行单给资源部;

⑦总结和提交每单婚礼的整体情况,并存档。

4.4.3　职业等级

婚礼策划师在国外是一个有专业认证的职业,具有其专业系统的认证体系,而在国内却是刚刚兴起。2005年,吉祥(阿喜国际美国文化传播公司首席执行官)联合各国婚礼专业人士率先成立国际婚礼策划师协会,开始与国际结轨并进行国内最权威的专业认证。国际婚礼策划师协会是亚洲各国,尤其是日本、韩国、新加坡以及中国台湾地区等最具权威性的行业认证机构,是婚礼策划职业实力测定和婚礼策划师专业人士认证的机构。共有亚洲各国及各地区婚礼策划、婚纱摄影、婚礼用品、婚礼咨询、婚礼杂志、婚礼场地设计、婚礼灯光舞美、婚礼网站、演艺活动等上万家公司和机构成员,其总部设在美国。对婚礼策划师的认证资格证书以其职业执行标准,国际职业认证、国际考核认证和新人评价体系综合给予评定。国际婚礼策划师分为 S,A,B,C 四个等级,其中 S 级是最高级别,中国也正致力于引进这一体系。但是我国在此行业发展得不成熟,这将是一个长远的过程。目前中国仅在北京、香港、上海、厦门、武汉和广东等地设有国际婚礼策划师协会的办事机构。国际婚礼策划师协会主席吉祥把总办事机构设在北京,其认证等级按照国际婚礼策划师协会的标准执行,提交要求认证的人员资料,由总部统一颁发资格证书。该证书具有国际认证的通用性、权威性和有效性。

另外,经国际婚礼策划师协会对国内婚礼策划师、场地设计师、花艺师和主持人进行官方权威认证,取得国际通用职业证书。上岗资格职业证书分为 S,A,B,C 四个级别,其中 C 级证书的条件最低,不管在婚庆行业干了多少年,申请必须先从 C 级认证起,才可逐步获得 S 级。除了在从业时间上有明确限定外,申请人还需要提交现场婚礼的作品。协会还要对其进行培训,集中培训的内容主要以国际化趋势为主。目前,中国婚礼创意策划产业发展面临严重的人才紧缺局面。

总的来说,婚礼策划师要为新人策划婚礼的全过程及细节,是婚礼的"总导演",需要帮助新人完成婚礼梦想。好的婚礼策划师不仅可以提供出彩的创意与灵感,完美呈现新人梦想中的婚礼,还可以担负起新人婚礼管家的工作,为整个婚礼做统筹安排,新人要做的就是配合和享受。当然,一场完美婚礼的举行只靠婚礼策划师一个人的力量是远远不够的,一般情况下还要设置婚礼司仪、婚礼顾问(婚礼秘书或者管家)、现场督导等工作人员。关于婚礼的工作人员会在人员组织部分(第 10 章)讲到。

【相关链接】

婚礼策划:婚前准新娘们需时刻记住的 4 件事

婚礼预算,客人名单,重要的日期,要做的清单,当这些事情都浮现在新人的脑海中时,本该是兴奋的时刻却令人觉得沉重。不过不要担心,多亏了现代科技,在手机备忘录里可以随时随地地记录。记住以下 4 件事情,新人们可以享受婚礼策划的过程。

1. 客人名单及回函

客人名单的初稿一旦拟定,创建一个文档可以随时编辑和即时保存共享,包括宾客的姓名和地址。当最终联系宾客时,发邮件给他们,再追踪他们的回函,这样就方便安排客人们的座位。

2. 列一个要做的事情列表

每一个新娘都应该列出一个要做的事情列表,即使只是作为一个婚礼策划的协调者。如果你认为没有什么比画掉待办事项列表的感觉更令人满意,准备一个笔记本来记录计划需求,每天更新计划。

3.礼物清单

在传统意义上,都是由伴娘来负责记录新人收到谁的礼物。但是作为一个亲切的新娘,可以给送礼的人以卡片的形式回复宾客,以示感激,也可以把这份名单作为婚礼嘉宾的邀请对象来参考。

4.婚礼前一天的清单

在婚礼当天的早上新娘可能只会关注自己的妆容是否完美,一直处在既兴奋又紧张的氛围里。这时就要确保所有的准备在前一天晚上已经就绪。

(资料来源:中国婚庆网,2016-09-26,有删减)

4.5 婚礼司仪

每位要做新郎、新娘的人在举行婚礼那一天,都会认真安排自己婚礼的每一个细节,要尊老爱幼、叙旧迎新、礼节周到、热情有序,让所有来宾都高兴而来,满意而归,这不是一件容易的事。如果新人的安排都是一颗颗珍珠,司仪就是把它们串成一串项链的红线。婚礼司仪就是主持结婚典礼的人,也可以称作"婚礼主持人"。婚礼司仪以说为主,通过连贯、华丽的辞藻把整个结婚典礼串联起来,不拉程序,不出漏洞,使现场始终洋溢着喜庆气氛。在婚礼进行过程中也可以穿插演唱、朗诵、曲艺小段及口技等表演,但不宜过多,切忌喧宾夺主。婚礼司仪不可过分表现自己,有的婚礼司仪会在婚礼开场前占用较长时间介绍自己,炫耀自己的荣誉,或者来一段模仿秀,这样的婚礼司仪非常不可取。同样,过分煽情、低俗搞笑的司仪也是不宜出现在婚礼中的,会影响整场婚礼的氛围。婚礼司仪不同于说相声,大多是由一个人来完成的,缺少捧的成分,只能自己铺垫,而且铺垫不能过长,期间要安插笑料、悬念,利用评书表演的跳入(角色化)和跳出(叙述)的手法,适当地赠送对联和祝贺词。总之婚礼司仪主持婚礼要达到喜庆、热烈、隆重、欢乐、健康的目的。婚礼司仪主持近似于相声、文艺节目主持,是演说、表演和朗诵诸多艺术的综合。好的婚礼司仪要侃侃而谈、知识渊博、举止潇洒、仪表堂堂,同时能引曲释疑、说学逗唱、诙谐幽默、雅而不淡、笑而不脏。婚礼司仪一般要根据不同行业、不同类型的人物,灵活编写司仪词,千万不要千篇一律地使用一套词。

4.5.1 职业责任

在《辞海》中,司仪的解释是:①官名,《周礼秋官》有司仪提任迎接宾客;北齐、隋、唐、明都有司仪署,主管典礼之事。②举行典礼时的赞礼人。由此不难看出,司仪要具备掌握、控制、处理庆典全过程的能力。

第一,作为一名婚礼司仪,应该恪守职业道德,认真负责。有一句话这样描述司仪与新人的关系:"对一名司仪来说,一场婚礼只是他所有婚礼中的一场,是百分之一;而对新人而言,却是百分之百。"客户将一生只有一次的结婚大事拜托给司仪主持,司仪的责任是很大的,毕竟婚礼现场的实际感受才是最能触动人心的。一场好的婚礼策划,需要一名运筹帷幄、认真负责的司仪来实际操作。婚礼司仪要设身处地为新人着想,守约守时、恪守行规、细心周到,尽心尽力地为新人提供优质的服务。婚礼现场的每一个细节包括送嫁迎娶的注意事项都要为新人细心考虑。

第二,充分与新人进行交流,挖掘素材,围绕新人展开相关活动。婚礼司仪要充分与新人做好沟通,还要掌握宾客的基本情况,通过分析宾客的构成,使用不同风格的语句来适应宾客的接受能力。这样才能在主持婚礼时做到思维敏捷,及时抓取婚礼现场的细节。

第三,为新人提供彩排。为新人提供彩排不仅减轻了新人的心理压力,还可以保证婚礼的实际运作,一场完美的婚礼主持,离不开婚礼的彩排。

第四,维护现场秩序,营造婚礼欢乐祥和的气氛。婚礼活动的现场管理不是一件易事,婚礼司仪要全面把控婚礼现场,不仅要使婚礼现场秩序井然,还要创造出欢乐喜庆祥和的气氛,让所有来宾都能高兴而来,满意而去。另外,婚礼司仪还要时刻关注新人在敬酒中的动态,避免让新人陷入尴尬境地。

第五,与工作人员沟通,营造完美的舞台效果。婚礼司仪要协调好摄影师、摄像师、乐队、音响师、化妆师、礼仪小姐、现场道具(烛台、香槟塔、追光灯、烟雾机、泡泡机、冷焰火)、舞台灯光等,共同营造完美的舞台效果,使新人成为最闪亮的主角。

第六,从容面对、巧妙处理突发事件。婚礼现场人多、工作多、事情多,有很多意想不到的突发事件,为了使婚礼顺利流畅地进行,婚礼司仪要有作为红线的应变能力。

总之,婚礼司仪要想完美地驾驭婚礼现场,还需要不断地总结经验,不断地创新,提高个人综合素质,明确自己在婚礼现场的职责,不断改进自己。

4.5.2　职业知识及素养

在婚礼中,婚礼司仪主要是掌控现场,调动、营造气氛,把握婚礼主题,推进婚礼流程;以爱情、亲情、友情为主线,突出烘托新人,展现新人爱情的闪光点,运用语言把婚礼各环节串联起来,引导新人、家长、证婚人及来宾等共同完成婚礼仪式。因此,一个出色的婚礼司仪需要具备很多的职业知识及素养。婚礼策划师的创意虽然至关重要,但婚礼司仪的现场操作也是不容小觑的。

婚礼司仪应该具备以下基本素质:

1)专业的舞台风范

婚礼司仪在现场要放松自如,表情自然,姿态端庄,动作优雅,稳重大方,举止潇洒。

2)较强的朗诵功底

婚礼司仪要吐字清晰,发音准确,声音悦耳,节奏明快,感情浓郁,富有韵律。

3)较强的逻辑思维能力

根据婚礼各个环节之间的内在联系,合情合理、周密细致地策划安排婚礼程序,使整个婚礼程序自然流畅,富有创意,高潮迭起,打动人心。

4）良好的表达能力

婚礼司仪要具备一定的理解力,反应迅速,词句使用准确,言语生动传神。

5）较高的文化修养

婚礼司仪只有具备较高的文化修养,才能表现出高雅的气质;有了丰厚的文化底蕴,才能编写出高雅优美的婚礼串联词,从而大大地提升现场主持的水平。

6）丰富的幽默感

婚礼司仪能够通过幽默的语言,营造欢乐的婚礼气氛,使婚礼现场充满开心的欢笑和高雅的情趣。

7）丰富的想象力

婚礼司仪要在婚礼主持方面不断地推陈出新,给人以新鲜感,满足新人及来宾不断提高的欣赏水平。

8）良好的应变能力

婚礼司仪在主持过程中对出现的一些干扰和意外情况,应沉着冷静,临阵不乱,化解问题,机智应变,转尴尬为欢笑。良好的心理素质和应变能力与司仪丰富的舞台经验,扎实的专业基础,广博的文化知识,以及高度的责任心和工作热情密切相关。

9）良好的沟通能力

婚礼司仪要与新人有效快速地交流沟通,了解新人的情况、特点、想法、意见,为新人量身策划个性化的婚礼,同时还要与婚礼相关工作人员实现良好的交流沟通,便于相互协调、密切合作。

10）一定的组织能力

婚礼司仪要熟知每场婚礼的各个环节,掌控整个婚礼仪式的进程,指挥引导各个工作人员协调配合,圆满地完成婚礼仪式。

11）较强的表演能力

婚礼司仪是通过自己的言语、表情、体态和动作等来传达信息的。为了生动地表达主题,营造现场气氛,感染观众的情绪,就必须对自己的言谈举止加以有效的利用和控制。因此,婚礼司仪主持的过程也是一个表演的过程,但切忌表演夸张过度,给人浮夸的感觉。

12）专业的婚庆知识

婚礼司仪要具备丰富的婚俗文化知识,懂得基本婚礼礼节,熟悉婚礼的常规环节和流程,具有超前的婚礼理念,了解仿古婚礼、草坪婚礼等婚礼新形式。

13）良好的个人形象

婚礼司仪良好的个人形象会使来宾赏心悦目，从而拉近和来宾的距离。其高雅大方的举止会大大增加个人魅力；整洁的仪容会增强婚礼的庄严神圣感。

4.5.3 婚礼司仪的工作流程

①婚礼前一至两个星期与新人见面，了解婚礼当天的基本概况，根据新人的不同要求，策划出当天的婚礼仪式流程。

②婚礼前三天与新人见面，策划婚宴节目表，婚礼当天行程安排，新人服饰、用品表，以便婚礼在周详准备下顺利进行。

③婚礼当天提前来到婚礼现场，视察场地、音响布置、座位安排、处理有关临场变故及最后决定，以助婚礼准时及流畅地举行。

④与相关负责人做最后沟通、跟进，令整个程序更清晰流畅。

⑤协助新人做最后彩排，以便举行正式仪式时信心十足。

⑥婚礼开始前安排乐队参加新人迎宾（如小提琴等）拍摄仪式，令场面更有氛围。

⑦主持开场序幕，宣布婚礼正式开始，介绍一对新人及主婚人，致欢迎词及祝福。

⑧主持婚礼仪式，协助新人构思演讲词，以助新人大方得体地倾诉心中情愫。

⑨按新人的意愿及要求，设计新人游戏、歌曲曲目、魔术等节目，渲染现场气氛。

⑩设计特别效果，如鸣放巨型彩炮、荧光肥皂泡、缤纷气球等。

随着生活水平的提高，人们对婚礼司仪的要求越来越高，从最初的朋友帮忙到现在的专业司仪，甚至有电视台的专业主持人加入这个行列。不同于婚礼策划师，婚礼司仪的发展具有较长的历史，一般规模较大的婚庆公司会有自己的司仪，也有一些比较出名的婚礼司仪自己单独开一间工作室。比如在引领中国婚礼时尚的上海，新人们普遍有让婚礼司仪策划婚礼的习惯，如果司仪有灵光一闪的创意没有跟婚礼策划师沟通，当天牵涉的音乐、灯光、舞美效果，甚至督导、新娘秘书、开门的人都会受到影响，即使即兴发挥或者临场应变也无法补救硬性的损失，所以在婚礼司仪的身上或多或少地有策划师的影子。上海资深婚礼人李响先生曾经谈及，现在的婚礼主持人在现场不仅要引导婚礼的仪式进行，还要营造婚礼的各种唯美、浪漫、煽情和热闹的氛围，更要懂得如何在婚礼现场去分享一些新人真实的故事，因为现今来宾参加的各种庆典、婚礼越来越多了。尤其是在上海，大大小小的各种婚礼仪式和前前后后的各式婚礼流程，来宾相对都比较了解。一味重复这些内容，只会让来宾觉得无趣，降低了来宾对婚礼的关注度。因此对婚礼司仪的要求也更高，仅靠朗诵几套婚礼台词，是远远不够的。另外，婚礼司仪除了主持好典礼之外，还要在婚宴中带领东道主和新郎、新娘向现场来宾敬酒，主持好席间的乐队和演出活动。

因此，有人说婚礼司仪是整场婚礼的灵魂，控制着整个婚礼现场来宾的情绪和现场氛围。每一对新人都有着自己与众不同的性格特点、恋爱经历、文化背景，每一场婚礼上的来宾情况以及婚礼现场布置风格也都有所不同，因此对婚礼司仪的要求也就随之而不同。一位优秀的婚礼主持人应该根据具体情况表现出不同的主持风格，同时借助深入的感情交流，让婚礼的文化底蕴得到升华。婚礼司仪的水平直接影响婚礼效果，在婚礼中承担整个婚礼贯穿的"红线"

的重要作用。

总之,婚礼司仪对一场婚礼的完美举行是至关重要的。婚礼司仪的主持工作本身也是我国礼仪学的重要组成部分。它是植根于群众沃土中的婚俗文化,反映了独特的文化风格。

4.5.4　司仪与新人沟通的三项法则

作为一名婚礼司仪,必然有同新人沟通的服务环节,优秀的婚礼司仪往往能在与新人的沟通中充分地掌握资料,设计婚礼台词及音乐,把握现场应有的基调。

1)充分了解情况

谨记一切行为的最终目的是满足新人的需求。如果交流一开始就滔滔不绝地讲述典礼程序,很有可能忽略新人真正的需求,而且很难取得新人的信赖。因此,在了解新人之前,少说、多听、问对问题,是第一步骤中的关键。首先要做一个倾听者,一个引导者,一个记录者,一般需要了解以下内容:

①来宾情况:观礼人数、年龄划分、社会成分、工作性质、性格特点、主要人员情况等;
②场地情况:布置风格、主题颜色、灯光道具、场地大小等;
③恋爱情况:恋爱经历、纪念日期、难忘回忆、爱情感悟等;
④特殊情况:特别的人、特别的事、特别的话、特别的歌、特别的礼物等。

在沟通过程中,司仪还要注意以下3点:
①不可涉及新人伤感、尴尬、避讳的话题;
②对新人讲述的内容及时做出反应并记录;
③适时提出引导性问题,帮助新人找到真正的需求。

2)耐心讲解细节

作为一名婚礼司仪,对新人的讲解要有耐心,针对新人的需要讲解典礼的程序,要注意以下几点:

①提醒新人记录需要准备的发言稿、婚礼用具和容易出错的地方;
②一定要给新人说明婚礼现场是灵活的,作为司仪有可能随时调整程序;
③随时记录下与新人的特殊约定。

3)巧妙化解问题

婚礼司仪要巧妙地化解可能会对婚礼产生负面影响的问题,比如新人的不合理要求,婚礼现场的突发状况,一些独立于婚庆公司之外的司仪还需要处理不同婚礼的时间冲突及婚庆公司的各种要求。

4.5.5　司仪的不同主持风格

婚礼司仪不应该只有一种主持风格,无论是阳春白雪或是下里巴人,高雅浪漫或是喜庆活泼,复古传统或是中西合璧,婚礼司仪都应该可以把握。婚礼司仪一般有以下4种风格。

1）幽默调侃型

这类司仪幽默风趣,具有亲和力,善于观察台下来宾的状况,在适当的时机调节气氛,让全场来宾产生参与的感觉。在主持过程中,这种风格的司仪语速比较快,从活跃角度看,年轻的司仪比较有活力,但若过于年轻也会给人不够稳重的印象。

2）内敛沉稳型

这类司仪有一定文化修养,对艺术、音乐、文化等多方面领域都有涉猎,主持语言凝练、精准,可以用优雅的语言拉近新人和宾客之间的关系。但是这类司仪应变能力较差。

3）浪漫柔和型

这类司仪善于捕捉新人恋爱或生活的细节,同时和新人的沟通较深入,声调柔和、稍缓,能够制造现场浪漫柔情的氛围。

4）传统文化型

这类司仪对中国传统文化非常了解,文言文和俗语能够脱口而出,善于煽情,使现场热闹的气氛达到高潮;声音洪亮而有力,老成持重,较能表现传统风格。

【相关链接】

婚礼颜色寓意

婚礼现场不同色彩的运用可以给婚礼带来不一样的感觉和氛围,作为婚礼策划师,了解婚礼不同颜色的寓意是十分必要的。

1. 红色:炽烈的情感,浓郁的幸福

红色是传统婚礼的代表色,红红火火是长辈们最喜欢的婚礼氛围,但是红色在凸显婚礼个性方面是很难驾驭的。婚礼策划师要想成功打造一场高品位的红色调婚礼,需要花心思,一般有两个方法:一是红得纯粹,植根于我国传统文化,红得绚丽而喜庆;二是中式西做,采用撞色,高难度塑性,大量渲染等方法,使红色搭配出意想不到的时尚效果。

2. 橙色:期望与收获

橙色亮丽活泼,备受新人青睐,尤其是阳光普洒的春季和代表收获的秋季,是户外婚礼的首选色之一。就室内婚礼而言,橙色婚礼优势也很明显,既可以搭配酒店宴会厅的富丽堂皇,也可以呼应有自然采光的明亮餐厅或会所。一般橙色以多层次渐进色彩为佳,活泼、丰富,有内涵。

3. 黄色:和平优雅及贵族气息

黄色是三原色之一,可衍生出诸多其他色彩,也比较容易与其他色彩搭配。一场婚礼若只用黄色布置,难免晃眼,没有层次感。黄与白搭配简约大气;黄与绿搭配生机十足;黄与红搭配瑰丽奢华;黄与蓝搭配贵气逼人。

4.绿色:生命与希望

在传统婚礼中,绿色一直以陪衬色在婚礼中出现,白绿色马蹄莲的出现打破了这一格局,被广泛运用在酒店婚礼中。低碳理念盛行以来,绿色也开始成为婚礼的主色,盆栽的绿色植物就是很好的桌花,既可以装点婚礼,也可以作为回礼赠送给嘉宾。

5.青色:坚强与品位

青色介于绿色和蓝色之间,是中国特有的一种颜色,寓意坚强、希望、古朴及品位。花材中极少有近似的色彩,多肉类植物色彩细腻,可以适量选用。而婚礼中大量的色彩运用多以丝带、绸缎、纸品为主,巧妙的青色运用可以营造不易复制的独特质感,品位高雅。

6.蓝色:纯净与辽阔

蓝色是夏季婚礼及海洋主题的首选色,秋高气爽的季节也很适用。蓝色花材较少且价格昂贵,可以选择蓝色丝带、绸缎等装饰物补充。

7.紫色:高贵、浪漫与深情

紫色是很多浪漫婚礼的基调色,浅色适用于有自然光线的婚礼,而深紫搭配格调会场,摇曳烛光、剔透水晶可营造似梦似幻的唯美浪漫。紫色花材较为昂贵,难以大面积使用。

8.色彩的轻重感

色彩的轻重感一般由明度决定。高明度具有轻感,低明度具有重感;白色最轻,黑色最重;低明度基调的配色具有重感,高明度基调的配色具有轻感。

9.色彩的软硬感

色彩软硬感与明度、纯度有关。凡明度较高的含灰色系具有软感,凡明度较低的含灰色系具有硬感;纯度越高越具有硬感,纯度越低越具有软感;强对比色调具有硬感,弱对比色调具有软感。

10.色彩的强弱感

高纯度色有强感,低纯度色有弱感;有彩色系比无彩色系有强感,有彩色系以红色为最强;对比度大的具有强感,对比度低的有弱感,即地深图亮则强,地亮图暗也强;地深图不亮和地亮图不暗则有弱感。

11.色彩的明快感与忧郁感

色彩明快感与忧郁感与纯度有关,明度高而鲜艳的色具有明快感,深暗而混浊的色彩具有忧郁感;低明基调的配色易产生忧郁感,高明基调的配色易产生明快感;强对比色调有明快感,弱对比色调具有忧郁感。

12.色彩的兴奋感与沉静感

这与色相、明度、纯度都有关,其中纯度的作用最为明显。在色相方面,凡是偏红、橙的暖色系具有兴奋感,凡属蓝、青的冷色系具有沉静感;在明度方面,明度高的色具有兴奋感,明度低的色具有沉静感;在纯度方面,纯度高的色具有兴奋感,纯度低的色具有沉静感。因此,暖色系中明度最高纯度也最高的色兴奋感觉强,冷色系中明度低而纯度低的色最有沉静感。强对比的色调具有兴奋感,弱对比的色调具有沉静感。

13.色彩的华丽感与朴素感

这与纯度关系最大,其次是与明度有关。凡是鲜艳而明亮的色具有华丽感,凡是浑浊而深暗的色具有朴素感;有彩色系具有华丽感,无彩色系具有朴素感;运用色相对比的配色具有华丽感,其中补色最为华丽;强对比色调具有华丽感,弱对比色调具有朴素感。

【案例】

"私人定制"时代婚礼主持人需要更有才

伴随着优雅的《婚礼进行曲》,新郎从岳父手中接过新娘的手,在婚礼主持人小峥眼里,这是爱的传承,也是他工作的意义。这是小峥正在主持的婚礼,入行十几年的他如今已经建立了自己的工作团队。

"十一"长假历来是结婚旺季。记者先后走访多家婚庆公司发现,"十一"期间,婚礼主持人忙得不亦乐乎,不少优秀婚礼主持人被高价请走,一些刚出师的从业者也紧急"上阵"。业内人士告诉记者,目前最流行的婚礼形式主要是"中国现代类西式婚礼",每年数万对新人结婚,其中40%左右的新人会聘请婚礼主持人。同时,随着经济的不断发展,人们消费观念的改变,这个数字还将不断扩大。

在这些婚礼中,主持人到底扮演了什么角色?是否"耍嘴皮"就能赚钱?他们又要面临怎样的新挑战?

1. "私人定制"时代,对主持人提出了更高的要求

今年28岁的小阮选择在"十一"完成自己的终身大事,针对婚礼,他对婚庆主持人提出的要求是:婚礼仪式不要有太多程序,不要太烦琐,时间上要尽量控制得短一点,舞台上不需要摆很多道具,简单大气就可以了。

"我也经常参加别人的婚礼,感觉模式都一样,都成套路了,对于那种烦琐的仪式程序,我也不太喜欢,所以还是简单一点,最重要的是大家开开心心就好了。"小阮说。像小阮这样,自己"定制"婚礼的人不在少数。小峥主持婚礼多年,在婚庆市场也算小有名气。在今年7月,他组建了自己的团队。他告诉记者,专业的婚礼主持人出现在20世纪90年代,在2000年之后,婚礼主持人这一行才迎来了快速发展期。

"以前只是负责主持,现在都参与婚礼策划,前期与新人之间的沟通需要花费大量的精力。"据小峥介绍,在2010年之前,婚礼主持人只需要按固定程序主持即可。随着"90后"陆陆续续地结婚,年轻人对婚礼的品质要求越来越高,中国现代类西式婚礼、中式婚礼、汉式婚礼、草坪婚礼等主题婚礼受到追捧,但新人都需要一场不一样的婚礼,因此婚礼进入了"私人定制"时代,这也对婚礼主持人提出了更高的要求。

"从接触新人开始,就要融入他们的生活中去,关注他们生活中的点点滴滴,了解他们更多的爱情故事,为每一对新人都制订出不同的策划。"小峥告诉记者,这一行除了具备主持功力外,沟通和随机应变能力也非常重要,婚礼现场会出现各种意外,如新人摔倒、重要宾客名单出错、现场突然停电等。

2. 婚礼主持人市场需求量大

业内人士告诉记者,随着经济的高速发展,人们消费水平的提高以及消费理念的改变,会

有更多新人希望在自己的婚礼上有一位专业的婚礼主持人,给自己人生中最重要的一天留下美好的回忆。婚庆"蛋糕"越做越大,10年来,婚礼主持人这一喜庆职业从业人数增长了五六倍。

由于新人扎堆,婚礼主持人的价位也水涨船高。小峥告诉记者,他目前的出场费是6 000元,提高了出场费的他也在控制自己的接单量。他坦言,价格上涨了就一定要给客户更好的服务,在控制单量的同时,制订出每一场都与众不同的婚礼才是关键。

"不是我的故事多,是我经历的'事故'多。我会把每对新人最动情的故事告诉这个世界,让大家感受他们的爱情故事。"每次新人对他的主持服务感到满意时,他总会开玩笑地说这句话。

3.门槛较低,婚礼主持竞争越来越激烈

一家婚庆公司负责人表示"婚礼主持人的门槛要求比较低,只要自己觉得会说话能上台的,都可以来当婚礼主持人"。因为婚庆行业淡旺季明显,不少婚礼主持人是兼职的,这种散落、不集中、缺乏管理的行业状况,也导致了市场竞争非常激烈。但真正在这个行业中留下良好口碑的婚礼主持人并不多,除了有些名气的专职婚礼主持人,"十一"期间,不少播音主持的大学生、酒店服务生也都在兼职从事这一行业。

但小峥表示,婚礼主持人并不像看上去那么简单,一个专业的主持人应该配备"四大金刚",包括主持人、摄影师、摄像师及跟妆师,这样整体的人员服务才能进行更好的创作。在淡季的时候,他们的团队会组团去杭州、上海等地向更专业的婚礼主持人学习,平时他们通过阅读来提高人文修养,积累舞台经验。

"更多的时候是与新人成为朋友,融入他们的生活之中。"小峥介绍,近年来,开始流行"私人定制"的主题婚礼,从那之后,对于西方文化与中国古典文化多多少少都要懂得一些。但不少业内人士认为,目前市场上高端人才并不多,能主持不同风格婚礼的主持人非常少。随着新人不断地进军此行业,未来的竞争压力势必会越来越大。

(资料来源:台州商报,2016-10-13,有删减)

专家评析:

私人定制的营销模式,表面上看注重了消费者的"尊贵"特性,不过一旦出现质量事故,"尊贵"也就成了一种麻烦。所谓的专属个人定制品,其价格未必真实代表其价值,也未必符合顾客的消费需求。目前,婚礼上采用私人定制消费的人不断增多,出现问题的可能性也会越来越大。婚礼新人应理性对待私人定制,不应以价格高低、尊贵高端来左右自己的消费选择。

复习思考题

1. 婚礼策划的内涵是什么?
2. 如何才能做好婚礼策划?
3. 如今婚礼形式有哪几种?简述之。
4. 简述现代婚礼的一般流程。
5. 简述婚礼鲜花花艺的运用。

6. 婚礼策划师的含义是什么？
7. 婚礼策划师的职业责任是什么？
8. 婚礼策划师需要什么样的职业知识及素养？
9. 婚礼司仪的含义是什么？简要介绍。
10. 婚礼司仪该如何跟新人做好沟通？
11. 婚礼司仪的职业责任是什么？
12. 婚礼司仪需要什么样的职业知识及素养？
13. 简要叙述婚礼司仪的工作流程。

第5章
婚礼场景策划

【学习目标】

1. 了解婚礼场景策划的原则。
2. 了解花艺策划的原则。
3. 掌握迎宾区场景策划的内容及要点。
4. 掌握仪式区场景策划的内容及要点。
5. 掌握婚宴区场景策划的内容及要点。

【学习重点】

　　本章内容围绕婚礼场景策划展开,通过本章的学习,了解婚礼场景策划以及婚礼花艺策划的相关原则,重点掌握迎宾区、仪式区、婚宴区三个区域场景策划的内容及要点。

【案例导入】

前几天,王蕊应邀参加一个老同学的婚礼,这位同学很喜欢大自然,就办了场户外婚礼。王蕊收到的请柬背景就是清新的绿色加简洁的花朵,看到这张请柬,王蕊仿佛感受到了婚礼现场清新简洁的氛围。但是,王蕊始终觉得,户外婚礼可能不会像室内的那么漂亮,可是婚礼当天,王蕊到达婚礼现场后,立刻陶醉在婚礼现场美好的气氛里。

婚礼的整体色彩是与自然相称的绿色,签到台用香水百合装点,旁边是新人的婚照架,虽然简单,但白与绿的和谐搭配让人感觉清新舒适。草坪上用花瓣摆出引道,引道旁立着精巧的花艺,引道的尽头立着一道花艺拱门。顺着拱门看过去,仪式区的背景是白色和绿色的纱幔,随着微风吹过,纱幔微微飘荡,更为现场平添了浪漫的氛围。坐落在香水百合围成的蛋糕桌上的三层结婚蛋糕正向在场宾客诉说着新人爱情的甜蜜。

王蕊找到自己的座位坐下,欣赏着周围美丽的景色,没有刻意地烘托,大自然独有的舒适浪漫自己就渗透在婚礼的各个角落。在这样的环境里,王蕊的心一下子平静下来,与其说是来参加婚礼,不如说自己在度假。坐定下来的王蕊发现,婚桌的布置也充满了惊喜,尤其是餐桌上透明玻璃杯和白色的马蹄莲做成的花艺,与绿色杯花相映成趣,在白色的绸缎桌布上更显浪漫和唯美。王蕊还发现自己餐具旁新人准备的糖果礼物被放在精致的布艺包裹里,不由暗暗感叹新人的用心。在婚礼还没正式开始前,王蕊开始翻看新人以森林为背景的结婚照,迅速加入在场来宾的讨论中。

王蕊被户外婚礼自然简约的场景布置吸引,那么室内婚礼的场景布置是怎样的呢?应该如何策划与布置一个出色的婚礼场景呢?好的婚礼体验离不开婚礼场景布置,如果婚礼场景的布置和婚礼风格相差甚远,便无法让来宾真正体会到婚礼的主题和新人的幸福,因此,婚礼场景的策划也是婚礼策划中一个十分重要的环节。这一章我们要学习婚礼场景的策划,主要从迎宾区、仪式区、婚宴区三个方面展开讲述,通过本章的学习,可以了解如何通过婚礼场景的策划来增加来宾的现场体验。

由于举行婚礼的地点多种多样,婚礼的形式也有很多类型,因此对于场景的策划来说,其内容也是十分丰富的。通常情况下,举行婚礼的场所,不论是酒店、餐厅,还是户外,均分为迎宾区、仪式区和婚宴区三个部分。传统婚礼的一般形式是三个大区紧挨着或是各自离得并不太远,通常客人在迎宾区签到后,会被引领人员引至特定位置,等待新人的到来以及婚礼正式仪式的举行,婚礼仪式举行完紧接着便进入婚宴阶段。这样的婚礼形式对于新人、婚礼策划人员以及其他工作人员的体力要求比较高,通常新人只能趁新娘换礼服的时候快速吃一些东西保持体力。两段式婚礼是指婚礼的宣誓仪式和婚宴阶段是分开的,宣誓仪式部分一般在教堂或在室外举行,之后会在酒店举办婚宴,也有新人选择在宣誓仪式结束后,举行户外自助餐会。仪式和婚宴分开的婚礼形式受到很多年轻人的欢迎,尤其是在户外举办婚礼更是添加了婚礼的时尚感和活力感。但是无论婚礼的场地如何分区,这三个区域都是婚礼场地所必备的。另外值得一提的是,婚礼场景的策划不仅包括婚礼场所这三个大区的布置和策划,还包括新郎、新娘以及伴郎、伴娘的整体造型,如新娘捧花、头花、腕花等;婚车的组合、装饰以及婚车路线的安排、请柬的设计、婚礼蛋糕以及酒塔的设计等;这些都是婚礼场景策划的内容,这些细节统统构成了一场婚礼的外在场景。这些内容在前面的章节已基本讲述,在这里就不再一一赘述,适当的时候,本章会略微提及。

婚礼用品和道具是进行婚礼场景策划的主要工具,除了鲜花这一重要的婚礼用品之外,彩桶、气球、礼炮、绸缎等都是婚礼策划的重要用品及道具。中式婚礼一般选用红色绸缎、纱幔、气球等,西式婚礼一般选用鲜花、白色纱幔等。具体类型如表5.1所示。

表5.1　婚礼用品和道具的类型

序号	地　点		内　容
1	新郎、新娘家及婚房		红枣、栗子、桂圆;拉花、喜字、气球、飘纱;婚纱照
2	婚车		鲜花、气球、拉花、卡通娃娃、绸缎、喜字
3	迎宾区	门口	拱门(气模、鲜花)、礼炮(电子礼炮)、条幅、彩桶、乐队
4		引道	路引(鲜花、飘纱)、地毯、鲜花花瓣
5		签到台	签到台、签到本、巨幅海报、喜亭或者拱门
6	仪式区		舞台背景、纱幔、喜字、鲜花、香槟塔、烛台、蛋糕塔等
7	婚宴区		绸缎、鲜花、绸缎结饰

(备注:在进行仪式区的场景策划时,还会用到婚礼设备,具体包括灯光设备、音响设备以及特效设备等)。

5.1　婚礼场景策划原则

婚礼会场是新人招待亲友,向他们宣誓自己已经找到了生命中的另一半的神圣场地。但现如今这个大众娱乐的时代,新人更愿意跟宾客分享自己的甜蜜和喜悦。每个婚礼会场都有自身具备的现实条件,一般没有几个会场是十全十美地完全符合婚礼风格的,所以婚礼场景的策划就显得十分重要。针对不同的会场难题,有一些场景策划原则上可以使婚礼场景的布置更加出彩。

5.1.1　会场小:装饰少、留空间

迎宾区要确保人流通畅,签到有序,如果空间较小的话,可强调签到台的布置,其他地方不宜过多装饰,比如新人的巨幅海报可省略,如果连签到台都安置不下,可以考虑设计为星光大道,重点突出引道,增强来宾的参与感。另外,拍照区域也可利用会场附近其他区域。宴会厅如果不大,在考虑桌椅与舞台安放的时候一定要注意,可适当缩小舞台的面积,不要把舞台设计得过大而占了更多的空间。主桌设计也不易过于复杂,以简洁精致为主;会场内的桌花总体设计不宜繁复,以选择清爽的浅色为宜。

5.1.2 层高低：装饰矮、须简洁

如果场地层高较低，那么在装饰方面应该选择体积较小的装饰物，以干净简洁为主，不宜繁复夸张。桌面布置以精致简约为主，桌花也应选择低式桌花，造型简洁精致，颜色也以浅色为主，尽量避免桌花太高太大，会给人厚重感。舞台背景不宜过高，由于场地层高不高，因此在布置舞台背景的时候不宜做得太高，可以增加其宽度，并增加背景的材质和元素的大小比例，以突显其层次感。这样能避免舞台背景的单调感，内容显得更为丰富，吸引来宾视线的同时可忽略层高的缺陷。

5.1.3 光线暗：加照明、显光影

场地布置要学会利用明暗关系，会场光线不够明亮的时候，可以选择增加照明。当然也可以利用明暗关系，强调光影效果，让幽暗的光线衬托会场的浪漫感。不过，值得注意的是，灯光照明还是需要可调节的，方便不同婚礼环节对灯光的要求。如果会场光线十分有限，可以考虑加强补充照明，增加灯光，如移动照明灯、舞台背景灯等，都可以让会场变得更明亮。另外，追光灯也是调节光线的又一个有效途径，不仅能增加光线，还能吸引宾客的视线。

5.1.4 立柱多：可装饰、巧妙避

如果会场内的立柱较多，可以考虑利用布艺、鲜花、灯光、花环等增加立柱上的装饰，不仅能增强会场的装饰感，还能减少立柱的阻碍感。另外，一些主题婚礼可以根据主题而布置立柱，像电影主题的婚礼，可以在立柱上贴上电影海报。因为立柱较多，一定会遮挡一部分宾客的视线，他们无法轻松完整地观看婚礼过程。所以应该巧妙安放投影位置播放视频，让看不到舞台的宾客可同步接收婚礼实况，这样也能体现新人的细心安排。

5.1.5 不规则：巧利用、重舞台

不同形状的会场，舞台的放置位置也不一样，对不规则的会场，舞台安放很重要。半圆形的会场可以将舞台设定在圆弧的位置；三角形的会场可以将舞台设定在尖角处；菱形和其他多边形的会场都适合将舞台设定在钝角的位置，这样会场看起来会比较开阔。如果会场中央出现原有的装饰物，最好能在布置的时候将其挪走，如实在无法移除，可以考虑用其他的装饰将其掩盖。

5.1.6 舞台小：可置中、忌厚重

如果舞台不大，那么可以直接将舞台设在会场中间，360°没有背景的舞台，可以让每一位宾客都能看到新人。小型的舞台，布置时一定要选择那些体积较小的装饰品，千万不要贪恋装饰漂亮而忘记体积问题。另外，舞台背景材质要轻盈，如果舞台不大，那么选择舞台背景的时候一定要使用纱质面料布置，会显得比较飘逸、温馨；不宜选择绸缎这样比较厚重的布艺背景，会显得厚实而沉重，也可以不用任何背景而直接在舞台前布置两位新人的主桌。

【相关链接】

小型婚礼场地的布置

大型婚礼固然精彩,但在人际关系复杂、烦琐的今天,小型、低调又私密的婚礼成为很多成功人士的选择。简单就一定等于简朴吗?其实不然!小型婚礼同样可以成为新人一生难以忘怀的美好记忆。想要小型婚礼不显得冷清,紧凑、精致,亮点突出的婚礼布置是提升品位,增加温馨感觉的秘诀。

1.现场布置要点

婚礼场地不论规模大小,分区模式都是相同的,一般分为迎宾区、仪式区和婚宴区三个部分。对于客人不多,且以家人为主的迷你婚礼,布置重点应集中在舞台和餐桌上,不必浪费太多的金钱、精力去打造迎宾区。可以选择圆形舞台或T形台代替传统的前置舞台,这样便可与在场宾客更好地沟通与交流。

2.色彩巧妙选择

如果规模受限,小型婚礼色彩的选择和搭配就更为重要。一般来讲,热烈的色彩会使空间显得更小。如果选择室内婚礼,由于餐厅面积及层高所限,过多运用浓烈的色彩会造成视觉压力,最好选择粉蓝、粉绿等淡雅色系。如果选择室外婚礼,也应以自然色、白色为主,这样会给人清新的感觉。

3.座位安排

小型婚礼的座位安排不一定要对号入座,因为参加的人数少,只需粗略分为"主席""女方专席""男方专席"和"贵宾席"即可,具体座位可以让宾客随意挑选。即使出现就座不均衡的现象,现场进行调配也不困难,而且还可采取一些更为独特的布桌方法,比如圆形或"U形"等,可以让亲友间更好地进行交流。

4.品酒代替拼酒

婚宴之上,难免推杯换盏,举杯相贺往往是宴会最为热闹的一个环节,但小型婚礼人数原因,难免略显冷清。硬要制造热烈场面,不如用上等陈酿代替大杯烈酒,用品位不俗的酒品满足每一位宾客的味蕾。这样不但可以体现新人独特的气质,更可为宾客提供相互交流的话题,在大家讨论美酒时,氛围也会变得融洽而高雅。

5.2 花艺策划原则

婚礼花艺是婚礼场地装饰不可缺少的部分,美丽的鲜花为婚礼融入了美好的韵味,对爱情的敬意与祝福。婚礼上采用什么样的花艺形式,用什么样的色彩,不是想当然的事情。许多筹备婚礼的新人往往对自己的婚礼用色拿不定主意,或者是很有想法,但不知道如何来搭配。

5.2.1 花艺用色要与表达的主题相协调

如果婚礼形式是西式婚礼,那么白色就是首选,纯白色更能体现西式传统婚礼的庄重与神圣。如果举行的是中式婚礼,就不能大面积地用白色了,因为中式婚礼突出的是热闹、喜庆,可选用明艳的红色或其他喜庆色调。

5.2.2 婚礼花艺用色要与环境相协调

婚礼现场装饰更强调的是一种宏观效果,花艺装饰只是其中一个重要组成部分,花艺的整体色彩要与会场的装修风格、室内灯光色彩,以及墙壁、地毯、桌布、椅套、口布等色彩相呼应、相协调,所以说环境是一个不容忽视的重要因素。如果酒店的总体风格很现代,室内色彩很明亮,那么很适合现代西式婚礼。花艺常用色彩可以是白色、白绿、白绿粉、白粉、香槟色、淡蓝、黄色、白蓝、白蓝紫、白紫等色彩组合,当然红色的同类色、近似色组合也是可以的,只是比较适合偏中式的婚礼。如果会场是中式风格的,中式婚礼将是一个不错的选择,比如传统风格的四合院。我们可以用红色、红粉、红黄、玫红、粉紫色等色彩的组合。新人喜欢现代婚礼形式,但也要尊重传统文化,不要用纯白色去装饰中式风格很浓的会场。另外明亮度很低的深蓝、深紫不宜大面积使用,不然会给人以消沉的感觉,可以加浅色的花来调和。

5.2.3 婚礼花艺用色要遵循民族习俗

新人在选择花艺色彩时,除了考虑个人的喜好,还要顾及家人、亲戚朋友们的接受能力,婚礼不仅是新人的事,更重要的也要给宾客、家人带来欢乐与美的享受。新人可以具体咨询专业花艺人员,遵循当地的民族习俗,比如英国人不喜欢红色的花,巴西人不喜欢黄色、紫色的花,日本人不喜欢荷花等。

5.2.4 婚礼花艺用色还要考虑季节因素

夏季婚礼一般习惯选用清新、淡雅的色彩或偏冷的色彩作为主色,如白色、白绿色、白粉色、白蓝色、粉紫色、白紫色、白蓝紫色等;冬季婚礼可选择红色、红黄色、红粉色、橙色等;春、秋季婚礼可选择中性偏暖一点的色彩作为主色,如香槟色、黄色、香槟配绿、粉、粉紫色等;红色与橙色在夏天不宜多用,这是很暖的色彩,在炎热的夏季易让人烦躁。

5.2.5 婚礼用色要考虑新人的年龄与气质

一般情况下,大龄新人偏爱紫色,紫色显得沉稳、优雅、成熟、幽艳、华贵。如果新人年龄偏小,很喜欢紫色,建议用淡紫色或小面积紫与粉的搭配;如果是羞涩或可爱型的新娘,可以选用淡粉色为主色;如果新娘性格是开朗型的,可以大胆地使用黄色;如果新娘气质清雅脱俗,可以选用白绿色、纯白色调、淡粉色等。

5.3 迎宾区场景策划

5.3.1 门口

如果婚宴在室内举行,在门口就应该设置拱门和横幅,有些酒店因为经常举行婚礼,一般都备有充气的龙凤喜、彩虹门等气模拱门。一些高端的婚礼会采用气球拱门和鲜花拱门,凸显典雅高贵的气息和婚礼的活泼。考虑鲜花本身易枯的特点,一般酒店门口不设置鲜花拱门。这些拱门是婚礼的标志,既可以帮助来宾识别婚礼举办地,又可以增添浪漫、喜庆的色彩。酒店门口应该挂有横幅,比如"祝贺×××先生和×××小姐喜结连理"。

新人到达酒店门口要有一系列的庆祝仪式,通常彩桶和礼炮要到位,其个数及规格视婚礼的具体规模而定,一般为双数。如今迎宾也加入很多时尚元素,比如准备一支小型乐队进行演奏,比如几个小提琴手演奏小提琴等,可以很快提升婚礼的档次和品位。另外,除了彩桶,很多新人选择抛撒鲜花花瓣,让人们一走进酒店门口就感觉到婚礼的浪漫气息。

5.3.2 引道

在好日子里,一个酒店可能会同时接待几家婚宴,这个时候,指示牌就显得十分重要。在酒店门口通往签到台之间的引道上,一般铺有地毯,大多为红色,也有一些时尚婚礼采用白色绸缎,提升婚礼的档次和品位,增加浪漫气息。在酒店门口、楼梯、电梯口都要有指示牌,尽管铺有地毯,这些标志还是很有必要的,可以让来宾感觉到新人的用心。地毯或者绸缎上要撒些鲜花花瓣以增加婚礼的浪漫气息。

签到台通往仪式区舞台的这段引道显得特别重要,个性鲜花拱门和路引的装饰要花很大的心思。如果场地环境光线比较暗,在进行布置的时候可以采用水晶路引或发光罗马柱路引,这样会显得婚礼梦幻而典雅。当然,水晶及灯光颜色要与婚礼的整体风格或者主题相一致,也可以采用同色系的鲜花与水晶搭配,更显奢华。不过一般的路引仍然是采用鲜花路引或是用绸缎和丝带、飘纱装饰,要注意色彩和风格的一致性。个性鲜花拱门是婚礼的必备装饰,选材和造型是婚礼装饰的重中之重。如今,向中心靠拢的个性花柱、垂挂精美花球和兰花链的唯美圆形轻纱花亭等都是婚礼流行元素。现在的婚礼道具品种繁多,仅花亭就有半圆、三角、四角等多种款式。因此,婚礼场景策划的重点在于策划以及后期布置,仅靠婚礼道具是不可能举办出充满新意的婚礼的。

5.3.3 签到台

签到台一般设置在举办婚礼的宴会厅不远处,这个区域是婚礼带给来宾的第一印象,如果采用鲜花布置,那么其摆放不仅要与婚礼的整体风格相统一,还要有别出心裁的亮点。盆形的、球形的、柱状的、玻璃的、藤艺的、庄重高雅的大型花艺(拱门、花亭)或者清新野趣的花艺小品,配合不同的场地条件,都可以达到不同的视觉效果。如果其装饰不采用鲜花,也可以采用气球、飘纱或者绸缎,选用的装饰品要符合婚礼的主体风格,比如气球和飘纱显得飘逸清新,而绸缎则显得厚重大气,其色调也要与整体环境相协调。如果签到台区域比较小,那么大型花艺,比如拱门和花亭的设置就需要认真考虑,毕竟保证进入婚宴区的引道通畅才是最重要的。签到台一般要足够长,以保证来宾的正常签到,也可以采用"U形"桌台,既可以增加婚礼时尚感又可以节约面积,签到台上也可以做些小型装饰,增加婚礼的整体质感。签到本的数量要根据来宾的情况准备充分,不要让来宾觉得麻烦,要尽量便捷。签到本也可以适当装饰一些丝带、鲜花。签到区一般设有新人的巨幅海报,可以供来宾拍照,海报的选取要精心雕琢,既符合婚礼主题又有特殊亮点。

【相关链接】

如何采购彩桶、气球、礼炮

1. 彩桶

1)彩桶的种类

彩桶可分为彩条(彩带)、彩花(喷花)、彩雪(飞雪)。

2)选购方法

①婚礼彩桶以彩条为主,彩花为辅,彩雪尽可能少用或不用。

②一般彩桶盖子是什么颜色,喷出来的花就是什么颜色,要多选红色并注意色彩搭配。

③选购正规厂家的产品,通常要检查包装上是否有厂名、厂址、电话。

④彩桶按婚礼档次、规模按需采购,一般需要18~60桶,以20桌喜宴为例:6桶彩花、22桶彩条,这样的花色数量搭配最好。

2. 气球

一般情况下,小气球需要500~1 000个,大气球需200个左右。大小气球在婚礼前一天晚上吹好,用红线系成串,20个或40个一串,不要提前吹,防止跑气。小气球可起到替代鞭炮的作用,大气球用于装饰现场和供小朋友玩耍。

3. 礼炮

①选购正规厂家生产的庆典礼炮。

②一般18~28支即可,以购买16支为例,70~100 cm的大礼炮买6支,30~40 cm的小礼炮买10支。

③彩桶和礼炮最好征求专业人士(如婚礼策划师)的意见再购买,或者直接从婚庆公司购买,避免买到哑炮,影响婚礼效果。

5.4 仪式区场景策划

5.4.1 舞台布置

1) 舞台背景

舞台背景是仪式区场景策划的第一步,就婚礼背景而言,最早比较流行心形的洋泡泡和大红双喜字,接着比较流行"大幅喷绘"作为背景。现代婚礼一般采用的是布艺背景,即纱幔背景,有白色、粉色、粉蓝色等。如果婚礼上使用花艺装饰婚宴的主舞台区,可以运用冷色调或者色调对比鲜明的花艺装饰,这样可以很好地融合室内的环境灯光,在表现高雅气质的同时具有视觉吸引力。如果是在户外,则花艺装饰的色彩可以尽可能粉嫩、活泼、跳跃。在纱幔上一般要贴有祝福的话语、大红喜字或者新人的结婚照,一定要注意不能显得繁复而给人眼花缭乱的感觉。

(1)纱幔颜色一定要与婚礼的风格和现场环境结合起来

纱幔颜色一定要与婚礼的风格和现场环境结合起来,新人可以选择各种风格的婚礼,纱幔的颜色也有很多种,但是,纱幔颜色一定要与婚礼风格相协调,比如新人选择中式婚礼,就应该选择红色基调的婚礼布置;新人选择西式的婚礼,就应该选择纱幔、鲜花等作为主要的婚礼布置。另外,要根据婚礼的风格预订酒店,然后根据酒店的风格和环境去布置婚礼现场的纱幔。

(2)选择纱幔颜色时一定要考虑摄像效果

用逆光拍摄时,由于被照人身后的背景太亮,面部会显得灰暗,必须用补光还原面部的颜色。同样,这个原理也适用于婚礼的摄像,如果新人身后的背景太亮,而没有补光,录像出来的后期效果也会显得新人的面部灰暗,体现不出新娘的靓丽。白色背景最容易造成这种灰暗的效果,但现在不少新人都选择白色背景来体现自己感情的纯洁,并没有考虑摄像的效果问题。因此,如果新人注重拍摄效果,在选择婚礼背景的时候,一定要慎重选择白色背景。如果一定要选择白色背景,那就要考虑婚礼现场的灯光亮度问题,如果婚礼现场的亮度不够,一定要考虑摄像补光的问题。

(3)选用纱幔要考虑来宾的文化观念

中国传统的婚礼颜色是红色基调,红色代表着过日子红红火火,象征着美好的未来。这种观念已经牢牢地扎根在人们心里,特别是老一辈的人,他们认为红色代表喜庆的观念根深蒂固。因此,新人在选择白色背景前,最好要事先征求双方父母和长辈的意见,看看他们对婚礼颜色的要求,如果来宾中,老一辈的人比较多,比如父母的朋友、邻居等,也要考虑这部分来宾的年龄构成和文化背景,因为在中国传统的观念中,白色不是结婚用的颜色。

(4)选用纱幔要注意纱幔的材质

近几年来,纱幔的材质不断发生变化。多种材质的纱幔现在同时出现在婚庆市场,就使得新人有了更多挑选的对象。好材质的纱幔,厚实,质感好,滑垂感很强,中间没有横向的褶皱,配合上面垂下的水帘,自然一体;材质差的纱幔,比较薄,滑垂感差,由于保管不当,悬挂起来后,横向的褶皱很多。材质的差别当悬挂起来后就显现出强烈的反差效果,材质好的纱幔悬挂起来后,自然形成一个整体,顺感,平整,无褶皱,反光效果统一。材质差的纱幔,横向的褶皱很多,在舞台灯光的照射之下,反射的光线明暗不均、颜色不均、斑斑点点。所以,在选择婚礼背景的时候要留意纱幔的材质。

(5)选择带背景灯的纱幔要慎重

选择带背景灯的纱幔最好与婚礼仪式的需要结合起来。背景灯的使用,应该是婚礼仪式中进行灯光管制的环节。为了突出某个环节或某个重点,需要背景灯与其他的灯光相互配合闪亮,这样更能够营造婚礼气氛,创设浪漫的环节。灯光管制结束,舞台灯光亮起,背景灯也就应该暂时熄灭。如果某个环节已经结束,而这时背景灯还没有熄灭,或者在整个婚礼仪式中,背景灯始终在闪亮,就会出现"逆光摄像"的问题,影响摄像的后期效果。

2)香槟塔

香槟(champagne)一词与快乐、欢笑和高兴同义。因为它是一种庆祝佳节用的酒,具有奢侈、诱惑和浪漫的色彩,也是葡萄酒之王。在历史上没有任何酒可媲美香槟的神秘性,它给人一种纵酒高歌的豪放气氛。香槟酒的味道醇美,适合任何时刻饮用,配任何食物都可以,而且价格不贵。香槟塔起源于西方,象征着甜蜜爱情的坚实巩固,更象征着美满姻缘的永恒纪念。随着婚庆花样的不断增多,香槟塔也开始发展变化。最早的香槟塔其实都是人搭起来的,用很多个法国弓箭杯,下面用张防滑垫,垒得高高的,像座塔一样,然后缓缓将香槟倒入。好看的香槟塔并不一定是倒入香槟的作用,没有倒香槟之前就有至美的感觉,倒了香槟之后,本来就晶莹剔透的杯塔再加上各种颜色的香槟酒映衬,有一种无以言表的美丽。香槟塔不是用来喝交杯酒的,只是为了烘托现场气氛。新人倒完香槟后,香槟由服务员分到各张桌,不是每个人都要喝光,甚至有种荧光香槟是不能喝的,只是为了好看。

细长型或郁金香形的高脚香槟杯最能衬托出香槟的优雅,同时也较能保持香槟的气泡与香气。至于有一种经常在婚礼上用来堆香槟塔的广口高脚杯,虽然显得豪气十足,却容易使气泡在短时间内消失,在某些高级婚礼上并不合适。特色香槟塔通常高度在3层以上,从下至上依次减少,呈现金字塔状,同时也还有各种奇特的造型,如专为婚礼设计的心形以及各类创意的造型。香槟塔在摆放上的创意很少,变化主要集中在底座和每层"塔"的装饰上。底座可以是心形、三角形或半月形,每层"塔"可以用相应的形状来做塔基,底座和每层塔基可适当添些浪漫的粉红色、金色或水蓝色等。传统的是4~5层宝塔式香式香槟塔,也有专为婚礼设计的心形、love形、阶梯形等创意造型。

香槟塔虽然精美,但是其摆放是很重要的。接下来介绍香槟塔使用的注意事项。

(1)摆放香槟塔的平面基础很重要

一般的香槟塔都摆在香槟塔桌上,桌子是否稳固是最重要的问题。对桌子的要求是不能高低不平,四腿一定稳固。如果婚礼舞台是临时搭建的,难免会出现不稳固的情况。摆放香槟塔的桌子放在舞台上,工作人员要检查是否是两块舞台交接的地方,两块舞台不能由于踩动发生撞击,而桌子也不能摆在两块舞台之间。

（2）选好香槟塔酒杯

香槟酒杯的大小、高低非常重要,香槟塔对酒杯的要求比较高,相差一毫米都不行。摆放酒杯最基本的要求,是要求所有的酒杯必须紧靠在一起,中间不能抽出任何一个酒杯。需要注意的一点是红酒杯不可以用来摆香槟塔,因为红酒酒杯之间的接触面积小,摆出来相对较高,不稳固,酒也流不进下面的酒杯里。

（3）摆香槟塔的位置很重要

香槟塔一定要摆在人们不经常走动的舞台的一侧。在婚礼仪式前,一定要避免人员来回走动而碰倒香槟塔,特别是避免小孩子在跑闹中碰倒香槟塔。在婚礼仪式中,也要防止上台走动的人员,如证婚人、父母等。

（4）控制香槟塔的高度

香槟塔摆放的高度不宜太高,应该以新人的身高为标准。如果太高,新人要抬起手倒香槟,感觉很累,而且会增加香槟塔倒塌的危险性,一般香槟塔以 4～5 层最佳。

（5）做好最后的检查

在仪式开始前 1 个小时,工作人员应该仔细检查香槟塔的稳固情况,发现问题及时修正。

（6）香槟酒倒完后不宜再动

香槟酒倒完后,在仪式中最好先不要再动香槟塔,香槟酒可以在仪式结束后由饭店服务员分给来宾。

3）婚礼蛋糕

蛋糕是婚礼上不可缺少的甜蜜食品,切蛋糕也是婚礼中最生动的场面之一。蛋糕起源于西方,罗马时期,人们会在新娘头上折断一块蛋糕,制作蛋糕的材料——小麦粉——会撒在新娘的头上,以此来象征幸运与繁荣。如今,蛋糕象征着幸福、勤劳与新人同在,平安与新人同在,丰收与新人同在,造物主的恩赐与新人同在。新人们切完蛋糕后可以立即分给宾客们食用,可以亲自分蛋糕给宾客,以便与宾客交谈,带动婚礼气氛。

随着婚礼更加注重参与性,婚礼蛋糕的形式也不断在变化,有很多新人选择用纸杯蛋糕做成蛋糕塔,让在场的每一个人都可以分享到他们的甜蜜与喜悦。目前蛋糕的形式有传统单层、传统多层、蛋糕塔、自制蛋糕。

传统单层蛋糕有方形、圆形等各种样式,由一般的婚礼形式采用。

传统多层蛋糕比起单层蛋糕给人更加豪华的感觉,大型的庆祝蛋糕作为婚礼装饰元素的一部分,给婚礼带来浪漫甜蜜的气氛。

蛋糕塔由很多新鲜创意的纸杯蛋糕组成,和舞台上的香槟塔相得益彰,增加舞台气氛。

自制蛋糕是指事先准备好没有图案的蛋糕,在切蛋糕前让宾客自由点缀,准备好水果和巧克力,作为宾客和新人间的一种趣味沟通。

5.4.2　视听灯光策划

一场出彩的婚礼,灯光是一个很重要的元素,灯光运用得好坏,直接关系到现场的效果和后期影像的效果。如今婚礼上用的灯光已经不简单地局限于追光灯了,随着新人对婚礼的要求逐步提高,现在越来越多的婚礼朝着专业化、舞台化方向发展,婚礼已经越来越像一场文艺晚会,新人对灯光的要求也逐步提升。

一般来讲,如果新人选择在户外场地举行婚礼,一般不需要灯光,除非是晚上举办的婚礼。如果是室内场地,也分两种情况。一种是阳光厅,一种是封闭厅。阳光厅是指有窗户的厅,这种厅可以使阳光直接照射进来,不需要太多的灯光提亮,像这种厅建议新人做亮场,即整个仪式都是在明亮的灯光和日光下进行,给来宾以温馨开阔的感觉,这样的话一般不需要追光灯。但如果厅内舞台较暗,为了突出舞台和使拍摄效果更好,那么建议用面光去补光,在亮场的情况下,要想呈现很炫的灯光效果,一般不是很适合。

另外一种厅就是封闭厅,所谓封闭厅就是日光不能照射进来,只能靠厅内本身的灯光提亮的厅,这样的灯很适合做暗场,可以呈现很炫的灯光或者烛光效果,给来宾以浪漫神秘的感觉。这样的厅可以用计算机灯、追光灯、LED 染色灯呈现不同的效果。

1)舞台灯具的常用光位

①面光:自观众顶部正面投向舞台的光,主要作用为人物正面照明及整台基本光铺染。

②耳光:位于台口外两侧,斜投于舞台的光,分为上下数层,主要辅助面光,加强面部照明,增加人物、景物的立体感。

③柱光(又称侧光):自台口内两侧投射的光,主要用于人物或景物的两侧面照明,增加立体感、轮廓感。

④顶光:自舞台上方投向舞台的光,由前到后分为一排顶光、二排顶光、三排顶光等,主要用于舞台普遍照明,增强舞台照度,并且有很多景物、道具的定点照射,主要靠顶光去解决。

⑤逆光:自舞台逆方向投射的光(如顶光、桥光等反向照射),可勾画出人物、布景的轮廓,增强立体感和透明感,也可作为特定光源。

⑥桥光:在舞台两侧天桥处投向舞台的光,主要用于辅助柱光,增强立体感,也用于其他光位不便投射的方位,也可作为特定光源。

⑦脚光:自台口前的台板上向舞台投射的光,主要辅助面光照明和消除面光等高位照射的人物面部和下颚所形成的阴影。

⑧天地排光:自天幕上方和下方投向天幕的光,主要用于天幕的照明和色彩变化。

⑨流动光:位于舞台两侧的流动灯架上,主要辅助桥光,补充舞台两侧光线或其他特定光线。

⑩追光:自观众席或其他位置需要的光位,主要用于跟踪演员表演或突出某一特定光线,又用于主持人,是舞台艺术的特写之笔,起到画龙点睛的作用。

2)常用灯具及特点

(1)追光灯

所谓的"追",就是追着新娘走的意思。当全场灯光暗下去的时候,追光灯对准新娘,并且在新娘周围 2~3 m 的范围内形成一个亮的区域,目的就是突出新娘。需要注意的就是如果只使用一台追光灯的话,会形成"阴阳脸",就是一侧脸是亮的,另一侧脸是暗的,很影响视觉效果,如果有条件一定要用两台追光灯,这样两侧的光线才是对称的,就不会出现"阴阳脸"。另外,现场的追光灯最好能够悬挂起来,就像人的视野一样,挂得高照得远,而且没有遮挡,能够达到好效果。

（2）摇头灯

摇头灯的作用是在空中摇晃,在墙壁和天花板上打出各种各样的图案,给舞台制造动感的效果。可以用计算机编好程序,设定不同的摇晃方式,随着摇摆方式的不同,可以烘托欢快和浪漫等不同的气氛。注意点之一是要将摇头灯悬挂起来,这样没有遮挡;注意点之二是最好能配合染色灯,所谓的染色灯就是可以打出不同颜色的灯,渲染整体的颜色。建议选用单一的颜色,否则颜色太多太杂,不但营造不出五彩缤纷的效果,还会显得很杂乱,达不到理想效果。如果想要一些彩色效果的话,可以局部融入小面积的其他颜色,而且最好是比较接近的颜色,比如红色中加入少量紫色。

（3）PA 灯

PA 灯的灯光比较柔和,不可变色,多用作舞台的背景灯。不管是正常大厅亮灯的时候,还是暗下来使用追光灯的时候,PA 灯的光线都可以使舞台整体的亮度对比更柔和,不会给人很突兀的感觉,也可以和染色灯同用,利用不同的颜色营造不同的氛围。

（4）回光灯

回光灯又叫电影灯,与 PA 灯的作用接近,主要用作面部的补光。其不同之处在于可以变色,有时候为了节省婚礼的费用,可以用回光灯来代替 PA 灯和染色灯的效果。

（5）射灯

婚礼上,射灯既能作主体照明,又能作辅助光源,而且空间、色彩、虚实感都十分强烈而独特,巧妙灵活地运用可以让宴会增色不少。它可以安置在吊顶周围或装饰物上部,或置于墙内、墙裙或踢脚线里,也可以将光线直接照射在需要强调的物体上,以突出主观意趣的审美,层次丰富又很突出重点,给人扑朔迷离的感觉。

（6）蜡烛

蜡烛是烛光仪式中必不可少的布置,而且造型多种多样,有的甚至带有香味,蜡烛所带来的浪漫纯真氛围是现代科技等灯光技术无法比拟的,因此,很多婚礼会选择烛光仪式。选择蜡烛时要注意其质量,劣质的蜡烛往往会很难点亮,或者燃烧时间很短,"烛泪"过多。在婚礼上,蜡烛应该放置在人们容易注意到的地方,比如有一些婚礼上为了追求特殊效果,在进行场景策划时,会将扁形蜡烛盛在小烛杯中,或放置在红地毯的两侧,但是它只能给予一种远距离的效果,在近距离上很难让人注意,而且很容易在婚礼过程中被踢翻。如果场地狭小,对新娘的婚纱也是一种威胁,要考虑安全问题。

3）幻灯屏/LED 显示屏

受婚礼场地或者规模限制,很多新人会选择用投影仪来直播婚礼仪式,让每一个在角落的来宾都可以通过幻灯屏观赏到婚礼仪式活动的全过程,因此,为了增加婚礼的视听效果,合理使用投影仪是十分必要的。随着社会的不断发展,婚礼上采取 LED 显示屏代替投影仪的新人越来越多,LED 显示屏比幻灯屏显得更加气派时尚。

5.4.3 特效策划

如今,虽然很多宴会场所,如酒店、餐厅都会有一些基础的灯光设施,但设施毕竟有限。因此,越来越多的新人开始重视婚礼灯光的作用,特别聘请专业的灯光师,其工作就是要让整个婚礼场所变得美妙绚烂,让现场的每个人都光彩照人,让客人们身处其中,身心愉悦。当然,这样会额外增加婚礼的费用,新人们可以根据婚礼预算选择使用。从灯泡的形状,射灯的方向到智能灯光变换路径和颜色的整套计算机程序,灯光师会细致到每一个具体细节,以达到完美的整体效果。

(1)定制主题灯具

灯光师在被邀请设计婚礼灯光时,一般会主动向新人询问他们想要的效果,鼓励新人把自己梦想中最浪漫的场景描绘出来,很多天马行空,不切实际的想法其实都可以通过灯光效果来实现。灯光师可以根据新人的描述设计并定制各种造型的灯具,在婚礼宴会现场布置特定场景,用色调和形状营造氛围。新人可以建造一个 Hello Kitty 的粉红色梦幻王国,也可以在夏日里布置一个银装素裹充满着冰枝银叶的清凉天堂。灯具造型完全可以定制,只要想象力足够丰富,一个个小灯泡可以变成树上串串的"冰"葡萄。

(2)数字灯光背景墙

很多灯光设计师技艺高明,他们的创意总是层出不穷。如今比较流行的方案就是把灯光科技和数字背景图像融合在一起,用数字投影机把多彩图像投射在背景墙上,周围再用同色系的灯光营造环境氛围,还可以加上逼真的声音,使整个现场如同时空转换的梦境一般。缤纷的花园中斑斓的色彩争奇斗艳,微风吹来,青绿的树叶沙沙地摇曳身姿,娇嫩的花蕾扬起稚气的脸庞迎风微笑。花丛中、水潭里,蜜蜂采蜜,蝴蝶起舞,蜻蜓点水,一派生机。空气中淡淡的花香弥漫开来,身处其中,亦真亦幻。不论是蓝色的浪漫海滨,还是浓郁的热带雨林,不论是跳跃的袋鼠、海豚,还是璀璨的满天繁星,或是你想象着把婚礼现场的一面墙变成闪耀着月光的宁静湖面,然后让鱼儿跃出水面,让天鹅引吭高歌,只要新人想得到,就可以做得到,需要的是灯光师的用心设计和精心安排。

(3)泡泡机

顾名思义,泡泡机的主要作用就是吹泡泡,营造浪漫的气氛。因为泡泡表面会反射出五颜六色的光线,再配上当天的灯光造型,色彩的渲染会非常出彩。需要注意的是泡泡机要安放好,只能将泡泡吹到舞台上,因为泡泡破裂的时候会有小的水滴溅开,如果吹到主桌会影响宾客进餐。另外,泡泡不能吹到新人的面部,这样会让新人觉得不舒服。

(4)烟雾机/干冰机

烟雾机和干冰机都是用来制造烟雾效果的,会让从烟雾中走出来的新娘子如仙女一般,如果婚礼的风格梦幻且浪漫,烟雾机或者干冰机是不错的选择。烟雾机喷出来的是固体小颗粒,而且烟雾效果不易飘散,对身体可能有一定危害。干冰机于最近几年才兴起,喷出来的是液体,比较容易飘散,但是温度会比较低,而且造价要比烟雾机高,婚礼策划师要考虑到新人婚礼预算,与负责舞台的婚礼司仪商讨决定。不论是烟雾机还是干冰机,使用时都应注意安全。

（5）冷焰火

冷焰火是采用燃点较低的金属粉末，经过一定比例加工而成的冷光无烟焰火，冷焰火燃点在 60～80 ℃，外部温度 30～50 ℃，对人体无伤害，特别适用于婚礼仪式或者舞台表演。冷焰火安全性强，亮度高、烟雾小，环保无污染，对现场气氛能够起到强烈的烘托渲染作用，可使活动安全环保又有特色，备受人们青睐。

冷焰火产品有多种效果，通常是应用各种产品的特性进行艺术组合，才能在舞台演艺、舞美造型中达到理想的效果，同时又是属于喜庆用品的一个分支。冷焰火主要包括以下几种：

手持类：手持冷焰火、手持舞台仙女棒、手持电光花、蛋糕冷烟花、手持蛋糕冷光烟花、生日蛋糕冷焰火。

喷泉类：舞台银喷泉、喷泉冷烟花、无烟无味银喷泉冷烟花、婚庆银喷泉冷焰火、舞台快速喷泉冷烟花、演绎瞬间喷泉冷烟花、舞台花束冷焰火、庆典花束冷焰火、婚庆花束烟花。

瀑布类：舞台瀑布冷焰火、庆典瀑布冷焰火、婚庆瀑布烟花。

彩烟类：日景烟雾、日景彩烟、庆典彩烟、室外庆典彩色烟雾、高空彩烟、电子彩烟、演艺烟火烟雾、舞台彩烟。

婚庆礼花类：手持婚庆礼宾花、婚庆礼花、婚庆彩纸烟花、彩带烟花。

火轮旋转类：舞台火轮冷焰火、舞美旋转风车烟花、演艺风火轮冷烟花、舞台三角火轮冷焰火、四角火轮、五角火轮、六角火轮。

字幕类：字幕冷烟花、舞台字幕烟花、心形字幕冷光花、文字造型烟花。

高空类：流星火箭冷焰火、轨道流星冷烟花、笛音流星冷烟花、高空银龙冷焰火、舞台婚庆宝石花、喜庆银龙冷焰火、庆典花束冷焰火、高空银尾冷焰火、飞天银龙冷焰火。

相较传统烟花，冷焰火烟雾小、焰温低、气味轻，是目前烟花系列产品中最安全可靠的，只要操作到位，防护措施做得好，在室内燃放冷焰火是完全不用担心引起火灾的。以前发生的意外很多是在婚礼使用中操作不当引起的，如在婚礼进行中，很多人喜欢用彩喷，彩喷是由一种燃放点很低的化学材料制成的，冷焰火燃放时虽然温度很低，但还是有可能引燃彩喷。所以在燃放冷焰火的时候，应尽量避免和彩喷等易燃物品接触。需要注意的是，冷焰火燃点低只是相对的，相对于普通的烟花来说，冷焰火是安全可靠的产品，不过在燃放过程中还是需要增强防火措施。在仪式区使用冷焰火时最好使用冷焰机，这种机器无烟无味，适合在人群比较密集的地方使用，绝对安全又能营造出完美的效果，但是一般器材移动不灵活。

除了上述特效之外，还有很多独特的效果展示，关于婚礼特效的内容十分广泛，无法一一罗列，比如某些场景需要用到气柱机或者雪花机，如果新人选择从天而降的出场方式，那么还需要吊钢丝的设备。

【相关链接】

视听照明小贴士

王子与公主的晚宴，时而火树银花，时而幽远神秘，时而温馨宜人，时而律动跳跃，是梦境，还是现实？整场婚礼灯光起很大的作用。精心设计的灯光可以让你的婚礼宴会奇妙非凡。灯光师如今已成为准新人们眼中的大红人，因为他们为凯瑟琳·泽塔琼斯和麦克尔·道格拉斯等名人的婚礼精心营造的灯光效果美妙绝伦，不禁令准新娘们艳美不已。下面是一些视听照明的小贴士。

1. 在婚礼宴会上，视觉舒适是最关键的，各种灯具摆放在合适的位置，把光线调到适宜的强度，让客人们的眼睛感受到的不仅是视觉的美妙更是舒适的享受。

2. 多用彩灯，用琥珀色、桃红色、金色和粉红色换下刺眼的白炽灯泡，不但缤纷美观，光线柔和，而且可以营造出空间的效果和变幻的意境。

3. 适当调暗灯光，把所有的灯光调暗大约30%，营造一个整体舒适和谐的环境。

4. 让灯光自下而上柔和地照射在房间的天顶上，这样要比从上向下直射的灯光怡人得多，如果灯光直接投射在人的脸上，会使人产生刺眼的感觉，产生空间局促感和压抑感。

5. 不要忘记蜡烛也是烘托气氛的高手，在每张餐桌中间搭配桌布的颜色摆放几盏造型精致的烛台或者工艺蜡烛，柔和摇曳的烛光投射出淡淡的阴影，呈现出浪漫婉约的婚礼氛围。

5.5　婚宴区场景策划

5.5.1　婚宴区整体策划

婚桌是很多新人都非常重视的环节，因为它对整场婚礼的布置起着至关重要的作用。要把握好婚礼的整体基调，每一个细节都不能马虎，桌花、桌布、餐盘、席卡，每一件东西都是成就完美婚礼的重要元素。

完美婚桌的构成由桌花、席位卡、桌号牌、餐具构成。桌花是整个桌面布置的灵魂，起着至关重要的作用；席位卡上写有来宾的名字，可以方便来宾们寻找自己的座位；桌号牌虽然是经常让人忽略的一部分，但是只要稍花心思，就能成为亮点；餐具摆放和口布折叠也是很有讲究的。

桌花整体的款式取决于桌子的形状、摆放的位置及需要营造的气氛。因为花盆有普通式和高脚式，因此桌花也可以做成低式桌花和高式桌花。桌花可以是独立式也可以是组合式，其主花材要选择和整个会场布置用花相同或者相近的花材，桌花的高低一般取决于整个会场的层高和大小，除了和整体布置协调之外，还要考虑和桌布的颜色搭配。桌布颜色是整个婚桌布置的设计基础，不同的颜色会呈现完全不同的效果，因此在桌布的选择上要注意和会场的布置相协调，比较常见的有白色、米色以及比较适合中式婚礼的红色。餐桌布置的花材要根据婚礼的整体感觉以及色调来决定，比较传统的新人可以选择玫瑰、百合、洋桔梗、白兰，当然随着个性化时代的到来，很多新人已经不落俗套，如今用水果、蔬菜和糖果与鲜花组合越来越受到年轻人的欢迎。有些新人会在餐桌上放上婚礼的小礼品，如做工精致的小巧盒子，用柔和的薄纱包装一下，系上蝴蝶结，可以打造出迷人的桌面，显得整个婚礼精致而温馨。

婚椅的装饰要稍显简单，但也不可大意，如果是主桌，要与其他婚桌区分开。一般婚椅的装饰采用和婚礼风格一致的绸缎作为椅套，椅套后背会装饰绸缎的结饰、鲜花花簇等。如果新人的年纪比较小,婚礼风格又比较时尚新潮,可以在每个婚椅上系上颜色各异的气球,使整个婚礼场面浪漫而活泼。

5.5.2　花艺装扮婚宴餐桌的风格

精致漂亮的餐桌装饰往往决定了餐桌的美感,从而影响整个会场的氛围,婚宴餐桌的花艺装饰一般有以下4种风格:

1)清新自然

餐桌的清新风格不仅是夏季最流行的风潮,而且受国际化绿色风潮的影响,几乎在一年四季都会大受欢迎。绿色体现清新自然的感觉,餐桌一般选用黄色、绿色的鲜花进行装饰。

①蓝色的飞燕草、银莲花和铁线莲,做出发散形的花束,能够呈现出自然的乡村风格,又透出浪漫的气息。

②马蹄莲、绣球花都很适合营造清新秀丽的风格。

③向日葵给人热情的感觉。

④适当多用一些大型的叶子,给人清凉的感觉;同时配合"热带风情"之类的婚礼主题。自然界中蓝色的花较少,其中绣球花花形和色彩最好,适合海洋主题婚礼。

⑤餐桌花饰的高度不能太高,以免挡住宾客的视线,妨碍交流。

⑥与正方形或者长方形餐桌相比,每张圆形餐桌用一个中央花饰布置就足够了。

⑦如果中央花饰的体积较大,那么餐桌尺寸也需要按比例增加,以便给宾客提供足够的用餐空间。

⑧餐桌中央装饰除了运用花卉外,还可加入精美烛台、贝壳灯元素,这样会令餐桌变得更加生动有趣。

2)甜美浪漫

近年来,水果也成为婚宴餐桌上的宠儿。水果不仅有漂亮的外形,而且比较契合环保的流行趋势。把鲜花和水果结合起来做餐桌装饰会显得别具一格。

①粉牡丹和青苹果的搭配是常见的组合。

②玫瑰和橙子、白百合和葡萄等,都是不错的搭配。

如果不使用水果,单纯的粉红、粉紫的鲜花,就算没有任何绿叶作衬托,也会给人繁花似锦的感觉,让人沉浸于粉粉的浪漫气氛中。具有强烈装饰效果的彩色玻璃蜡杯与鲜花搭配使用,外加亚麻质地的桌布,能为餐桌增添亮色,达到完美的视觉效果。

①在夏季使用透明的直身花瓶,花瓶中放上新鲜的橙子或苹果,就能够很好地调动味觉,也能够营造出不一样的视觉效果。

②将瓷器与高脚杯混搭使用,会令餐桌变得更富情趣。

除了鲜花、精致的丝带和水晶外,颜色艳丽且形状饱满的水果,如苹果、葡萄、柠檬、樱桃等也是很好的装饰元素。

3）经典优雅

西式经典的餐桌布置任何时候都不落伍。白色、米色、蓝色是常见的基调。

①牡丹、茉莉、天竺兰是非常高雅的花系，象征新娘的纯洁。

②春季的大花蕙兰、蝴蝶、郁金香也比较适合营造典雅精致的视觉效果。

这种风格的餐桌不用繁复的装饰，只需用低调、简洁的鲜花造型和优质的餐具，共同衬托出优雅高贵的整体气质。这样的餐桌适合主题隆重大气的婚宴，而且适合的场地范围也很广泛，一般不会和宴会厅的装饰起冲突。

选择图案尽量避免夸张、颜色混杂的瓷器和刀叉。一般盛放在白色餐盘里的菜肴更能激发宾客们的食欲。

①运用装满彩色溶液的酒杯协调餐桌花饰与桌布的颜色，并将美酒盛入晶莹剔透的高脚杯里，营造出高贵典雅的格调。

②座位卡应放置在每个座位正前方最醒目的地方。

好的设计绝不只是鲜花，还有更多的外延：灯光、音响、布局、总体规划等。鲜花的作用只是为了衬托环境和气氛。

4）传统温馨

中国人结婚离不开红色，这种传统的色彩如果用在餐桌布置上，可以进行改良设计。

①采用局部的红色，或选用有细节考究的高级桌布、椅套、餐巾等，以配合整体环境。

②金色也是中国特有的色彩，很喜庆和华丽。

在与此配套的桌卡、餐巾花等小物的设计上，可以加入传统图案，让传统元素和现代高级工艺相结合，做出有创意的新的中式风格。

传统中式婚礼常使用中式对娃、灯笼和富贵竹装饰，花材基本主色调都采用大红色系。对正方形或长方形餐桌来说，可以将桌布直接平铺在餐桌上，令桌布四边下垂形成自然褶皱，为宾客的双脚留出活动空间。比起将桌布平铺在桌面上的方式，错落重叠的正方形桌布能为餐桌带来层次感丰富的视觉效果。需要切记的是，在颜色搭配和桌布放置方面一定要深思熟虑，以免看上去过于繁复厚重。

【案例】

婚礼现场鲜花布置技巧

婚礼现场布置中少不了鲜花的点缀，如何布置好婚礼现场的鲜花是每个新人需要熟悉的。婚礼现场鲜花布置有以下5个技巧：

1.选择花朵种类

有很多花是全年都供应的，比如玫瑰、绣球、康乃馨、百合水仙、海芋和兰花，这只是其中的一小部分。选择适合婚礼的鲜花，想必也能使婚礼花艺筹备进行得更顺利。

2. 打破传统束缚

如果计划举行一场传统婚礼,婚礼所用鲜花却未必都是传统的,也没有必要局限于玫瑰和马蹄莲。笔者个人喜欢多肉植物,任何有条件的情况下笔者都想使用它们,还可以在设计元素中加入水果和蔬菜,比如石榴、羽衣甘蓝和苹果——只要它们能突出婚礼的特色,实现新娘的梦想。花瓶也没必要是透明的玻璃制品——只要它能盛水,就能装花。

3. 鲜花色彩平衡

花朵的颜色永远不是一成不变的。向花艺师咨询(了解如何选择婚礼花艺师)花的不同种类的细微色差。比如说,红色毛茛透着隐隐的橙色调,搭配冷色会有十分出彩的效果。另外要记住,网络或杂志上花朵图片可能会有色差,当摄影师很好地把握了新人肤色和灯光的色调时,花朵在照片上的颜色可能会与现实有所差异。

4. 选用单一色调

如果你预算紧张,那就以单色来实现更具冲击力的视觉效果。单色的场景看上去更有条理,并且能在典礼和婚宴上营造令人惊艳的效果。而且,在其中作为点缀的其他色彩将更显得突出。

5. 个性婚礼花艺

在婚礼花艺中融入一些特别元素,比如,你可以用某位亲人的手绢来包裹捧花,又或是加入妈妈婚纱里的小部件。或者,如果对你而言有别具意义的东西,也可以以某种方式在花朵中展现它们。鲜花婚礼策划方案中就有一对在火车上认识的新人,于是他们就将一个小小的火车符挂件挂在新娘的捧花上,以象征他们相遇并坠入爱河的地点。

(资料来源:搜狐网,2016-01-06,有删减)

专家评析:

婚礼现场布置是婚礼场景策划中的一项重要内容,任何婚礼现场布置的细节,都要考虑婚礼场景的展现和婚礼气氛的营造。在本案例中可以看出,婚礼现场布置更加注重细节向精细化发展。婚礼鲜花的布置让整个婚礼更加浪漫、更加温馨、更加美好。掌握以上婚礼现场的鲜花布置技巧,有助于打造一场温馨浪漫的婚礼。

复习思考题

1. 简要介绍婚礼的主要分区。
2. 婚礼场景策划包括哪些方面的内容?简要叙述。
3. 婚礼用品或道具主要有哪几种类型?举例介绍。
4. 针对不同的会场类型,婚礼场景策划有哪些基本策划原则?
5. 简述婚礼迎宾区的场景策划。
6. 简述婚礼仪式区舞台场景布置。
7. 简述婚礼仪式区视听灯光策划。
8. 简述婚礼仪式区特效策划。
9. 简述婚礼婚宴区场景策划。

第 6 章
婚礼仪式策划

【学习目标】

1. 掌握婚礼仪式的主要流程。
2. 熟知婚礼开场前的准备工作,了解常见的创意婚礼开场方式。
3. 了解新人入场的类型以及相关礼仪,掌握婚礼入场的程序。
4. 掌握证婚的内涵,了解证婚人的职责以及与主婚人的区别。
5. 掌握宣誓的内涵,了解宣誓词的演变以及宣誓词的类型。
6. 掌握结婚信物的种类以及中西方常见的结婚信物。
7. 了解拥抱亲吻、香槟仪式、蛋糕仪式以及交杯酒仪式的相关内容。
8. 掌握婚礼退场的顺序。
9. 了解婚礼仪式各环节的注意事项。

【学习重点】

婚礼仪式策划是婚礼策划的重要部分,通过本章的学习,了解婚礼仪式的大体流程,重点掌握婚礼仪式各流程的基本内容及要点。

【案例导入】

2013 年 5 月 19 日这一天对夏颖来说是个重要的日子,就在这一天,她将正式成为交往了三年的男朋友王浩的妻子,从此开始另一段人生旅程。从婚礼的策划到彩排,再到婚礼终于正式举行,新娘夏颖可真没少操心。婚礼前夜夏颖是既期待又紧张,一大早夏颖就被接到婚庆公司做造型,无疑今天是她一生中最美好的日子,也是今天婚礼上最耀眼的主角。当看到也是一身正装的王浩,夏颖竟觉得有一丝紧张,这个再熟悉不过的人,今天却显得如此不同,或许是彼此将要迎来新的身份,想到这里,夏颖觉得十分甜蜜。

婚车浩浩荡荡地来到酒店,王浩抱着夏颖缓缓走进举行仪式的酒店,音乐和爆竹同时响起,人们纷纷抛撒花瓣和彩带,夏颖心里堆满了幸福。来到化妆室,补妆师为夏颖进行了补妆和整理,就这样,夏颖心情激动地等待着司仪宣布婚礼开场。

随着司仪开场词的结束,夏颖来到预先商定好的门后,大门缓缓打开,夏颖在追光灯的照耀下缓缓走进仪式区,现场出现热烈的掌声。来到舞台中间的夏颖这才发现王浩根本不在舞台上,正纳闷着,LED 显示屏突然亮起来,王浩的身影出现在屏幕上,"亲爱的老婆,请允许我提前这样叫你,因为看你的第一眼,我就已经认定你是我要找的那个人,我们……"王浩一番深情的话语让在舞台上的夏颖感动不已,双眼已经泛出泪花。紧接着,屏幕上出现一个个亲人朋友的身影,或温情或幽默,这些祝福让新娘夏颖几次流出眼泪。视频放到最后,画面突然切换到一个陌生人,用正宗的东北话说"夏颖,嫁给王浩吧"。夏颖还来不及反应过来,画面上陆陆续续地出现不同的人,用各种方言重复着同一句话,搞笑的场景让现场爆发出一阵阵笑声,这个时候的夏颖也已破涕为笑。屏幕暗下,王浩拿着鲜花缓缓走向舞台,单膝下跪,真诚地向夏颖求婚。夏颖这才反应过来,刚才这一幕是司仪和王浩为她准备的惊喜,随即幸福地点头,现场又爆发出一阵阵掌声。

新娘夏颖的婚礼仪式充满了惊喜和感动,令人难忘。对整场婚礼来说,婚礼仪式是最核心的部分。这一章我们要学习的内容是婚礼仪式的策划,分别从婚礼开场、新人入场、证婚、宣誓、互换信物、拥抱亲吻、香槟仪式、蛋糕仪式、交杯酒、退场 10 个方面讲述。这一章的内容是整个婚礼策划中极其重要的部分。

婚礼仪式是整场婚礼的核心部分,随着婚礼形式的多变,婚礼仪式的流程也多有删减,但是,婚礼仪式的主要流程依然保持不变。本章内容主要围绕现代流行婚礼的主要流程展开叙述,主要包括以下 10 个:

①婚礼司仪宣布婚礼正式开始,奏乐,鸣放鞭炮,婚礼开场;

②奏乐,新人入场;

③证婚人证婚,证婚人为新郎、新娘颁发结婚证书并作证婚讲话;

④举行宣誓仪式;

⑤互换爱情信物;

⑥新人拥抱亲吻;

⑦举行香槟仪式;

⑧举行蛋糕仪式;

⑨新人喝交杯酒;

⑩新人退场,婚宴开始。

以上是现代流行婚礼的主要流程,在内容上偏西式。偏中式的婚礼仪式也很受欢迎,包括传统的拜堂仪式、敬茶仪式等。

6.1　婚礼开场

婚礼开场,顾名思义就是婚礼活动的开始。

6.1.1　开场前的准备工作

婚礼开场前的准备工作主要是指婚礼开场新人造型、各种设施设备、婚礼道具及现场相关人员工作的落实。通常情况下,婚礼开始前要做好以下准备工作。

1)新人造型

首先是新郎的整体造型。婚礼中新郎的着装体现的是一种态度,新郎的衣着体现了他对待这场婚礼的态度,对待来宾的态度,甚至是对待婚姻的态度。长袖衬衣虽然也属于正装的一种,但按照社交礼仪,在重要的、正式的场合,一定要穿上西装外套。另外,婚礼是一种仪式,新郎作为仪式的主角,他的着装将直接决定婚礼的档次,领带或领结是必须要打上的。如果穿衬衫不打领带,就会显得懒散。最好是定制一套男士礼服,现在很多男士礼服在设计上淡化了时尚性,使得礼服在正式或工作场合都可以穿,不能像女士婚纱一样举行完婚礼之后就只能放衣柜了。在婚礼开场前,新郎要做的就是仔细检查整体造型的每一个细节,从发型、胸花、领结到西装、西裤,确定一切都达到完美状态,当然,更重要的是调整好心态,不要太紧张。

最后是新娘的整体造型。新娘的整体造型在开场的时候要做最后的整理,因为新娘当天的发型、妆容和婚纱比起新郎的造型更容易成为婚礼的亮点,因此,化妆师或者造型师要最后确定每一个小细节是否落实到位。而新娘要做的也是调整心态,有些时候新娘装束的原因,更容易使人紧张而出现一些小插曲。

2)婚礼设施设备

(1)音响

音响是婚礼的关键细节。在婚礼仪式中,音响设备所起的作用要占整个婚礼的30%。音响质量决定了一场婚礼的质量和档次。婚礼中,音响始终贯穿整个环节,尤其婚礼主持、证婚、新人宣誓及婚礼互动环节更是不可或缺。在婚礼仪式正式举行之前,婚礼督导或者策划师一定要亲自查看婚礼现场的音响设备落实情况。

首先是调音台。调音台可使话筒的音量和音乐的音量分别调节,婚礼场所的音响设备需要符合婚礼仪式的需要。在婚礼仪式中,婚礼主持人在婚礼的所有环节里都可能说话,如果音乐的声音大,主持人说话的声音也大,音乐声音小,主持人说话的声音也小,就表现不出婚礼的具体情节。

其次,要检查举办婚礼场所的音源设备。之前的章节中详细介绍了婚礼音乐的准备情况,婚礼开场前所要做的就是检查设备是否处于正常运行状态,排线是否连接完好,线路是否连接通畅。

再次是检查话筒。检查婚礼现场的话筒是否落实到位,最好是使用无线话筒。如果是有线话筒,要检查话筒线是否足够长,因为婚礼主持人要拿着话筒跟随新人去给父母敬茶。如果话筒线不够长,声音就没有办法通过话筒传出去,来宾就没有办法听到现场的互动。

最后,落实音响师到岗情况。

(2)灯光和效果器

灯光是现代婚礼的一个重要组成部分,因婚礼的多样化,也带来了越来越多的演出道具,比如追光灯、造雾机、面光灯、LED 灯、泡泡机、灯光路引、各种造型机、星光大道地板等,这些道具摆在不同的位置,就需要有不同的电源。这些设备的功率不同,使用的时间不同,设备要求的条件也就不同,一般都需要婚礼专业的人员来操控,插座开关的操控却掌握在酒店的管理方手里。如果在婚礼仪式中,酒店方的工作人员在烛光婚礼关灯的环节误操作,把总电源开关柜里的插座开关关掉了,将会严重影响一些婚礼道具设备的使用。比如追光灯,追光灯的使用条件是:初次使用前,需要提前 20 分钟进行设备预热,20 分钟后设备才能正常使用,如果误关插座开关,追关灯再次投入使用也需要十几分钟预热时间,而这十几分钟可能会严重影响婚礼流程的进行。因此,婚礼在开场前,婚礼负责人要落实好酒店方电源开关问题,尤其是总开关控制柜的电源,千万不能误操作。至于专业人士进行的灯光控制和效果控制,要落实人员的到位情况。

3)婚礼用品或道具

婚礼仪式中必须用到的结婚证书、信物、交杯酒具等需安排到位,还要检查舞台是否牢固,香槟塔及蛋糕台是否稳固等,还要对婚礼现场的一些小细节进行排查和落实。

4)婚礼各工作人员的到位

对新郎、新娘、现场督导、音响师、灯光师、摄影师、摄像师、鞭炮手、献花人等人员上岗情况进行落实,做好安排;另外,证婚人、主婚人(如果设有)、新郎、新娘双方单位领导、亲友和嘉宾代表,佩戴喜花,到婚礼主席台上就座。

6.1.2　创意婚礼开场方式

现代婚礼在不断发展,策划师、主持人要根据新郎、新娘的要求,根据实际情况,变化婚礼内容与形式,专门为每一对新人个性化地设计属于他们的婚礼。一个好的婚礼开场能够带给宾客们无限惊喜,让新人的婚礼令人难忘,如情歌对唱、真情告白、劲歌热舞等。各种新颖独特的创意开场的方式会越来越多。

1)情歌对唱方式

所谓情歌对唱方式,即选用新人对唱情歌的方式作为婚礼的开场。筛选一两首新人拿手的情歌,新郎在这头,新娘在那头,可模仿明星脚步,从靠近到牵手,从拥抱到亲吻,不仅让新人过足了唱歌瘾,而且现场观众也能大饱眼福,经典情歌更成为新人的爱情写照,一举三得。

2)求婚仪式方式

利用求婚仪式作为开场已经成为很多新人的选择。灯光汇聚,新郎以单膝跪地的形式拉开婚礼的序幕,也可适当加入一些新人独有的爱情故事作为背景台词,情境交融,才更感人至深。

3)视频切入方式

新人都会制作婚礼短片、亲友答谢的视频在婚礼上播放。除了作为专门的节目之外,亦可作为开场切入方式。像许多盛大颁奖典礼的开场一样,用新人故事或是欢迎致辞作为视频,将爱情故事由画面中的过去引入现场中的当时。

4)开场舞方式

很多酒店宴会厅配备专业的跳舞地板,新人可以趁此机会秀一把舞技。华尔兹、恰恰,都很适合婚礼氛围,要是能挑战探戈,一定会让现场宾客惊喜地赞叹不已。开场舞之后,伴郎、伴娘甚至宾客也可参与进来,以舞会形式拉开婚礼的序幕。

5)戒指引导方式

婚戒被作为爱情的信物,是婚礼中不可或缺的重要道具,爱情故事由它谱写新的篇章,爱的意义由它得到新的延伸。婚戒首先亮相,也是婚礼颇具意义和创意的开场方式。在鲜花中寻找,由红线滑入司仪手中,由遥控飞机带入场内,都是不错的新鲜方式。

6)个性交通工具

西式户外婚礼中,由马车、热气球、小船、自行车等道具将新人带入场内的方式为广大新人所喜爱。这种开场方式对场地有着较高的要求,如果婚礼在草坪、海滩、庭院等户外场所举行,一定不要错过这种大手笔的入场方式,会让婚礼档次和隆重程度立刻升级。

7)舞台特效方式

舞台特效方式即是利用舞台营造效果开场。多层背景布可以让新娘在纱幔落下时突然现身,进口"气球"可以让新人"破球而出",干冰机喷洒的雾气可以使新娘如翩翩仙子一样,旋转舞台效果还能让新娘一边弹琴一边旋转着出现,惊喜又浪漫,满足新人的表演欲。

8)宠物情缘

很多新人都有自己心爱的宠物,有的甚至在结婚前已经以"爸爸、妈妈"自称,将宠物当作自己的孩子。步入婚礼殿堂,组成新的家庭,不如让新人的"宝贝"也来见证这一重要时刻,因为彼此是幸福美满的一家人!让宠物以"孩子"的身份入场,或者交换爱情信物,都是不错的开场方式。

9）喜庆中式

中式婚礼的开场，也可突破传统，选用精彩环节作为开场仪式，例如媒人陪伴新娘入场，"猪八戒背媳妇"入场，红绸牵引入场等方式。在户外还可选用"喜船迎亲""中式轿队"等方式，热闹喜庆，既讨长辈欢心，又让年轻朋友觉得新鲜。

10）派对入场形式

最为简单的创意方式从婚礼配乐开始。轻松奔放的摇滚乐是表达年轻人恋爱心情的经典载体，于是一部分年轻人就大胆地在入场时踩着干脆劲爆的鼓点，伴郎、伴娘也随着音乐手舞足蹈，不时加入一些随性发挥的舞步，将婚礼带入全场沸腾的派对氛围。

6.1.3 婚礼司仪开场词范例

①大家好！今天是公元××××年×月×日，农历××××年×月×日，是一个大吉大利的好日子。我们欢聚在××大酒店，共同参加一对新人的新婚庆典。受两位新人及双方父母的委托，由我担任本场婚礼的司仪，首先，请允许我代表两位新人及双方的父母向各位嘉宾、各位亲朋好友的到来表示热烈的欢迎和衷心的感谢！

四月的×地正是万物复苏，草木萌发，和风轻抚，艳阳高照的初春时节。春天是一个充满希望，充满幻想的季节。在这美好的季节里，一对幸福的青年男女也即将带着对未来生活的美好期待和憧憬，双双步入新婚的礼堂。他们即将在这里共同许下庄重的诺言，他们即将在这里共同饮下甜蜜的交杯酒，他们也将把这里当作人生的又一个起点，在今后的生活道路上，不管是富贵还是贫穷，也不管是健康还是疾病，他们都将互相搀扶、互相帮助，共同走过今后漫漫的人生之路，这对幸福的年轻人就是××先生和××小姐。下面请全体嘉宾起立，请把祝福的喜炮点燃，把悠扬的婚礼进行曲响起，让我们以热烈的掌声有请新郎、新娘闪亮登场，共同步入新婚的礼堂！

②万山红遍层林染，春华秋实金灿灿，大雁南飞还故里，喜鹊还巢谱新篇。有情人成眷属，银河双星旋，金龙求玉凤，佳女配佳男。好运连连，好梦甜甜，又是一年秋色美好友共聚万户欢！本司仪宣布一对新人的新婚庆典正式开始！

③各位亲友、各位来宾：夏日韶光，酒店内灯红酒绿；今日好景，喜迎贵客宾朋。天浩浩，日融融；金翡翠，玉麒麟。男女来宾开口笑，高朋满座客如云；诗情生细浪，花径起香尘。两情鱼水今为伴；一天风月话诗心。雪冷霜严，青松白雪同傲岁；日高风暖，银河酒店喜迎亲。并蒂花下立，同心琥珀浓。满堂喜气人如玉，百年恩爱花常红。新娘靓丽，眉下现一弯新月；新郎气壮，胸中吐万丈长虹。帝女合欢，水仙含笑；花明柳眉，日朗风清。风风雨雨，暖暖寒寒，处处寻寻觅觅；莺莺燕燕，花花叶叶，卿卿暮暮朝朝。

新郎、新娘经历了晓露丹霞，花前月下，九夏芙蓉，三秋杨柳，情深深，意浓浓，喜洋洋，乐陶陶，皓月瞄来双燕影，丹心映出并头梅，有情人终成眷属，他们终于盼来了这美好的、激动人心的时刻！

④在春回大地之时，在希望的田野上，在这浓香弥漫的×街口，天降吉祥，各位嘉宾欢聚一堂，见证一对新人的完美结合。讴歌纯真爱情，诉说美好姻缘，展示新人风采，留下难忘瞬间。吉时已到，现在我宣布，×××和×××的结婚典礼正式开始。有请新郎、新娘入场。

6.1.4 婚礼开场注意事项

1）开场方法要结合婚宴现场状况和自身状况

首先，要联系婚宴现场的状况决定以何种方式开场。婚礼场地的大小、设施设备等能不能满足婚礼开场所需要的条件。

其次，如果是以歌唱或是跳舞作为开场，那么新人自身就要具有必定的条件，是不是具备现场歌唱或跳舞能力，新人有没有带动现场气氛的专业水平。

最后，要考虑新人的经济状况。像前面所说的几种开场方式里，若是采用专业人员表演，婚礼短片采用微电影的形式都是费用相对比较高的，经济基础决定上层建筑，婚礼的开场方式要建立在新人经济基础之上。

2）开场方式要与婚礼整体感觉相符合

婚礼开场方式虽然要显得个性十足，在婚礼一开始就带给宾客不一样的体验，但是也必须和婚礼的整体感觉相符合。如果婚礼布置是比较素净的，有些新人是比较书生气的，那么就采用比较传统正式的开场方法。若采用派对形式的开场方式，不但起不到相应效果，还会显得不伦不类。

3）做好彩排工作很重要

婚礼的开场，若是有专业人士进行节目表演的话，其实也是相当烦琐的一件事，相当于后面的婚礼演艺活动提前进行，那么需要提前了解场地要求，也需调试表演需要用到的电子设备和音响、音像设备等。因此，增加这个环节，要想确保其顺利开展，就必须做好婚礼彩排工作。尽早发现节目能够顺利展开所需要的条件，确保开场节目的顺利进行。对于其他个性化的开场方式，也需要进行婚礼彩排，毕竟有些开场效果不是一次就可以营造的。

6.2 婚礼入场

6.2.1 婚礼入场的重要性

首先，新人是整场婚礼活动的主角，主角的登场都是众人期待的。而且，入场是整个婚礼仪式开始后的第一个小高潮，好的入场能使婚礼的气氛喜庆热烈。

其次，宾客们可能已经参加过多次婚礼，新颖而独特的入场方式才能让宾客留下好印象。一味按照传统的入场方式入场，宾客们难免会乏味。

最后，对于新人来说，婚礼在新人人生中只有一次，要呈现最好的一面给亲朋好友。无论是来参加婚礼的宾客，还是婚礼的主角，在婚礼的一开始就要有感情的交流与碰撞。

综上所述，入场必须好好策划和准备，好的入场效果能提升整个婚礼的档次。

6.2.2 婚礼入场方式的类型

1）只有新人入场的方式

通常情况下,只有新人入场基本是以唱歌进场。

①新人合唱一首情歌进场。

这种入场方式显得比较随便,估计长辈们会觉得不够庄重,比较适合规模较小的婚礼,毕竟一生一次的婚礼还是越隆重越重视越让人难忘,除非新人特别能够带动现场气氛,或者有些带动气氛的小表演,否则两个人的对唱可以放在后面一些,作为使气氛递进的一个节目。

②新郎先入场,通过深情的歌声打动新娘,引新娘入场。

这种入场方式和前一种相比非常能够烘托气氛,给人温馨和浪漫的感觉。新郎站在那里静静地等待着新娘走近,既展现了两个人含情脉脉的爱情,也能给新娘带来完美的婚礼体验,同时带动婚礼现场的气氛,可能在新郎深情演唱的过程中,早已有宾客开始起哄。

2）有父母参与的入场方式

这种入场方式基本就是西式婚礼的入场方式,表现了越来越多的新人对父母在婚礼上的重视。新娘由父亲送入场,交给新郎。这种入场方式受到越来越多的年轻人的青睐,因为这种入场方式凸显了亲情的重要性,也使婚礼显得正式而隆重。一般这种入场方式的安排都比较煽情,婚礼司仪能够很好地把握婚礼现场的气氛,整个婚礼现场充满温暖感恩的氛围,很多在场的人都会留下感动的泪。毕竟由父母亲自把女儿交出去的时候还是很舍不得的,新娘这时候一定要学会控制情绪,一旦情绪失控,坏了妆容就得不偿失了。总的来说,婚礼还是充满欢乐和幸福的,整场活动的举行主要还是为了庆祝新人的结合和新的家庭关系的开始。

3）有小天使/花童参与的入场方式

这种入场方式一般都是在婚礼进行曲的音乐背景下,小天使在前面引领,撒花,然后新人跟着一起入场。这种方式给人感觉像是有小丘比特在为新人祝福一样,小孩子的天真、浪漫是吸引人的亮点,但是小孩子的调皮好动也是令人头疼的一方面。可以说,这种方式是很容易带动气氛的一种,同时也是最不容易把握效果的一种。

4）有伴郎伴娘参与的入场方式

这种入场方式让婚礼看起来更像一场秀,几对伴郎、伴娘先期入场,为男女主角的入场作铺垫,在抓住人们眼球的同时,在气氛上也给人递进的感觉。当新郎、新娘正式入场时,正好掀起婚礼的第一次高潮。

6.2.3 婚礼入场仪式

1）婚礼司仪进场

背景音乐停止后,婚礼司仪第一个通过婚礼甬道走向婚礼舞台,致开场词,宣布婚礼仪式正式开始。随后退至舞台侧面。

2）证婚人进场

证婚人紧接着通过婚礼甬道走到婚礼舞台的正中间，面对宾客站定。

3）新郎与父母入场

证婚人入场后，接下来进场的是新郎。传统习俗中，新郎的父母是在婚礼开始前就由迎宾员引至事先留好的座位上。不过，越来越多的年轻人觉得这样的仪式不能突出父母的重要地位。所以，许多新郎会选择与父母一同在众人注视下走过婚礼的甬道，走到父母的座位处站定。然后新郎与母亲亲吻后，父母入座，新郎走到证婚人的左手边（即宾客的右边），面对宾客站定。

4）伴郎、伴娘入场

新郎与父母入场后是伴娘、伴郎入场，新娘入场之前。伴郎、伴娘入场的方法有几种：
①伴郎们先鱼贯而入，然后伴娘在音乐声中一个个走入婚礼甬道；
②主伴郎与新郎一同入场，其他伴郎与伴娘一对对并肩走入，最后主伴娘单独走入；
③伴郎与伴娘以一对对的形式走过婚礼甬道。在婚礼台上的站立顺序则是最先入场的伴郎、伴娘站在最尾端的两头，而主伴娘和主伴郎站在最靠近主婚人和新郎的地方。

5）花童与戒童入场

伴娘、伴郎入场后是花童，在新娘入场之前，在花童与戒童入场之前，迎宾员会将台前卷好的白色长条地毯展开至婚礼场地的最后端。花童手持装满花瓣的花篮，戒童则手持一枚小戒指（通常，这里用的是假戒指，真的戒指藏在主伴郎的口袋里）。前行时，花童把花瓣撒在新娘将要经过的白地毯上。到了婚礼台前，女花童站到主伴娘身后，男戒童站到主伴郎身后。

6）新娘与父母入场

婚礼入场式进入这一刻，最激动人心的场面到了，新娘即将入场。传统习俗中，新娘是由父亲陪伴入场的。新娘的母亲则同传统中的新郎的父母一样，在入场式开始之前就由迎宾员送至座位坐下。不过现在的婚礼上，越来越多的新娘认为，母亲在她们生活中的意义与父亲一样重要。所以，由父母同时陪伴入场，成为了一种新时尚。当新娘与父母的身影在婚礼白地毯最尾端出现的时候，他们会稍作停顿。新娘双手持捧花，父亲站在新娘的右手边，母亲站在左手边，两人的手臂轻轻挽住新娘。乐队高奏《婚礼进行曲》，这时，所有的宾客都会起立，面向新娘，以表示对她的尊敬。在乐曲声中，新娘与父母缓步走至婚礼台前站定，新郎迎上前去。父亲撩开女儿的面纱，亲吻她的脸颊，然后新娘再转头，同母亲亲吻。新娘的面纱自此到婚礼结束为止都是掀开的。新娘上前一步，把捧花移到左手，将右手移进新郎的臂弯。新娘父母归座。新娘与新郎走到婚礼台正前方，以女左男右的形式面向证婚人站定，婚礼证婚仪式即将开始。

6.2.4 入场时的新人礼仪

1）婚礼入场的正确走姿

入场仪式是新人在全体宾客面前的正式亮相,掌握正确的行走方法十分重要。新郎应抬头、挺胸,目视前方,步幅中等,速度稍慢。新娘正确的走路方式是:用脚尖轻踢着裙边,足底轻擦过地面,徐徐向前。严格地讲,新人的目光应该始终直视前方,尽量将视线放于 10 m 前,这样有利于拍照。但为了安全起见,新娘的视线可以稍稍向下,但不可太向下,以免影响形象。

2）穿着礼服转身

礼服和一般衣服不同,不拖着裙子以夸张姿态转身的诀窍在于,转身时用与旋转方向相反的手轻轻抓住裙边和裙撑稍微向上提,在穿着长裙、披着长披纱时,把它们挂在自己的手腕上,瞬间快速地转身。

3）典礼时的站姿

自然地挺直背脊,新郎、新娘互相有意识地拼成"八"字形,无论迎接客人还是拍纪念照,站立姿态都很重要,要特别注意。背部有向上伸展感,头部、臀部和脚后跟成一条直线,上半身有被吊起的感觉,站立时会显得特别有精神。新娘应站在新郎身边靠后约 15 cm 处,右手挎着新郎右臂,两人的位置像"八"字,正面拍照感觉最佳;新郎轻曲左臂,让新娘把手插在左肘里。要注意的是新娘不要拉着新郎的衣服,让人有胆怯的感觉。另外,新郎不应该为了挺直背而过分突出腹部,不要紧挽着新娘,以免踩到裙子,也不要离得太远。

6.3 证 婚

6.3.1 内涵

证婚即婚礼证婚人为新人举行的证婚仪式。

证婚人,顾名思义是婚姻合法的证明人,是举行结婚仪式时男女双方请来做结婚证明的人。从礼仪的角度看证婚人应居客位,在古代通常由红娘担任。如今,一般是请家族中的长辈、单位领导或整个婚礼上威望比较高的人做证婚人。证婚人证婚的程序,是先宣读婚书(结婚证书),宣读完后表明"特此证婚"最后致简短的贺词。证婚人讲话的主要内容就是:"婚姻合法、恭喜新婚"等,通常证婚人由女方聘请,现在大多是新人单位的领导。证婚人当然也可以由男方聘请,现在也没有太多规矩了,只要适合就好。

在中国传统婚礼中并没有证婚人,只是到了清末民初,随着文明婚礼的兴起,大城市中时尚的年轻人,借鉴天主教的婚礼规范(注:天主教教义规定,婚礼只有在证婚的地区主教、堂区主任神职人员,或此二人所委托的司仪或执事,以及二位证人前举行,才有效)在婚礼中引入了证婚人。后来这种风尚逐渐被社会承认,用民法的形式固定下来,于是诞生了今天我们婚礼上的证婚人。

6.3.2 证婚人的职责

证婚人,顾名思义,其职责就是证婚。在婚礼仪式中,由证婚人来宣布和证明新人婚姻的自愿性和合法性。在一般婚礼仪式中,证婚人的职责既有西式婚礼中牧师工作成分,又有我们中国婚礼中常见色彩。从一般意义上讲,只要能保证证婚环节庄重性和合法性,来宾中任何人,只要符合这个角色,都可以担任新人证婚人。另外,从证婚人的特点来说,对证婚人年龄、性别、辈分与结婚新人亲疏远近程度等,没有特殊要求。证婚人可以是结婚新人的同学、同事、朋友、亲戚、父母同事,也可以是新人单位领导。

6.3.3 证婚人与主婚人

在婚庆筹办中,很多人对"主婚人"和"证婚人"这两个特殊称谓的概念和职能混淆不清,甚至只请一人承担这两个角色,其实,这是两个完全不同的概念。一场完整的婚礼,应该由主婚人和证婚人来共同见证新人的甜蜜时刻。

关于主婚人最早的正式记载,出于《大清律例》:"男、女结婚嫁娶,必有主张其事者,谓之主婚,即:祖父为孙,父母为子,伯叔为侄,兄姐为弟妹,外祖父为外孙主张其事。"按传统礼俗,主婚人由新郎的父母担任,从礼仪的角度而言,主婚人居主位,礼仪次序上一般在证婚人后面。现在父母大多不亲自主婚,而是委托别人进行主婚,所以主婚人的工作就是替代新人父母主婚,他讲话的要点就是:"感谢嘉宾,叮嘱新人,提些成家以后的要求"等,俗称致"新婚训词"。现在,也就逐渐演变成婚礼司仪的工作了,很少有新人专门去选择主婚人。

主婚人和证婚人,是中国人婚礼中非常重要的角色。作为主婚人来讲,我们中国有句古话,"父母之命,媒妁之言"。说的就是在封建社会,青年男女结婚,必须由父母或长辈做主包办,这就是主婚人的地位和作用。现在虽然不再有包办婚姻,但青年男女面对婚姻时,还是应该听取父母、家人的意见和建议。体现在婚礼上,就是要邀请父母长辈讲几句话,提一些要求和建议。对于证婚人,在旧式的文明婚礼上,还有一个重要工作就是,在结婚证上签字作证。因为清末民初时,中国没有政府部门颁发的结婚证书。在文明婚礼上,人们就从书店或纸店买来一式两份的空白结婚证书。在结婚典礼上,由结婚人、家长、介绍人、证婚人签字盖章,以证明新郎、新娘的婚姻合法有效,这就是我们常说的文明婚礼中的"用印"。

现代的婚姻形式多样化,有的新人结婚登记后就去度蜜月,回来后向亲朋好友发糖果就代替了婚礼仪式;而有的新人则会选择小型聚餐形式的婚礼,只有双方父母参加,没有过多烦琐的程序,证婚人和主婚人的角色也就省略掉了。这也是新时代的礼仪变迁,充分体现了当今和谐社会的文明进步。

6.3.4　证婚词范例

1）浪漫型

各位来宾、女士们、先生们、朋友们：

大家好！

自古以来，人们都渴望着生命中的浪漫和爱情，而此时此刻，大家正在见证着一个真实的爱情故事：×××先生和×××小姐的真情邂逅，他们相识在梦幻的旅途，相知于××地方。今天，他们又在浓浓的爱情里添加了一份厚重的责任，步入了庄严的婚姻殿堂。他们的人生旅途从此不再孤单，他们的幸福生活注定充满了浪漫和甜蜜。

我想，对于爱情，也许只要两颗心就够了，但婚姻，等于爱情加责任。所以，它需要证明，我手中这红红的结婚证就是证明之一，它是婚姻的鉴证，也是幸福生活的敲门砖。今天，它即将敲开新郎、新娘的幸福之门。当然，我们也可以说，婚姻并不需要证明，它存在于新郎、新娘的心里。所以，让我们以热切的目光再凝视一下这块幸福的敲门砖吧，让新郎、新娘把它永远珍藏在心里。古人常说：心有灵犀一点通。作为证婚人，我要说：是缘是情是爱，在冥冥之中把他们结合在了一起，使他们从相识、相知、相爱直到今后的永远相守。他们的父母创造了这对新人，新人将创造他们的后代，他们的未来！我宣布：我们大家在这里一起见证你们婚姻的开始，并在此祝你们夫妻二人互敬互爱，和睦相处，互相照顾，白头偕老，美满幸福。

证婚人：×××

2）现代型

各位先生、各位女士：

大家晚上好！

今天，是×××先生和×××女士喜结良缘的大好日子。首先我代表各位来宾祝新郎、新娘新婚快乐、万事如意！我受新郎、新娘之托，担任他们的结婚证人，感到十分荣幸，同时也万分欣喜。新郎、新娘通过相识、相知、相爱，直至成为夫妻，走过了难忘的时光，对此让我们表示热烈的祝贺！

希望你们在今后的日子中，要互敬、互爱、互谅、互助，无论今后是顺畅或是坎坷，你们的心总是连在一起，把对方作为自己毕生的依靠，相依走向灿烂的明天。

让我们祈祷！让我们祝福！让我们举起手中的酒杯，共同祝愿这一对新人新婚愉快、永结同心、白头偕老，携手共创更美好的明天！

证婚人：×××

3）古典型

各位远道而来的贵宾：

大家好！

今日艳阳高照、和风拂面、喜乐高奏、钟磬齐鸣。一对新人于今日新婚燕尔，鸾凤和鸣。首先我要向新郎父亲××先生和母亲××太太，以及新娘父亲×××先生和母亲×××夫人道喜。夫言婚者唯求喜也,欣闻××公子和×××小姐喜结连理,心甚喜甚乐之,喜者今日佳偶得配,乐者真乃天作之合。

欣喜之余,得诗一首,以表贺意:华光辉映庆合卺,杨枝润蒂天作和;新婚燕尔伉俪喜,鸾凤和鸣涉爱河;悠悠工尺弦乐细,皎皎圆月映红额;蕊暖花艳吴刚醉,月殿嫦娥步婀娜;龙鳞辉映争交颈,凤毛济美彩霞夺;白首偕老情一世,永筑爱巢共拼搏。

证婚人:×××

4)搞笑型

大家好!

我是新郎父亲的领导及同事,但我今天在这里扮演的,既非领导,也非同事,而是光荣、伟大、神圣的新角色——证婚人。

虽然,我对新郎×先生并不熟悉,但凭我对新娘×××的了解,就完全可以准确地推测出新郎曾经一路奔波,饱受磨难,才如愿以偿,修成正果。而新娘×××作为著名的爱情伯乐,当然也是千里挑一地找到了自己的如意郎君。相信两个人一定同风共雨,长途跋涉,并最终在这个让人难忘的周末走进神圣的结婚殿堂,到达爱情长跑的新驿站。

爱开始于激情,但延续以理性。在开始是因为彼此吸引,在后来则是因为相互宽让。当恋爱进入婚姻的时候,在很大程度上是激情与吸引的继续,但更大程度上是理性与宽让的登场。我们期望小两口彼此创造更多的情趣,但是也要有足够的决心在这个时候承诺,在遇到任何困难的时候,彼此依然一同向前,而不是退避、躲闪与放弃。

此刻,我作为在场每一位贵宾的代表,来读出我们共同的见证,并通过声波、磁场、脑电波等一切无线传输系统,向全世界60亿人口宣布:他们结婚了!

【相关链接】

主婚人新婚致辞

(一)

各位来宾、各位亲朋好友:

大家好!

今天我们大家欢聚一堂,共庆×××小姐与×××先生喜结良缘。

这是一个浪漫的季节,新郎、新娘圆满了温馨的爱之甜梦;这是一个醉人的季节,一对新人开始了崭新的爱之旅程。

首先,我要向一对新人送上最诚挚的祝福,同时也代表新人对大家的到来表示最热烈的欢迎和衷心的感谢!×××小姐与×××先生今天结为百年夫妻,亲朋好友和双方父母都感到十分高兴。他们通过相知、相惜、相爱,到今天成为夫妻。他们的恋爱,经历了春的绚烂,夏的激情,秋的喜悦,冬的圣洁,我相信,他们必将带着恋爱时的浪漫温情,走进未来阳光灿烂的日子,营造出一个和和美美的幸福家庭。

从今以后你们在婚后生活中一是要互相帮助，共同进步，真正做到恩恩爱爱、甜甜蜜蜜，以心换心、心心相印；二是要谨记父母养育之恩，孝敬双方父母，团结兄弟姐妹，凭仁爱、善良、纯洁之心，用团结、勇敢、智慧之手去营造温馨的家园，修筑避风的港湾，共创灿若朝霞的明天。

最后，祝你们俩钟爱一生，同心永结，早生贵子，幸福美满！也祝在座的亲朋好友们身体健康、万事如意！谢谢！

（二）

各位领导、各位嘉宾、女士们、先生们：

大家上午好！

春华秋实，丹桂飘香，在这吉祥、喜庆、温馨、浪漫的日子，我和大家一样怀着非常激动的心情，一同见证新郎×××和新娘×××携手步入婚姻殿堂，首先向二位新人表达最诚挚和热烈的祝福，祝你们新婚快乐、白头偕老，永浴爱河！作为本场婚礼的主婚人，在这神圣而又庄严的仪式上致辞感到分外荣幸。请允许我代表新郎、新娘以及新人的父母，向出席今天婚礼的各位领导、同事、亲朋好友表示热烈的欢迎和衷心的感谢！

婚姻是美好爱情结出的果实，新婚标志着新生活的开始；婚姻既是一生的约定，更是一种永恒的责任。从此以后不但有花前月下的浪漫，还有柴米油盐、锅碗瓢盆的交响曲，希望这对新人在今后的人生旅途中互敬互爱，互学互让，永远恩恩爱爱，让爱情之树永远常青。希望新郎新娘以拳拳的赤子之心报答父母和长辈们的养育之恩；以优异的工作成绩回报社会和单位，回报领导和亲朋好友的关怀、帮助与支持。百年恩爱双心结，千里姻缘一线牵。我相信，他们必将带着恋爱时的浪漫温情，走进未来阳光灿烂的日子，营造出一个和和美美的幸福家庭。

最后，再一次祝福这对新人，生活美满幸福，永结同心、百年好合！祝愿在座的各位嘉宾、各位朋友，事业有成，前程辉煌，万事如意。谢谢！

6.3.5 证婚的注意事项

1）对证婚人的讲话要做时间限定

如果新人同时选择证婚人和主婚人，一定要对他们的讲话做时间限定。因为从婚礼经验来说，各种人物讲话是很费时间的。如果在婚礼中，有证婚人、主婚人、双方父母、新人等多人讲话，那么可能会破坏婚礼的整体氛围。假定一个人讲话最多安排3分钟（3分钟要包括上台和下台时间），那5个人讲话就需要15分钟，几乎要占婚礼仪式时间的三分之一。婚礼上讲话过多，婚礼会显得呆板，也会影响新人和来宾情绪，毕竟新人才是婚礼当天的主角。因此，要限定证婚人的讲话时间。如果是证婚人和主婚人同时设置讲话，就不需要证婚人再发表祝贺性讲话了。因为证婚人与主婚人的讲话表达。差不多的意思，重复讲话没有意义。通常情况下，婚礼司仪会代替主婚人做贺词或者训词，证婚人的工作只是证明新人婚姻的自愿性和合法性，宣读结婚证，然后致简短证婚词就可以了。

2）新人一定要根据自己具体情况设置证婚人

新人选择证婚人的时候，一定要根据自己婚礼的实际情况和来宾人员出席情况来决定人选。比如，如果新人双方单位领导都出席自己婚礼，新人又都想在婚礼中介绍一下自己的领导,安排他们讲话,那就可以把他们分别设置成证婚人和主婚人。在确定领导作主婚人时,哪个领导级别高或年龄大,就可以安排哪个领导做主婚人,反之做证婚人。现在更多的婚礼只设置证婚人,不设置主婚人,这样一来,证婚人在宣读证婚词后,可以代表来宾发表一个祝贺性讲话。在确定自己的证婚人后,要提前告知证婚人婚礼当天的安排,在婚礼当天到达婚礼现场时,要与婚礼司仪做事先的沟通,了解婚礼司仪怎样安排证婚人讲话环节和上台时间。通常情况下,证婚人最好也能参加婚礼彩排,以准确地把握婚礼时间。

6.4　宣　誓

婚礼宣誓是婚礼仪式上最核心的部分。

6.4.1　宣誓的内涵

婚礼宣誓即新人在婚礼仪式下当众表达忠心的正式承诺,具有正式和庄严的特点。如今也有不少新人采取个性化结婚誓词,但大都离不开对婚姻生活的承诺。发自肺腑的寥寥数语是两位新人对婚姻和一生的坚定承诺,因此,婚礼誓词十分重要。

"你是否愿意娶你面前的这位女士为妻,按照圣经的教训与她同住,在神面前和她结为一体,爱她、安慰她、尊重她、保护她,像你爱自己一样。不论她生病或是健康,富有或贫穷,始终忠于她,直到离开世界。"不管是电视里,还是生活中,每当新人婚礼宣读结婚誓词的时候,听着新人们那最真挚的一声"我愿意",其中的真情,不仅包含着新人们的浓浓爱意,更有婚姻中要担负的责任。从宣誓开始,相濡以沫,牵手一生,在众人面前,宣誓他们的爱与责任。

6.4.2　结婚誓词的演变

1)第一阶段

动作誓词。中华人民共和国成立前的婚礼,婚礼正式举行前新娘、新郎不见面,都听媒妁之言,结婚时新娘盖着红盖头,拜堂时听行礼官号令,一拜天地,二拜高堂,然后是夫妻对拜,送入洞房。行礼官和亲友会祝他们白头到老、早生贵子。整个过程中夫妻双方是不讲话的,动作礼节比较多,并没有结婚誓词。

2)第二阶段

以歌代誓。中华人民共和国成立后到"文化大革命"前,那时候结婚时都要唱一些大跃进的歌或者抗美援朝的歌。

3)第三阶段

语录为誓。"文化大革命"时期,结婚时夫妻双方要背诵一段"文化大革命"流行语或语录。

4）第四阶段

借用西方传统誓词。改革开放后到 20 世纪 90 年代中期,西方穿婚纱进教堂的结婚形式传进中国,许多中国人结婚都模仿这一形式,结婚誓词也借用了他们的"直到死亡将我们分离""至死不渝"之类。

5）第五阶段

个性誓词当道。20 世纪 90 年代中期之后,这时候的婚礼基本是中西合璧,结婚誓词也越来越个性幽默,"一生不变"这样的话好说却不好实现,于是与时俱进的誓词就随之诞生了。

目前婚礼上流行的结婚誓词分为四类,一是坚定型:"结婚后,我会好好照顾你,爱护你。"二是务实型:不求华丽只表心意。如"我会每天坚持做家务一小时,如遇出差等特殊原因回来后限期补齐"。三是浪漫型:"恋爱时我是你的王子,结婚后我将成为白马,忠实而任劳任怨,我虽不能马上做得完美,但是会很努力。"四是风趣型:这也是现在最流行的一种誓词。虽然内容有些搞笑,但表达的也是对爱人的真挚感情。

6.4.3　结婚誓词范例

1）经典西方基督教结婚誓词

第一部分:询问真心
我要分别问两人同样的一个问题,这是一个很长的问题,请在听完后才回答:
×××,你是否愿意娶×××为妻,按照圣经的教训与她同住,在神面前和她结为一体,爱她、安慰她、尊重她、保护他,像你爱自己一样。不论她生病或是健康、富有或贫穷,始终忠于她,直到离开世界?
×××,你是否愿意嫁×××为夫,按照圣经的教训与他同住,在神面前和他结为一体,爱他、安慰他、尊重他、保护他,像你爱自己一样。不论他生病或是健康、富有或贫穷,始终忠于他,直到离开世界?
第二部分:交换戒指
现在要交换戒指,作为结婚的信物。戒指是金的,表示你们要把自己最珍贵的爱,像最珍贵的礼物交给对方。黄金永不生锈、永不褪色,代表你们的爱直到永远。戒指是圆的,代表毫无保留,有始无终,永不破裂。
×××,请你一句一句跟着我说:这是我给你的结婚信物,我要娶你、爱你、保护你。无论贫穷富有,无论环境好坏,无论生病健康,我都是你忠实的丈夫。
×××,请你一句一句跟着我说:这是我给你的结婚信物,我要嫁给你、爱你、保护你。无论贫穷富有,无论环境好坏,无论生病健康,我都是你忠实的妻子。
第三部分:立下誓言
请你们两个人都一同跟着我说:你往哪里去,我也往哪里去。你在哪里住宿,我也在哪里住宿。你的国就是我的国,你的神就是我的神。根据圣经给我们权柄,我宣布你们为夫妇。神所配合的,人不可分开。

2）民政局推荐誓词

双方宣读结婚誓词：我们自愿结为夫妻，从今天开始，我们将共同肩负起婚姻赋予我们的责任和义务：上孝父母，下教子女，互敬互爱，互信互勉，互谅互让，相濡以沫，钟爱一生！

今后，无论顺境还是逆境，无论富有还是贫穷，无论健康还是疾病，无论青春还是年老，我们都风雨同舟，患难与共，同甘共苦，成为终生的伴侣！我们要坚守今天的誓言，我们一定能够坚守今天的誓言。

3）浪漫型结婚誓词

新郎誓言：谢谢你让我走进你的生命，做你的爱人。也许我不是这世界上最富有的男人，但我一定是这世界上最爱你的男人。从这一刻起，我将更加珍惜我们的缘分，爱你，呵护你，和你一起欢笑，一起哭泣。不论是现在、将来，还是永远，不管未来的道路是一帆风顺还是艰难险阻，我都会一直陪你一起度过，一直守护着你，不离不弃，终生相伴。你永远是我生命中唯一珍爱的伴侣，我爱你。

新娘誓言：谢谢你愿意走进我的生命，做我的爱人。谢谢你这一路走来，太多的包容、安慰、用心与支持。你永远是我生命中最精彩的那个人，我会将我的生命交付给你，从此和你相依相偎，无论贫穷还是富有，疾病还是健康，我都会一直陪在你身边，陪你走过今后的每个春秋与冬夏、白天与黑夜，和你一起经历风雨，感受彩虹。你也永远是我生命中唯一珍爱的伴侣，我爱你。

4）风趣型结婚誓词

今天是我和×××新婚大喜的日子，为了响应党中央的号召，牢记党的教诲，在新家庭建立以前，为维护家庭和睦，革命路上手牵手，实现共同的生活目标，让老婆的家人放心，让亲戚朋友们放心，现在我做以下保证：第一，坚持拥护老婆的绝对领导，坚定不移地走老婆指定的路线，家里老婆是第一位，孩子第二位，猫狗并列第三位，我是第四位。第二，爱护老婆，做文明丈夫，做到"打不还手，骂不还口，打了左手送右手"。第三，锻炼身体，天天向上，严格遵守作息时间，早上按时起床，晚上按时睡觉，节假日认真学习厨艺及推拿技术。第四，虚心接受老婆监督，尤其不能跟陌生女人搭话，当然，问路的老太太和五岁以下的小朋友除外。

6.5　互换爱情信物

6.5.1　爱情信物的内涵

爱情信物分为定情信物和结婚信物。定情信物是作为爱情凭证的物品。结婚信物又分为婚礼主仪式上新人用来交换表达真心的信物和其他结婚信物。在婚礼上用来交换的结婚信物是对爱情和婚姻长久的实物上的见证，具有坚定、永恒等象征意义，如今一般选用贵金属饰品作为结婚信物。婚礼上所用到的其他信物则源于中国传统婚俗文化，具有各种婚俗文化的象征意义。爱情信物都是新人之间爱情的凭证。

6.5.2 爱情信物的特点

1）实用性

人类早期的信物，具备实用性的特点，比如苹果，是马上就可以吃的。在原始社会，一群人打猎采集，如果男方把刚捕到的鱼或兔子献给心爱的姑娘，说不定就好事将成，这是由特殊的社会背景决定的。

2）传情性

信物具有传情的特点，一般具有特定的意义，比如在电影中所看到的，绣有鸳鸯的香囊、手帕，都可以作为定情信物，表达对意中人的爱慕。

3）契约性

一件普通的物器，交到异性手里，附载其中的精神价值是显而易见的。它构成了一种契约，犹如金箍棒在地上画出的圆圈，使小小的领地变成祭坛，一方面阻止其他人的入侵，一方面在于自我约束，在空白的时光里独处时，可供怀念以及对两人的明天展开虚构幻想。这个是现代社会结婚信物所具备的特点，比如人们通过看手上是否戴结婚戒指来判断一个人是否结婚，若是戴有结婚戒指，那么在行为举止上则需要适当合理。

4）伦理性

爱情中的男女比较看重对方赠予的信物，大体一致的看法是，信物本身的经济价值跟感情浓度成正比。当某个男人在月光下的树林里，为妻子戴上项链时，女人眼中闪耀的光比项链更为明媚。女人回赠的信物往往在于申明其精神价值的神圣，如钢笔、打火机、领带等。无论是在古代还是现在，企图用项链拴住对方，或者用戒指套牢对方，都是出于对完美爱情的追求，其动机无可指责。

【相关链接】

古代女子八大定情信物

1. 何以致拳拳? 绾臂双金环（明：金花钏）

古代女子的臂钏又称"缠臂金"，如苏东坡《寒具》诗："夜来春睡浓于酒，压褊佳人缠臂金。"

早期臂钏实物多出现于北方地区，通常将金银条锤扁，盘绕成螺旋圈状，所盘圈数多少不等，少则三圈，多则五圈八圈，并有花、素之分：镂刻有花纹的，称"花钏"，素而无纹的，称"素钏"，无论从什么角度观察，所见都为数道圆环，宛如佩戴着几个手镯。"钏"字的造型从"金"，从"川",其中的"川"字即象形而来。

2. 何以道殷勤? 约指一双银(戒指)

用戒指定情的习俗在我国由来已久。《全唐诗·与李章武赠答诗》的题解中注释说,唐时,书生李章武与华州王氏妇相爱,临别时王氏妇赠李章武白玉指环,并赠诗道:"捻指环,相思见环重相忆。愿君永持玩,循环无终极。"后来李章武再去华州,王氏妇早已忧思而死,指环只是空留怅惘。宋李昉《太平广记》里说后来李章武与王氏妇的灵魂神会于王氏宅中,这应该是人们对爱情结局的美好愿望。

到了晚唐时,戒指渐渐由男女互赠变为只由男子赠予女子,这和今天中西戒指的馈赠方式是类似的。而且,戒指是定亲之物,所以古代未字女子都不戴戒指。

3. 何以致区区? 耳中双明珠(汉:鎏金点翠花篮耳坠)

最早的耳环以青铜制成,造型也比较简单。耳坠是在耳环的基础上演变而来的,它的上部是一个圆环,环上缀一组坠饰,因形得名,故曰耳坠。李笠翁在他的《闲情偶记·生容》里说,耳饰里小巧简洁的耳环为"丁香",繁复华丽的耳环为"络索"。

4. 何以结恩情? 美玉缀罗缨(玉佩)

玉在中国的文明史上有着特殊的地位。《五经通义》说玉"温润而泽,有似于智;锐而不害,有似于仁;抑而不挠,有似于义;有瑕于内必见于外,有似于信;垂之如坠,有似于礼。""罗缨"是古代女子出嫁时系于腰间的彩色丝带,以示人有所属。所以《诗经》里有"亲结其缡,九十其仪",描述女儿出嫁时,母亲恋恋不舍地与其束结罗缨,这就是"结缡",后来成为古时成婚的代称。清闻人倓《古诗笺》中把"美玉缀罗缨"解释为"以玉缀缨,向恩情之结"。古代女子为心仪之人的佩玉结缀罗缨,心意昭昭。

5. 何以致契阔? 绕腕双跳脱(手镯)

手镯在古代有很多称谓,"跳脱"就是其中一种,宋计有功所著《唐诗纪事》中有个故事,唐文宗有一天拷问群臣:"古诗里有'轻衫衬跳脱'句,你们有谁知道'跳脱'是什么东西?"大家都答不上来。文宗告诉他们:"跳脱即今之腕钏也。"古代的文学作品中,常见女子以手镯相赠恋人的情节。陶弘景在《真诰》中记叙了仙女萼绿华曾赠羊权金和玉的跳脱。

6. 何以结中心? 素缕连双针(同心结)

繁钦诗里几次说起"结","结"是一个被赋予太多美好色彩的汉字,从远古到今天,它始终渗透在人们的生活和情感里。同心结也一直是古人表达情感的信物,所谓"着以长相思,缘以结不解"。《诗源》里有一个故事,文胄与邻妇姜氏相爱,文胄送姜氏一枚百炼水晶针作为信物,姜氏打开箱子,取出连理线,穿上双针,织同心结回赠文胄。将那丝丝缕缕的锦带编成连环回文式的同心结来赠予对方,绵绵思恋与万千情愫也都蕴含其中了,相对其他的信物,同心结有一份含蓄的深沉,因为它融入了恋人的巧思。

7. 何以慰别离? 耳后玳瑁钗(钗)

钗为珠翠和金银合制成花朵或其他造型的发钿,连缀着固定发髻的双股或多股长针,使用时安插在双鬓。《续汉书》中说:贵人助蚕,戴玳瑁钗。据《华阳国志》记载:涪陵山有大龟,其甲可卜,其缘可作钗,世号灵钗。可见古人尤其看重玳瑁制成的钗。

钗不仅是一种饰物,还是一种寄情的表物。古代恋人或夫妻之间有一种赠别的习俗:女子将头上的钗一分为二,一半赠给对方,一半自留,待到他日重见再合在一起。辛弃疾词《祝英台令·晚春》中的"宝钗分,桃叶渡,烟柳暗南浦"即在表述这种离情,纳兰性德词中"宝钗拢鬓两分心,定缘何事湿兰襟"也饱含与自己所爱之人分离的痛楚。

8.何以致叩叩? 香囊系肘后(香囊)

香囊的历史由来已久,古时又称香包、香缨、香袋、香球、佩伟、荷包等,古人佩戴香囊的历史可以追溯到先秦时代。据《礼记·内则》:"子事父母……左右佩用。"就是说青年人去见父母长辈时要佩戴"衿缨"即编织的香囊以示敬意。又因为香囊是随身之物,恋人之间也常常把它当作礼物相互赠送,以表衷情。

6.5.3　结婚信物的种类

1)新人在仪式中交换的结婚信物

新人在仪式中交换的结婚信物一般是结婚首饰,通常为贵金属。但是随着婚礼形式的日益丰富,在结婚仪式中交换的结婚信物不再局限于贵金属首饰,新人大多选择对自己有意义的物件,不再拘泥于形式,比如,男方会给女方房子的钥匙,女方给男方一些有特殊纪念意义的物品等。

(1)结婚首饰

无论是传统婚礼还是创意婚礼,都少不了互赠信物这一环节。互赠的结婚信物以首饰为主,首饰里又以戒指居多,寓意用心承诺,圈定终身,情愿为你的爱而受戒。作为结婚首饰中最基本的款式,结婚买钻戒已经成为大家的习惯。一般单颗的镶钻款和素圈镶钻对戒是结婚钻戒的主打款,而欧版镶钻指环造型简洁大方,也受到年轻新人的青睐。很多新人除了必买的结婚对戒之外,项链、耳环、手链等也是重要对象。新人对于除了钻戒之外的结婚首饰,持两种观念,一种认为预算有限,钻戒买个好的,剩下的就买便宜一点;而另一种则认为,结婚是一辈子的大事,除了钻戒,项链、耳环、手链都要一步到位,要买就买最好的。在结婚首饰的质地上,传统观念里,年轻新人偏爱铂金,彩金、黄金则是老一辈的时尚。可是如今结婚首饰日益成为一个巨大的消费市场,造型独特的黄金饰品也受到年轻人的青睐。除了以"百年好合""花开富贵"为主题的百合花形、莲花形成套金饰外,以"龙凤呈祥"为主题的龙凤形成套金饰,以立体感十足的镂空造型,抛光和磨砂相结合的打造手法,将结婚金饰带入一个款式生动呼应、时尚和传统结合的新视界。

(2)个性物品

一般男方送女方的信物都比较传统,如之前所说的房子的钥匙,而女方送男方的信物则充满创意又寓意深远,有选择送身份证,也有送一双自己亲手制作的鞋子等,主要是寓意深刻或者在恋爱过程中对彼此意义深远的物品。

2)其他信物

(1)中式传统结婚信物

中华民族具有丰富的文化内涵和民族传统。在中国文化中,爱情信物具有非常深刻和重要的意义,在婚礼中结婚的信物代表着吉庆、欢乐等。如今还在使用的中国传统的结婚信物有以下几种：

①红双喜。在中式婚礼上，到处可见大红的双喜字。双喜字由两个"喜"字组成，代表喜事加倍，不同平常的高兴和喜庆，也表示给新人带来好运气和幸福生活。

②龙凤呈祥。在中式婚礼上，还经常看到龙和凤凰图案，这是因为在中国，龙和凤凰都是吉祥的象征，代表高贵、华丽、祥瑞，以及夫妻和谐美满的关系。这个传统来自古代中国神话传说，据说虞舜时天下大治，乐官夔谱成了《九招》之曲呈献，虞舜演奏过程中金龙彩凤同时现身。《诗经·大雅·文王》中也有龙氏族王季娶凤氏族莘仲氏的记载，认为这是龙凤呈祥，"天作之合"。

③中式婚礼服装。传统的中国婚礼上，新娘子要穿非常漂亮的汉服，汉服是具有中国特色的传统服装，具有历史意义和严肃的婚姻寓意。

④花朵。与西方人的观念恰恰相反的是，在中国，白色是死亡的象征，一般只用在丧事上，因此结婚时不能使用白花作为装饰。传统的中国婚礼上喜欢用牡丹、兰花、荷花和水仙来作为装饰。因为牡丹代表富贵，水仙代表春天和新生活，兰花芬芳美丽，荷花代表爱情，而荷花在中国佛教中是圣洁的象征。

⑤鞭炮。中国人喜欢在节庆日放鞭炮来增加喜庆气氛。在重大节日，如春节、元宵节，都会放鞭炮和烟花，用来表达人们的喜悦心情，同时也因为中国人认为放鞭炮可以驱邪。在传统的中式婚礼上，放鞭炮是必不可少的环节，鞭炮放得越多越响，就越能带来好运气。但是放鞭炮也会产生很多不良后果，如污染环境、炸伤人等，现在中国许多地方已经禁止人们放鞭炮了，所以在现代婚礼中，一些人发明了新的庆祝方式，用踩气球来代替放鞭炮，也同样为婚礼增添了不少喜庆气氛。

⑥红豆。中国传统结婚信物红豆通常是被用作一种甜品，如红豆沙。红豆象征两人结婚后缠缠绵绵，甜甜蜜蜜。

⑦红枣、桂圆、花生、莲子。它们是中国传统的结婚信物，红枣、桂圆、花生、莲子都象征子孙延续，早生贵子，团团圆圆，富贵吉祥。

⑧合髻。"合髻"也称"结发"，是中国传统结婚信物。"合髻"其象征意义就是夫妻和睦，永结同心。"结发"的具体操作方式历代不同。先秦、秦汉时的"结发"，就是新郎亲手解去新娘在娘家时所结的许婚之缨，即系头发的彩带，重新梳理头发后再为之系上。隋唐以后的"结发"，是男女双方各剪下少许头发，挽成"合髻"，一般都是马上交给新娘保存起来。唐代女诗人晁采的《子夜歌》云："侬既剪云鬟，郎亦分丝发。觅向无人处，绾作同心结。"正是这一做法的描述。世人常用"结发""合髻"作为夫妻结合的代称，甚至特指为"原配"（亦称"元配"）夫妇，表示夫妻间互敬互爱的意义重大。

（2）西式传统结婚信物

①母亲传下来的物品。母亲传下来的物品包括母亲的婚纱、母亲的头饰或母亲的首饰，象征结婚后承受美好的一切。

②朋友送的礼物。朋友送的礼物，象征新的生活。

③新娘的小饰物或花束。西式传统结婚信物包括新娘的一些小饰物或花束，象征新娘的纯洁及贞洁。

④钻石。西式传统结婚信物中的钻石，认为是热能和压力孕育出颗颗结晶。钻石是人类

目前所知硬度最高的物质。在古代，人们并没有切割钻石的工具和技术。钻石因此成为永恒不渝的爱情的象征，孕育钻石的热能就代表着炽热的爱。

⑤面包。西式传统结婚信物本来是面包，后来演变成蛋糕。自罗马时代开始，蛋糕就是节庆仪式中不可或缺的一部分。在那个时代，婚礼结束时，人们会在新娘头上折断一条面包。制造面包的材料——小麦，象征着生育能力。而面包屑则代表着幸运，宾客无不争着捡拾。依照中古时代的传统习俗，新娘和新郎要隔着蛋糕接吻。后来，想象力丰富的烘焙师傅在蛋糕上饰以糖霜，成了现代结婚信物的蛋糕。

⑥戒指。西式传统结婚信物戒指，戒指形状是圆的，代表没有开始也没有结束，象征婚姻的永恒。

【相关链接】

俄罗斯结婚信物

不同国家、不同地域风俗文化不同，结婚的信物也不相同。

1. 小树

俄罗斯新婚夫妇在庭院中种一棵小树作为结婚信物，象征期待婚姻和爱情之树开花结果。俄语中的"绿"，有"年轻"或"不成熟"之意。

2. 花布

俄罗斯新婚夫妇互赠花布、手帕作为结婚信物，象征今后生活如花似锦。

3. 木制礼品

人们向夫妇赠送各种木制礼品作为结婚信物，象征婚姻犹如幼苗长成林木，祝愿爱情如木材般坚韧牢固。

6.6 拥抱、亲吻

拥抱是无声的语言，是最简单的接受和认可。而亲吻是一种古老而风行的示爱方式，也是一种甜蜜的享受，世界上不同民族都乐于接受。拥抱、亲吻能给人一种爱情的美感。新人在婚礼上拥抱、亲吻是一生中最重要的拥抱、亲吻，在亲友的见证下，在热闹的婚礼现场，用相机定格完美的拥抱与亲吻，对新人的一生来说都是美好的回忆。

拥抱、亲吻的仪式源于西方婚礼，在我国，传统观念里认为当众拥抱、亲吻有伤风化而且不雅，至今有很多新娘不愿意在婚礼上当众与新郎拥抱、亲吻，这也是可以谅解的。在婚礼这个隆重的日子里，新人正式结为夫妻，宣誓之后，新郎得以用丈夫的身份对自己的妻子拥抱、亲吻，这个具有纪念意义的拥抱和亲吻是神圣而美好的，此时新人的拥抱、亲吻不但能带动整场婚礼的氛围，使婚礼气氛浪漫而感人，也可以增加与宾客的互动，获得在场宾客的认可和祝福。

婚礼进行至此,新人已正式结为夫妻,接下来要做的就是举行一系列的庆祝活动,庆祝新的婚姻关系的开始。

6.7 香槟仪式

在婚礼场景策划一章已经对香槟塔的起源以及要注意的问题作了介绍,之前的介绍主要围绕香槟塔的装饰作用,接下来说说香槟仪式。举行香槟仪式是为了庆祝婚姻关系的缔结,像之前所说,有的荧光香槟是用来装饰的,可以用荧光液代替,而更多的香槟酒新人可以用来和在场的宾客分享婚礼的甜蜜和喜悦。另外,假如婚礼上的香槟酒是可以喝的,倒完香槟酒可以马上举行交杯酒仪式,否则还需要另外准备器具于新人用来喝交杯酒。

如今,新人举办婚礼,"香槟塔"仪式几乎成为保留节目,在每场婚礼中都占据着十分重要的位置,既是甜蜜爱情坚实巩固的象征,也是美满婚姻的永恒纪念。两位新人打开香槟,缓缓倒入摆好的多层杯塔内,寓意两人相敬如宾,爱情源远流长,幸福源泉在人生的道路上顺流而下。香槟拥有柔顺、清新,易于亲近的美好滋味,如珠串般不停涌起的气泡,随时令欢饮时刻的新人的幸福心情与婚礼气氛一起达到最高点。香槟仪式的举行通常是为了烘托气氛,祝福新人婚后的生活节节高升。新人在倒香槟的时候,眼睛注视着香槟塔,主要由新郎主导,新娘只是示意地轻扶酒瓶即可。新郎左手持瓶口,右手略高,注意装饰物不要碰到香槟杯。开始倒时对准第一只酒杯正中,注酒完毕,将酒瓶轻轻放在旁边,不要碰撞杯塔。

一瓶香槟外加一座晶莹剔透的香槟塔,瓶塞开启时的响声和随之喷涌而出的香槟雨,总是能立即将现场的气氛带入高潮,随着金黄或玫瑰红色的酒液像瀑布一样注满每一个细长优雅形如郁金香的酒杯,每一个人的心情都会随着杯中不断上升的气泡一样飞扬起来,这就是香槟仪式带给我们的,对热情、青春、活力、幸福最完美的诠释。

6.8 蛋糕仪式

6.8.1 婚礼蛋糕

很多婚礼现场都少不了新郎、新娘一起切蛋糕的场面,漂亮的蛋糕、系着蝴蝶结的专用刀都是浪漫的见证。婚礼蛋糕据传最早出现在古罗马时代。蛋糕一词则出自英语,原意是扁圆的面包,同时也意味着"快乐幸福"。那里的富家子弟举办婚礼时,都要做一个特制的蛋糕,不仅在婚宴上新郎、新娘一起吃,而且也请来贺喜的来宾们吃蛋糕,新人们希望在场来宾也能分享到新婚夫妇的幸福,而且,那时蛋糕是放在新娘头上被切开的。在欧洲被邀请参加婚礼的客人还有这样一个习惯:把各自带来的放入香料的面包高高地堆在桌子上,让新郎、新娘在"面包山"的两侧,隔山接吻,这时的面包山象征着甜蜜与富足。

结婚蛋糕一般都是多层式的,多层式蛋糕起源于早期的英国。当时,社会上流行带小型蛋糕参加宴会,并把蛋糕堆成小山状,目的就是要一对新人亲吻到最顶端的部分,象征他们的爱情能跨越重重困难,最终获得坚贞的爱和幸福。到现在,传统的结婚蛋糕均采用多层设计,并以白色为主,代表着纯洁和美好。依照欧洲传统习俗,新娘和新郎要隔着糕饼接吻。有一位聪明的糕饼师灵机一动,将各种糕点混在一起,再加盖一层雪白的糖霜,就成了现代的婚礼蛋糕。关于婚礼蛋糕,还有很多有趣的风俗:切蛋糕时,新郎和新娘必须两个人一起切下第一块蛋糕,不能一个人切,也不能请他人代劳;而面包屑则代表着幸运,单身女孩若把面包屑带回家,放在枕头底下,便能梦见自己的白马王子,当然,这都是人们对婚礼的美好愿望。

西方社会,结婚蛋糕的起源有着和中国的早生贵子同样的寓意。结婚蛋糕除了作为婚宴上的一道甜点以外,还担负着其他重要的使命。婚宴上常有一个切蛋糕的仪式,新人在所有来宾的瞩目下,双手同持一把刀,切开蛋糕,调皮的新人或宾客甚至会互抹或互掷蛋糕,来引发一场蛋糕大战。切蛋糕原本是西式婚礼中的细节,如今已经越来越多地被安插到中式婚礼中。切蛋糕仪式可以使婚礼气氛高涨,婚礼蛋糕已经成为婚礼上不可缺少的道具之一。蛋糕切完后,新人亲自分给在场的每位宾客,相互喂吃蛋糕,或者和宾客们一起当场装饰蛋糕,请父母在蛋糕上题字等余兴节目也有许许多多。为了让婚礼的每一个步骤都能够给新人留下一个美好的回忆,所以在切蛋糕时应该动作舒缓,新娘双手握住刀柄,新郎一手持刀,一手自然地搂着新娘的腰,新娘在刀即将抽出时稍作停顿,便于摄影师和摄像师寻找角度,抓拍合适的画面。

6.8.2　婚礼蛋糕的设计

婚礼蛋糕的装饰能够体现婚礼的品质,在春夏之季,花朵装饰的蛋糕特别受新人喜爱。那么,婚礼蛋糕是用鲜花装饰好还是糖花装饰好呢?

1)鲜花装饰

夏季,百花盛开,因此,用鲜花来装饰婚礼蛋糕变得十分流行,用鲜花代替糖花,可以减少蛋糕的成本,同时蛋糕的美感既不会降低,又能增添婚礼的清新气氛。不仅如此,不同的花材代表不同的花语,还能给婚礼蛋糕增添吉祥的寓意。

2)糖花装饰

糖花的制作工艺复杂,费用会比鲜花装饰的婚礼蛋糕稍贵。用翻糖制作的婚礼蛋糕精致而奢华,都是设计师们的艺术杰作。糖花装饰的蛋糕可以不用考虑鲜花的季节性,并且能按照自己的想法随意打造图案造型。

6.8.3　婚礼蛋糕的定制

婚礼蛋糕的样式没有太多限制,完全取决于新人的个人喜好。一般定制婚礼蛋糕的流程时需要注意的事项有以下7项:

①首先要通过照片等确认预订:为了向店员明确说明想定制蛋糕的样子,要带上杂志中的照片或画像,并且还要详细说明会场的大小、气氛、宾客的人数,这样才能准确确定蛋糕的尺寸。

②如果有复杂图案的蛋糕,要尽早定制。特别的图案、细小的装饰以及泡芙蛋糕等需长时间制作的蛋糕要尽早定制。一般来说需提前一周,但做工十分精细的话,提前一个月就要定制。

③在一年当中,并非所有蛋糕都能随时制作,特别是梅雨季节或炎热的夏季,蛋糕容易融化,大多数店都不接受预订。还有季节原因,有的水果可能也没有。

④切记,要给婚礼蛋糕师看色样。如果只告诉婚礼蛋糕师,想要红色、蓝色或者咖啡色,那么这样的说法就太宽泛了。每个人对色彩的把握都不同,也许原本认定的颜色和蛋糕师所理解的颜色完全不一样。而且,有些颜色在加工前和加工后是存在差别的,比如一些红色食材经过加工后可能会呈深红色,还可能会呈橘红色或者淡红色。如果自己希望把蛋糕做成某种特定的颜色的话,最好拿一份色样,并把色样交给婚礼蛋糕师,让他根据色样来调节蛋糕的颜色。

⑤订婚礼蛋糕的时候选择自己喜欢的样式和口味,新人们可能考虑得比较多的问题便是,选择什么样式和口味的婚礼蛋糕才能让来宾都喜欢。其实婚礼蛋糕不可能满足所有宾客的喜好,如果思考得太多,反而会无从选取。新人才是婚礼中真正的主角,所以无论是婚礼的布置、婚宴酒店的选择还是蛋糕的定制,首先要遵循的是新人自己的想法。

⑥不要忽视婚礼蛋糕架和蛋糕桌。婚礼蛋糕只有在蛋糕架和蛋糕桌的承托下,才能显得完美,不然就算制作得再精美的蛋糕,随意摆放的话,效果也会大打折扣。新人们不要只关注婚礼蛋糕本身,还需要考虑使用什么样的底座,什么样的婚礼蛋糕支架,在婚礼蛋糕周围摆放什么样的小饰品,等等。只有将婚礼蛋糕和周围的搭配完美地融合,才能拥有一场完美的婚礼。

⑦不要选择一款非食用颜色的婚礼蛋糕。婚礼蛋糕和香槟塔不一样,最好不要选择太鲜艳的颜色。颜色亮丽固然好看,但是要考虑掉色问题。例如大红色、蓝色、紫色和桃红色的蛋糕,食用后色素的原因,嘴唇和舌头上都容易染上蛋糕的颜色。

【相关链接】

婚礼蛋糕颜色的选择

婚礼蛋糕是婚礼现场一大亮点,除了养眼、美味,它还承载了准新人对到场宾客的美好祝福。无论是巧克力蛋糕、芝士蛋糕还是布朗尼蛋糕等,这种独特的味觉体验,几乎占据了人类食用蛋糕的历史。婚礼蛋糕越来越漂亮、越来越有特点,不同颜色的婚礼蛋糕代表着不同的风格。

白色婚礼蛋糕:是婚礼常用的,和新娘纯洁的婚纱交相呼应。白色是最经典、最保险的选择。在蛋糕表层用糖糊手绘加以装饰,不显单调。

黄色婚礼蛋糕:优雅内敛的黄色适合清新淡雅主题的婚礼。

橙色婚礼蛋糕:橙色的非洲菊用于点缀蛋糕,美观而个性十足,明亮的风格,常用于夏季婚礼或草坪、沙滩等户外婚礼。

红色婚礼蛋糕:红色是经典的、喜庆的颜色,和婚礼喜庆的气氛不谋而合,又象征着新人相爱的两颗心。

蓝色婚礼蛋糕:蓝色主题的婚礼向来受新人们的钟爱,特别在夏季更是火热。搭配蓝色调的清新诱人的蛋糕塔,夹层的黄色玫瑰更显浪漫。

6.8.4 婚礼蛋糕的切法

古罗马人认为,制造面包的材料小麦象征生育的能力,而面包屑则代表着幸运。依照中古时代的传统习俗,新娘和新郎要隔着蛋糕接吻,后来,想象力丰富的烘焙师在蛋糕上饰以糖霜,也就成了今天美味可口的结婚蛋糕了。

切婚礼蛋糕的正确美观姿势:新娘右手持刀,新郎将右手盖在新娘的右手上,新郎的左手搂住新娘的腰,新娘的左手辅助右手切蛋糕。两人在站姿上依旧保持亲密的八字形,两人的视线保持一致,这样有利于把照片拍得更完美。

多层蛋糕的切法如下:

①如果蛋糕是圆的,应先切成几个同心圆,然后再把每个圆切成小块。

②如果蛋糕是多层的,应先分底层,再中层。

③如果切蛋糕的地方有专门的服务人员,可以选择只切开始那标志性的一刀。

④父母结婚时多半没有切过蛋糕,可以多预备一个蛋糕和父母同时切。

【相关链接】

浪漫婚礼中的个性创意元素

婚礼仪式绝对不是简单堆砌的流程,意想不到的小小婚礼创意在婚礼仪式上恰恰是别具匠心的亮点。厌倦了千篇一律的婚礼流程,可以在婚礼上来点创意和想法。

1. 特别的"来宾签到簿"

举行婚礼仪式时可以不采用传统的签到簿,而是用两件T恤衫来代替。每位来宾可以在T恤衫的任意位置签上自己的名字。在婚礼的高潮部分,一对新人分别穿上签满宾客姓名的T恤衫,向所有来宾表达自己的谢意。同时,这两件珍贵的T恤,也可以成为新人永恒的美好回忆。

2.《结婚日报》

宾客们签到时,新人可以在签到台上放一份特别设计的报纸。报纸内容包括新人的恋爱故事,珍藏一辈子的难忘经历,结婚,生活照片、亲朋好友的祝福及新人对亲人的祝福。当宾客看到这份别具一格的婚报,不但对新人的故事一目了然,更有可能看到关于自己的内容,让婚礼不再单调,更让来宾其乐融融,也是新人自己记录心路历程和珍藏一生的珍贵记忆。

3. 漫画海报

迎宾的大幅婚纱照显得千篇一律,不妨来点创意,制作一张漫画海报,海报上,新娘和新郎可以随意地穿着牛仔裤、T恤衫,光着脚丫走上红地毯。也可以将两个人画成浪漫的王子和公主,正在宫殿中翩翩起舞。相信每位来宾都会在这张巨大的漫画海报前留影,并留下一份难忘的回忆。

4. 在婚礼现场布置一棵许愿树或者一面祝福墙

让宾客把对新人祝福的话语写在上面,插满彩色卡片的许愿树不仅会成为婚礼现场最惹眼的风景,那些写满祝福的卡片也是婚礼后最具价值的收藏。

5. 甜蜜细节

在婚礼过程中把想对对方说的话隐藏在婚礼现场的每一个角落,让自己的另一半和宾客在这个甜蜜过程中不断有意外收获。比如把"×××,我爱你一生一世"印在菜单上的边栏,或是"下辈子还要在一起"投影到墙壁上,当然也可以将蛋糕的每一层都写上对彼此的祝福与期许,让肉麻的情话无处不在。

6. 请柬后面大有文章

在请柬里或者菜单的背面,印上拼字游戏、谜语和IQ题,让宾客们去填写,答对的还可领取奖品,让婚礼因为这些小巧思而变得与众不同、妙趣横生。

7. DIY的花门

发给每位来宾一朵鲜花,然后让客人把它们插在绑好花泥的拱门架上,新人步入会场时无法预料即将看到的鲜花造型,让这道拱门成为新人婚姻生活的第一份惊喜。

8. 手捧花巧变身

让列队的伴娘手持不同的花束,当新娘从她们身边走过时,接过她们手中的小花束,然后在手中组成一个大捧花,寓意姐妹好友将祝福传递给新娘。抛花球时也可分成小花球来抛,让更多待嫁之心得到喜悦。

9. 用童趣的心玩味婚礼

试试用颜色鲜艳的水果或蔬菜来拼出客人的名字,也可以用新人与宾客的合影制作特别的座位卡,可以就地取材,用新鲜的树叶或贝壳、海螺做座位卡。当宾客根据如此特别的座位卡找到自己的位置时,一定会充满惊喜。

10. 与来宾的完美互动

不妨在宴会上设一个小篮子,里面准备好纸和笔,让客人们写下关于婚姻和家族的建议,婚礼结束后把它们贴在一个本子里,作为新人婚后生活的参考,也更是一种朋友互动形式,让婚礼更加有意思。

11. 婚宴餐巾大不同

无论是华丽的天鹅造型,还是古板的百合花折法,都让餐巾陷入老套无聊的境地。如要每个人看到新人的巧妙心思,就从装饰餐巾开始,打一个爱情结,插一张小卡片,都是既不复杂又充满巧思的创意。

12. 只属于新人两个人的爱情故事

用心书写一个关于新人的爱情故事,并制作成简易读本,摆放在餐桌上,不但可以让宾客在等候时阅读,打发时间,还可以省略口述爱情经历的尴尬。在编写新人的爱情故事时,完全可以加入一些梦幻与想象,在亦幻亦真的故事中,将新人爱与被爱的心情分享。

13. 永恒的手捧花

拿起捧花的那一刻,新娘便要将自己完全交给另一个人了,当婚礼结束之后,新娘可以把捧花保存起来,永久留念。制作干花的方法是将花束倒挂在阴凉通风处风干,再和干燥剂一起储存在密封的盒子中,可在花束外层喷一层用于保护的涂料,这样花束就不易损坏了。

14. 给婚礼的餐桌命名

在婚礼的晚宴上,给每张餐桌起一个对新人来说有意义的名称,例如,如果新人喜欢旅游的话,可以给餐桌起一些曾经去过的城市、地方的名称;如果新人喜欢花的话,也可以给餐桌起各种花的名称。当客人来到时,请他到"牡丹桌"就席,总比到"3号桌"要来得有文化内涵一些。

6.9　交杯酒仪式

6.9.1　交杯酒的起源

交杯酒是我国婚礼程序中的一个传统仪式,在古代又称为"合卺",古语有"合卺而醑",孔颖达解释道:"以一瓠分为二瓢谓之卺,婿之与妇各执一片以醑。"合卺又引申为结婚的意思。在唐代即有交杯酒这一名称,到了宋代,在礼仪上,盛行用彩丝将两只酒杯相连,并绾成同心结之类的彩结,夫妻互饮一盏,或夫妻传饮。这种风俗在我国非常普遍,如在绍兴地区,喝交杯酒时,由男方亲属中儿女双全、福气好的中年妇女主持,喝交杯酒前,先要给坐在床上的新郎、新娘喂几颗小汤圆。然后,斟上两盅花雕酒,分别给新婚夫妇各饮一口,再把这两盅酒混合,又分为两盅,取"我中有你,你中有我"之意。新郎、新娘喝完后,并向门外撒大把的喜糖,让外面围观的人群争抢。婚礼上的交杯酒表示夫妻相爱,在婚礼上夫妻各执一杯酒,手臂相交各饮一口。

6.9.2　交杯酒的发展

先秦时期,新郎、新娘在婚礼上喝"交杯酒"是婚礼上重要的仪式之一。新郎、新娘各执半瓢饮酒,属意两人合二为一,相亲相爱,百事和谐。

到了唐代才将容器换成酒杯,但是不管用瓢还是酒杯,它的寓意都是一致的,就是象征着永结同好,同甘共苦的深意。按民俗传统,交杯酒是在洞房内举行的,所以都把合卺与入洞房连在一起,但不管此俗的表现方式有何不同,其寓意与心态都是一致的,结永好、不分离的暗示对于新婚夫妻今后长期的婚姻生活都会产生影响。

到了现在,交杯酒仍是必不可少的,但其形式比古代要简单得多。男女各自倒酒之后两臂相勾、双目对视,在一片温情和欢乐的笑声中一饮而尽,这种风俗在我国非常普遍。

我国喝交杯酒最传统的方法是一饮而尽,象征爱情的根深蒂固。满族人结婚时的交杯酒仪式是,入夜,洞房花烛齐亮,新郎给新娘揭下盖头后要坐在新娘左边,娶亲太太捧着酒杯,先请新郎抿一口;送亲太太捧着酒杯,先请新娘抿一口;然后两位太太将酒杯交换,请新郎、新娘再各抿一口。还有其他少数民族喝交杯酒的方法和礼仪在此不再赘述。西方流行在饮酒的同时还要顺时针旋转360度,这预示着财富滚滚而来。

6.9.3　交杯酒的喝法

1）喝交杯酒的步骤

第一步：碰杯，挽手，喝上一小口；
第二步：互相让对方喝上一口，表示你中有我，我中有你；
第三步：互换酒杯，然后喝完交杯酒。

2）交杯酒喝法

相亲相爱式：一对新人手挽手喝，也叫小交杯法，即新娘、新郎手腕扣手腕喝交杯酒。
团团圆圆式：双方转着圈喝，是小交杯法，再加上围绕双人中心点转圈圈。
缠缠绵绵式：相互绕过对方的脖子喝，也叫大交杯法。这种喝法颇有难度，一对新人需要拥抱着对方，把举杯的胳膊绕过对方的后颈然后完成饮酒动作。
从头到脚式：新郎、新娘把杯子放在典礼台上，拿着大鼎喝。
交腰交杯酒：这种喝法无法双目对视，但可以活跃现场气氛。
花朵交杯酒：此法是以花朵为酒杯，需要找到合适的"花杯"，也要极为小心。
后背拥入式：娇小的新娘在前面，新郎拥着她在身后，互换酒杯喝。

【相关链接】

其他婚礼庆祝仪式

1. 烛光仪式

在西方婚礼程序中，点燃蜡烛一直是不可或缺的程序，现在国内婚礼策划仪式中也越来越多地沿用了这样一个烛光仪式。

西式婚礼中，婚礼上点燃烛光的程序分成两部分，第一部分是点燃家庭之烛，第二部分点燃中间的婚姻之烛。第二部分是在完成誓约及婚姻宣告后才点燃的。

第一部分的点燃蜡烛程序可以在宣誓后举行，也可以早一点开始，例如，在新人的母亲坐下前就可以点燃，通常新人的母亲是最后坐下，婚礼才开始的，可以在母亲坐下的时候，点燃蜡烛。

第一类：

第一部分点烛——蜡烛代表新郎、新娘的生命以及双方的家庭，这蜡烛将由双方的母亲、朋友或儿童点燃。

第二部分点烛——在这时刻，新郎、新娘将从已经点燃的家庭之烛引火点燃婚姻的蜡烛。如此而行，代表他们从今以后成为一体的生命。

第二类：

第一部分点烛——这两根分立在两旁的蜡烛，由双方家庭的家人点燃，代表新郎、新娘此时此刻之前的生命。他们的烛光，代表他们从父母亲那里所领受的信心、智慧及爱心。在此时此刻之前，他们的烛光是分开燃烧，但在交换誓约之后，新郎、新娘将共同点燃中间的蜡烛，代表他们从今以后成为一体的生命。

第二部分点烛——新娘和新郎现在要点燃中间那根合一的蜡烛，象征他们生命成为一体。从今以后，他们要为彼此设想，同享欢乐，共度患难。当点燃中间的蜡烛之后，旁边的蜡烛继续点燃，象征他们仍然需要完全接纳彼此不一样的特点，以成就彼此相辅相成的益处。

这种程序国外一直在沿袭，现在国内也有越来越多的婚礼融入了点燃蜡烛这一程序，毕竟它代表着对将来的幸福生活的向往。烛光所代表的寓意就是浪漫、温馨，甜蜜幸福，所以在新人的婚礼上，新郎和新娘共同点燃幸福浪漫的烛光是必不可少的婚礼环节之一。

在举行烛光仪式的时候，在司仪的旁白与优美的乐曲声中，全场的灯光转暗，整个仪式更显神圣色彩。礼仪小姐把婚礼殿堂大门打开在花童的带领下，新娘和新郎伴随着优雅、温馨的旋律，烟雾器同时也打开，如潮的掌声再度响起。

新人在入口，也就是地毯的三分之一处，由婚礼督导或花童把已点燃的引火器交给新人，新人从入席口的第一桌开始点燃蜡烛，并对每桌嘉宾掌声的祝福，表达自己诚挚的感谢和敬意。

当新人最后点燃婚礼仪式主体烛台时，烛光婚礼仪式达到高潮，新人共同从最低处的蜡烛点燃起圣火，经过点燃盘旋向上的16根小蜡烛或16支水浮蜡，最后将中间的主体蜡烛点燃，婚礼司仪再次用旁白推动婚礼现场的气氛。

2. 放飞爱情

放飞爱情可以选择放飞蝴蝶或者气球，放飞爱情的仪式一般在户外婚礼上举行，可以增添婚礼自由浪漫气氛，又使婚礼显得精巧别致。

蝴蝶被人们誉为"会飞的花朵""虫国的佳丽"，是一种高雅文化的象征，可令人体会到回归大自然的赏心悦目。蝴蝶是幸福、爱情的象征，能给人以鼓舞、陶醉和向往。中国传统文学常把双飞的蝴蝶作为自由恋爱的象征，这表达了人们对自由爱情的向往与追求。在印第安，有一个古老的美丽传说，结婚的新人把自己的愿望耳语给手中的蝴蝶，然后将蝴蝶放飞，蝴蝶就会告诉精灵和天使，它们就会让愿望变成现实。爱的信息，天长地久的承诺，从此便恒久不忘。蝴蝶忠于情侣，一生只有一个伴侣，是昆虫界忠贞的代表之一，蝴蝶被人们视为吉祥美好的象征，如恋花的蝴蝶常被用于寓意甜蜜的爱情和美满的婚姻，表现了人类对至善至美的追求。在婚礼进行时，新郎手捧着漂亮的盒子走到新娘面前，打开盒盖，一只只蝴蝶放飞的一瞬间，新娘的表情充满惊喜和感动，在座的宾客也为之动容，整个婚礼气氛达到了高潮，一只只小小的蝴蝶，代表着新郎对新娘的爱，随着蝴蝶把爱带到远方。

放飞气球的仪式相对来说更容易操作，只需要提前将所放飞的气球准备好。

6.10 退 场

6.10.1 退场顺序

在仪式结束时,一对新人率先退场,身后是戒童和花童。姐妹团成员和伴郎团各成一队,两两一对。伴娘要先走,走在伴郎的右手边。如果人数不平均,一位伴郎要护送两名姐妹团成员离开;多出来的伴郎便单独走,两个组成一对同时行进。当队伍走到门口或仪式现场的后面时,指定的伴郎要回到场内护送新人的母亲、祖母和一些尊贵的客人退场。

婚礼退场顺序如下:

①新郎、新娘;

②伴娘、伴娘;

③新娘、新郎侍从;

④花童、护戒侍从;

⑤引座员为嘉宾引路,护送他们退场;

⑥引座员可遣散来宾,要求他们有序退场。

6.10.2 婚礼司仪全套主持词范例

关于婚礼开场主持词前面已介绍,下面介绍其他场景的一些主持词范例。

1)入场

在这灯火辉煌、热闹非凡的婚礼殿堂,我想是缘分把这对钟爱一生的新人结合得甜甜蜜蜜,是天地把这对心心相印的夫妻融合得恩恩爱爱。朋友们,看,沐浴在幸福甜蜜之中的新人心贴着心,手挽着手走进了这婚姻的圣殿,他们将共同培育爱情的常青树,共同分享人生的幸福果。星星聚在一起,天空最明亮;花朵聚在一起,大地最芬芳;智慧聚在一起,世界更美好;爱心聚在一起人类更辉煌! 喜满银河,甘雨和风占淑气。光生凤阁,一对新人款款来。让我们衷心地为他们祝福,为他们喝彩,为他们完美地结合在一次热情地鼓掌,祝福他们美好的未来!

2)证婚

请新郎、新娘永远记住这个难忘的日子,记住这大红的证书。这两本证书,既是爱情的护照,也是通往幸福和美满的通行证,它是一份祝福,也是一份责任和义务。相爱着走到一起,相拥着走向未来,既需要轰轰烈烈的爱情,更需要踏踏实实地做事。让我们衷心祝福新人的爱情像这结婚照一样永远甜甜美美,光彩照人;祝福新人的生活永远像这结婚证的封面一样红红火火,流光溢彩。

3)互换爱情信物

现在有请两位新人出示爱情信物,向前走进对方的心田,为对方佩戴一生的承诺。这两枚戒指将锁住对方的无名指,无名指又叫通心指,象征着你们的爱情生生世世永不分离。好,两位新人请把你们戴上信物的手紧紧握在一起,高高举起向所有来宾展示,朋友们,让我们共同用掌声祝福他们执子之手,与子偕老。

4)香槟仪式

请新人共注香槟塔,让爱源远流长。香槟塔共由五层组成,最高层代表着吉祥如意,第四层代表着四世同堂,第三层代表着三口之家,第二层代表两情相悦,第一层代表一生一世。芬芳的香槟酒慢慢流淌,如缠绵辗转的溪水,低唱着一首动情的歌;香槟酒从一只酒杯到另一只酒杯,就像当年的两位新人走在林荫小路,有着说不完的情话和诉不完的衷肠。芬芳的香槟酒缓缓而下,带着一丝沉静,一份从容。这是甘露,新人沐浴在爱的奔流中;这是源泉,新人在甜蜜中永浴爱河。新人用一份真诚去浇灌,用甜蜜的爱情去播种,几分耕耘,几分收获,开花、结果,这收获的喜悦,这浪漫的时刻,有朋友们浓浓的祝福,有新人父母的深切嘱托,有新人彼此的一份心愿。每一杯酒中都记载着爱恋,每一杯酒中都盛满了幸福。真诚地企盼两位新人在漫漫的人生旅途手挽手、肩并肩、心贴心,共同分担生活中的寒潮、霹雳、风雪,共同享受人生的阳光、雨露、彩虹,愿你们终生的爱、纯洁的爱、温馨的爱、不老的爱永远不变,地久天长,源远流长。

5)蛋糕仪式

在这喜庆的日子里,有请新娘和新郎共同切开洁白的百年好合的大蛋糕,这象征着他们对爱情永恒的宣誓和未来新生活的剪裁。牵手走过多少风风雨雨,珍惜这一天,为了这一天,展望这一天,一个新的生活从今天开始。记住这一天,两颗心从此紧紧相连。洁白芬芳的蛋糕,甜甜美美,也预示着他们今后的生活如芝麻开花——节节高。

6)喝交杯酒

手挽手,肘挽肘,喝上一杯永生难忘的交杯酒,新郎喝了这杯酒,能陪妻子到白头;新娘喝了这杯酒,能伴丈夫度春秋;碰杯,后勾手,双方对饮交杯酒;你一口,我一口,甜甜蜜蜜小两口;喝了这杯酒,恩恩爱爱到永久;喝了这杯酒,小车楼房样样有;喝了这杯酒,今生今世手牵手;喝了这杯酒,来生还要一起走。有请新人共饮交杯酒,祝愿他们幸福一生。

【相关链接】

家庭婚礼与集体婚礼

目前,国内除了上述婚礼形式外,通行的新式婚礼有家庭婚礼与集体婚礼两种具体形式。二者的程序与步骤,各有一些不同。

1. 家庭婚礼

家庭婚礼,指的是一对新婚夫妇在自己家中或其他场所举办的约请双方亲朋好友参加的小型婚礼,主要程序一共有六项。

①宣布婚礼开始。可以演奏或播放《婚礼进行曲》,如果条件允许还可以鸣放鞭炮。与此同时,在来宾的掌声和欢呼声中,新郎、新娘步入现场。

②行鞠躬礼。在司仪的主持下,新人们首先要向双方的父母或其他尊长鞠躬,其次要向全体来宾鞠躬,最后还要双方相互鞠躬。

③证婚人讲话。其主要内容是扼要介绍新人恋爱的经过,并向对方预祝婚后幸福。有时亦可代以宣读结婚证书,宣布新婚夫妇婚姻合法。

④长辈讲话。可请新人双方的父母或其他尊长代表即席讲话,向新郎、新娘表示祝贺。

⑤新人讲话。应当请新郎、新娘依次讲话。向全体来宾致以感谢。有时,亦可由新婚夫妇一同表演文娱节目。

⑥婚宴开始。新郎、新娘应从主桌开始,逐桌逐席地向来宾敬酒。婚礼至此结束。

2.集体婚礼

集体婚礼,即数对新人在公共场所有组织地进行的大型婚礼。其基本程序共有八项。

①宣布婚礼开始。奏乐或鸣放鞭炮。

②全体新人入席。此时全体新人应一对夫妻一排,男左女右,相互牵手。在乐曲、掌声和花雨之中,列队缓步入场,并在主席台上就座。

③新人行鞠躬礼。有条件的话,新人应依次向尊长、证婚人、来宾一一鞠躬致意,最后还应相互鞠躬。此项亦可简化为先向全体来宾鞠躬,然后相互鞠躬。

④证婚人讲话。其内容是宣布新人结婚合法有效,并且提出希望,加以祝贺。

⑤家长代表讲话。其重点是感谢来宾,并且对全体新人提出希望和要求。

⑥新人代表讲话。其主要内容是向大家表示感谢,同时也表明新婚夫妇相伴终生的决心。

⑦向新人赠礼。由集体婚礼的主办单位向全体新婚夫妇逐对赠送具有纪念意义的礼品。

⑧文娱活动。这主要以文艺演出或交谊舞会的形式进行。有时,要请新婚夫妇首先为大家进行表演。

【案例】

婚礼仪式就要与众不同

两位毕业三年的学生回到母校——曲阜师范大学日照校区,举办了一场校园婚礼。他们在亲朋好友和同学们的见证下,在学校篮球场、教室、校内酒店等多个场景拍照,成为该校建校以来第一对回母校举办婚礼的学生。据了解,新郎、新娘都在烟台工作,他们一直都想办一场特别的婚礼,于是选择回母校举办校园婚礼。

如今,"90后"的新人举行婚礼,不再拘泥于传统的婚礼仪式,纷纷抛开束缚,追求个性、创意、时尚的婚礼形式。那么,怎样才能让婚礼与众不同呢?看看"90后"新人如何各出奇招吧?

婚礼创意的点子

1. 颁奖

我们把婚礼布置成一个非常个性独具的颁奖典礼,让所有邀请到的嘉宾身着礼服走过精心布置好的星光大道,在巨大的个性拍照背景前留影,通过各类互动环节可以很好地为各位到场嘉宾发各种亲情奖项。

2. 特定日子

相爱的日子总是希望可以留下纪念,那么,就让你心中的那个日子变成你自己婚礼的创意吧,用新人纪念的特殊日子作为自己婚礼的纽带,相信这是最让人难忘的。

3. 魔法秀

魔术表演是目前大家最喜爱的表演方式之一,如果请明星助阵,出场费一定高,不妨让魔术师担任婚礼主持角色,以魔术表演的形式举办一场创意又难忘的婚礼。

4. 异国文化

在婚礼中加入来自异国的文化,例如在梦幻的紫色婚礼的细节中融入普罗旺斯的文化产物,显得非常浪漫又富有激情。

5. 舞台表演秀

可以把新人从认识到相知的情感路上值得纪念的故事通过舞台表演的方式展现出来,把和爱人之间的感情故事在婚礼当天和到场的宾客一起感动分享,让所有人都品尝到幸福的滋味。

专家评析:

"90后"新人婚礼创意金点子,婚礼就要与众不同,在以往的婚礼中,在父母和在场来宾的见证下,新人举行婚礼仪式是婚礼最重要的看点,如今,个人价值在婚礼中得到越来越多的体现,新人们想通过婚礼向在场来宾传递更多的个人信息,或者是独特的个性,或者是特殊的魅力。

复习思考题

1. 婚礼仪式的一般流程主要有哪些?
2. 简述婚礼开场的准备工作。
3. 举例说明创意婚礼的开场方式有哪些。
4. 婚礼开场有哪些注意事项?
5. 婚礼入场方式有哪几种类型?
6. 简述婚礼的入场仪式。
7. 婚礼入场时新人需要注意哪些礼仪?
8. 简述证婚的内涵以及证婚人的职责。
9. 婚礼证婚人和主婚人有哪些区别?
10. 婚礼证婚仪式有哪些注意事项?
11. 简述婚礼宣誓的内涵以及婚礼誓词的演变。

12. 简述爱情信物的内涵及特点。

13. 结婚信物有哪些种类？简要叙述。

14. 简述婚礼新人拥抱亲吻的内涵。

15. 简述香槟仪式的内涵。

16. 简述婚礼蛋糕的内涵及其设计。

17. 婚礼蛋糕的定制有哪些注意事项？

18. 简述婚礼蛋糕的切法。

19. 简述交杯酒的起源及喝法。

20. 婚礼退场的顺序是怎样的？

第7章
婚礼相关活动策划

【学习目标】

1. 了解婚礼演艺活动策划的原则,掌握婚礼演艺活动策划的内容。
2. 了解婚礼音乐的作用,掌握婚礼音乐的准备情况。
3. 掌握婚礼短片的类型及制作。
4. 了解婚礼互动游戏的相关内容。
5. 了解婚纱摄影的发展,掌握婚纱摄影的基本类型。
6. 了解蜜月旅行的相关情况。
7. 了解婚礼相关活动策划的注意事项。

【学习重点】

婚礼相关活动策划对整场婚礼而言是十分必要的。通过本章的学习,能够了解婚礼相关活动的基本情况,了解婚礼互动游戏、婚纱摄影、蜜月旅行等活动的基本要点,重点掌握婚礼演艺活动策划的要点;婚礼音乐的准备;婚礼短片的类型及制作。

【案例导入】

邓波和诗晓均在外企工作,平时工作比较忙,两个人早在 2012 年年初就领了结婚证,可是婚礼却一拖再拖。眼看 2012 年就要过去了,两人终于下定决心在 2013 年 5 月 19 日这天举办婚礼。婚礼的筹备工作十分复杂,两人找到婚礼策划师几经商量,原本打算举办一场神圣而浪漫的教堂婚礼,可是教堂婚礼仪式相对简单,和在场宾客互动较少。两个人想了一下,由于平时工作忙,很多亲戚朋友很少有机会沟通,在公司更是这样,纯粹的同事关系有时候也会有点紧张。两人最终决定举办一场热热闹闹的酒店婚礼,既给自己留下美好的回忆,也借这个机会让来宾好好放松一下。

考虑到新人对婚礼的期待以及与来宾互动的要求,婚礼策划师小孟在进行策划时,有意将婚礼策划成一场活动。婚礼是以新人为主角,同时也增加了新人与来宾、来宾与来宾之间的互动,让来宾觉得自己并不只是参加一场婚礼,而是参加一场晚会。

为了完成这样一个策划,小孟和新人进行了细致的讨论,在迎宾区设立了签到墙,来宾可以在新人的巨幅海报上签字留念;在引道上设置祝愿书,可以将自己对新人的祝福写在卡片上,将卡片系在树上;在婚礼举办前播放由新人婚纱照做成的短片;在婚礼开场有开场舞暖场;婚礼仪式上新人一起唱歌,关闭灯光让来宾拿起荧光棒;香槟仪式结束后增加婚礼小游戏;邀请在场的小朋友进行表演;婚宴进行的时候邀请演艺人员表演节目等。

婚礼仪式虽然是整场婚礼最核心最重要的部分,但是除了婚礼仪式,在为新人做婚礼策划时也需要设计一些烘托气氛的活动,就像案例中所述的那样,使参加新人婚礼的每一位来宾都可以乘兴而来,尽兴而归。这一章要学习的内容是除婚礼仪式活动以外的其他与婚礼相关活动的策划,从婚礼演艺活动、婚礼音乐、婚礼短片、婚礼互动游戏、婚礼创意活动、婚纱摄影、蜜月旅行等方面展开论述。通过本章的学习,可以掌握如何对婚礼相关活动进行策划,以使整场婚礼活动氛围高涨,趣味十足。

7.1 婚礼演艺活动策划

7.1.1 演艺活动与婚礼演艺活动

所谓演艺活动,即演出与艺术相结合的活动,是演出活动的艺术表现形式,也是整个活动策划方案的具体实施及执行效果。按照演艺活动的内容可以分为体育、娱乐、艺术和文化、商场市场营销和促销活动、展览、节日庆祝活动等。针对体育、娱乐、艺术和文化等的演艺活动一般规模比较大,演出场地既有正规的音乐厅和剧场,也有即兴的街头表演,内容涵盖歌剧、戏剧、音乐和舞蹈等。商场营销和促销活动的目的是挖掘潜在的客户,获得更多消费者的青睐,使自己的产品体现出与众不同的特色。消费者、潜在的消费者、销售部门都可能成为活动的参与者与观众,媒体往往也关注这些活动,并给予及时的报道,在短时期内会产生轰动。节日庆祝活动源于人们对生活的热爱,尤其是传统节日,不仅有着悠久的历史,而且其形成过程也是一个民族或国家的历史文化长期积淀凝聚的过程。比如中央电视台春节联欢晚会,自 1983 年开办至今,已成为全球华人除夕夜中不可或缺的一道"年夜大餐"。

婚礼演艺活动是以增加婚礼喜庆氛围或者烘托婚礼风格为目的,强调节目个性、婚礼关联性及宾客互动性的主题商业表演活动,其本质是婚礼市场经济条件下的商业行为。婚礼演艺活动具有多种形式,由演出地点、时间、婚礼主题等不同分为舞台演艺、即兴演艺以及宾客可参与性的演艺等多种形式。常见的婚礼演艺活动可以分为例行的传统表演和个性的主题表演。例行的传统表演主要是根据婚礼这一传统活动进行的演艺活动,适合大多数人的婚礼,比如开场舞蹈、歌曲演唱、模特走台等;个性的主题表演是为了增加婚礼的喜庆与娱乐气氛,更好地与在场宾客互动体验,在婚礼上为新人专门打造的切合婚礼风格与现场状况的演艺活动。一般来说,演艺活动可以视为一种文化活动,其承担的最基本功能是引导教育和艺术欣赏。而婚礼演艺活动除了满足在场宾客引导、欣赏功能和婚礼的娱乐、喜庆气氛等功能外,还应该满足新人们追求个性化、多样化的需求。因此,在婚礼演艺活动策划中,要在形式上、技术上、环境上不断创新,提升演艺活动的功能性质。在形式上,要突破传统的演艺模式,灵活机动,富于变化,要综合运用多种艺术表现手法,如舞蹈、杂技、魔术等,使演出欢快、热闹、幽默,雅俗共赏,使在场宾客喜闻乐见;在技术上,充分利用声光电等现代高科技手段,在强化视听效果的基础上,将现代游艺中的环幕立体投影系统、触觉等技术融入演艺活动中,让在场宾客体验婚礼演艺所带来的视觉、触觉的盛宴;在环境上,除了要对硬性环境,如舞台环境、观众席环境以及周边环境的色彩、气氛进行营造外,还要注重软性环境的营造,就是与在场宾客或者新人的互动。

7.1.2 婚礼演艺活动策划

1)婚礼演艺活动策划要点

婚礼演艺活动策划是婚礼演艺活动的最基础部分,是有效地组织各种策略方法来实现婚礼演艺活动战略的一种系统工程,婚礼演艺活动策划是一种从无到有的精神活动。婚礼演艺活动的前期策划必须要考虑以下几个问题:

一是婚礼演艺活动必须符合婚礼活动要求。婚礼演艺活动最终归结为一种活动,是有目的、有计划的工作,婚礼演艺活动必须为活动目的服务,必须符合活动的要求,融入活动的形式,实现活动的结合,而不是单纯的艺术表现,这往往是表演人员容易忽略的部分。

二是婚礼演艺活动必须与时俱进。自商业活动出道以来,各类演艺活动、商业演出层出不穷。演艺娱乐业是喜新厌旧的行业,商业演出更是如此,没有好的创意,没有与时俱进的审美便很难赢得在场宾客的青睐,达不到调动气氛的目的。

三是婚礼演艺活动的可执行性和成本控制。最完美的创意有时总难免会让人失望,往往因为成本太高或者执行难度太大而被舍弃,所以在进行婚礼演艺活动策划时还必须考虑到新人的预算范围及实际可执行性,要综合各方面的因素进行策划,才能确保万无一失。

2)婚礼演艺活动策划

(1)婚礼演艺活动策划书

婚礼演艺活动策划要根据婚礼风格以及新人的要求,单独编写活动策划书,包括婚礼演艺活动所要达到的效果、具体的内容和方式、经费预算(必须费用、未知费用)以及婚礼演艺活动效果的评估。婚礼演艺活动策划书还应包括演艺人员名单及联系方式;活动分工名单及联系方式;物料清单(已有物料和未准备物料);活动推进表(标注各个部分完成情况并及时发现问题、及时补救);流程单。

(2)婚礼演艺活动执行

①婚礼仪式舞台:包括舞台大小、位置、现场的灯光舞美效果,还要考虑其他各项因素,比如演出形式和表演类型。

②演艺人员:配合婚礼主题寻找合适的表演者,提前查看演艺人员的表演或到表演者经常表演的地方看他的表演方式和达到的效果,还要关注现场互动和应变能力。舞蹈表演要考虑舞者性别、表演风格、演出阵容、表演时长;乐队表演要考虑表演风格、主唱、表演时长、曲目;确定表演人员,包括演出时间、地点、人数、演出时长、场次、服装风格、报酬、付酬方式等,要和相关演艺人员签订合同,还要安排彩排、背景音乐、服装、按流程走台等。

③场地设计:突出活动主题,烘托现场氛围,要制订设计方案,至少要有两个方案,经过修改,最后出图。

注意事项:根据场地大小、摆放位置、灯光效果、表演方式和位置制订涉及的方案,提前到场地测量尺寸,布置方式确定材质;出图要在舞台搭建、布置前完成。

④执行评估:在没有工作人员盯场的情况时,由表演场地负责人为演艺人员提供表演确认书或签字,包括到场时间、演出时间和场次。

⑤服装:彩排时带服装走台,不符合表演风格和舞台效果的及时修改和更换;演员自备服装比演出场次至少多备一套,婚礼演艺活动负责人(通常为婚礼司仪或者婚礼策划师)限定表演服装由负责人统一管理,彩排后要对服装做检查,确保服装没有破损,如有破损及时修补,以供正式婚礼活动正常使用。

⑥意外情况:针对意外情况,要做到事前预防、事中冷静对待、积极处理,事后反思弥补漏洞。

【相关链接】

婚礼演艺活动意外情况举例

1.演艺人员违约

①及时寻找替代演艺人员或前期寻找表演者时就选择好后备人员。

②调整流程,临时增加其他表演者时长和场次。

③其他场地演员临时串场。

④彩排前反复确认演员无突发情况,演出前一天、当天均应通过电话确认。

2.演艺人员迟到

①临时调整流程,正在表演的延长表演时间或下一个节目先上。

②主持人或 DJ 增加互动时间。

③彩排时下发流程单,演员流程单可以将表演时间提前20分钟,预防演员迟到。确认每个演艺人员知道表演时间及到场时间;表演前一天、当天均应通过电话确认。

④合同标注到场时间限制,迟到违约扣款。

3. 音乐或音频设备出错

①彩排时确定音乐能够顺畅播放,音频设备无故障。

②演出音乐准备多种存储方式,表演者、负责人等都有音乐备份。

③麦克风备用至少两个,如出错及时送上备用。

④舞蹈音乐中断,演员停留片刻,如不能及时恢复,自由舞者播放另一段音乐自由发挥,编排好的立即退场,下一个表演立即补上。

3)婚礼演艺活动注意事项

(1)现场环境

①保证婚礼现场的整洁,尤其注意婚宴各个角落,保证观众视线内无杂物。

②婚礼现场内外的横幅、展架等物料都要摆放到最合理的位置,并做好安全防护。

③如果婚宴区有器材或者线材必须做好防护,加上防护垫及线桥,但必须美观整洁。

(2)活动过程中

①按流程顺序安排演员等相关人员准备、出场,若节目临时调整,需及时与演员、主持人沟通协调。要把控好整个活动的流程,把整个流程表做得越细致越好。如有变动要及时拿出相关的应对办法。在活动前要多思考可能出现的问题,并想好解决办法,等出现状况的时候可以及时解决,最好将各个环节落实到相应的工作人员手上,这样方便管理和协调。

②绝对禁止无关人员在婚礼舞台上走动,严格控制好舞台两侧及幕布后的人员,不能出现在现场舞台范围内。需要走动的,必须走相关的通道。

③灯光、音响按演出要求调整。注意话筒音和背景音的交替,可安排专门人员进行前台和音控室之间的协调。

④摆放道具时,按彩排时商榷的方案进行。及时做好道具的交替工作,清除残留物品道具。

⑤传递话筒时注意话筒的开关,切忌出现杂音,使用话筒架时要夹紧话筒。

⑥协调好后台气氛,保证演出顺利进行。

(3)活动结束

①拆卸器材、道具时要注意器材安全,轻拿轻放,不要损坏现场设施。

②所有物料检查盘点,并归还到相应的地点或者演艺活动负责人员手中。

③事后对整个演艺活动的现场进行总结,并记录下来,进行持续改进。

7.1.3 婚礼演艺活动范例

婚礼当天的演出,是调动婚礼气氛与来宾们互动的重要环节。下面总结了几种常见的婚礼节目表演形式。

1）京剧表演

如果新人或其长辈有喜欢京剧的票友,那么,准备一场专业的京剧表演是不错的选择。

2）变脸表演

邀请专业的变脸演员,为来宾表演中国传统节目变脸,以增加热闹氛围,尤其适合中式婚礼。

3）儿童拉丁表演

邀请儿童嘉宾现场表演拉丁舞蹈,还可以让他们客串金童玉女,一举两得。

4）舞蹈

婚礼上表演舞蹈,能很好地带动现场的气氛,是很好的助兴节目,最好是双人舞,比较有爱情的气氛。在西式婚礼上,可以选择国标舞。

5）魔术表演

魔术表演是一种很好的婚礼互动节目,魔术表演者可以根据婚礼的气氛,变一些比较有趣的,能吸引宾客的魔术,并请宾客参与,能很好地带动婚宴的氛围。这样的表演形式也是值得推荐的。

6）小提琴演奏

小提琴演奏是婚宴上常见的一种表演形式,它的音调能很好地带出婚礼浪漫的氛围,比较适合西式婚礼,户外、室内均可。

7）微博互动

婚礼中使用微博是不错的互动选择。婚礼现场设置一台投影仪,微博直播、微博祝福或是微博抽奖,都是很时尚的婚礼小活动。更重要的是,没有到场的来宾也能参与和方便地发送祝福。

7.2　婚礼音乐

婚礼背景音乐是婚礼仪式中最能起到推波助澜作用的"道具"。好的婚礼背景音乐能够将婚礼的每一篇章划分得一目了然,更能制造一个个婚礼高潮,让在场的所有人时而感动得热泪盈眶,时而开心得捧腹大笑。不同类型的婚礼仪式需要选择不同类型的婚礼音乐,不同曲目的婚礼音乐。

7.2.1　婚礼音乐的作用

1）火候掌握得好,可起到推波助澜的作用

音乐可根据主持人的情绪变化:轻声细语时,音乐轻柔舒缓,热烈激昂时,音乐沸腾爆发

（比如：诉说爱情故事环节），再配合灯光道具的使用，一定会感动新人和来宾的。

2）婚礼音乐中留白的作用很重要

整场婚礼不能从头到尾都有音乐，音乐要在适当的时候出现，不然，和没有音乐的婚礼一样显得很苍白。比如：电视剧从头到尾都在背景音乐的包围中，观众一定非常难受，所以，该留白处就该有留白（指没有音乐，只有主持）。

3）特制音乐可以营造不一样的效果

很多婚礼司仪只注重策划，不注重音效，其实，婚礼音乐在婚礼中可起到事半功倍的效果。策划师在跟新人沟通时，了解新人的个性和喜好，根据他们的特点制作几段背景音乐用于婚礼中，婚礼司仪可以不费口舌，效果由音乐来营造。当然，每场婚礼都要有一份详细的音乐播放单，使播放人员一目了然，再经过排练，就不会出错了。

4）短曲的运用也很重要

短曲虽然只是几秒的曲子，但是能使婚礼增色不少，比如证婚人登场致辞时，加一段 5 秒的音乐，退场时也加几秒的音乐，婚礼显得很隆重，有制作电视节目的感觉。短曲不光运用在嘉宾进、退场时，对新人的幽默采访也可用到，比如：搞怪音、滑稽音等。

7.2.2　婚礼音乐的准备

一般婚礼上的音乐及舞台效果都是由婚礼司仪提供和控制的，婚礼司仪的文化素养不同，对婚礼的理解不同，主持婚礼的经验不同，他们提供的音乐也不尽相同；同时，为了保证婚礼不出意外，婚礼司仪大多采取保守的态度，即所提供的音乐均适合大多数婚礼。如今很多新人都愿意彰显自己的个性，婚礼音乐也要与众不同。婚礼司仪在准备婚礼音乐时，不仅要注意各项细节，还要注意与新人进行沟通，获得新人的意见。

1）与新人沟通音乐曲目

音乐的选择是在婚礼策划师为新人完成婚礼策划之后进行的，因为在婚礼策划之后，无论是婚礼司仪还是新人都会对婚礼的风格、主题以及流程有一个基本的了解和认识，这样就可以根据婚礼策划方案选择最合适的音乐。在进行音乐选择时，一般是不用或者少用中乐，多用西乐，少选歌曲，多用伴奏或者纯音乐。但是如果新人非常喜欢一些歌曲，就一定要放进婚礼中，具体细节要和新人协商好，比如婚礼司仪在进行婚礼主持时，当放到新人所喜欢或者有特殊意义的歌曲时，可不再说话，凸显歌曲的意义。当然，有些新人希望婚礼上多放一些自己喜欢的歌曲，但是有些歌曲的歌词或者创作背景不适合婚礼使用，这时婚礼司仪就应该发挥指导作用，运用多年经验对新人提供的歌曲进行合理筛选。

2）确定刻录光盘时的婚礼音乐格式

现在的酒店一般提供播放光盘的音乐设备，大部分是用 DVD、VCD、DVCD、MVD，有的甚至还在使用 LD 机，这些音乐的播放设备都对音乐的格式有所限制，有的限制 DVD，有的限制

MP3。但是不论限制什么格式,都对 CD 格式开放,也就是说,所有的设备都可以播放 CD。因此婚礼司仪在准备婚礼音乐时,刻录婚礼音乐光盘最好使用 CD 格式,这样应用于酒店设备的时候,适用性更强。如果在婚礼现场才发现酒店的设备不支持婚礼音乐的格式,之前的工作不但白干,还会为婚礼带来或多或少的遗憾。

3)进行音响设备的连接实验

婚礼司仪在选择好婚礼音乐并刻录成光盘后,要在婚礼正式举办前,将婚礼音乐光盘拿到现场进行音响设备的连接实验,确保万无一失。

4)打印详细的音乐操作清单

打印详细的音乐清单非常重要。婚礼司仪在选择好音乐,并采取适当格式刻录成光盘后并不是万事大吉了,因为婚礼司仪在主持婚礼时并不能亲自播放音乐,所以必须打印详细的音乐播放清单,详细介绍婚礼音乐应该如何播放,如何操作,以使婚礼现场的气氛更好。婚礼操作清单应该按照婚礼流程来编号,婚礼音乐要与婚礼现场的流程相对应,在每一个流程进行时,应该标注音乐曲目,什么时候开始,放多大的声音,还要配合婚礼司仪的主持,把婚礼音乐的音量适当的调大或者调小,只有这样,才能在婚礼现场播放音乐时,既不耽误婚礼司仪的主持,又满足新人选择婚礼音乐的初衷,还可以营造完美的婚礼现场气氛,让在场的每一位来宾都可以享受浓郁的婚礼氛围。另外,由于婚礼流程很多,在准备婚礼音乐的时候要尽量精细,选长不选短,新的婚礼流程开始,与之配套的新的音乐也跟着开始。

7.2.3 婚礼音乐的注意事项

1)婚礼司仪平时要注重收集音乐素材,防止雷同

很多婚礼中用的音乐几乎相同,比如全国各地的婚礼都是用《新闻联播(片头曲)》做开场的,原因可能是婚礼司仪不太注意收集音乐,只想从其他司仪朋友那里获取现成的婚礼音乐,没有"原创"音乐(自己收集的音乐),所以婚礼司仪平时要多收集一些音乐,收集各种流派的音乐,多听多想,就会发现很多音乐都能用在婚礼上。

2)国外的歌曲或乐曲做婚礼音乐,一定要慎用

一些国外的歌曲非常棒,但要在婚礼上使用,必须先了解歌曲的内容,因为国外很多动听的歌曲是描写分手的,或是描写阴阳相隔的爱情,比如电影《泰坦尼克号》主题曲《我心永恒》,如果新人听懂了外文,心里会不舒服的。用乐曲做背景音乐的时候也要小心,比如美国电影《人鬼情未了》主题音乐,中国乐曲《化蝶(梁祝)》等,这些音乐用在婚礼上可能会让人不由联想到音乐的"原形",还是慎用为好。

3)音乐的变换不宜过多,合适就好

婚礼音乐在使用中不是越多越好,环节不同,音乐就不同,相同的环节尽量做到音乐的统一,尤其是主题婚礼,音乐更讲究风格的统一。比如《开场曲》,为了追求华丽,很多婚礼司仪喜

欢把几首激昂的音乐拼凑在一起,但乐曲的节奏、调式等都发生了改变,听起来令人不舒服,如果真的想拼接,必须精心地制作,使人听起来顺畅。还有在婚礼中,音乐变换过多,会觉得很乱,所以婚礼音乐不必过多,合适就好。

7.2.4 婚礼音乐范例——婚礼歌曲选择之谱写爱的乐章

1)婚礼背景音乐的作用

婚礼音乐是使"时尚婚礼"更具魅力的重要组成部分,没有音乐的演绎婚礼就是苍白的,好的婚礼音乐是在婚礼仪式中最能起到推波助澜作用的"道具"。好的婚礼音乐能够将婚礼的每一个流程划分得一目了然,更能制造一个个的婚礼高潮,让在场的来宾全情投入并为新人的真情而感动。不同类型的婚礼仪式需要选择不同类型的婚礼音乐、选择不同曲目的婚礼音乐。婚礼音乐绝对是推动整个婚礼进程和体现婚礼格调的重要纽带,婚礼上的音乐也可以为婚礼营造出不同凡响的效果,运用好音乐,可以使婚礼更加个性化,良好的音响效果和漂亮的视觉效果加在一起,将感染所有的来宾,给他们留下深刻难忘的印象!

2)婚礼仪式程序

婚礼开场前—新人进场—司仪主持—观看新人特制视频—证婚人致辞—新人的爱情宣言—新人戴戒指以及新人接吻—新人倒香槟酒、切蛋糕、交杯酒—仪式结束,新人退场,喜宴开始。

3)婚礼音乐的好处

一场成功的婚礼少不了动人心弦的婚礼音乐作烘托,既能记录新人在某一时刻幸福和甜蜜的旋律,也能让宾客沉浸幸福中,被新人的幸福所感染。在婚礼的重要场景中播放音乐,可以让所有来宾体会新人恋爱时的心情,让所有人为新人的爱情动容,达到意想不到的效果。

4)婚礼不同阶段的音乐的选择

(1)婚礼开场前

——《梦中的婚礼》

婚礼开场前是新人迎宾和来宾进场的时间,婚礼现场的环境相对比较混乱嘈杂,在这个时候应该要放些轻柔的音乐,《梦中的婚礼》曲风轻缓,能够营造出高雅轻松的气氛,来安抚宾客的心境,消除嘈杂,非常符合婚礼现场,温馨而浪漫,为婚礼的开始作好铺垫。

(2)新人进场

——《beautiful in white(白色新娘)》(West Life)

新人进场是宾客非常期待的一个环节,这个时候,婚礼现场所有人的注意力都会集中在这个环节,在这个时候需要放一首既适合于新人进场又能使宾客愉悦的歌曲。《beautiful in white》这首歌曲风柔和,曲调优美,歌曲速度徐缓,而且歌词非常感人,这首歌的背景是歌手为自己的爱人所唱,对爱人表达最真挚的爱意的。播放这首歌可以表达出这对新人之间的感情情比金坚,烘托出一种和谐感人的气氛,让在场的人深入并融入整个婚礼现场的感人气氛中。

（3）司仪主持

司仪主持要靠许多喜庆的话来调节气氛,如果放了背景音乐,就会打扰司仪讲话而且宾客也会因为音乐声而听不清司仪的话语,结果适得其反,所以,这个阶段不宜播放音乐。

（4）观看新人特制短片

——Devotion《my prayer》（相识前）

——孙思怡《因为爱上你》（相识）

——许慧欣、许志安《甜蜜频率》（相恋）

这个阶段主要是播放为新人特制的,从相识前、相识、相恋三个阶段的视频,让在场宾客更加了解新人之间的故事以及甜蜜,当然,这种背景音乐的播放适用于短片中没有自备背景音乐的情况。

《my prayer》这首歌的曲风非常符合婚礼现场唯美柔和的氛围,歌词主要是说新人在相识前怎样期待对方的出现,很符合视频播放的内容;新人相识过程的视频背景音乐的播放非《因为爱上你》莫属,这首歌的曲调轻柔,歌词主要是介绍新人之间怎样认识,然后相识的过程;最后是新人恋爱的过程,这个过程是甜蜜美好的。《甜蜜频率》是一首描述热恋的歌曲,整首歌都在表达恋人恋爱时的甜蜜美好。

这三首歌不仅可以让新人回忆起恋爱过程中的美好,而且可以让宾客更加地了解新人之间的爱情,使所有在场的宾客心中充满对新人的祝福,让婚礼现场迅速升温。

（5）证婚人致辞

这个阶段必须在安静的情况下进行,不需要播放任何背景音乐。

（6）新人的爱情宣言

——范玮琪《最重要的决定》

婚礼的高潮莫过于新人的爱情宣言部分,这一部分凝集着新人对爱情的无限信任与对婚姻生活的无限信心,因此,选择《最重要的决定》很符合这一过程的情景。这首歌不仅是一首爱情誓言歌,歌词非常贴切,非常具有感染力,能够让新人通过这首歌来表达内心的爱情宣言,而且曲风也非常轻快优美,能够很好地渲染婚礼现场气氛,为下个阶段新人接吻的最高潮作好铺垫。

（7）新人戴戒指及新人接吻

——张学友《你最珍贵》

这个环节的进行,既代表了新人对对方的爱恋又承载了对对方身份的认定,此仪式过后,两人将在幸福与甜蜜中共度今生,因此,这时的音乐需要选择给人刻骨铭心感觉的歌曲。《你最珍贵》这首歌的歌词非常适合,再加上张学友的深情演唱,让这首歌更加深刻,更加令人感动。这首歌能够掀起整场婚礼的最高潮,预示着两个新人正式成为人生中最重要的伴侣,使在场的宾客心中充满对新人的最珍贵的祝福。

（8）新人倒香槟酒、切蛋糕、喝交杯酒

这个阶段需要司仪讲话,而且这个时候宾客处于一种很兴奋的状态,可能会起哄会呐喊,不适合播放音乐。

（9）仪式结束新人退场，喜宴开始

——贝多芬《欢乐颂》

这是婚礼的最后一个阶段，是仪式结束，新人退场，喜宴开始的环节，现场应该是非常热闹的，需要选择简单明快而又喜庆的歌曲来引导婚宴的开始。《欢乐颂》是一首特别欢乐的歌曲，歌词欢乐，曲调曲风也是轻快欢乐的，能够给现场制造一种欢乐热闹的气氛，非常适合作为这个阶段的背景音乐，给婚礼一个开心喜庆的结尾，让新人以及参加婚礼的所有宾客心情愉悦，欢乐和祝福溢满整个婚礼现场。

【相关链接】

婚礼音乐集锦

1. 婚礼开始前是新人迎宾和来宾进场的时间，环境相对混乱和嘈杂，此时，适合以轻柔舒缓的音乐营造高雅的气氛，平静一下宾客的心境，为婚礼的开始做好铺垫。

①《圣母颂》——舒伯特。

②《温馨的佳节》——巴赫。

③《求婚》——周华健。

④《第八号小提琴协奏曲》。

⑤《I swear》——West life。

⑥《喜欢你现在的样子》——黄韵玲。

⑦《梦中的婚礼》——钢琴曲。

⑧《今天你要嫁给我》——陶喆、蔡依林。

⑨《爱》——蔡琴。

⑩《亲密爱人》——梅艳芳、杜德伟。

⑪《Maria》。

⑫《爱的协奏曲》。

⑬《给我一分钟不想你》——许茹芸。

⑭《love》——刘若英。

⑮《每天爱你多一些》——张学友。

2. 婚礼团进场时所用的音乐

新人和婚礼队伍入场时的音乐，只要是能够和婚礼的气氛和风格相融合就都可以。许多人都喜欢用婚礼仪式中的音乐来表现自己的个性，所以任何风格的音乐都可以用。婚礼仪式开始，如果伴郎、伴娘及花童等先于新人进场，则选用的音乐最好与新人进场时的音乐分开，突出新人的主要地位。婚礼团进场的音乐应该舒缓、优雅。而新人进场或新娘进场的传统曲目自然是《婚礼进行曲》。当然，其他也有不少值得推荐的经典之曲。

⑯《大调加农》。

⑰《I believe》——范逸臣。

⑱《弦上的咏叹调》——巴赫。

⑲《唯一》——王力宏。

⑳《挪威森林》——大提琴演绎彼得罗斯的名曲。

㉑《La province》。

㉒《婚礼进行曲》——门德尔松。

㉓《婚礼进行曲》——瓦格纳。

㉔《结婚进行曲》——刘德华。

㉕《Nothing can change my love》。

㉖《Air on the G string》。

㉗《This I promise you》——N'sync。

㉘《喜洋洋》。

㉙《Ave Maria》——舒伯特。

3. 第一场仪式

仪式的不同环节可能运用到不同的音乐。一般在有人声讲话时,可以关闭音乐,或者调至较小的音量以非常轻柔的音乐来烘托氛围,而在间歇或具体节目时则以映衬节目的音乐将现场气氛带入高潮。以下是不同环节为大家推荐的不同音乐。

㉚《Beauty and the Beast》——适合播放照片时。

㉛《The prayer》——适合播放照片时。

㉜《I know I loved you》——Savage Garden　播放照片、间歇、用餐时分。

㉝《I will always love you》——Whitney Houston　交换戒指、亲吻新娘。

㉞《深情相拥》——张国荣、辛晓琪　亲吻新娘、新人对唱。

㉟《Marvin is 60》——切蛋糕时。

㊱《Love is all around》——wet wet wet　亲吻新娘。

㊲《For the first time》——Rod Stewart 戴戒指。

㊳《How deep is your love》——The Bee Gees　播放照片。

㊴《Everything I do it for you》——Bryan Adams　亲吻新娘。

㊵《你是我老婆》——任贤齐　交换戒指。

㊶《你最珍贵》——张学友、高慧君　亲吻新娘、交换戒指。

㊷《最浪漫的事》——赵咏华　戴戒指。

㊸《肉麻情歌》——刘德华　表白时。

㊹《Once in a Blue Moon》——敬酒。

㊺《Take me to your heart》——Michael learns to rock 用于西式会场。

㊻《The wind of change》——Scorpions 前奏的一段 SOLO 撩拨心弦。

㊼《Can you feel the love tonight》——Elton John　适合开阔的会场。

㊽《You took my heart away》——Michael learns to rock 表白时。

㊾《Laterna magic》——适合高雅的酒店环境　餐间、幕间。

㊿《The Look of love》——当灯光暗下来之时。

51《Just the two of us》——适合比较小型的婚宴。

52《彩云追月》——常常被用于中式婚礼。

53《That's why》——Michael learns to rock 新人发表感言时。

54《不得不爱》——潘玮柏 适合布置较洋气的会场。

55《Your Smile》——作为各个环节的间歇音乐很适合。

56《Narrow daylight》——Diana Krell 作为讲话时的音乐。

57《Just the Way You Are》——Diana Krall 用在灯光昏暗的会场。

58《Close to you》——Svala 切蛋糕。

59《Dream a Little Dream》——适合娇小的新娘。

60《明天》——用餐的前曲。

61《Swear it again》——West life 新人或父母发表感言。

62《水边的阿狄丽娜》——适合大气的会场使用。

4. 第二场仪式

第二场仪式一般是烛光仪式,相对比较温馨与浪漫,也是表达新人之间浓浓爱意的最好时间,因此,此时的音乐应该是轻柔的、浪漫的,适合表达爱意的。除了轻音乐也可以适当加入些中文歌曲,或者注重歌词表达的,以切合现场氛围或新人特征为主线,再加入想象与发挥,必定会有属于新人个性化音乐的。

63《Time after time》。

64《The long and Winding road》。

65《爱你一万年》——刘德华。

66《The way you love me》——Faith Hill。

67《Chanchullo》——Rubén Gonzòlez。

68《Bossa Nova Affair》。

69《No matter what》——Boy zone。

70《Your song》——Elton John。

71《I could be the one》——Donna Lewis。

72《我愿意》——王菲 用在点烛光时。

73《Save the best to last》——Vanessa Williams。

74《Can't help fall in love》——Elvis Presley。

75《Amelie from Montmartre》。

76《Everyday I loved you》——Boy zone 表白。

77《Perfect moment》——Martin Mc Cutcheon 表白与亲吻时。

78《Truly madly deeply》——Savage garden 播放 FLASH。

79《A twist of marley》。

5. 第三场仪式

第三场仪式可发挥的空间比较大,不少新人甚至将其设计为中式婚礼的形式,突现个性,加之这个仪式环节往往安排了不少抽奖、节目表演等余兴节目,气氛比较欢快活跃。到这个环节不必太拘泥于音乐的种类与形式,可以用一些轻松的 Jazz 或是旋律欢快的 Rap 音乐,或者加入一点点让人兴奋的 Rap。

⑧0《Can't help falling in love》——Elvis Presley　进场时。

⑧1《Always you》——Sophie Zelmani　迎接新娘出场。

⑧2《Little drummer boy》——Charlotte Church　适合用于说话的音乐。

⑧3《大城小爱》——王力宏　作为表演节目。

⑧4《有个人》——张学友　适合新郎唱给新娘听。

⑧5《I will be blessed》——Lisa Ekdahl　敬酒或者欢送宾客时。

⑧6《Teddy Bear》——Toy Box　现场派送礼物。

⑧7《花好月圆》——任贤齐、杨千嬅　作为表演节目。

⑧8《Dream lover》——Mariah Carey　适合便装的第三场。

⑧9《My everything》——98 度　敬酒时分、司仪讲话。

⑨0《S. H. E》——Elvis presley。

⑨1《就是爱你》——陶喆　表演节目。

⑨2《Sweet Dream》——张娜拉　节目表演。

⑨3《你的名字我的姓氏》——张学友。

⑨4《恋爱达人》——罗志祥、小 S　新人对唱。

⑨5《天啦地啦》——王菲、梁朝伟　新人对唱。

⑨6《Love never end》——Sweety　出场音乐。

⑨7《Dream a little dream》——Laura Fygi　节目间歇、敬酒。

⑨8《BELLE》——Jack Johnson　新郎表白。

⑨9《Unforgettable》。

7.3　婚礼短片

在婚礼上播放婚礼开场视频成为婚礼活动的一种流行，婚礼开场视频是在婚礼正式开始前播放的短片，目前业内没有统一的名称。婚礼短片多为新人的爱情、婚姻与成长的记录，作为人生中最重要的仪式之一，能够将新人的爱情和成长经历展示给来宾，同时短片本身也可以作为对婚礼的永久留念。

7.3.1　婚礼短片的类型

婚礼短片是婚礼活动开始时所采用的一种最新开场形式，是目前流行且广受推介的新品，可以用于婚礼现场播放以及后期婚礼视频刻盘。婚礼短片主要突出的是节奏感和现场感，让婚礼不再千篇一律。预告片的播放是在客人就座后，婚礼仪式即将开始时，用来告知来宾婚礼就要开始，如同电影院中播放片头一样，让观众静下来尽情观看一样。婚礼短片要最大限度地调动和刺激来宾的神经，让来宾迅速沉浸在婚礼现场的浪漫气氛中，让来宾感觉到新人爱情的甜蜜与忠贞，从而把过去走过场似的参加婚礼变成享受婚礼的幸福和喜悦。婚礼短片所要达到的效果就是婚礼现场的所有来宾，甚至服务员都被短片吸引，完全进入婚礼所要求的角色。

婚礼短片是模仿电影预告片的形式，在婚礼开始前播放，引导婚礼隆重开幕，增添婚礼的神圣感与庄严感，活跃现场的氛围，既能提升婚礼档次，又能为新人留下美好记忆。目前婚礼短片的类型主要有韩式唯美型、诙谐搞笑型、成长感恩型、微电影型和电子相册型5种。

1）韩式唯美型

韩式唯美型婚礼短片是一直以来都比较受新人欢迎的一种婚礼短片形式，适合各年龄阶段的新人和各种类型的婚礼。韩式唯美型婚礼短片主要是围绕新人在谈恋爱过程中的几个微小细节展开故事，没有明确的故事线条，却可以让宾客在脑海中串联起整个故事，从微小中见大感情，从而使恋爱生活中的每一件小事都显得极其唯美，通过几个细节，将新人浪漫温馨的爱情呈现给在场的宾客，使婚礼现场的氛围温馨而浪漫。

韩式唯美型婚礼短片举例：

"在我生命里的每一天"唯美婚礼短片

（新郎：L／新娘：N）

（1）开始

夏末，午后阳光灿烂，相遇……

L暗恋N，男孩把球踢到女孩脚下，然后指着一帮哥们说：我和他们打赌，我踢的球出场外碰到的第一个女生，如果我敢亲一下女孩额头他们愿赌服输，到时咱们俩五五分成行不？N爽快地问：如果反亲，赌注会不会加大？L跑回操场和哥们商议了一下又折回来说成交。N吻上L的额头，L一脸幸福的表情并且做出OK的手势朝向一帮哥们。

（2）后来

N用折纸鹤的方式记录认识L后每天的点滴……

公交站点长椅上，N把手中事先准备好的一元纸币叠成长条形，然后把它一圈一圈绕在食指上，再打开再绕上食指，这样不厌其烦地重复着。这样的动作是无意识中的习惯动作。突然L抽走了绕在N手指上的一元纸币，到他手上折着，女孩这样沉默地看着L胖胖的手笨拙地折着那一元纸币，不知道他想把它折成什么。那张纸币就这样在L的手上奇妙地变成了一枚戒指，然后L将戒指套在女孩的手指上。女孩很惊讶，不是惊讶纸币变成戒指，而是惊讶他竟然会折戒指。这些女孩从不知道，也许L也从不知道女孩梦想着有人会这样浪漫地给自己戴上亲手折的纸戒指，也不曾想这样经典的浪漫画面就在这沉默的瞬间完成了，女孩还沉浸在自己的世界中没有反应过来。

"再给我一块零钱。"女孩伸手向他索要。

"手上不是有吗？"

"这个我不摘掉。"

一路上N的心情很好，自己摆弄着手上那枚纸戒指，然后哼着罗志祥的《灰色空间》，虽然一句词也没记住，也基本不在调上，但N仍然好心情地哼着。

"你好像个小傻子。"L看着N这样说道。

"我怎么像个小傻子了？"N非常不解。

"哼着不会唱的歌,然后戴着那个破东西莫明其妙地在那臭美,不像个小傻子吗?"

"那你说我这样傻好不好?"N沉默了几秒钟然后认真地问L。

"好。"L眼里有N看得到的深情,认真地回答。

"那不就得了,我是小傻子,也只是你一个人的小傻子。"

（3）再后

N帆布鞋的鞋带总是系不好,走一段路就会自动松开。N就会蹲下重新系好,再走一段又会松开,L蹲下拆开帮N系,边系边告诉N鞋带怎样系才不易松开,原来N系鞋带是两只鞋带对折一起系成蝴蝶结的。系完鞋带,N指着前边的岔路口说:到前边的路口我们吻别吧,L看着N笑,突然唱了一句:我和你吻别,在有很多人的街。然后两人大笑向左走向右走。

（4）结婚

他们相约用调皮的方式度过七夕,不买玫瑰花,没有巧克力,没有烛光和礼物。黄昏过后,万家灯火,不去介意别人的目光,只有两个人,L以公主式抱横抱起N,N手举清淡香水瓶,迈着浪漫的步子,空中下着香水雨,洒向两人,让彼此拥有共同爱的气息走过人生每一段路程。

2）诙谐搞笑型

诙谐搞笑型婚礼短片主要是指通过诙谐搞笑的手法呈现新人婚礼的举行或者新人的恋爱过程,目前主要分为新闻联播婚礼短片、卡通动画婚礼短片、电影小品婚礼短片、明星客串婚礼短片四种类型。诙谐搞笑型婚礼短片的亮点在于后期的配音工作,加上大家熟知的画面,可以使婚礼现场的氛围活泼而欢乐。

新闻联播婚礼短片主要是通过模仿新闻联播的播报,为在场宾客播放新人结婚的消息,当然,内容会切合新人的真实情况,也会加入很多搞笑元素。卡通动画婚礼短片是通过卡通动画的形式呈现新人的爱情或者播报婚礼消息,可以利用已有的动画情节,加入切合实际的搞笑配音,也可以请专业人士设计新人的卡通动漫形象,当然,后者的费用会高很多,多用于主题婚礼。电影小品婚礼短片主要是通过剪切有关电影或小品的视频片段,加入后期的配音制作而成。明星客串婚礼短片是通过截取明星道贺的各个视频画面,通过后期配音制作而成。

诙谐搞笑型婚礼短片举例:

新闻联播式婚礼短片

男:观众朋友们大家好!

女:大家好!

男:今天是7月12日星期二,农历6月12日,欢迎收看新闻联播节目。

女:首先,向您介绍这次节目的主要内容。

男:今天在中国美丽的×××大酒店将举行一场隆重的结婚典礼。

女:全国妇联和联合国教科文组织发来贺电:祝愿××、××这一对新人婚姻幸福,早生贵子。

男:全国妇联在贺电中希望两位新人以"三个代表"重要思想为指导,努力抓好不藏私房钱的家庭廉政建设。

女:坚持新娘的绝对领导地位,积极发挥"你是我的心肝宝贝"的核心作用,保证新郎不做饭,必须会洗碗的家庭温暖工程顺利进行。

男:国家民政部签发婚姻登记后,要求新郎家务活全包、工资上交。

女:婚礼由××顶级婚礼司仪和×××大酒店精心策划和筹备。

男:在中央电视台直播的婚礼现场,两位新人走在幸福门前,此时此刻,他们最希望得到来宾们掌声的祝福。

女:目前婚礼摄像师、摄影师和现场工作人员已进入婚礼倒计时准备状态。

男:这次婚礼将在雄浑的歌声中盛大起步。

3)成长感恩型

成长感恩型婚礼短片大多是围绕新人从相识、相爱到相知、相守的整个过程展开新人的恋爱故事,通过回顾过去的恋爱经历,表达感恩的主题,包括新人彼此之间的感恩、对父母的感恩以及对生活的感恩。这种类型的婚礼短片可以使婚礼现场的气氛温暖而感人。

成长感恩型婚礼短片举例:

秦晓(Q)和季翔(J)的婚礼短片

第一篇　相识

新郎:从小到大

新娘:从小到大

旁白:同一座城市,不同的成长。他们相距3千米。

旁白:他每天这个时间上班,她每天这个时间到校。

场景:Q从家开车往中山路走。J在中山路路口等红绿灯过马路。同时在路口等,绿灯亮,同时向湖南路走。

旁白:他们习惯从这条路走。

　　　他们始终不曾相遇。

　　　但是人生总是有许多巧合,两条平行线也可能会有交会的一天。

　　　缘分是件很奇妙的事,总能让注定的人相见。

场景:J早晨到校上班。

　　　Q上班开车把妞妞送到学校。

　　　在校门口,妞妞和Q再见,J看到妞妞,拉手进教学楼,Q看到J。

旁白:J是妞妞的班主任。

　　　今天,妞妞的爸爸妈妈委托Q接送妞妞上学、放学。

场景:放学了。

　　　J领着妞妞到校门口。

　　　Q在校门口等着接妞妞。

妞妞一手拉着 J，一手拉着 Q。两人相遇，对视。

旁白：这一刻，他们相距 1 米。

第二篇　相恋

旁白：如同命中安排好一样，一切都进行得如此顺利。

场景 1：J、Q 在麦当劳/星巴克坐着聊天。

场景 2：短信聊天。

旁白：工作需要，Q 要出国，可能 1 个月，可能 2 个月……

场景：J 将日日伴随着自己的平安小佛送给 Q，挂在他脖子上。

旁白：载着沉甸甸的思念，Q 离开了。他们的距离，一个亚洲东部，一个亚洲西部。

旁白：他在土耳其，她在青岛，他们用网络连接彼此的思念。

场景：各种通信资料、照片资料、聊天记录。

2011 年 5 月 21 日 Q 给 J 匿名发了一个表白瓶。

第三篇　结婚

场景：两人牵手在海边踱步。坐在沙滩彼此依靠。

旁白：错过了诺亚方舟；

　　　错过了泰坦尼克；

　　　错过了一切惊险与不惊险；

　　　唯独；

　　　今生不会错过彼此；

　　　我的世界因为有你而充满感动；

　　　我的一生最美好的场景就是遇见你。

旁白：2012 年 10 月 1 日

　　　他们的距离是此分此秒。

　　　什么是此生最美的风景，

　　　一定就是这一刻。

4）电子相册类

电子相册类婚礼短片主要是指利用新人之前的照片以及所拍婚纱照做成的电子相册，通过各个时期的老照片及婚纱照带领在场宾客共同经历新人的恋爱历程。这类婚礼短片成本较低，适合比较保守的新人，如果亲戚朋友中老年人比较多或者知识层级结构比较复杂，播放电子相册类婚礼短片是最保险的。另外，虽然电子相册类婚礼短片没有一定的震撼力，却平添了真实的气息，在场宾客也可以在真实的照片中找到话题。

5）微电影型

微电影即微型电影，是指专门运用在各种新媒体平台上播放的，适合在移动状态和短时休闲状态下观看的，具有完整故事情节的"微时放映""微周期制作"和"微规模投资"的视频短片。目前其内容融合了幽默搞怪、时尚潮流、公益教育、商业定制等主题，既可以单独成篇，也可系列成剧。如今借助网络视频平台，微电影发展势头良好，婚礼短片微电影即以新郎、新娘为主角拍摄的,以爱情的各种元素为主题的,有一定故事情节的视频短片。随着婚礼活动的不断精致化,婚礼短片以微电影的形式出现在婚礼现场已成为流行趋势,采取微电影的形式不仅可以让在场的来宾感受到婚礼的新鲜创意,也可以体现整场婚礼的文艺气息及文化韵味。

微电影型婚礼短片举例:

婚礼专用《幸福的距离》5 分钟微电影

主要人物:新郎、新娘
背景音乐:《幸福的距离》
第一场　片头
(特效)
黑色的夜幕,一颗流星划过,流星消失,画面中出现白色字幕:我们在一起的时光以及幸福的距离……
(闪白)
第二场　开篇
日\内　新娘家
窗台上放着两个陶俑,背景焦距虚化飘动的纱质窗帘和绿色盆栽。
(长镜头,近)从两个陶俑到墙饰(或一些简单的小摆设),整齐的床铺,到书柜,到计算机桌。
(近)新娘对着计算机屏幕侧着头微微一笑,起身出画。
(特)屏幕上是和新郎的对话框,新郎发的一个傻笑的表情。
通过窗外的阳光虚化。
第三场　四组恋爱镜头
1. 日\内　阳光明亮的快餐店
由阳光过渡到快餐店。
(近)第一次见面的新郎、新娘。新郎傻傻地看着新娘,有些木讷地朝新娘伸出手,新娘忍不住笑了下,和新郎握握手。
(特)新郎不好意思地笑笑。
字幕:这,是我们的第一次牵手。
2. 日\外　公园的一角
(特)新郎幸福的表情;
(近)新郎笑盈盈地站在树下对着女友微笑;
(近)新娘幸福中稍带羞涩,走到新郎面前,两个人手牵着手。
由"牵手画面"转场
3. 日\外　繁华的商业街
(特—近)两个人牵手入画,对视微笑;

（近）新娘穿着一条漂亮的裙子从试衣间开门出来；

（近）新郎呆呆地看着新娘,露出一个傻傻的笑容；

（近）新娘拉着新郎出画；

（近）新郎把一件衣服披在自己身上,做出一副很帅的样子,新娘思索着把食指在下巴处点了点,摇摇头,新郎又把另一件衣服披在身上,新娘摇摇头；

（特）新娘笑了；

（近）新娘,拿起另外一件衣服推给新郎。

4.日\外　电影院

（近）穿着新衣服的新郎,手里捧着爆米花,站在检票口焦急地张望,新娘悄悄地出现在他身后蒙住新郎的眼睛。

（特）两个人幸福的表情；

（近）手牵手走进影院。

字幕:每一天,你和阳光都在,就是我想要的未来……

第四场　求婚领证

1.夜\内　一家西餐厅

（近）新郎为新娘拉开椅子,请新娘坐；

（近）新娘笑着坐下,新郎从身后抽出一朵玫瑰举到新娘面前；

（特）烛光下新郎专注的神情；

（特）烛光下,新娘羞涩幸福的笑容；

字幕:爱你,守护你,是我所拥有的现在……

2.日\内　客厅

（近）沙发上,新郎、新娘背靠背坐着,新娘对着窗户高举着结婚证,新郎在另一面也看着结婚证幸福地微笑着。

（近）两个人同时转过身,新娘双手放在新郎脸两侧,有些淘气,鼻子贴着鼻子,两个人同时朝镜头伸出结婚证。

（特）结婚证上两个人的照片遮住了现实的两个人。

虚化转场。

第五场

（过肩镜头）新娘穿着婚纱朝镜头走来；

（特）新郎的表情；

（近）新郎再一次朝新娘伸出手；

（全）两个人手挽着手,走在红地毯上；

（近）两个人的画面形成一幅画,被新娘、新郎一起挂在墙上,两个人站在画下欣赏；

（特）画。

新郎:亲爱的,我会用一辈子守护你。

新娘:你说的哦,不许反悔。

7.3.2 婚礼短片的制作

播放婚礼短片是婚礼上一个非常好的创意,是比较新颖的一个环节。好的婚礼视频,可以让婚礼更加出色并令人难忘,一方面可以为新人的婚纱照和甜蜜爱情照片进行视频展示;另一方面也给婚礼渲染出一种浓厚的气氛。一般在婚礼正式开始前或主持人上场前播放婚礼短片。很多公司的仪式或者大型活动都会在活动前播放一段开场视频。婚礼仪式规模虽然比不上一些公司活动,但作为一个仪式,而且是新人一生中最重要的仪式之一,在仪式开场前播放一段视频,会给整个婚礼过程起到点睛的作用。

婚礼短片的制作要视婚礼预算来定,如果婚礼预算比较紧张,电子相册类的婚礼短片是不错的选择,可以用婚纱照片或者日常生活中拍摄的与爱情相关的视频素材,配上音乐,然后租一台投影仪,在婚礼上就可以播放了。如果预算相对宽松,可以让婚庆公司或者专门做婚礼短片的公司来帮忙制作,只要与其沟通充分,一般婚礼短片的效果都会非常好。

婚礼短片制作好后,婚礼短片的播放也要仔细策划。目前用来播放婚礼视频的有投影仪和 LED 显示屏两种,要根据婚礼场所的具体情况安放显示屏,避免视觉死角。显示屏的选择要根据婚礼预算来定,如之前所说,如果婚礼上有更好的创意,在预算的宏观分配上要合理,不能舍本求末,如果追求所有创意而使每一个婚礼亮点都效果平平,在某种程度上并不能让人印象深刻。另外,在婚礼现场安装显示屏是很有必要的,既可以扫除视觉死角,播放婚礼短片,又可以在来宾入场等待时,利用显示屏播放一些新人的婚纱照。

7.4 婚礼互动游戏

婚礼上的互动游戏对婚礼来说非常重要,好的婚礼互动游戏不仅能给新娘换装提供充分的时间,而且能够吸引宾客、留住宾客,让婚宴现场的气氛保持热闹和快乐,增进新人与宾客之间的感情沟通,所以说,好的婚礼互动游戏是整场婚礼的点睛之笔。一般婚礼游戏要考虑新人婚礼的具体情况,不过分、不做作,既能活跃现场气氛,又能调动大家的积极性。目前比较流行的婚礼互动游戏有幸运抽奖、友情表演、趣味小游戏等。

1)幸运抽奖

这个活动在婚礼上非常普遍,也最受欢迎。这样的活动大家投入的精力并不是很多,但是因为有礼物赠送,大家的积极性会很好地被调动起来。

方式一:来宾进场时,在新人提供的小卡片上写祝福语,投入票箱。票箱的制作很简单,一个纸盒子,上面挖一个小孔即可。在婚礼进行过程中,可以由新人、新人的父母等人,来进行现场抽奖,抽中的宾客可以得到小礼物。这样的抽奖环节可以多进行几轮,让来宾们都沾沾喜气。

方式二:新人准备好喜字或是小玫瑰贴纸,在布置会场的时候让伴娘在每桌挑一张凳子贴上贴纸,因为涉及保密性,让伴娘或是个别工作人员知情就可以了。这样,每桌都会有一个幸运人选,就要准备与桌数相同的礼物,在婚宴上给大家惊喜,这样气氛会很好。

方式三:使用计算机设备,事先把来宾的姓名都输入计算机里,用大屏幕滚动放映出来。新人喊停,操作人员就按动控制键,屏幕就静止不动,上面是谁的名字那么得奖的就是谁。这个操作有点难度,首先需要有投影仪设备,其次需要懂技术的朋友做一个这样的软件,而且新人需要投入更多资金。

2)友情表演

方式一:事先在新人的朋友和亲戚中挑选唱歌唱得比较好的人,跟他们沟通,让他们上台表演。在婚礼上,婚礼司仪让大家上台表演的时候,以"托"的形式,积极上台表演,给婚礼助兴的同时,还带动现场嘉宾积极上台,又活跃了现场气氛。

方式二:请有特长的小朋友表演节目。虽说孩子的表演不可能十分专业,但是特别容易调动现场、活跃气氛,得到大家的赞赏,而且,在有小礼物作为奖品时,以及几个小朋友一起表演才艺的时候,有表演才能的小朋友会更乐于展现自己。

3)趣味小游戏

(1)萝卜蹲

参与者随即抽取一种蔬菜的头饰,在舞台上站成一排,随着音乐的开始,婚礼司仪随即喊出一种蔬菜,口令:"××蹲,××蹲,××蹲完××蹲",蹲错者罚唱歌或者被罚下场,最后留下者胜出。

(2)寻宝大行动

每桌派一位代表上台,新人抽出一张纸条递给婚礼司仪,司仪念出纸条上宝贝的名字,比如领带一条,参与者就从宾客中去借领带。同桌的宾客也可以帮自己桌的代表借宝物。谁的动作最慢或者没借到就会被淘汰。最后获胜者,其桌上的所有宾客都可以获得奖品。

(3)新人互猜

给新人每人一张小纸条,要求分别写上最肉麻的事、最幸福的事、最难忘的事、最感动的事,最喜欢他(她)的地方,第一次约会在哪里等,写的时候要把两人暂时隔离,然后将纸条交给婚礼司仪。最后让新人互相猜对方可能会写什么,猜不中就被罚酒等。

另外,婚礼上也可以有许多新鲜创意的小活动,让婚礼显得精致浪漫而又创意十足,比如宾客与新人一起放飞气球,在婚礼通道旁设置互动墙、许愿树等,婚礼的各个细节都可以体现创意,要极尽所能地为新人打造一场梦幻婚礼,让新人在婚礼当天成为宾客心中的主角。

7.5 婚纱摄影

规模较大的婚庆公司通常会设置专门的婚纱摄影机构,而一般情况下,婚庆公司只提供摄影、摄像、整体造型等服务,对于婚纱摄影这一块业务,可以选择和婚纱影楼合作。随着经济的发展,人民的生活水平不断提高。婚纱摄影行业也随之蓬勃发展,越来越多的新人选择在自己生命中最重要的时刻通过婚纱摄影的方式记录这美好的瞬间,自婚纱摄影进入我国市场,短短十几年时间,已经由奢侈品转变成结婚必需品。婚纱照是新人在成婚前后所照的照片。新郎通常穿着笔挺的西服,新娘则穿着华美的婚纱。婚纱照一般是指去专业的影楼,穿着他们提供的婚纱和礼服,让专业的摄影师和化妆师来打扮自己,把生成的照片进行编辑和设计,最终得到精美的相册和其他纪念品。新人成婚后多将婚纱照悬挂在墙上,以示幸福和甜蜜。

7.5.1 婚纱摄影的起源

婚纱照据说起源于日本,在明治时代后期,有大量的日本人到美国等地"洋插队",这些人多半是身强力壮的单身汉。因为当时明治政府明确禁止日本人与西洋人结婚,于是这些单身汉只好通过家乡朋友的介绍,以信件的方式找对象,通常女方往往急于攀上这门海外姻缘,于是让相亲照片尽量突出优点,掩饰缺点,逐渐成了一种潮流,而这种奇特的婚姻在历史上则被称为"照片婚姻"。

1908 年,日美签署"绅士条约",承认"照片婚姻",允许日本新娘入境。不久,美国人修改了这一条约,规定"照片新娘"必须带到入境处和新郎办婚礼,由美国牧师带着宣誓,同时拍照留念。这种情况一直持续到大正年间美国开始限制移民。这样的照片传回故里,成为新娘家炫耀的资本。于是本土新郎、新娘也就顺理成章地接受了结婚要照相的观念,并且发展成套路化的结婚纪念写真,并在英国、法国以及中国台湾地区等地宣传推广,慢慢形成了传统影楼的风格。

7.5.2 婚纱摄影的发展

1)起步期——老照片的时代

20 世纪 90 年代中期,第一家婚纱影楼在国内出现,婚纱摄影也开始渐渐流行,现已成为整个婚庆过程中不可或缺的一个环节。同时,婚纱摄影也经历了从产生到壮大成熟的过程。随着市场需求的不断增长和行业间竞争的日趋激烈,婚纱摄影逐渐步入了品牌时代。起步期是照相馆的延伸,国内大部分婚纱影楼的前身是照相馆。当时,人们结婚时一般只拍张简单的合影,照相馆也使用简易的机械相机,化妆也全凭自己喜好,没有专业化妆师和专职摄影师。随着经济的发展,人们对结婚照的要求逐渐多了起来,在拍照时会更换几套衣服,如旗袍、军装、古装以及婚纱等。市场要求摄影的分类更加专业和细化,于是一些专业婚纱摄影机构开始出现,它们配备了一些较为专业的摄影器材,有了自己的简易工作间。

2)发展期——第一桶金的时代

从 1992 年开始,在中国台湾地区风行已久的专业婚纱摄影技术渐渐被祖国大陆吸收引进。1994 年,国内最早的一些婚纱摄影店开始吸引了人们的眼球,这时的影楼不仅引进了专业的摄影器材,也吸收和培养了一批专职的摄影人才,较为专业的婚纱摄影服务也逐渐在工作中显现。人们在最初的惊奇之后,短时间内就接受了这种现代的结婚纪念方式,在这种消费需求的拉动下,大部分影楼挖到了第一桶金。这既是从业者挖到第一桶金的时期,也是婚纱影楼的积累期。

3）成熟期——数码时代

在市场利润的吸引下，婚纱影楼的经营者不断增多，这为消费者带来更多精致服务的同时，竞争也开始了。在竞争的过程中，行业内部迎来了转型的契机。2002年，沿海城市在国内率先将数码摄影技术应用在婚纱摄影上，同时也创建了首家数码婚纱影楼。这一技术的应用在减少成本、提高效率的同时，也使影楼内部的工种增多，如计算机后期处理工作，超大幅映像制作等。这不仅要求影楼吸收更多的专业技术人才，内部管理以及相关服务也至关重要。于是，一些经营和管理方式较为成功的婚纱影楼逐渐占据了市场的主要份额，一些经营不善的影楼或退出行业，或缩减经营项目。由市场造成的行业内部分级逐渐明朗。

7.5.3 婚纱照的风格

如今的婚纱照风格越来越精细化，不再像以往那样单调，追求个性的新人们希望在婚纱照上也能独特创新，留住人生的精彩瞬间。从大的方面说，婚纱照可以分为内景和外景，各有利弊。内景是在不透光的房间，利用闪光灯和布景拍摄，在拍摄过程中不受除闪光灯外其他杂乱光的影响。但是，内景虽然容易出精品却不容易出珍品。所谓的珍品就是指瞬间的，瞬间的事物是最美好的。拍婚纱照的摄影师开始走出影棚，融入大自然，追求自然的风格。外景婚纱照风格似乎成了一阵风，受到了新人们的热捧，但是外景拍摄也容易受到季节、天气等不可控因素的影响。从小的方面说，婚纱照又可以分为浪漫、复古、另类等。新人在拍摄婚纱照的时候，一定要选择合适的风格，否则会显得不伦不类，在这个方面可以咨询婚礼策划师或者是婚纱摄影的相关负责人。下面仅就如今比较流行的婚纱照风格加以阐释。

1）韩式唯美

韩式唯美婚纱照的风格如同清新淡雅的风，让人身心放松。生活化的场景、温馨的氛围、幸福感的流露是韩式婚纱照风格的主要特色。韩式婚纱照的服装一般选择韩版婚纱（垂感好、线条流畅）、韩版时尚服饰（色彩清爽、款式简单）或古代宫廷韩服（精致考究）。传统的韩国婚纱主要是腰装比较特殊，胸部束紧，胸部自然下垂，适合遮掩女性的身材缺陷。韩式唯美婚纱照的精髓在于庄重、柔美与简洁，突出温馨淡雅的风情和新娘的甜美温和。

2）个性时尚

当下，老式传统的婚纱照已经无法满足"80后""90后"喜欢追求时尚和个性的新人们。婚纱照也力求创新，从婚纱礼服的挑选，颜色、面料、款式，化妆造型方面都会围绕新人的气质而展开，现在比较流行的是根据新人的脸型、肤色化裸妆而不是像过去那样浓妆艳抹。婚纱照的形式也发挥大胆的创意，设计一些更新的表现方式，比如用科幻、油画或者男女反串的表现手法打造出艺术感十足的个性婚纱照。

3）清新自然

清新自然的婚纱照风格关键在于真实，所有照片真实自然，摄影师可以选择快速抓拍，也可以用摆拍的方式，但是不露摆拍的痕迹，每个动作、表情、细节，都会感觉到很自然，不造作。

这样的照片背后,需要摄影师有充分的专业技能和摄影经验。

4)复古流行

经典的东西永远不会老去,婚纱照也依然保留了复古风,如今比较流行的有韩式复古、欧式宫廷复古和中式复古。怀旧的、宫廷的、唯美的、浪漫的,都可以是复古的很好诠释。新人可以穿越到各个时空,演绎不同的经典主角,主题意味十足。

5)爱情故事

爱情故事风格的婚纱照拍摄类似电影的特写镜头,可以说是"静态电影",将所有拍摄照片串成一个有情节的故事。每一张婚纱照片连贯起来,就能拼凑出一段美丽的爱情故事。这种有故事情节的拍摄手法是时下比较流行的风格,易于突出新人的主角地位,每一张照片都能展现出新人的爱情故事。爱情故事风格的婚纱照具有很强的纪念意义,一张张赋性婚纱照,一段段恋爱的往事,有苦有甜。热恋中的新人还没有到谈婚论嫁、步入婚姻殿堂的地步,但这并不能阻挡他们拍一套精致的婚纱摄影相册来回顾他们的爱情道路,并作为他们爱的见证。爱情故事风格的婚纱照拍摄技法以抓拍为主,照片出来后可看性强,细节也很丰富,迎合了新人们追求简约素朴的新要求。

7.6　蜜月旅行

随着时代的进步,新人的观念也发生了很大的变化,对于一生只有一次的婚礼,新人们往往需要一个浪漫的环境和氛围来纪念这个美好的时刻,留下完美的回忆,蜜月旅行就是一个极佳的解决方案。国内蜜月旅行以其经济实惠获得了大多数新人的青睐,国外的蜜月圣地也令一些新人神往,所以就出来了各条火热的蜜月主题旅游线路。可是,新人对于蜜月旅行往往经验不足,给蜜月旅行留下些许遗憾。因此,打算进行蜜月旅行的新人要提前咨询专业人士,也要在计划上达成共识,避免不必要的麻烦。

1)蜜月方式

在旅游方式上,喜欢无拘无束的新人选择自助旅行是最好不过的,因为这样比较随意,新人也可以自己增加浪漫的环节。另外,自助式或半自助式大多适合国内旅行。对于第一次出国,或者不善安排假期的新人可以选择参团旅行,但选择参团必须有适应团体的心理准备,要懂得自我调适,学习从团队中获得乐趣。

2)蜜月路线

蜜月地点最好根据新人假期的长短进行选择,最好是选择具有自然风光的地点。如果假期较短,可以就近选择国内景点;如果假期长,可以去东南亚、欧洲等地,让双方在异国浪漫风情里尽情享受。

3）蜜月预算

决定蜜月之旅,少不了对旅游经费进行预算。通常,新婚夫妇都会多花钱,一是婚后双方第一次活动,总要阔绰些,不然会给对方留下小气的印象;二是新人觉得一辈子就一次,不需要节省;三是到外地旅行,会对很多情况不熟悉,往往要花很多钱。

【相关链接】

个性消费　婚庆流行"定制"

婚庆消费日益火爆。南方日报记者从2018中国婚博会获悉,广州春季婚博会逛展人次将近13万人次,婚博会现场交易总额达6.35亿元,比去年冬季提高7.43%。在婚礼布置上,裸眼3D技术融入传统婚礼,VR婚礼省钱又省力,年轻人婚姻大事的账单花费越来越多元化。

珠宝定制化趋势明显

在本届婚博会上,黄金珠宝仍是最吸睛的展区。商家全新推出婚嫁系列珍珠首饰和全新婚嫁主题首饰以及时尚珠宝系列等很受年轻客户喜爱。

据主办方中国婚博会负责人介绍,国内珠宝首饰零售市场回暖,而作为结婚刚需的婚嫁珠宝,也慢慢地由黄金首饰消费向钻石消费转变,并且消费者对钻石品质的要求也越来越高。以前消费者对钻石成品的需求较多,新人只关注"4C"标准就够了,证书方面也没有太大要求,国检、省检都可以。但是,随着"90后"新人审美水平和消费能力的提高,他们除了关注普通标准,也会留意钻石切割方面等问题。

此外,珠宝定制化趋势明显,这主要体现在两个方面,一是个性化的产品设计,二是更卓越的品质。"新人定制婚戒,一般会选择4C标准更高的钻石,特别体现在切割的要求上。"主办方表示,在珠宝定制日渐成熟的当下,相信定制自己的专属珠宝将成主流的消费行为。

在婚宴场地方面,目前流行的婚宴场地有草坪、空中花园、阳光房、室内暗场厅等类型,广州越来越多的新人咨询或者选择带草坪的婚宴场地。"我们发现年轻人更热衷自己创造专属婚礼,有草坪、有江畔的婚礼能够满足更多年轻人的个性和需求。"据珠江琶醍婚宴经理Coco介绍,珠江琶醍的临江和户外场地满足了年轻人DIY的需求,目前十分热门,他们也会特别关注场地的区域位置、知名度、餐标、空高、是否有柱、场地布局、是否有证婚场地等细节方面。据记者了解,目前广州星级酒店的餐标在5 000~6 000元,酒店服务一般会包含"证婚场地+婚宴宴会厅"捆绑销售,以及婚宴前后的附赠项目。

VR在婚礼市场应用逐渐成熟

除了买钻石和订婚宴,年轻人也更愿意为带有"黑科技"元素的婚礼买单,裸眼3D技术打造的全息婚礼开始打开市场,新人们还可以用VR眼镜提前体验婚礼现场,从而选择更满意的布景。

"裸眼3D技术在婚礼上运用的优势,在于方便场景切换,而且能降低场景搭建的成本。"据婚礼策划公司"广州浪漫嫁期1980"总监胡先生介绍,全息婚礼局部使用价格大约7万元,全场景使用则需几十万元,比传统婚礼价格稍高,但好处是全息婚礼能做到场景随意切换,比传统婚礼几万元只能搭建一个场景更划算。

据胡先生介绍,裸眼3D技术是从2016年开始融入到婚礼策划中的,但市场对全息婚礼的接纳程度还较低。"我们一年要策划300多场婚礼,可2017年5月至今,仅有6对新人尝试了全息技术。"胡先生表示,随着全息技术在婚礼市场逐渐成熟,动画素材越加完善,全息婚礼的价格有望下降,"我们在去年开始把全息技术做进婚礼套餐,目前推广价只需4万元,希望以此吸引更多新人尝试全息投影技术。"

记者在婚博会现场发现,还有一家婚礼策划公司让"准新人"使用VR眼镜体验多场婚礼实景,通过沉浸式的体验来选择婚礼布景。据相关工作人员介绍,去年有三成的到店客户会选择体验VR眼镜选购婚礼方案。对于企业来说,VR眼镜运用后,变现率达到了80%,VR技术的运用大大提升了企业的成交量。

据主办方介绍,目前广州新人结婚还是以西式婚礼为主,宴会厅是新人首选场地,但是今年草坪场地也备受青睐。西式婚礼的均价一般是2万~4万元/场,中式婚礼均价为1.5万~3万元/场。虽然目前广东新人选择婚庆套餐的比重更高,但是定制婚礼服务仍呈上升趋势,定制婚礼价格一般是3万元起,重在创意和与新人特点的结合,打造一场为新人"量身定制"的婚礼。

(资料来源:南方日报　彭颖　有删减)

【案例】

年轻人追求时尚,私人定制婚礼悄然生起

时代在进步,婚礼形式也在不断呈现多样化。现如今,各种新式、前卫、个性化的婚礼渐渐替代了传统的婚礼,成为年轻人追求的时尚。

新颖独特的婚礼仪式

11月23日,记者从一家婚庆礼仪公司了解到,现在越来越多的年轻人倾向于私人定制婚礼,而且婚礼的形式也越来越新颖独特。"有纯中国风婚礼、水上婚礼、草坪婚礼,甚至还有比较新潮的主题婚礼等。2015年6月一对新人就选择在儿童节办了一场卡通主题婚礼,效果还挺不错。"该婚庆礼仪公司的徐经理告诉记者。

"穿大红旗袍,盖红盖头,跨火盆,踩米袋,拜天地,喝交杯酒……没想到在我们大丰也能看到这么纯正的中式婚礼,太让人意外了。"在城区一家大酒店参加了表姐婚礼的袁小姐说道。纯正的中式婚礼相较于普通的婚礼模式,其新颖独特给她留下了深刻印象。袁小姐回忆说,除了婚礼现场完全布置成纯正的中国风,婚礼流程也完全是中式化的。"这种回归传统的形式,不仅他们年轻人觉得新颖,而且不少长辈也看得乐呵呵的。"

市民李小姐也向记者讲述了她前不久参加的一次草坪婚礼经历。"那天婚礼在荷兰花海

举行,天气特别晴朗,整个婚礼现场布置得温馨而又浪漫。"李小姐说,"当婚礼进行曲响起,音乐在花海上空飘荡,太浪漫了,最吸引人的地方是新娘的出场方式,当新娘从五颜六色的花海里走出来时,全场都轰动了,太美了。"李小姐忍不住惊叹,并表示,以后她结婚也会考虑一些特殊的出场方式。

年轻人倾向于私人定制

一家婚庆公司的工作人员小沈告诉记者,近几年来,她明显感觉到新人需求在不断变化。"过去的婚礼形式已经不能满足现在年轻人的需要,他们认为太'土'了。如今,不少人都会要求私人定制婚礼。"小沈说,虽然这种私人定制比较新潮,但要求也相对较高,需要立足于全面了解新人的职业、爱好、经历等基础上。

今年5月,一对新人步入婚姻殿堂。婚礼前,在朋友的介绍下,两人找到小沈,提出要定制一个既有别于普通婚礼,又能体现两人相恋故事的浪漫婚礼。了解到两人在大学军训时相识,从大学四年到后来工作,慢慢相知相爱,经历了很多浪漫与辛酸,于是小沈和她的婚礼策划团队精心为两人定制了一场时光列车主题婚礼。地图、时钟、列车等具有时空穿梭意义的现场布置,VCR回忆纪录片等婚礼仪式都紧扣主题展开。

观念变化追求个性婚礼

11月24日,记者来到名都广场随机采访了几位未婚青年,谈到婚礼如何办时,他们都表示结婚是人生的一件大事,希望办得特别些、难忘些,部分人还表示会办得有创意,例如草坪婚礼、主题婚礼等。

"'80后','90后'是最追求新鲜刺激的一个群体,也是最讲究个性思维和生活方式的,对婚礼也不例外。"对此,大中镇文化站站长蒋书红分析后表示,婚礼形式呈现多样化的主要原因,是现代年轻人观念在改变。

"年轻人追求个性带来婚礼形式的变化,这在某种程度上是一个必然趋势,也是一件好事,对促进婚庆行业的发展有一定作用。"以往的婚庆服务也许是一场简单的仪式,但现在,市场有创新需求、节俭需求,可以推动婚庆行业从业者树立新的个性、节俭新思维,提高婚庆服务整体的文化内涵,使婚庆行业从"拼投入"转变为"拼创意"。

(资料来源:人民网,2015-11-27,有删减)

专家评析:

越来越多的新人在筹办婚礼时,不再满足于盲目追随和效仿别人,而是愿意花有限的钱办出"无限"的婚礼,真正办一个属于自己的婚礼,使婚礼成为人生旅程的新起点。婚庆作为一种特殊的消费,地域性很强而且受文化影响较大,有些地区家中长辈更加看重婚礼的大而全,传统观念让他们坚持着要把婚礼办得隆重热闹,太多的花样他们反而觉得接受不了。目前很多地方的婚礼观念相对守旧,而在愿意追逐个性,充满活力的城市,个性婚礼已成为潮流,婚礼越来越成为新人们的一场秀。

复习思考题

1. 婚礼上主要有哪些相关活动？
2. 简要叙述演艺活动和婚礼演艺活动。
3. 婚礼演艺活动的策划要点是什么？简要叙述。
4. 简要叙述婚礼演艺活动的注意事项。
5. 婚礼音乐有哪些作用？
6. 婚礼音乐应该如何准备？
7. 选择婚礼音乐应该有哪些注意事项？
8. 婚礼短片的作用是什么？
9. 目前婚礼短片主要有哪几种类型？
10. 简要叙述婚礼短片的每一种类型。
11. 简要叙述婚礼短片的制作与播放。
12. 简要叙述婚礼互动游戏的作用。
13. 简述婚纱摄影的发展阶段。
14. 婚纱摄影的风格有哪些？
15. 婚礼蜜月旅行要考虑哪些方面？简要叙述。

第8章
主题婚礼策划

【学习目标】

1. 掌握主题婚礼的定义、策划要点以及实施步骤。
2. 了解主题婚礼的意义以及与一般婚礼的区别。
3. 掌握各种类型主题婚礼的特点和要点。
4. 了解主题婚礼的发展趋势。

【学习重点】

　　本章内容围绕主题婚礼展开,通过本章的学习,了解主题婚礼的意义以及与一般婚礼的区别,认识主题婚礼的发展趋势,重点掌握主题婚礼的定义、策划要素以及实施步骤,熟知各种类型主题婚礼的特点和要点。

【案例导入】

如今的婚礼基本上新人是在婚礼进行曲中着西装和婚纱入场，似乎人们已经习惯了这样的场面，"80后"一代结婚潮开始的现在，年轻的新人们更愿意让自己的婚礼有个性与别具一格，中国传统婚礼的一片红色将热闹的场面表现得更喜庆，成为不少年轻人的选择，参加婚礼的客人都对此留下新鲜的印象。

凤冠霞帔取代婚纱，三口合卺酒取代交杯酒，同心锁取代互换对戒，传统中式婚礼的细节历历在目。一股复古中式婚礼风潮正逐渐在年轻人中间再度掀起，不少新人摒弃西式婚礼，重新拾起红盖头，将中式婚礼现场布置成全红的喜庆场面。

2018年3月24日，一场别致的中式婚礼在一家酒店上演。据悉，这场中式婚礼早从半年前就开始准备，是新人特意要办一场纯粹的中国传统婚礼。婚礼会场所有的颜色都是红色，红色的桌布，红色的舞台，墙壁上是红色的绣球。不过，在筹划过程中也碰到些困难。采购海碗、大坛子、合卺酒酒杯等传统婚礼用品费了很多周折。对此，新娘却乐此不疲，新娘一直有一份独特的中国情结，就连娘家的房间也被布置得古色古香，化妆首饰盒等都是带有古典特色的。一场传统的中式婚礼新颖独特，会让她终生难忘。

过去涉外婚礼上，新人会别出心裁地策划一场中西合璧的婚礼。如今不少追求个性化的新人们也将眼光放在古典传统的中式婚礼上，而且摒弃了婚纱等一切西式元素，全部回归传统。

新娘的二姨夫一身月老的装扮，为新人牵上红线。此时，锣鼓花炮响起，身着红色状元服的新郎和头戴凤冠霞帔的新娘手挽手走上红地毯，跨过火盆和米袋走进亲友中间。婚礼场地中央已经准备好了四张太师椅，父母入座后，新人上演了古老的习俗——拜天地。"一拜天地，二拜高堂，夫妻对拜"，随着婚礼司仪的高声宣布，一对新人终于完成了他们人生中最重要的一刻。随后，新人将"女儿红"酒倒在两个大坛子里，每桌都分到一碗，来宾们和新人一同分享甘甜。敬酒后，新人进入洞房。半小时后，新郎再次背着新娘进入婚宴，又一起锁上了同心锁。最后，新人抛出寓意着生财的生菜，来宾们都争抢着新人传递过来的生财祝福。

这样一场纯中式的主题婚礼与相对模式化的现代流行婚礼相比，有着独特的吸引力和魅力。如今越来越多的新人选择个性独特的主题婚礼作为爱情的见证仪式。这一章我们要学习的内容是主题婚礼策划，主要介绍主题婚礼的内涵、类型和发展。通过本章的学习，可以更加深入地了解主题婚礼，掌握主题婚礼策划的要素和步骤，主题婚礼作为目前婚礼形式的主流，对它的学习对婚礼策划来说具有重要意义。

8.1　主题婚礼的内涵

8.1.1　主题婚礼的定义

每个新人都希望自己的婚礼是特别的，能让来宾感动和投入，为婚礼设立主题是能够更好地达到这一目的。同时，"主题婚礼"的主题必须是贯穿始终的，包括文字、录像、音乐等各种表现形式，还有各种细节比如请柬、迎宾牌、餐桌布置、来宾礼物等。

"主题婚礼"就是围绕一个特定主题展开的婚礼,用一个特有的主题贯穿整个婚礼的始终,使目前相对模式化的婚礼充满主题色彩,一个形式化的过程变得真正有意义。这类主题可以是新人爱情的特点、新人共同的爱好或者对新人有意义的物或事,值得新人日后回味和珍藏。

主题婚礼,顾名思义,在婚礼中拥有特定的主题与含义,在婚礼策划的每一个细节中都需要围绕特定的风格主题,从而体现新人的个性特点与生活品位。主题可以利用任何方式来体现,但必须根据新人的特点设定,体现新人的特点,可以是一组有纪念意义的数字,可以是一个小小的事件,可以是新人的梦想,也可以是新人最心爱的人、物等。任何素材都可以成为婚礼的主题。但主题婚礼的关键一定要有新人自己的特色,并在策划的每一个环节都紧扣相应的主题,充分体现主题特点。否则,也会使精心安排的婚礼沦为平淡。

8.1.2　与一般婚礼的区别

一般婚礼:以婚礼司仪为中心。在一般婚礼中,滔滔不绝的司仪是婚礼的焦点人物,婚礼的台词也是司仪所经常使用的,只是换了新人的名字而已。在婚礼中,司仪的才艺表演大抢来宾的眼球,婚礼似乎成了司仪展示才华的舞台。游戏恶搞往往也是婚礼的节目之一,而庸俗低级的游戏节目有损新人美好的形象,令新人苦不堪言。

主题婚礼:以新人为中心。在主题婚礼中,婚礼的风格一般以庄重典雅或浪漫温馨为主,婚礼环节都是围绕婚礼主题而设立的;婚礼现场的布置、音乐的选择、灯光的配合、道具的使用、台词的编写等,也都是围绕主题而定的。全场的焦点都将集中在婚礼的主题上,一切都是为了突出新人的爱情,展现新人的亲情和友情,新人真正成为婚礼的主角,婚礼真正成为新人展现自我个性的舞台。

一场真正的主题婚礼所要表达的主题是真实感人的,与新人的自身特点相吻合。主题婚礼最根本的是要避免"有形无异",即空有一些形式上的东西,却体现不出婚礼的内涵;还要避免生搬硬套,使得婚礼主题与新人的背景身份不符。另外,不要搞得太夸张,婚礼不是舞台剧,体现主题,点到即可。一场主题婚礼成功的关键,在于布置、节目和仪式,而其中仪式又是重中之重。

8.1.3　主题婚礼的意义

1)打破了传统的婚礼模式

主题婚礼将传统婚礼与西式婚礼均分天下的固有格局冲破,婚礼的主角是新人自己,婚礼的意义在于见证爱情。100 对新人有 100 种爱情,传统婚礼和西式婚礼怎能全盘概括。

2)将婚礼现场真正变成新人的舞台

爱是需要见证的,婚礼是需要祝福的,每个亲朋好友都希望在婚礼现场能感受到新人之间至真至纯的爱,也能在这种气氛中给予新人以祝福。每对新人都有不同的爱情经历,每个经历对于自己来说都是一辈子的珍藏,一生的甜蜜。婚礼主题可以从新人共有的兴趣爱好、交往经历、爱情故事或任何一个有意义的细节来确立。新人将自己和所有的来宾都带到一个甜蜜,温馨的环境中来,使自己真正成为婚礼的主角。

3)解决了很多婚礼中尴尬的场景

现在的婚礼,能言善辩的婚礼司仪似乎抢占了新人的焦点位置,游戏和整蛊成了婚礼中不可缺少的环节。越来越多的新人潜意识逃避婚礼。新人不是爱情木偶,婚礼也不是整蛊聚会。都说婚礼上大家图的就是喜庆,但过分嬉戏和玩笑带来的尴尬也是很多新人不想看到的。主题婚礼通过形式的改良和流程的变化,将整场的气氛都集中在新人的主题上,大家沉浸在一种回忆和甜蜜的气氛中,整场下来,大家感受到的是一对新人的甜美爱情,享受着一段来之不易,值得珍惜,得到众人祝福的爱情历程。

4)现场布置的丰富和个性化

在追逐个性,与众不同的今天,试问有多少人愿意自己的婚礼和别人大同小异呢? 而通常的婚礼有内容和流程上的相似,很难有所创新,雷同也是常事。主题婚礼中,由于每对新人的主题完全不同,所以,现场的布置与摆设,道具也不会一样。更多的设计装饰是围绕主题,突出亮点,真正体现新人自己的爱情故事特点,让婚礼更贴近新人,为每一个婚礼参与者留下一辈子的回忆。

当然主题婚礼的意义还远不止上述这些,对于婚礼的创意还有无限的空间,打造主题婚礼任重而道远。婚礼策划师可以运用一切新鲜创意来营造主题,为新人营造一个温馨浪漫,回味无穷的难忘婚礼。

8.1.4　主题婚礼策划要素

1)婚礼策划的关键是满足新人的需求

新人一生只结婚一次,举办一场完美的婚礼是新人终生的追求。因此,婚礼策划的关键是满足新人的需求,不能让婚礼留下遗憾。满意的客户能够在一定程度上给公司带来收益的增长和成本的节约,忠诚的客户愿意支付更高的价格。

2)将人文关怀引入策划实践

在进行主题婚礼策划时,应推崇"一对一"策划服务的概念,倾情策划,以情取胜,用以消除与新人的距离,通过与客户的互动对话,洞悉其内心,圆其梦想。同时,婚庆公司可以打出亲情牌、爱情牌、友情牌,形成以人为本的策划。

3)创意是策划的核心

充分显示个性化策划是为了吸引新人的选择,便于新人识别和选择与众不同的策划师,从而确定市场位置。创意是婚礼策划的核心、本质和灵魂。能否打破常规,标新立异,将直接决定一个策划的好坏与成败。

4）寻求策划的最大亮点

策划任何一种形式的婚礼，都要适当了解新人的职业、家庭、经济条件及个人兴趣爱好，根据不同层次，不同条件的人策划婚礼，丰富策划创意。婚礼形式体现的是一种艺术，唯美、精致、时尚，有品位、有特点、有文化水准，才能彰显婚礼最大的亮点。

上述四大策划要素是创建经典品牌策划，提升品牌策划能力的基本功。可以说，在现代婚庆业无论是经营者还是消费者都已经深刻地意识到品牌的重要性，打造个性鲜明，联想丰富，高美誉度的婚礼，最需要加强的就是品牌策划能力。

8.1.5 主题婚礼实施步骤

所谓三分策划，七分执行，最重要的部分还是在执行上。现场必须要有一个监控的专业执行团队。在操作上，场景、装置、道具相对容易满足，最难的是在仪式方面。婚礼的主题要从声、光、电、机、人等各个方面来表现，用每一个环节来烘托主题。

1）事前准备

所谓万事开头难，想要策划一场成功的主题婚礼，开始是最重要的，因此，婚礼的出发点一定要找准。围绕出发点，在和策划师沟通之前，新人应先准备一些元素：例如两人的恋爱合影，小时候的纪念照片，喜欢的会场布置参考照片，喜欢的花艺图片等，尽量在和策划师沟通前，多准备一些素材，这样便于策划师以最快的速度，帮助新人切入正题。

2）充分沟通

婚礼的主角只能是新郎和新娘，一切都要围绕着两个人的故事展开。一个优秀的婚礼策划师能够凭借经验从专业化的角度敏锐地觉察到新人的故事中值得去做的"点"，有时候甚至是新人从未觉察到的。因此，分享细节显得尤为重要，比如第一次约会的地点，彼此的童年故事，一次印象深刻的争吵等，而在这个沟通过程中，新人也对一路走来的爱情之路作了一次真切的回味。新人可以和婚礼策划师聊聊希望的婚礼氛围，对彼此所做的哪些事印象最深，最感动，两人共同的爱好是什么，最终会有一个元素让新人牵挂不已，从而寻找出最适合新人的婚礼主题。

3）提炼创意

在提炼创意阶段要和新人进行认真的沟通交流，了解新人的自身特点，倾听他们的想法和意见，共同商议，整理出一条新人情感历程清晰的脉络，从中寻找并提炼出婚礼的主题。

不同的婚礼主题有不同的表达方式，因而很难明确说明婚礼哪个环节对于主题婚礼甚为重要。比如：可以从会场布置上或婚礼仪式和节目上表现婚礼主题的侧重点。在确定侧重点之后，便可以大胆进行创意构思，设想主题婚礼的细节表达，如新人希望的迎宾位置、入场方式、婚礼短片的录制、交换戒指仪式等。总之，想法越多，主题婚礼出彩和吸引人的可能指数也就越大。

【相关链接】

婚礼主题确定的"三个原则"

原则一:主题婚礼所要表达的主题应当是真实的。只有真实,才能感动新人自己和全体来宾,才能留下终生难忘回忆。

原则二:婚礼主题要与新人的自身特点(身份地位、社会背景、家庭背景、恋爱经历、成长历程、职业特征等)相吻合。做个性化主题婚礼不可生搬硬套,以避免婚礼的主题与新人的自身特点以及背景、身份不相符。

原则三:主题要避免"有形无义",即空有一些形式上的东西,却体现不出婚礼真正个性化的内涵。主题婚礼也不要搞得夸张过度,那样会使人感到虚假。

4)考虑可行性

无论所构思的婚礼创意有多吸引人,都要考虑最终在执行时是否有实现的可能性,可以说这是一个"收"的过程。因为婚礼最终还是要落到执行层面上来,所以考虑想法、创意的可行性是必不可少的。此时需要考虑场地条件、资金预算、宾客喜好等实际因素,然后对所有的创意进行可行性分析和筛选,最终的目的是尽可能地打造出物尽其用,主题突出,不夸张不造作的完美主题婚礼。

5)挖掘资源

挖掘资源是非常重要的一关。每个人都生活在自己的"生物链"中,身边都有各种可利用的资源:人力资源、财力资源、物力资源、信息资源等。无论是新人还是婚礼策划方,都可以发动一切可以利用的资源为新人设计主题婚礼,如设计婚礼标志、印刷贺卡、打折购买礼服、撰写答谢词等。以最低的成本,策划出一场最炫的主题婚礼,充分利用身边的可用资源,挖掘身边所有的"潜力股"。

6)团队合作

主题婚礼最终能否如愿举行,很大程度取决于婚礼团队以及新人的默契配合。一场主题婚礼,需要拥有一支配合默契,经验丰富的优秀婚礼执行团队,团队成员包含婚礼督导、婚礼司仪、婚礼策划、花艺师、摄影师、摄像师、灯光师等。在执行主题婚礼时,必须做到环环紧扣,每一环节都不出现差错,主题婚礼才能顺利的完成。因此,除了初期的相互了解,准备过程中充分沟通外,最后阶段的多次确认与彩排也是至关重要的。

【相关链接】

主题婚礼创意关键词

关于婚礼，不同时代的人有不同的梦想，而现在，主题婚礼时代已经到来。婚礼策划不是简单的堆砌创意，而应是一种思想和情感的延伸。当婚礼有了内容、情感、交流和责任，那才是婚礼而不是演出。于是，婚礼需要一个有创意的主题，而这个主题的关键在于创意。下面是三个主题婚礼创意关键词：

1. 婚礼道具

请柬、迎宾牌、座席卡、喜糖、小礼物等，这些都可以成为理想的婚礼道具，也正是从这些细节的婚礼小物品上，能够体现出主题婚礼的用心之处。定下主题之后还可以为婚礼设计一个Logo让整个婚礼显得很有"心机"。

2. 增强互动成分

在婚礼节目的设置上尽量考虑多一些互动成分，让宾客随着婚礼的流程兴奋起来，即使是与新人关系并不亲密，也可以通过这些互动节目而感同身受。切忌冗长而乏味的节目流程。最好让婚礼始终在一个热烈的气氛中进行，让所有的来宾都有参与感。

3. 加入流行热点

现在正在流行什么，人们都在谈论什么，加入一些正IN的元素会为婚礼加分不少。这一点的关键在于"点到即可"。比如，现在正在流行某部大片，那么婚礼节目中可以在适当的时候拿出来调侃一下；婚礼正值圣诞节前夕，那么可以在布置中加入一点圣诞元素，增添快乐的气氛。

8.2　主题婚礼的类型

目前，主题婚礼大致可以分为两种类型：

①模式化主题婚礼。这类婚礼预先设立一些富有浪漫色彩的主题，然后根据主题设计一些固定的婚礼环节，类似于套餐可供选择，采用一些特定的场景布置，使用一些特殊的婚礼道具等。这类婚礼比过去的模式化婚礼在形式上更加新颖时尚，场景布置更加华丽唯美，因而更具有视觉观赏性。

②个性化主题婚礼。这类婚礼是根据新人自身的特点（恋爱经历、成长历程、兴趣爱好、职业特征、家庭和社会背景等）设立一个婚礼主题，然后围绕主题为新人量身定做的与众不同的个性化婚礼。婚礼的环节和程序，婚礼的一些场景的布置、道具的使用，一些主持的台词都是为新人特别设计的。这类婚礼效果更好，当然难度也较高。本章主要介绍这类婚礼。

8.2.1　以爱情经历为主题

如今婚礼的中心和重心都是新人，新人在整场婚礼中的主角地位是无法撼动的，一场完美的婚礼应该只属于新人自己,就像一个童话般的爱情故事里只有一对男女主人公,演绎一场唯一的浪漫故事。婚礼策划,尤其是主题婚礼策划要做的就是如何更好地衬托新人,使新人这个主角更加闪亮、耀眼。因此,主题婚礼的主题来源最先考虑的就是新人的爱情经历中有意义的人、事、物,比如新人如果是因为宠物而结缘,那么新人的婚礼可以定为"宠物奇缘",在结婚仪式上,让那只为新人带来爱情的小宝贝为新人带来结婚戒指;如果新人都喜欢某部电影或者动画片,可以直接还原整个电影或动画场景,让扮成电影或动画里人物角色的人偶为新人送上祝福。这种婚礼主题真实而感人。毕竟每对新人的爱情都不一样,举办这样一场有纪念意义的主题婚礼对新人来说值得一辈子回忆。整个婚礼既是对新人爱情历程的回顾,对过去的美好的总结,也是对未来两人新的生活的祝福和寄托。

【相关链接】

婚礼主题举例

1. 五瓣丁香花的奇遇
2. 爱情号轮船
3. 秋天的约定
4. "青花瓷"主题婚礼
5. 北斗星的爱恋
6. 月光下的牵手
7. 铁道线上的爱情
8. 纸飞机的不老传说
9. 情书·剧场
10. 五色玫瑰
11. 幸福像花儿一样
12. 树,见证幸福
13. 孔雀仙子的爱情
14. 今生与你牵手无怨(军人婚礼)
15. 浓情秋色·牵手茶园
16. 爱·穿越千万里
17. "鱼水之恋"主题婚礼
18. 水果主题
19. 短信情缘
20. 十字路口遇见幸福

8.2.2　以色彩为主题

色彩主题婚礼包括白色婚礼、红色婚礼、温馨粉色婚礼、浪漫紫色婚礼、梦幻蓝色婚礼。色彩婚礼的主要特征有以下几个：

①白色婚礼：一般指西式婚礼，纯洁的白色是圣洁婚礼的象征，白色的背景幕布、白色的地毯、白色的桌布、白色的玫瑰花，整个是白色的罗曼蒂克，好似天堂般的场境。

②红色婚礼：一般指民族式婚礼，红色是民族婚礼的永恒色彩，红色显得热烈，充满生命力，具有震撼力。民族的就是时尚的，传统的民族式婚礼热度正在上升。

③温馨粉色婚礼：传统的中国人喜欢选择红与白的中间色彩——粉色，粉色给人以春天柔和的色彩，是新人普遍选择的婚礼。

④浪漫紫色婚礼：浪漫的紫色让婚礼华贵，不同凡响，一切灵感来自紫丁香、紫色郁金香、紫色的丝绸装饰空间。

⑤梦幻蓝色婚礼：蓝予以人纯洁、梦幻的感觉，总能带给人们无限美好的想象，让婚礼融合海洋的色彩，唯美与遐想并存。

不难看出现在国内很多婚礼大多以颜色为婚礼主题，有的要突出清新自然的感觉，就可以选绿色为婚礼主色调，有的想突出圣洁纯净的场面，则以白色为婚礼主色等。

8.2.3 个性主题婚礼

所谓个性主题，主要指反映新人个性化、别具一格的婚礼，如热气球婚礼、烛光婚礼等。

1）以季节为主题

春天：春回大地万象更新，在绿草盈盈的草地上举办"草坪婚礼"，加上姹紫嫣红的鲜花衬托，一对新人踏上新婚大道。新生活一定充满新鲜活力，蒸蒸日上，万紫千红。

盛夏：如走出喧嚣的都市扑向大海，在碧海蓝天下举办"沙滩婚礼"，点点白帆给新郎做伴郎，只只海鸥为新娘做伴娘，细砂做成宽广的金色典礼台。大海为证，真挚的爱像波涛一样奔腾。

金秋：收获的季节，收获果实也收获希望。婚礼主要以漫山红遍的枫林作背景。在婚礼中，摘取两片枫叶，"红叶题诗"为结婚信物并不比钻戒失色，将大自然予以的诗情画意融入婚礼，放飞心情，回归大自然。

雪冬：银白而纯洁的世界，借着圣诞节的到来举办"圣诞婚礼"也颇为时尚。圣诞乃平安之节、狂欢之节，此时的婚礼打破了婚礼固定模式和格局，既不是西式也不是中式，完全是自由式，可以说别开生面。

2）以时段为主题

婚礼可分为两段：典礼仪式与喜宴分别进行。典礼仪式可选择户外，之后在室内举办喜宴。两个时段可分开也可延续进行。现在国内很多酒店开始利用自有的小花园来承办这样的婚礼。有不少策划师利用园林景色为新人策划这样的婚礼，整体上给人以耳目一新的体验。由于环境的不同又有时间差，把典礼仪式部分和喜宴部分分开来看各自独具特色，都很完美，且具有国际水准，尤其是其中一部分在户外举办更增添了时尚感。但两部分之间一定要紧密联系一些，一定要有整体构想，主调一定要一致，效果才会更好。

3）以地域为主题

随着我国人才广泛的交流，许多年轻人离开故土到其他城市工作和生活，建立家庭，这座城市成为第二故乡，为自己的生活和交际建立了关系网。鉴于社会交际的需要，怎样满足身边亲朋好友分享新婚的幸福的愿望？举行两次婚礼是跟上时代的良策。

在自己生活和工作的地方举办一次非正式、形式轻松的婚礼，没有正式仪式，邀请同学、同事、好友一起聚餐、狂欢，向单身贵族说再见。只要玩得尽兴不用担心长者意见，自己当家，随心所欲，不拘一格的礼仪礼节。

在这样聚会似的婚礼后，携带爱人回到家乡再办一次正式婚礼。让老人开心，圆老人多年盼子成家立业之梦，表达子女尊老孝敬之心。

4）以空间为主题

（1）空中婚礼

目前，热气球运动在我国逐渐展开，利用热气球运动会开幕式举办婚礼，将其作为其中一项内容既为运动会增添光彩，又能充分展示自己，还可以享受热气球独特的魅力。同时，旅游婚礼已经成为时尚，邀请父母、亲朋好友利用乘坐客机的时间举行简短的婚礼，让自己人生中最辉煌的一刻定格在空中，让来自中外的乘客做婚礼的见证人，那是难得的喜事。

（2）水下婚礼

利用水族馆的设施或结合"海滩婚礼"潜水举行婚礼仪式，不能不谓之新潮。但一定要根据自己的身体条件和身体素质来选取。

（3）水上婚礼

将一生中最浪漫美妙的婚礼，从宾馆饭店"移"到水上，正成为年轻人的时尚。试想一下，在碧波荡漾的湖面上，举办一场别开生面的水上婚礼，虽然没有圆台面的排场，但有近百名至亲好友的祝福，听涛声阵阵，看灯火璀璨。

婚礼开始时，现场飘着喜庆的彩色气球、彩带挂满各式各样的渔网；阳光甲板上，粗粗的缆绳、仿古的桅杆上稍加装饰点缀，古朴而富有情调。船员们分列两旁，新人由舷梯缓缓踏上甲板上的红地毯，迎来的是彩带和人们真挚的祝福。站在船头，让海风吹起洁白的婚纱。婚礼司仪穿着船长制服，为新人主持婚礼，水天共鉴，让这一刻化为永恒。出场证婚的并非新人的亲友，而是风浪中相伴幸运的"老船长"，他的祝福更富有婚姻美满和谐的象征。蓝天下、碧波上，在甲板上举办一场冷餐会，新人共同注满爱情的香槟塔，嘉宾们定会不约而同地举杯祝福。

5）以交通工具为主题

现在婚礼中使用车辆是费心、费力又费钱的事。"公交车婚礼""三轮车婚礼""徒步婚礼"都是时尚、经济实惠的婚礼形式，也是新闻媒体的关注焦点。

【相关链接】

年轻人的别样婚礼　低碳创意渐成新时尚

2015年11月10日,一支由60辆山地车组成的迎亲车队浩浩荡荡,在吴桥街头格外吸睛。"太帅气啦!""好健美啊!"……过往行人纷纷掏出手机,驻足拍照。这对新人是"80"后,新郎说,"骑行婚礼"是他能想到的最浪漫的婚礼。

10日7时40分,60名骑友不惧寒冷天气,组成迎亲队伍,接上新郎新娘,到吴桥县杂技博物馆广场,摆成心形、扇形等各种图案,祝福这对新人。随后,骑行队伍沿着乡村公路,直奔新郎所住的村庄。新郎骑电动车载着新娘,另外两辆电动车保驾护航,60辆山地车紧随其后。没有豪华婚车,没有鞭炮声声,但统一的骑行服装,缤纷的气球,拉风的山地车也颇有"气场"。

(来源:长城网,2016-09-04,有删减)

火车婚礼

新郎新娘坐上火车办婚礼,向其他乘客晒浪漫,秀恩爱,是不是特别幸福? 2016年5月11日下午2时许,两对新人在"丝路驿站——沙坡头号"列车的车厢内举行了一场别开生面的婚礼,列车员与乘客们共同见证了他们的爱情。据悉,在列车上举行婚礼在宁夏尚属首次。

软卧包厢成洞房,乘客闻讯来祝福

当日早上8时,银川客运段工作人员和"沙坡头号"上的列车员们就忙碌起来,将餐吧车厢用彩带、气球、鲜花花束和"喜"字窗花装扮起来,十分喜庆。西式冷餐、红酒、饮料摆放在餐吧车厢一侧。伴随着音乐缓缓响起,新人金惠丰与王瑶走向了结婚典礼的现场,与这对西式着装的新人不同,另一对新人潘彦龙、吴龙丽身着中式大红喜服,两对新人伴着婚礼进行曲,款款走向典礼台。

"你愿意嫁给他吗?""你爱她吗?"随着新娘新郎说出坚定的誓言,两对新人交换了婚戒,幸福的新人,精美的婚纱,加上现场四周郁郁芬芳的鲜花,无不点缀着这难忘的一刻。一些旅客听到广播,特意来见证这对新人的爱情,也无不由衷地祝福他们。

(来源:银川晚报,2016-05-12,有删减)

6)以光源为主题

(1)烛光婚礼

烛光婚礼是浪漫情调的感人婚礼,将中国婚礼中的洞房花烛夜和西方恋人在咖啡屋幽会的情调结合、运用和延伸。烛光婚礼是以各式蜡烛的暖色弱光为主要光源,以现场配有的光源为辅助光源营造现场氛围,新人、亲属及宾客的情感在温馨的氛围中得以升华。

(2)焰火婚礼

施放焰火是我国喜庆节日的古老手段,将焰火运用到婚礼的主要环节可以说是古为今用的创新。它的优势在于将婚礼的气势从平面推到立体。在婚礼的整个进程中把天上、地面和人群有机地结合起来。

(3)篝火婚礼

篝火本来是夜晚联欢用的手法,将它引用到婚礼模式上能充分满足青年群体蓬勃、活泼的心理需求。它的特点在于:不受老套的婚礼程序的约束;转换婚礼的时间和氛围;野炊式的婚宴;以少量的费用办时尚的大事等。随着古板的婚礼形式逐渐被年轻人淘汰,篝火婚礼以崭新的面貌受到年轻人的青睐。

【相关链接】

不同主题婚礼的比较

不同主题的婚礼风格、形式等是不一样的,具体如表8.1所示:

表8.1 主题婚礼的风格与形式

主题类别	别致奢华	温馨私密	浪漫优雅	绚丽个性
总体风格	小型;华丽;正式	轻松的家庭式私密聚会	通过个性的细节装点,营造童话般唯美、圣洁的婚礼	富有新意、出乎意料
婚礼场地	奢华餐厅或星级酒店宴会厅	别墅式花园、小型休闲农庄或度假村	植物园或者空旷的户外绿地	俱乐部、酒吧或者新人的私密会所
花费最多的项目	婚宴餐品及酒水	场地租金,户外婚礼仪式台、接待台的搭建费用	一些可爱又梦幻的装饰物或仪式细节花费	婚礼仪式中各种精彩节目的策划和表演者的费用
场地布置	运用灯光打造亦梦亦幻的现场感觉	造型优美的帐篷	可以用花朵拼成自己与爱人姓名的首字母装饰在入口处	运用炫目的灯光来营造具有冲击力的视觉效果
主题色彩	水果色,紫色系,加入金色或银色等金属色点缀	绿色、粉色、浅黄色	奶油黄、梦幻浅粉、西芹绿	有丰富光泽的宝石蓝、亮橘色、珠光酒红色以及迷幻银色
新娘造型	长款拖尾婚纱	短款公主型婚纱,搭配大花朵头饰或帽子	裹胸式小裙摆,直线型婚纱	短款、紧身、性感十足的婚纱及礼服

主题类别	别致奢华	温馨私密	浪漫优雅	绚丽个性
新郎造型	深色西服套装	休闲西服	正式的浅色西服套装或燕尾服	
伴娘造型	剪裁设计简洁的小晚礼服	与新娘婚纱相搭配的棉质太阳裙,最好是花朵图案	浅色系及膝丝质晚装	复古长款礼服
婚宴形式	丰盛隆重的法式晚宴	西式自助餐	西式婚宴	西式自助餐和鸡尾酒会相结合,由侍者手托各种餐点及饮料在宾客间穿梭
餐桌装饰	多人座长型餐桌,搭配高挑桌花	4~6人用木质方形或圆形桌;用小型花器摆放的球形桌花,或者直接用绿植包裹取代花器;搭配格纹或花朵图案的桌布	8~10人座圆形餐桌;用玫瑰、并蒂莲、百合等作为主要的花材与水果元素结合进行花艺装饰	4~6人座小圆桌,将花艺与蜡烛结合起来,用摇曳的烛光和银质或水晶制饰品与场地内的灯光相呼应
背景音乐	爵士风格音乐	乡谣风格的乐曲	由乐队现场演奏音乐	邀请DJ来现场打碟
婚礼蛋糕	法式塔形	用鲜花装饰的2层或3层圆形水果奶油蛋糕	椭圆形糖霜婚礼蛋糕,并用缎带装饰	造型独特的黑巧克力蛋糕
婚礼回礼	精致的法式甜品或特别设计的巧克力礼盒	包装精巧的小罐蜂蜜或果酱;或者是具有田园风情的木制饰品	印有新人婚礼标志的音频制品或包装精致的糖果	一瓶包装精美的上好红酒

8.3 主题婚礼的发展

　　新人对自己婚礼的期望,以及婚礼策划师对新人所梦想的婚礼的诠释,将打造出越来越多的非常有特色的个性婚礼场面。鲜花、色彩的搭配样式将是婚礼策划的两个基本点。婚礼仪式上的每个小环节,布置的每个小细节,将不再满足于视觉上的审美,更要表达其婚礼的文化底蕴和新人的精神诉求。如何表达新人们的精神诉求和承载他们的心理寄托,主题婚礼策划是不二选择。用主题演绎婚礼内涵,用主题表达新人们的婚礼憧憬,才是婚礼策划的最高境界。

主题婚礼的发展主要有以下趋势。

1) 表现手法更加丰富

婚礼上的装饰,鲜花占主导地位。如今主题婚礼的表现手段更加丰富多彩,鲜花、道具、灯光、音响,越来越多的元素进入了婚礼现场,有效地营造了神圣、庄重、浪漫的氛围。比如婚礼现场灯光的投入,丰富多变的灯光造型成为主流,花形或心形等浪漫的灯光造型在婚宴现场的舞台上营造出特别的演出效果。主题婚礼的种类也越来越丰富,由单一的、普通的酒店婚礼发展为现代多种多样的婚礼。与此同时,主题婚礼也更多地有机融入了多种艺术形式,如诗朗诵、琴棋书画、对联、小品、魔术等。这些丰富多彩的形式增强了婚礼的文化气息,更好地表现婚礼的美感,能更好地表达亲情、友情、爱情。主题婚礼的形式越来越美,表达内涵越来越深,情感越来越浓。现代婚礼按照文化背景,运用主要道具、场地、人数、色彩主题作为分类依据,又分为不同的婚礼形式,这也在侧面体现了表现手法的丰富性。主题婚礼突出温馨、浪漫、喜庆、热烈的氛围,更突出现场的互动和参与性,包括参加婚礼的宾客们,对新人婚礼的主题也越来越重视,准时到场,身着礼服及正装,佩戴相应婚礼标志,积极配合婚礼现场氛围。

2) 更加注重现场体验

每位婚礼当事人都需要一场属于自己的个性婚礼,因为这是一个美丽的现实。在强调时尚个性婚礼的基础上,新人越来越注重婚礼的仪式感,简单的搞怪、搞笑式的婚礼已经过时,神圣、庄重、浪漫、注重承诺的婚礼仪式将受到都市新人的青睐。

夜晚婚礼发展势头强劲,虽然与传统的习俗有点冲突,但喜欢浪漫、神秘,追求完美的婚礼当事人将引领潮流。可以预计举办婚礼习俗方面正在悄然发生的各种变化:婚车越来越短,车队越来越少,新人更加注重婚礼现场装饰所营造的氛围,愿意把钱更多地花在婚礼现场;婚宴上的白酒越来越少,红酒越来越多,婚宴品质将会明显提升;在婚礼的择日、婚礼举办时间的选择上越来越多样化,非节假日及晚间举办婚礼的人们越来越多;婚礼现场红色装饰越来越少,五彩缤纷的颜色越来越多地进入婚礼现场,更加丰富了现场效果,营造出令人难以忘怀的氛围。经典的白色将以全新的时尚方式卷土重来,婚礼的设计师和新人将联手打造婚礼上的鲜花创意和造型以及摆设。独特造型设计将成为新宠。婚纱租赁和借用已成为过去时,越来越多的新人开始量体裁衣,根据自己的喜爱来定做婚纱及婚服,为人生最神圣时刻留下终生难忘的记忆。总之,任何与婚礼体验有关的各种元素都可以被利用,传统婚俗中的各种既定程序都可以被打破。

3) 分段式婚礼成为趋势

与我国传统的婚礼形式不同,西方的婚礼大多是两段式的:傍晚的宣誓仪式和晚间的宴会,宣誓仪式部分一般在教堂或者室外举行。现在国内很多酒店也开始利用小花园来承办这样的室外婚礼。流程化婚礼逐渐退出历史舞台,新人更愿意把自己的故事告诉亲友,分享甜蜜和快乐,情景设计、独特创意已经与时尚一族握手。主题婚礼强调用体贴入微的细节打动来宾,感动每一个人。要举行好一场主题婚礼,婚礼举办场所越来越多地出现在草坪、庭院、湖泊、海边、森林公园等,在享受浪漫时刻的同时,突显出新人和来宾们对大自然的热爱和回归。分段式婚礼的举行也是为了更好地营造婚礼气氛。

4)婚庆机构越来越专业

婚庆机构的专业化越来越明显,由原来的传统分工方式发展为专业化分工,分工越来越细,团队合作趋势越来越强。原来的婚庆分工是婚礼主持、摄像、化妆、车队、现场服务;现代婚庆新的分工包括专业婚礼司仪、专业婚礼督导、专业婚礼策划师、专业婚前咨询师、新娘秘书、专业主持人的助手、专业的灯光师等。根据婚礼规模的大小,很多人员会进行适当的删减。

总之,主题婚礼的发展趋势将更加展现新人的特点,提升婚礼品质,突出婚礼个性化色彩,凸显与传统模式化婚礼的不同,婚庆团队的分工越来越精细、团队合作性越来越强;婚礼的形式越来越丰富、婚礼专业工具越来越多,更适合每一对新人的特点和期望,婚礼能越来越深刻地表达新郎、新娘的内心情感,并强化新人间的爱情、新人与来宾的友情、新人家族的亲情。

【相关链接】

各种主题婚礼的创意集锦

有人说,没办过婚礼、没穿过婚纱是一生的遗憾。在婚礼王国里,或中式或西式,或室内或室外,或教堂或草坪,时尚达人对婚礼的追求越发挑剔,婚礼作品也面对撞衫的尴尬。于是创新需求成为首要话题。下面将从10个角度来诠释流行在即的"玩味婚礼"。

1. 传统婚礼关键词:热烈、喜庆、怀旧

传统中式婚礼多用红色来抢占人们的眼球,红色作为最惹人注目的元素,与时下流行的中性风结合,既有硬朗的热烈,同时也可以让中性散发出少许妩媚。鲜花、道具、灯光、音响等元素依然遵循民族风和怀旧风的传承。同时,奉子成婚的新人或会蜂拥而至,现场的亲子元素也将是一大亮点。

2. 田园风婚礼关键词:露天、自然、清新

田园风在近几年大行其道,不论是各种草坪婚礼还是个性婚礼,都有田园的风光掠影。如今,无论新人还是婚礼策划师,依然会从田园元素来捕捉灵感。沿袭"草坪+餐厅"的"1+1模式",露天仪式是重头戏。在红、蓝、白、绿、粉、黄、紫七大色系中,混搭的渐变风格将成新宠,源自大自然的环境色和大地色将再现清新和纯粹,装饰风格则包括花鸟鱼虫、高山流水等元素,呈现前所未有的灵动与浪漫。

3. 宫廷式婚礼关键词:复古、优雅、华贵

无论是不是海归派,新人一定在电影里见过欧洲古代宫廷戴着大圆礼帽的女贵族,举手投足都是焦点。近几年,婚礼策划师们将继续玩起复古把戏,宫廷式婚礼是它的最佳载体。复古并不意味着简单的复制,而是审美志趣的巧妙借鉴。公主和王子的永恒主题是此类婚礼的主

旋律,新人则可以从婚礼作品中找到自我,唤醒自己潜在的时尚触觉,在时尚王国做一个自在的贵族。

4.聚会式婚礼关键词:袖珍、温暖、自由

新婚聚会在欧美由来已久,把婚礼办成 Party,参与者可以肆意骄傲着,在分享甜蜜的同时打造出其他场合无法达及的氛围。选择某个酒吧或者咖啡厅,三四十个年轻人举着红酒杯娓娓私语。对于新人而言,裹胸式婚纱不是主角,大胆肩带的礼服更受欢迎。婚礼装饰则多为柔和的、原生态的、DIY 的作品。这里也可以是个秀场。

5.沙滩版婚礼关键词:雅致、甜美、粉嫩

沙滩婚礼是时尚新宠,但沙滩婚礼并非只可以在三亚举办,金色的沙滩,明媚的蓝天白云,所有沙滩元素都可以为新人就近打造。带件婚纱去旅行的婚礼梦想已经可以实现。采集阳光的黄色,生机勃勃的绿色,神秘大气的蓝色,梦幻萝莉的紫色,浪漫十足的粉色,都可以是沙滩婚礼的选择,新人亦可选择低碳,场地布置采用人造自然景观或特有树木、竹枝的创意设计。

6.太空版婚礼关键词:穿越、飘逸、梦幻

穿越题材火爆荧屏,现代婚礼也不会漏掉穿越元素。太空版婚礼集穿越、梦幻等元素为一体,表现新人的个性及对生活的热爱,借用顶级的影像设备、卓越的舞台设计与舞美编排,带来航拍、空中投递礼物、虚拟星辰、情景再现等震撼、意外的瞬间,以飘逸感宣告摆脱传统束缚的甜蜜时刻。

7.巴洛克式婚礼关键词:绅士、淑女、定制

在许多人的浪漫价值观中,婚礼就是甜蜜和感动的代名词,而明快、跳跃的格调也是新人们所向往的。这种格调不是某张油画的风格,而是某种手绘的调子,巴洛克式婚礼就属于后者。除了柔和的、不规则的、几何型的设计元素外,巴洛克式婚礼更加注重每个婚礼环节的品质,强烈、活跃,精致而律动。绅士和淑女的婚礼并非一定要中规中矩,自由奔放的格调也是必选。

8.明星版婚礼关键词:奢华、大气、范儿

自有娱乐新闻开始,明星婚礼就是大众婚礼的范本,明星的婚礼元素成为最为人们津津乐道的话题。凡人拥有一个明星版婚礼的核心不是烧钱,而是"低调的奢华",有华彩,有灵气。在诸多明星婚礼中,绣球、马蹄莲、蕙兰是热衷的花材,这一偏好将会持续。户外的婚礼仪式是打眼点,花艺装饰和现场布置将更多借鉴成熟的欧美元素。拥有明星范儿并不是难事。

9.一站式婚礼关键词:全托、无忧、体系

"一站式"是个舶来词汇,从某种意义上讲,国内目前少有婚礼机构出品真正的一站式婚礼,多是打着"一站式"的概念进行营销罢了。之所以如此,源于国民的消费观念和婚礼机构的诚信基石,在一个信奉"我的婚礼我做主"的婚礼文化里,将婚礼全托给他人显然还缺乏商业环境。不久的将来,优秀企业必然会考虑尝试合纵连横的一站式体系。

10."诺亚方舟"主题婚礼关键词:海洋、旅行、狂欢

2012 末日论一时流行,如果将请柬做成诺亚方舟的婚礼船票,轻松登船之后,新人名字印在丝带横幅上,海洋元素、旅行元素点缀四周。更为精巧的现场设计,更多色彩的搭配,以及动感流苏的坠饰,后现代元素的摩登装扮,如果新人选择穿上彩色婚纱,将会更加异彩纷呈。

拥有一场完美的婚礼是所有新人的愿望,打造一场与众不同的婚礼则是所有婚礼策划师的艺术愿景。玩时尚,玩概念,离不开底蕴和气场,盲目跟风只是作坊式的初级手法,能否从众人追捧的流行趋势中抽丝剥茧,萃取精华,在超前元素中找到最匹配新人的审美法则,变制造为创造,是决定所有婚礼人能否有所为的最高境界。

(资料来源:爱结网,2012-01-18,有删减)

【案例】

主题婚礼彰显新人个性

2016广州首届海洋集体婚礼在正佳极地海洋世界举行,10对新人集体潜入号称全球最长的水族缸内,在缤纷的海底世界里许下对彼此海誓山盟的承诺。

当天下午14时许,伴着婚礼进行曲的现场钢琴弹奏,身着优雅白色婚纱的10位新娘手捧鲜花,与帅气的新郎们缓缓入场。"这场如此特别的海洋婚礼,让我们既化身环保大使,又能潜水海底与海龟同游,这将是我们10对新人一生中最难忘的回忆。"新人代表发表感言时称。

随后,主办方为新人们颁发独具海洋纪念意义的结婚证书。一旁的白鲸馆内,六头白鲸与饲养员共同演绎《鲸海奇缘》水下秀,向新人们送上祝福。

在进行完主会场的唯美浪漫仪式后,海底婚礼随即上演。潜入主缸的准新娘身披薄纱,与准新郎深情对望,他们共同举起"I DO"宣誓牌,在海龟、豹纹鲨、魔鬼鱼、黄金鲹等海洋动物,以及现场亲友、游客见证下,许下了对彼此山盟海誓的承诺。据悉,为了确保安全,在婚礼开始前1个月,每对新人分批进行了专业的潜水培训。

新人潜入海底世界打出爱心手势

(资料来源:中新网,2016-05-21,有删减)

专家评析:

主题婚礼是现代婚礼个性化发展的新形式,新人们为自己的婚礼选择合适的主题,所有的婚礼细节都围绕婚礼主题展开,既展现了新人的个性,为新人留下值得一生留念的美好回忆,也给来宾带来新奇的体验,在某种程度上引起与现场来宾的共鸣,给来宾带来精致的现场享受。主题婚礼的一切都要以婚礼主题为中心,各个婚礼的传统都可以被打破,无论是古韵十足的汉服婚礼,还是新颖独特的"超级玛丽"婚礼,都是主题婚礼大行其道的体现。

复习思考题

1. 主题婚礼的定义是什么？
2. 简要叙述主题婚礼与一般婚礼的区别。
3. 简要叙述主题婚礼的意义。
4. 主题婚礼策划有哪些要素？
5. 主题婚礼的实施步骤有哪六步？
6. 简要叙述主题婚礼的类型。
7. 主题婚礼有哪些发展趋势？

第9章
婚礼策划方案——综合案例

【学习目标】

1. 掌握婚礼策划方案的构成。
2. 了解现代流行婚礼、教堂婚礼、传统民俗婚礼(纯中式婚礼)、中西合璧婚礼、家庭婚礼、集体婚礼、主题婚礼等常见婚礼策划方案。
3. 掌握常见婚礼策划方案的要点。

【学习重点】

　　本章内容以案例为主,通过常见婚礼策划方案的举例,加深对婚礼策划方案的理解,重点掌握婚礼策划方案的构成,并能够在此基础上掌握常见婚礼策划方案的要点,学会撰写婚礼策划方案。

【案例导入】

金阳和静静的亲朋最近收到一张特殊的结婚请柬,装饰着海星和贝壳的蓝色婚柬背景上是两个穿着潜水服的卡通人物在海底手拉着手。这张结婚请柬迅速吸引了亲友们的注意,亲友间纷纷议论金阳和静静准备举办的海底婚礼。

海底婚礼受场地限制,只能举行仪式,宴会要在另外一个地点举行。金阳和静静在准备举行海底婚礼的那一刻起,就马上找到了潜水教练员小邓,开始接受小邓的潜水培训。三个月后,金阳和静静找到婚礼策划师小吴,让其策划一场浪漫的海底婚礼,经过一番深入的交谈,小吴最终提交出一份浪漫的海底婚礼策划案。

婚礼当天,新人和教练员乘坐邮轮来到举办婚礼的制订海域,在这片海底,婚礼策划团队早已布置好梦幻般的婚礼场景。与此同时,亲朋陆陆续续来到离海边不远的酒店里,这里也是一个奇特的海底世界。酒店的立柱上扎着蓝色绸缎的飘纱,蓝色的鲜花路引立在引道的两旁,舞台的背景也是由蓝色绸缎和纱幔装饰,没有香槟塔和蛋糕塔,取而代之的是一个LED显示屏,与海底摄像机连为一体,随时播放新人在海底的一举一动。

金阳和静静在教练员的指导下缓缓潜入海底,这是一个真实的海底天堂,伴着悠扬的《婚礼进行曲》,金阳携着静静在海底徜徉,进入举行仪式的海域。这里有白色纱幔和绸缎装饰的珊瑚礁,成群的鱼儿是最好的舞者。穿着特制婚纱的静静在海底接受了金阳的表白和求婚,接过花束,两人互换戒指,紧接着金阳摘下了潜水呼吸器,静静取下了氧气吸管,两人深情拥吻。海底摄像机将这一刻永远定格在大屏幕上,婚宴现场爆发出一阵阵掌声。

举行一场浪漫的海底婚礼十分不易,金阳和静静的婚礼之所以能够出彩地举行,很大一部分原因是依赖于一份详细的婚礼策划方案,婚礼策划方案是婚礼创意及设计的书面表述形式。婚礼策划方案应该尽可能多地涉及婚礼的方方面面,最大可能地减少不可控因素的影响。这一章我们要学习的内容以综合案例为主,论述了婚礼策划方案的构成以及常见的婚礼策划方案。通过本章的学习,可以了解之前所学的各项知识在策划方案中的具体运用。

一个完整的婚礼需要婚礼策划方案和婚礼组织方案。婚礼策划方案包括婚礼创意介绍、婚礼流程策划、婚礼场景策划(场地设计)、婚礼仪式策划以及婚礼相关活动策划(婚礼演艺活动、婚礼音乐、婚礼短片、婚礼互动游戏设计);婚礼组织方案包括婚礼时间安排、婚礼人员组织、婚礼财务管理、婚礼设备与用品管理。

9.1　婚礼方案的构成

想要做好婚礼策划,首先要了解完整的婚礼策划方案应该包括哪几个组成部分。另外标准正规的格式也是婚礼方案的标准性、婚庆公司专业性的重要体现。婚礼方案主要由以下几个部分构成。

1)婚礼流程方案

一个完整的婚礼方案应该包括几个组成部分,第一是婚礼流程方案。这个是婚礼的大体流程,是我们首先要提供给新人的,婚礼团队成员一般也需要一份。

婚礼流程方案只是一个活动的骨架,真正能够打动新人的是怎么把这个骨架很好地丰满起来,做到有血有肉。除对婚礼环节、流程的渲染以外,婚礼主持词、婚礼场地布置方案也很重要。

2)主持词与场地布置方案

主持词与场地布置方案都是婚礼策划的外在体现,策划需要贯彻执行。

真正好的婚礼,专门撰写的主持词是必不可少的。尤其个性的主题婚礼,婚礼前新人要与主持人多次沟通,主持人对婚礼策划的流程与环节应该了然于胸,要求主持人必须按照主持词(方案与流程)来进行(主持人的驾驭与管理)。

场地布置方案是客户比较关注的一点,这也是能够让新人感受到的有形的东西,因为有形才更真切,才更能够引起新人的注意。场地布置方案应该有层次感,按照地点或者流程来写,更应该忠实地反映策划方案,能够成为婚礼策划的一部分。

3)报价单

有了流程方案、主持词,场地布置方案对于新人来说已经是比较完整的婚礼方案了。还有一项与新人有密切关系的就是婚礼报价单,流程、场布,整合资源确定了,报价单自然而然也就出来了。

报价单的样式与风格可以做相关的设计。这时需要再次要求新人交纳定金,交纳定金后准备相应的工作。

4)婚礼执行方案

有了完美的方案,最关键的就是要怎么执行。俗话说:"三分策划,七分执行。"

一个普通的方案,能够完美地执行会为婚礼增色不少,相反如果执行得不好,再好的方案也无法体现,效果会大打折扣。这样就凸现了婚礼执行方案的重要性。

所谓执行方案,顾名思义就是要指明怎么来办这个活动的指导方针。这是婚庆公司工作人员必备的方案守则。

婚礼督导、物品保管、主持人怎么进行工作,都在方案中交代清楚,各负其责,按照方案来执行就可以了。

婚礼执行方案一是关系正常婚礼的效果,二是能够加强婚庆公司人员管理与人力资源有效分工的重要工具。还有两张单子可以算作婚礼执行方案的组成部分,一是婚礼工作人员的联系方式,上面要有所有工作人员、整合人员、婚礼团成员的联系方式,确保能够联系到每个人。二是婚礼物品单,婚礼物品单列出来的就是我们所有使用的物品清单,对于物品保管人员来说这是必不可少的。

9.2 常见婚礼策划方案

按照第四章对婚礼类型的划分,常见婚礼策划方案从现代流行婚礼、教堂婚礼、传统民俗婚礼(纯中式婚礼)、中西合璧婚礼、家庭婚礼、集体婚礼、主题婚礼七种婚礼形式分别举例。

9.2.1 现代流行婚礼策划方案

【案例1】

浪漫时尚婚礼策划

婚礼,是新人一生神圣的仪式,是一生一世的承诺,也是甜蜜幸福的开始。

1. 婚礼梦想

新人的婚礼梦想时尚、浪漫,而且很朴实,就是希望婚礼能给大家留下难以忘怀的记忆,从精心布置的婚礼现场到浪漫、唯美、轻松的婚礼氛围。

2. 婚礼亮点

第一,会场布置。浪漫时尚的婚礼,整个会场黄色多一些(新娘比较喜欢黄色),衬托婚礼的温馨与唯美,让人感觉仿若置身于梦境中。

第二,传统的入场仪式。新人穿着唐代皇帝大婚时的服装,新娘乘坐马车,新郎骑马进入兴庆公园,绕兴庆公园环游一周,到达兴庆湖畔。

第三,浪漫的求婚仪式。新娘穿着婚纱坐在兴庆湖的岸边等候新郎,新郎手捧鲜花,坐着龙船随着庞大的迎亲队伍迎接新娘,单膝跪地向新娘献花。

3. 场地布置

新郎、新娘到达湖岸时放飞99个氦气球(加同心锁一副);在地毯的开始端1/3处放鲜花拱门一个;地毯两边各放6个用鲜花装饰的铁艺路引。

舞台规格为2.4 m×4.8 m(根据现场搭建);舞台背景布置采用白色纱缦加紫纱两条,上面点缀绿色植物,有"新郎、新娘、wedding"字样,白色纱缦前面放五连铁艺鲜花点缀。舞台两侧放高山流水杯塔和蛋糕架。

4. 婚礼当天流程

第一,婚车到达花店扎车,从花店发车到达新郎家;摄影师到达新郎家,领取胶卷、电池、摄影器材等,并与新人联络人进行沟通;确认婚车扎花情况并从花店发车。

第二,计算时间和里程数;花店将婚礼用花提供给新人;婚车超时部分由新人自行负责。

第三,摄影师到达新娘家,迎娶新娘过程的拍摄。新人外景拍摄全程,化妆师全程跟随。

第四,车队由外景地或新郎家前往酒店,新人到达酒店稍作休息。

第五,婚礼司仪开场;证婚人宣读结婚证书内容,领导代表讲话;双方父母讲话和其他内容。

第六,典礼结束。婚宴开始,新人稍休整,速食;安排工作人员用餐;化妆师对新人,特别是新娘衣着、面部、头饰等进行修补工作。

第七,敬酒仪式开始,摄像、摄影,乐队停止用餐,进行现场工作,直到新人要求结束为止。

第八,新人送客。

第九,婚礼DVD或VCD制作时间需要7天左右,并由网站发布通知新人取样。

【案例2】

时尚节约婚礼策划方案

1. 婚礼特色

为绝大多数新人和父母接受的流行形式。将传统的婚礼习俗与现代时尚相结合,婚礼过程温馨、隆重。既能充分体现一对新人的文化时尚特点,又能满足双方亲朋好友相聚的大团圆心愿。花费开销适中,与亲朋好友易于沟通。

2. 婚宴地点

婚宴地点一般选在星级酒店。应在婚期前一至两个月考察、选定婚礼举办地点。确定婚宴菜肴的内容,关键是交通、环境、服务等条件,特别是该餐厅要符合新人对婚礼设想的要求,比如灯光、音响、背景的布置,大堂是否宽敞等,然后仔细地推敲菜单,以中档标准为宜。最后交付定金。

3. 婚礼流程

选择婚庆公司。这个环节是举行婚礼很重要的一个方面。请婚礼司仪主持婚礼,化妆师安排化妆跟妆,摄像师负责全程摄像,车队总管联系接亲车辆,还有其他的比如购买鲜花,考虑场地,采购婚礼用品等,这些都可以交给专业的婚庆公司来完成。不仅省心省力,而且专业化、系列化的服务会给婚礼锦上添花。

安排好新娘化妆、设想等环节。新娘在婚礼当天是一生中最耀眼的一天,应该把光彩充分地展现给来宾,聘请专业的化妆师也是很有必要的。

确定接亲车辆。在婚礼当天,接亲车辆,特别是头车是一道亮丽的风景。不建议用过分豪华的车辆迎娶新娘,到位即可。比如用一些新颖的款式(如敞篷的"仿古老爷车"、新郎亲自驾驶的跑车,甚至是开自己的家用车)来体现个性。如果车辆不够,也可请几位朋友驾车跟随。头车一般档次高些,可从婚庆公司、租赁公司等租用。

此外,婚服、鲜花、婚庆用品、场地布置等细节也应该在婚庆公司的咨询中明确。

4. 准备工作

婚前两周左右开始给亲朋好友送发请柬,这时要把举办婚礼的地点、日期、时间通知给来宾。

婚前一周按照化妆师的建议,新娘要考虑皮肤的美容、头发的护理和修剪。购买烟、酒、糖、茶,布置新房等。

确认来宾到场的准确人数。与婚礼司仪确定婚礼细节,详细敲定当日的时间安排等。

5. 婚礼当日

按照婚礼策划方案开始实施婚礼过程,大致可以分为:

①新娘开始化妆,花车开始布置。场地布置已经提前完成,新郎也已经整装待发,摄像师到位,开始拍摄新房等。新郎及车队出发,迎接新娘。

②婚礼现场,开始安排灯光,音响,礼仪等事项,新娘化妆完成。

③新郎到达女方家,迎娶新娘。

④新人出发直达婚礼现场。

⑤来宾到场,准备迎接新人。

⑥新人到达,客人迎接。

⑦婚礼开始;婚礼仪式举行;婚礼结束,婚宴开始。

⑧婚宴结束,新人及家人赴新房。

6. 注意事项

①选择婚庆公司的服务以及合适的婚礼司仪。

②婚宴消费在整个预算中比重较大,可根据新人的资金条件适当调整。

【案例3】

浪漫感人婚礼策划方案

1. 新人及会场介绍

新人的关系首先是同学,青梅竹马,现在是恋人。其次是从外地回到故乡邯郸结婚,无论今后在哪里又要共建一个家,婚礼还是要回到故乡举行。会场方面由于普阳渔港酒店面积很大,在不影响来宾的情况下,有足够的空间来搭建 T 台以及所需物所占用的空间,安排合适的新人换装室。另外,会场进场的背景墙是一张百人笑脸的图片。

2. 婚礼目标

通过精心策划的婚礼活动,感动一对新人,感动所有来宾。给大家营造一个可以幻想的空间,一个浪漫感人的氛围。

3. 婚礼流程

第一,工作人员到场,安置充气拱门,拉横幅,用背景墙拉网展架制作笑脸墙。(由我方执行人员与酒店服务人员共同布置会场。)

第二,在指定位置搭建 T 台,安置灯光 LED 屏幕/投影仪。在 T 台两侧用 400 mm×1 300 mm×300 mm 的易拉宝安放新人生活照;烛台、冷焰火、花门、香槟塔、蛋糕就位。布置好之后,安放音响设备、干冰、造雪机以及泡泡机。

第三,工作人员调试音响设备,调试 LED 灯光,工作人员把准备的酒水、瓜子、喜糖摆放到每张桌子上。安置婚礼现场指示牌。

第四,礼仪人员、演出人员到位,主持人以及工作人员确定准备就绪。

第五,迎接来宾进入会场就座。

第六,婚礼司仪准备介绍。

第七,新人入场。红地毯周围银质烛台通过点火器点燃。

第八,双方父母简短发言以及新人敬茶。

第九,配合适当的音乐播放两段 VCR 在 LED 大屏幕。(新人自己录制的生活瞬间以及我们私下找新人朋友录制的祝福。)此时灯光开始变暗,配合比较欢快的音乐。

第十,(T台灯光全暗)我们送给新人的一个惊喜。在LED屏幕前出现一辆具有魔力的单车,四分钟短片,画面流动从右向左。营造这对新人在单车上融入画面的效果,(注意LED屏幕的高度)短片记录着新人的成长历程。

第十一,举行婚礼仪式。

第十二,婚礼仪式结束,模特出场。待新人敬酒的时候,歌手上台开始唱歌。

第十三,婚宴结束,送客。

4. 婚礼音乐

婚礼所用音乐:《另一个世界》《家园》《命中注定》《LOVE(邰社)》《青梅竹马(邰社)》《爱上爱》。

关于声音的大小与衔接,解说时话筒与背景音乐的音量,音响师要随时根据婚礼进度及现场情况进行调音。

5. 总结

第一,气氛的营造依靠音乐与场景的搭配加灯光的配合。

第二,VCR短片吸引来宾的注意力。魔力单车短片带领来宾一起回顾过去的时光。让在场宾客在看短片的同时不只是看新人的过往,也会回忆自己的过去经历。给尚未结婚的年轻人营造一个遐想的空间,已结婚的人可借此回味自己的人生。

第三,此策划要求较高的灯光技术水平,具体灯光布置需要和灯光师或者婚礼策划师协商确定。

9.2.2　教堂婚礼策划方案

【案例1】

教堂婚礼策划方案一

教堂婚礼的特点是庄严、神圣、浪漫,适宜都市白领及知识阶层,婚礼过程稍显复杂,同时与宾客的交流较少。一般在教堂举办婚礼后,再到酒店举行婚宴和简单的答谢客人的仪式。

1. 婚礼要求

新娘一定要穿白色的婚纱,头饰、鲜花、首饰等都要精致、讲究。新郎穿燕尾服或正式西装,系上红色或黑色的领结,与教堂婚礼的气氛协调。在《婚礼进行曲》的伴随下,新娘的父亲携领女儿缓缓地走向圣像前,将她交付新郎,婚礼开始。

2. 婚礼流程

事先与婚礼策划师和神父进行沟通。教堂婚礼对许多人来讲比较陌生,对举办婚礼的形式、内容及细节知之甚少。事先要相互沟通而且做到心中有数。

准备婚宴。教堂里举行仪式时,一般不宜有很多的来宾到场,婚宴就成为新人与来宾交流沟通、接受祝贺的重要环节。一般来说,在教堂举办婚礼后,应该到一个档次较高、服务到位、环境较好的饭店举办婚宴,同时兼顾摄像、照相、化妆、车辆等细节。

婚礼前两周,新人发送请柬。到教堂的宾客应该包括双方父母、主要亲属和新人特别亲近的朋友,对于其他客人,可直接请他们到举办婚宴的酒店。

婚前一周,进行新娘的皮肤护理和发型修剪,同时,新人应与策划师和神父再做一次沟通,确定细节。与摄像师、化妆师等人随时保持联系,及时得到关于婚礼当日应注意的问题的提示。

婚前二日,与即将参加婚礼的宾客落实到场时间和具体人数,考虑交通问题,提前一天精心准备两个花篮送到教堂以示对圣母的敬意。

婚前一天,将所有细节一一推敲一遍,检查是否有遗漏事项,养精蓄锐。

婚礼当日。新娘化妆、花车布置完成、新郎准备出发迎接新娘。因为上午的活动较多,所以时间一定要把握好。新郎到达新娘家,新人共同前往教堂参加婚礼。

教堂婚礼开始举行。宣誓、交换信物,在唱师班的颂歌中婚礼结束。

新人和神父、来宾合影留念。新娘可以身着婚纱在教堂门前留影。

新人到达婚宴现场,在举行一个简单的婚礼后,婚宴开始,接受来宾们的祝福。

婚宴结束。

3. 注意事项

①教堂婚礼加上婚宴,路途可能较远,时间也就显得紧张些,教堂的仪式大约一个小时。要安排好时间和交通路线。

②新人要事先对教堂婚礼的细节多做了解,对有关礼仪、规矩和习俗做到胸中有数。

③在进行酒店的布置时,可以将婚纱照的相册放到酒店,在新人没有到达酒店之前,请来宾们欣赏,分享新人的幸福。

【案例2】

教堂婚礼策划方案二

1. 教堂婚礼流程——仪式

①仪式开始,神父到位,播放进场音乐;伴郎、伴娘先进入场地,分两边面对宾客站好;戒童将戒指交给神父。

②随着婚礼进行曲的响起,新娘挽着自己的父亲入场;父亲将新娘交到等候已久的新郎手中。

③全场肃静(停止奏乐),新娘、新郎交换戒指并宣誓。

④证婚人致辞。

⑤仪式完毕,音乐响起后新人退场,宾客鼓掌庆祝并向新人抛撒花瓣。

⑥新人与来宾拍照留念。

2. 教堂婚礼流程——宴会

①乐队奏乐,宾客陆续进入餐厅,可以享用餐前开胃小菜和饮料。

②新人进入餐厅后上第一道菜,侍者们给客人斟香槟,重要来宾致辞。

③开胃菜后,新郎、新娘跳第一支舞。伴郎、伴娘及其他客人随后进入舞池一起跳舞。

④新人重新入座等待主食。

⑤上甜点的同时,继续舞会。

⑥新娘抛花束。

⑦新人在客人们间穿梭对他们的光临表示感谢,提供咖啡及各种餐后饮品。

⑧新郎、新娘一起切蛋糕。

3.教堂婚礼的注意事项

①服装。

教堂婚礼新娘一定要穿白色的婚纱。如婚纱拖尾较长,则头纱应相对简短。头纱的花边在腰部上方即可,这样可以使头纱和白纱的层次得以充分展现,拖尾婚纱的线条显得更为摇曳,使整个人看起来更为高挑。

新郎在婚礼时的正统服装应该是燕尾服,配以红色或黑色的领结。但一般中国男士很少有穿着燕尾服的场合。因此,在我国,多数新郎还是沿用深色西服的习俗,当然,如果有白色的西式礼服也是很好的搭配,王子的形象跃然眼前。新人这样的穿着才与教堂婚礼的气氛协调。

②礼仪。

进入教堂一定要尊重教徒的信仰。在教堂中切忌大声喧哗,切忌吸烟。座椅前的长条地凳是跪凳,乃教徒跪拜时所用,对教徒来说那也是极为神圣的物品,不要随意踩踏。

③婚鞋。

教堂婚礼中,新娘着白色婚纱,鞋的颜色要与婚纱的颜色相协调。金色、银色、白色,这些淡雅的百搭色鞋都是不错的选择。新郎的婚鞋也以搭配和谐为主,尽量以同色系的鞋或比服装深一色的鞋搭配,但不要形成颜色反差,如白色礼服配黑色皮鞋。

④鲜花。

国外的新娘很少在胸前饰花,多在头顶、手腕饰以鲜花,新郎在胸襟装饰鲜花。教堂婚礼的用花以淡雅高贵的颜色为主,如白色的百合花、玫瑰花和香槟色玫瑰花都是教堂婚礼常用的主材花,再配以绿叶和花边辅材,效果就很好。

红色玫瑰花虽然热烈,但绝不适合教堂婚礼使用。还有中式婚礼的"新郎""新娘"喜条也绝不符合教堂婚礼的气氛。所以,红色的花和喜条不要出现在教堂婚礼中。

⑤证件。

婚礼前准备好结婚证书的原件和复印件,这是必不可少的环节。教会只为合法夫妻举行祝祷仪式,这项准备极其重要。

⑥来宾着装。

教会只允许婚礼当天的新娘穿抹胸式婚纱,观礼来宾着装不要太过随意。天热时男士亦应维持绅士着装规则,忌短裤和无袖无领上装。女士忌穿过于暴露的服装。在进入教堂后,通信工具应设置振动或暂时关闭,不要因为一些杂乱的声音影响了婚礼的氛围。

⑦教堂婚礼要求。

教会对前来申请举行教堂婚礼的男女双方有要求和规定:两人中至少应有一人是受过洗礼的信徒,而另外一人也应同意在教堂内举行婚礼,遵守在上帝面前所立的誓约。在教堂举行婚礼,男女双方需向教会申请,婚礼由牧师(神父)主持。在举行婚礼前,牧师(神父)要了解婚礼申请人的人品、道德、宗教信仰,并向他们讲明圣经里有关婚姻及男女相爱的道理,如果发现有重婚等情况,不能为他们举行婚礼。婚礼申请人须先在政府有关部门按法定手续进行结婚登记,结婚证书经教会牧师审查,认为合法,才可为之举行婚礼。基督教婚礼的程序主要有:祷告、经文诵读、婚约问答、誓约、戒指交换、祝福等,每一个程序都有一定的神学意义。

9.2.3 传统民俗婚礼(纯中式婚礼)策划方案

中式婚礼是我国传统文化的象征和代表,近年来的复古风也让中式婚礼重新成为新人关注的热点。随着时间的推移和沉淀,追溯文化根源,重现传统民俗已经成了现代人的新时尚。仿明清建筑之处和古色古香之地是举行中式婚礼的绝佳场所。古城内机动车禁行的政策也为举办"坐花轿、骑高马"的中式婚礼提供了有利条件。

1)婚礼流程

①祭祖。男方在出门迎娶新娘之前,先祭拜祖先。

②出发。迎亲车队以双数为佳。

③燃炮。迎亲礼车行列在途中,应婚庆礼花以示庆贺。

④等待。新郎礼车至女方家时,会有一男童侍持茶盘等候新郎,新郎下车后,应赏男孩红包答礼,再进入女方家。

⑤讨喜。新郎应持捧花给房中待嫁的新娘,此时,新娘的闺中密友要拦住新郎,不准其见到新娘,女方可提出条件要新郎答应,通过后才得进入。

⑥找鞋。之前策划案中已详述。

⑦食汤圆。新娘在出发前,要与父母兄弟及闺中女友一起吃汤圆,表示离别,母亲喂女儿汤圆,新娘哭。

⑧拜别。新人上香祭祖,新娘应叩拜父母道别,并由父亲盖上头纱,而新郎仅鞠躬行礼即可。

⑨出门。新娘应由年高德勋的女性长辈持竹筛或黑伞护其走至礼车,因为新娘头顶不能见阳光,今后要像这位女性长辈一样,过着幸福美满的生活。(注:准备竹圈,并在上面贴上喜字。)

⑩礼车。在新娘上礼车后,车开动不久,女方家长应将一碗清水、白米撒在车后,代表女儿已是泼出去的水,以后的一切再也不予过问,并祝女儿事事有成,有吃有穿。

⑪掷扇。礼车启动后,意谓不将坏性子带到婆家,新娘应将扇子掷到窗外。小男孩将扇子捡起后交给女方家人,女方家人回赠红包答谢。

⑫燃炮。由女方家至男方家的途中,同样要一路燃放礼炮。

⑬摸橘子。新娘子迎新车队到达新郎家时,下车前,由一位拿着橘子的小孩来迎接新人,新娘要轻摸一下橘子,并赠红包答礼。这两个橘子要放到晚上,让新娘亲自剥皮,意谓招来"长寿"。

⑭牵新。新娘由礼车走出时,应由男方一位有福气之长辈持竹筛顶在新娘头上,并扶新娘进入大厅。进门时,新人绝不可踩门槛,而应横跨过去。

⑮射轿帘。花轿停下后,新郎手执弓箭,分别向天、地、新娘空射三箭,取意举箭弓逢凶化吉。这个古老的习俗据说可以驱除新娘身上的邪气,同时还有一层含义,就是要给新娘一个下马威,提醒她在成为新媳妇后要恪守妇道,做一个贤良淑德的好老婆。

⑯踩瓦片。岁岁平安踩瓦片,代表过去如碎瓦一般,要重新开始新的生活,比喻"过去时光如瓦之碎"。另外的意思就是,古时的人们重视男孩,踩碎瓦片的原始意义就是希望新娘不要"弄瓦",也就是希望生男孩多。

⑰跨火盆。放置于大门口的一盆火。新郎和新娘共同跨过了火盆,取意避邪,祈求今后的生活红红火火。跨火盆的传统,相传是为了阻碍"跟尾鬼"跟踪,鬼魅怕火,无法跨过火盆,从此"一火两断"。

⑱迈马鞍。"鞍"与"安"同音,暗示新娘跨马鞍,取其"安全"耐久之意,多放于洞房的门槛上,一世保平安。当新娘前脚迈过门槛,后脚抬起还没有落下的时分,这时由上有父母、下有子女的全人把马鞍抽掉,正好契合了"烈女不嫁二夫,好马不配双鞍"的意义。

⑲拜天地。一拜天地,二拜高堂,夫妻交拜,礼成。

⑳挑盖头。这个仪式是我们最熟悉的洞房花烛夜第一要紧事情。新郎要用秤杆挑下新娘头上的盖头,盖头揭下后,新郎要用手抚摸新娘的头发。秤杆揭盖头意为"称心如意",抚摸头发,则象征白头偕老。

㉑敬茶。向家中长辈逐一敬茶,此时新郎顺便把长辈介绍给新娘认识。此仪式也是承认她成为家中的一员。

㉒交杯酒。用两根红线连接的酒杯喝交杯酒,婚礼上叫作"凤凰三点头""一点头"各饮一口,"二点头"夫将杯中的酒全倒入妻子的杯中,妻再将酒平分给夫,"三点头"夫妻交换杯子饮尽。喝交杯酒象征此后夫妻连成一体,有相同的地位,婚后相亲相爱,百事和谐,同时还含有新娘、新郎同甘共苦的深意。

㉓抛绣球。抛绣球原为男女青年表达爱情的方式,其盛况如日中天甚为时兴。今天抛绣球的形式变成西式婚礼抛花球的传统,寓意分享喜悦,传递快乐。

㉔喜宴。在喜宴上,新娘可退去新娘礼服,换上其他款式简单的红色喜庆礼服向各桌一一敬酒。

㉕送客。喜宴完毕后,新人立于家门口送客。

㉖闹洞房。新人好友故意刁难新人,取喜庆热闹之意,切忌过火。

2)纯中式婚礼场景布置

①服装。新人的服装为凤冠霞帔,或长袍马褂。新娘蒙红盖头,在伴娘的伴随下,由新郎手持大红绸牵着,慢慢地登上花车,到达花轿位置后,新人改乘花轿。

②花轿。花轿是传统婚礼的核心部分。分四人抬、八人抬两种,又有龙轿、凤轿之分。除去轿夫之外,还有笙锣、伞、扇等开始,一般轿队少则十几人,多则几十人,很是壮观。

③请帖。中式婚礼请帖的设计最重要的是要选定主题和概念,图案方面当然有众多的吉祥图纹可以选用,但龙凤图案一定要选用特别的版本以区别于传统的中式。水墨画的笔触有着夸张的韵味,剪纸不妨用镂刻的形式来制作。新人可以采购些中国结、盘花纽、流苏、古钱、玉佩等中国特色的佩饰,会有意想不到的效果。

④桌卡。将来宾名单书写在扇子上作为桌卡,迎宾牌用竹帘来制作,餐巾用盘花纽来装饰。红灯笼作路引,瓦罐用作花器,祝福卡像新年的许愿条一样直接挂在桃花树上。

⑤布置。在婚宴场地布置上需要强调主题和细节,诗词歌赋、昆曲、越剧,有很多传统文化

都可以大做文章。"黄金甲"的富丽堂皇,"青花瓷"的意境悠远,皮影的拙朴,绣品的精美,蓝印花的凝练,找到适合新人自己风格的一定不难。

⑥回礼。中式婚礼的回礼可以采用一些具有中国文化内涵的小物件:青花瓷的杯子,象征着一辈子不变色的幸福,一双包装精美的筷子,传达的是快快乐乐和天生一对永不分离的好口彩,无锡的大阿福泥人是很可爱的礼物,刻上两人的姓氏,印章便有了独特的魅力。

⑦选址。传统的中式婚礼仪式,一般早晨女方家里要办"出嫁酒",中午男方家里操办喜筵。中午的时候傧相帮助男方在堂屋布置好拜堂的场所。

⑧六合桌。多置于院中。说到"六证",其意义是可知家里粮食有多少、布有多少、衣服裁得好坏、容颜如何、账目清否、东西轻重等。官方常有只有"三媒(伐柯人)六证"俱全,桌上摆放斗、尺子、剪子、镜子、算盘和秤,才表示新婚合理合法的说法。等到吉时举行的成婚仪式,就俗称为"拜天地"由司仪主持,一拜天地、二拜高堂、三是夫妻对拜。

3)中式婚礼策划

①花轿起程:在唢呐、舞狮的伴随下,花轿开始起程。

②新娘入轿:新娘应该被自己的兄弟(或表兄弟)背出来送上轿子。

③颠花轿:花轿的路程目前只是走走形式,除非两家特别近。按照惯例是要给轿夫红包的,否则他们会有意颠动花轿,让新娘"好受"(新娘蒙红盖头,在伴娘的伴随下,由新郎手持大红绸牵着,慢慢地登上花车,到达花轿位置后,新人改乘花轿)。

④新娘下花轿:媒人(或伴娘)掀开轿帘,新娘在媒人(或伴娘)的搀扶下走出花轿。

⑤由司仪致开场白(中式贺词),渲染喜庆气氛,感谢来宾(中式贺词)。

⑥请高堂:请出双方父母上台入座(由 DJ 放音乐)。

⑦请新郎:新郎上台站定台中(由 DJ 放音乐)。

⑧迎新娘:由 DJ 放中式喜庆音乐。中式酒店婚礼宴厅门口悬挂门帘,媒人或伴娘掀开门帘,新娘入场。所谓传席也就是铺在地上的红毯,寓意着传宗接代。(如无花轿接送,门口悬挂的门帘也可代替轿帘)。

⑨跨火盆:新娘在媒人(或伴娘)的搀扶下跨火盆,寓意新人婚后红红火火。

⑩射红箭:新郎接过伴郎递上的弓箭,拉弓射出 3 支红箭,第一箭射向天,寓意天赐良缘合家欢;第二箭射向地,寓意天长地久人如意;第三箭射向远方,寓意生活美满爱久长。

⑪跨马鞍:新娘在媒人(或伴娘)的搀扶下跨过马鞍,寓意新人婚后合家平安。

⑫牵红球:新娘在媒人(或伴娘)的搀扶下走上台,伴郎送上红球,新郎、新娘各牵红球一端站于台中。

⑬致证婚词:司仪致辞并介绍证婚人,证婚人致证婚词。

⑭拜堂:一对新人各拉红球的一端正式拜堂。("一拜天地,向来宾鞠躬,二拜高堂,向父母鞠躬,夫妻对拜……")。

⑮挑喜帕:伴郎送上如意秤杆,然后由新郎用红布装饰的如意秤杆挑开新娘头上的喜帕。(从此称心如意)。

⑯敬茶:新人向双方高堂敬茶(敬改口茶)。

⑰高堂致辞:请双方父母代表致辞。

⑱传递香火点喜烛:新郎、新娘的母亲共同点亮喜烛(从此子孙满堂),双方高堂入席。

⑲吃子孙饽饽、长寿面:伴郎将一碗子孙饽饽和一碗长寿面端上。"筷子筷子,快生贵子!"新娘刚动两下筷子,就有人大喊:"生不生?"新娘笑着回答:"生!"

⑳合卺酒(交杯酒):伴郎送上斟满酒的酒杯,新人喝合卺酒,从此恩恩爱爱、白头偕老。

㉑新人进行最后一道仪式——"送神":两人从供桌上取下一套纸钱,放进炭火盆焚烧,之后,婚礼仪式结束。

㉒新人拥入洞房:新人退场,换礼服,后入席用餐,整备敬酒。

㉓即兴演艺或游戏(可有可无)。

㉔宴会结束,新人送客。

9.2.4 中西合璧婚礼策划方案

【案例1】

中西合璧婚礼策划方案——偏中式

1. 前言

爱,是人类永恒的主题,幸福和浪漫与其说是一种意境和情趣,不如说是一种感觉。每次一想到幸福和浪漫这几个字眼,就不由得想起《诗经》里一句很美的诗:"执子之手,与子偕老。"这是对爱情最好的诠释。我们将实在的爱情沉淀为实在的生活;彼此盟誓要互敬互爱,分担忧愁,分享快乐。承诺要互相勉励、互相规劝、互相批评,包容对方的个性与习惯,接受对方不一样的想法,彼此不再分你是男的我是女的,以后一起称为——夫妻。

2. 色系

象征着纯洁的白色,配合抢眼热情的红色,整个设计以中式传统的元素加西式唯美的个性装饰。

3. 婚礼构思

忙碌的现代人,每天都是快节奏地生活工作,但对于新人的这场婚礼,我们以西式元素与中式传统婚礼相结合,打造婚礼新纪元。

4. 婚礼形式

根据新人要求,采用西式迎亲,婚礼大典采用中式仪式。

5. 婚礼仪式

婚礼仪式分为"爱情""友情""亲情"3个主题,通过现场的声、光、影相配的风格,配合婚礼仪式的创意环节,打造出一场隆重、喜庆、热闹的婚礼。婚礼涵盖以下环节:舞狮点睛仪式、传代仪式、弓箭仪式、跨马鞍仪式、迈火盆仪式、掀盖头仪式、上头仪式、结发仪式、拜天地仪式、拜高堂仪式、夫妻对拜仪式、续香火仪式和入洞房仪式。

6. 婚堂布置

①新娘家楼下鲜花布场,整场有大红地毯、幸福花门、多彩编制气球拱门、楼梯栏杆拴五彩气球,楼道粘贴高档喜字组成。

②婚堂背景结合新人举办婚礼的酒店,采用重叠式复式背景,由三面背景墙组成,精心设计的巨幅喷绘,喷绘的内容是各种各样的时尚喜字和喜庆图案,相当于3面巨幅文化墙,同时舞台加以鲜花装饰。婚堂的复式背景前摆放一张天地桌,舞台边上同时摆放一把古筝。舞台两侧站立一对古代新贵人造型。酒店门口摆放二男二女活体雕塑。对于喜道的设计,我们遵循整场婚礼的构思,使用传统的中式婚礼灯笼作为喜道红灯笼布置。桁架搭建的婚亭,以红色纱幔与金色纱幔包装,再以红色鲜花装饰。婚亭后面的红地毯直至鲜花拱门。

③迎宾区。迎宾牌2块、展示墙2面。在新人迎宾处采用红色的玫瑰花装扮,其中加以金色纱幔点缀,利用新人的婚纱照片融入其中。婚典入场券正面宾朋签字,填写联系方式,背面留下宾朋的美好祝福,副券用于抽奖,宾朋带回正券留作纪念。

④酒店门口。喜庆皇家礼炮以及15米彩虹门,四个立柱灯笼和一块大红地毯。

7.婚礼仪式策划

①舞狮迎接新人。

②弓箭仪式。新郎把弓箭射向"执手婚亭"。

③迈火盆仪式。喜郎、喜娘手执花斗走在新人前面撒硬币、花纸;喜娘在新人后面手执花斗撒谷子、豆子和花瓣;新娘在女傧相的搀扶下直接跨过盆子。

④跨马鞍仪式。新娘走到婚堂舞台,新郎前去牵手迎接,女傧相站立在舞台旁。

⑤掀盖头仪式。新郎用红布包着的秤杆挑开新娘头上的喜帕。

⑥结发仪式。新人进行结发仪式,夫妻在亲朋的协助下彼此削下各自的发髻,进行传统的结发之礼,象征着新人从此结发为夫妻,相濡以沫,白头偕老。

⑦拜天地。拜天地:一鞠躬,感谢天造一对佳偶;二鞠躬,感谢地结金玉良缘;三鞠躬,愿天地姻缘传佳话。拜高堂:一鞠躬,感谢父母养育之恩比海深;二鞠躬,孝敬父母美名传;三鞠躬,祝父母寿比南山、福如东海。新人为双方父母敬上孝敬茶。对拜:新人来到舞台中央,最后进行神圣的夫妻对拜仪式。

⑧交杯酒(合卺酒)。

⑨交换信物。

⑩月老送福。两人结为夫妻以后,舞台中间出现一缕神秘的烟雾,月老腾云驾雾而来,为新贵人见证并送上祝福后,为新贵人系上了永不分离的红绸带。

⑪祝福抽奖。新人与来宾进行互动抽奖。

⑫婚礼礼成。婚礼司仪宣布婚礼仪式正式礼成,新人携手走下舞台,奔向美好的明天。退场时派送给来宾的回礼——100份小礼物。

⑬天使献福。8位漂亮的舞蹈演员,跳着欢快喜庆的舞蹈依次站在红地毯的两侧,为新人和所有的来宾献上祝福。

8.音响师婚礼音乐配曲

①热场音乐——《步步高》《我爱你》《酸辣汤》;

②开场音乐——鞭炮声;

③新人出场音乐——《喜洋洋》;

④新人登喜台音乐——《戏说乾隆》;

⑤父母登台音乐——《喜洋洋》;

⑥拜堂音乐——《凤求凰古琴曲》;

⑦敬父母茶——《相亲相爱一家人》;

⑧入洞房音乐——《彩云追月》;

⑨点喜烛音乐——《宋家王朝》;

⑩互换信物音乐——《最浪漫的事》;

⑪来宾互动抽奖音乐——《喜洋洋》;

⑫退场音乐——《哥哥妹妹采茶歌》(注:以上为音乐简配,待婚礼流程定下后,策划编辑一份详细的音乐播放流程。)

9. 婚礼摄像程序

①早晨,到新房拍摄——外景、室内全景、家具、家电、装饰、相册等特写。

②新郎接亲——花车、新郎悄悄话、整理仪表、照喜镜、新娘家外景等特写。

③新娘家——新娘梳妆、闺友密谈、新娘写真、新娘悄悄话、窗前翘盼、亲属祝福、父母摆放东西等特写。

④新郎迎亲——新郎叫门、跪敬茶改口、接红包、叫门应答、送红包、单跪献花、亲吻、新娘穿鞋、抱新娘、新人互戴花、傧相互戴花握手、新人和傧相合影、新郎给岳父、新娘给母亲戴花、新人吃饺子、傧相吃饺子、母亲叮嘱女儿、岳父叮嘱女婿、新人表态、新人与父母合影、新人和娘家亲属合影、新娘和好友合影、女儿与父母拥抱、挥手等特写。

⑤回新房——新人楼前合影、新郎抱新娘上婚车、新娘回望、新娘、婚车等特写。

⑥酒店路——道路风景、标志性建筑、车队等特写。

⑦酒店——拱门、礼炮、朋友们、婚车新人、放礼炮(专人)、新人致意、进厅、婚礼大厅等特写。

⑧婚礼庆典——全程主持拍摄、父母敬酒、亲属敬酒、朋友敬酒、演唱(专人)、现场花絮、父母合影、亲属合影、朋友合影等特写。

⑨外景——草坪、撒花、漫步、谈话、拥抱、亲吻、整妆、照相等专题特写。

10. 其他

①新人备忘录。仪式需要的物品——小玩偶、相框、相册、意义物品等,放在来宾签到台,与来宾分享自己的幸福。还有父母的礼品披红饰物;结发乌木匣;送给对方的信物;来宾互动的奖品等。

②仪式需要的人物——傧相、小喜童、接发执剪人选。

③托盘的使用:敬茶仪式托盘送茶杯上台;新人互送信物时送信物上台;托盘送交杯酒上台;新人退场时手捧托盘派送礼物。

【案例2】

中西合璧婚礼(荷花主题)策划方案——偏西式

1. 婚礼主色调

粉嫩、活泼。以白色和粉色为主,加上绿色点缀。

2. 婚礼场景布置

①迎宾区布置。

迎宾牌以白底薄纱+粉红纱幔点缀背景,上面贴有新人相片,可放烟雾在其中,营造气氛。客人到绿色签名册上签到,桌上放置鲜花点缀和新人小相册。婚礼通道不宽不窄,两边鲜花装饰,一块红地毯伸入大厅中。

②仪式区布置。

主舞台设在大门正对面,小包厢前面搭全场最大的台,由三面幕墙组成,中间以彩色水墨画荷塘为背景,也可做投影,播放重要视频,两侧以白色纱幔为主或镂空花纹道具墙为主。再加上荷花花瓣散落花道、仪式台各处,以达到悦目的目的。舞台上放置透明花瓶,里面注入水,插入荷花装饰花瓶。台下两边可放置钢琴由乐手演奏以增强氛围,达到"悦"听的目的。伸出的T台以透明玻璃为主,可以看到里面的荷花和荷叶,被烟雾环绕着,犹如仙境。T台两边摆放鲜花,以荷花路影为主T台伸到舍得台,舍得台上部用花串装饰,底部用荷花装饰,形成一个大的花台,围栏也用绿色纱幔包裹装饰。

T台继续延伸向前到大树前的副舞台,用气球做一扇心形拱门,拱门后是微型的小舞台,上面一个大的莲花状的花丛,新娘坐于花丛里的垂下来的秋千之中,犹如荷花仙子一般。新娘父亲在一旁等候。

小舞台背景用白色纱幔装饰,把多余的地方都遮挡起来,简化环境。灯光可以放置在T台两旁,也可放置于席间的立柱上面。鲜花装饰立柱,空白的地方用花束装饰。可选用粉色、白色系鲜花为主。

用大型成品喷绘做成的典礼台,喜庆、醒目。典礼台的左前侧放置蛋糕。典礼台的中间设置红色的水浮蜡烛点缀的香槟塔,典礼台的右前侧设置淡粉色的结婚纪念大蜡烛,右侧是预示婚后生活一帆风顺的水浮蜡烛(烛台底座可以适量鲜花装饰)。

③婚宴区布置。

酒席桌面中间摆可以吃的荷花和莲蓬,红桌布体现中式特点。新娘着粉色或白色婚纱和新郎着西装礼服。中间红地毯(入口处鲜花拱门,两侧鲜花立柱装饰)。

3. 婚礼仪式策划

①新人入场、追光、奏乐、彩带、抛气球、放礼炮。(在电脑追光灯和泡泡机、键盘手的配合下,新郎先入场,与婚礼司仪会合)。

②婚礼司仪介绍。灯光转向副舞台,新娘坐于荷花丛中的秋千上宛若荷花仙子,父亲把新娘接下来,立于心形拱门前相互拥抱后,新郎与父亲完成交接仪式。

③主婚人致辞。

④播放新郎制作的求婚短片,全场灭灯。

⑤证婚人颁发结婚证书并致辞。

⑥新郎、新娘交换戒指,三鞠躬。

⑦新人父母上台。

⑧新人给父母敬茶。

⑨双方父母退场。

⑩同学、朋友代表发言或播放 VCR 短片。

⑪新人答谢词。

⑫新人开香槟、切蛋糕（主婚台）。

⑬新人喝交杯酒后离场。

⑭婚宴正式开始（新郎、新娘退场、速食,新娘补妆、换礼服）。

⑮婚宴结束,新人送宾客。

9.2.5　家庭婚礼策划方案

小型的家庭型婚宴以温馨的感觉为主,来宾应该不会太多,婚礼场地的需求也就相应地减少了。家庭型婚宴的布置重点在于营造温馨浪漫的氛围,以精致的舞台为主。入口处的装饰也可以稍微多一点,用一些色彩斑斓的气球装饰,或者用鲜花布置。

1）策划与构思

与酒店不同的是墙面、石膏线等家具装饰不宜结合胶带、枪钉等。可用面积划分主要布置区域:门头的布置区;主厅1（一楼客厅）布置区;主厅2（二楼客厅）布置区;楼梯区;主婚房区;其他（其余房间呼应式点缀）。

2）现场布置

①门头区布置。室外拱门以香槟色布为底,两侧银色亮片布,中间为三个弧形幔+排花;二楼露台处罗马柱位置使用剪纸拉花喜字（纸质）,配以 LED 串灯做出动态效果。门口小树等地方悬挂 LED 灯。大门处绒布材质喜字对帖。

②主厅（一楼客厅楼梯侧面）布置。以香槟色为底,中间悬挂真人"1 比 1"KT 板,一方面紧扣主题,一方面可以遮挡后面的杂物。舞台纱幔以白色为主,用气球搭配出心形,细节处用鲜花打造,舞台不可过大,舞台两侧设置鲜花花亭,营造浪漫温馨的氛围。

③楼梯布置。KT 板制作糖果,绑在楼梯扶手处,楼梯上辅以花瓣点缀。

④主厅 2（二楼客厅）布置。以新人照片的 KT 板为主要材料,以兔子为造型的背景墙,在充满童趣的同时,点缀主题。

⑤主婚房区布置。气球+小物料点缀,婚房门立城堡 KT 板。

⑥其他地方贴喜字或者以气球点缀。

3）家庭婚礼流程

①婚礼司仪宣布婚礼开始。选用《婚礼进行曲》或者鞭炮声为背景音乐。新郎、新娘步入现场。

②新人行鞠躬礼。在婚礼司仪的主持下,新人首先要向双方父母或其他长辈鞠躬;其次向全体来宾鞠躬。

③证婚人讲话。宣读结婚证书,宣布新人婚姻合法,简明扼要地介绍新人双方恋爱的过程,并预祝新人婚后幸福。

④长辈讲话。双方父母或者长辈讲话,向新郎、新娘表示祝贺。

⑤新人讲话。向父母、长辈及全体来宾表示感谢。

⑥婚宴开始。新郎、新娘从主桌开始,逐桌向来宾敬酒。

9.2.6 集体婚礼策划方案

【案例】

"情系金秋、梦圆香山"中山市大型青年集体婚礼活动方案

1. 活动背景

婚姻是爱情最神圣的表达方式,也是矢志不渝的完美象征。在中秋佳节即将来临之际,中山日报社将于2012年10月7日(星期六)在中山市"×××××"举办"情系金秋、梦圆香山"大型青年集体婚礼。组织本次集体婚礼,旨在通过媒体这个大众平台,传递爱的信息,培养青年一代树立科学的婚姻观念,养成勤俭节约的良好习惯。因此,本次集体婚礼,必将开创中山集体婚礼的新纪元。除此以外,借助中山日报等主流媒体的强势宣传和报道,可使贵公司的品牌形象和企业文化植根于消费者的心中,从而进一步提高企业的知名度和美誉度。

2. 主办单位

中山日报社

3. 冠名单位:

"×××××"(待定)

4. 协办单位

婚纱摄影公司、品牌汽车经销商、城区某酒店、美容美发中心、高档首饰专卖店、家具经销商等。

5. 活动主要情况概述

时间:2012年10月7日(星期六)

地点:婚纱摄影公司——"××××"——城区酒店晚宴大厅

参与对象及方式:凡已到婚姻登记中心注册登记(已领取结婚证)而未举行婚礼的夫妇均可报名参加。

参与人数:20对新人,共40人。

媒体采访:中山日报、中山商报、中山网、中山电视台。

6. 集体婚礼具体流程及创意构思:"富足安逸、共享浪漫"

本次活动主要分成三个部分:婚礼仪式(婚典)、花车巡游、婚礼晚宴。当日的(10月7日)具体流程如下:

①婚典前的筹备阶段。

20对新人准时到婚纱摄影公司集中。

新郎、新娘换上事先挑选好的礼服和婚纱。

婚纱摄影公司为 20 对新人进行专业的形象设计(包括化妆和发型设计)。

婚纱摄影公司另一组工作人员到婚礼举办地对婚礼举办场地进行布置并进行音响调试。

(婚礼所需物品应于 10 月 6 日前由双方采购员采购完毕,并于 7 日早上全面准备妥当)。

对新人按报名的先后顺序乘坐相应序号的花车前往集体婚礼举办地——富逸装饰广场。

②婚典。

举行本次集体婚礼仪式(由主持人介绍本次活动的概况和意义,以及参加本次集体婚礼的领导、嘉宾赞助商。证婚人带领 20 对新人宣誓,交换结婚戒指和信物等)。

③巡游。

20 辆花车按照预定设计路线,进行环市花车巡游,最后到达婚宴举办的酒店。

④晚宴。

餐厅工作人员布置场地、进行晚宴流程彩排。

20 对新人稍作休息,化妆师对其进行补妆,更换晚礼服。

新人开始分别迎宾。

婚礼晚宴(包括现场抽奖,嘉宾致辞、新人家属表祝福以及新人表演节目)。

7. 创意构思

(1)婚典部分

①在婚礼举办地——"×××××××",寻找一个景色较好的地方(最好为草地或铺上红地毯),由某协办企业,挑选 8～10 款本店较为高档且精美的产品(家具、汽车等),摆设到景色较好的区域,配合新人身上所穿的婚纱和礼服,让新人在产品前摆出相应姿势,由婚纱摄影公司的专业摄影师为新人拍摄照片(2～3 对新人一起拍摄)。

②20 对新人在宣誓结束后到一个空旷地(按照事先的安排)围成一个心形图案,每个新人用麦克风互相对对方说一句"爱的承诺",然后用深情的热吻象征相互间纯洁、唯美的爱。

③由赞助商分别派出 3 名代表向 20 对新人赠送温馨同心结和牢靠同心锁,寓意新人永结同心,心灵相通(赠送的物品事先由采购人员购买且准备好)。

④每对新人用粉红色信纸写下自己的婚姻愿望,叠成一个简单的心形,塞入一个未吹的气球里,由新郎把气球吹胀,然后由 20 对新人共同牵手放飞心中的梦想。

⑤在婚礼结束前,20 对新人排成两排,20 名新郎向着自己的爱人,一齐高声呼喊"我爱你",新娘手捧绣球,紧闭双眼,然后在主持人的指令下抛向后方上空。

(2)婚宴部分

①婚宴开始前,主持人安排现场工作人员,利用投影幕播放由婚纱摄影公司为 20 对新人精心制作的婚纱照 PPT(婚礼举行前 3 天制作完成),配上优美的婚宴音乐,让现场气氛更加甜蜜、浪漫。

②事先挑选 5～8 对新人在婚宴的过程中分别表演一个较为拿手的文艺节目(也可由其亲友团以祝福的名义为新人们进行表演),由主持人挑选 10～12 对新人分别进行访问(内容主要包括生活趣事、相爱的原因、对本次集体婚礼活动的看法等),可以通过游戏或心理测试的方式验证新人们相互间的了解程度,最后由有关嘉宾颁发或赠送纪念品。

8. 参加婚礼的新人可享受如下待遇及回报

①××领导担任婚礼主婚人、证婚人。

②全免费拍摄婚纱套相。

③赠新郎、新娘婚纱礼服各 2 套。

④豪华蜜月套房、名贵礼品现场抽奖。

⑤免费享受盛大婚礼晚宴以及一桌酒席(每桌 10 位)。

⑥豪华新款小轿车全程接送。

⑦获赠特制新婚礼品及全体大合照一张。

9. 报名方法及收费标准

本次集体婚礼的报名工作现已正式启动,请有意参加的夫妇于××××年×月××日前,持双方结婚证、身份证原件及复印件各一份到中山日报社广告部报名。

可致电:×××××××、×××××××或查阅×月×日中山日报、中山网咨询相关事宜。

本次婚礼接受 20 对新人报名。先报先得,报满为止。

每对新人收费 999 元整。

9.2.7 主题婚礼策划方案

1) 以爱情经历为主题

【案例1】

"爱,一直在"主题婚礼策划方案

1. 婚礼主题:爱,一直在

时光远去,但爱却从未变淡。当这个社会变得越来越物质,越来越现实的时候,希望两位新人可以抛弃社会的世俗,不为社会的现实所动摇,只要相信爱,一切新人都会好起来。无论是年轻时的激情还是成年后的相敬如宾还是老去的相濡以沫,希望两位能够一直记得当初爱的点点滴滴。

2. 婚礼地点:禹城阿波罗大酒店

禹城是新人的家乡,也是新人成长的地方。禹城阿波罗大酒店是禹城第一家五星级酒店,建成于 2011 年。新人希望能够将婚礼举办在这里,和家乡的人一起分享幸福和喜悦。

3. 婚礼时间:2013 年 5 月 20 日

传说:每一年的 5 月 20 日都是爱神降临的日子,同时这一天也是个表白的好日子。希望两位新人能够在今日喜结良缘,从此相互扶持不离不弃。

4. 婚礼场景策划

①婚礼主色调为红色。红色是中国人办喜事常用的颜色。热情似火的颜色也可以带动来宾内心的热情,同时比较容易被长辈所认同。

②树立新人人形迎宾牌。因为主色是红色,最好是红色的婚纱照。

③签到区要用红色桌子,以新人的婚纱照作为背景。

④仪式区婚礼布置婚礼现场时光墙。每一对恋人从相识、相知到相恋都是一部情景剧,如

果可以把生活中的点点滴滴搬到婚礼中,想必一定会吸引现场嘉宾的眼球,同时也可以起到烘托现场气氛的作用。利用该时光墙也可以很好地贯穿本次婚礼的主题:爱,一直在。

⑤设置幸福树。可以在迎宾处放置两棵幸福树,每个来宾到达时,服务人员将卡片送至来宾手中,来宾将对新人的祝福写在卡片上,然后悬挂在幸福树上。想必多年以后也会是一份美好的回忆。

⑥红色地毯。婚礼通道设置红色的地毯。

⑦白色纱幔。因为整个现场是红色基调,如果舞台纱幔也是红色,就显得太沉闷,所以将纱幔设为白色。背景墙上写着本次婚礼的主题:爱,一直在。同时以白色作为背景难免有点单调,可以放置一个心形的花团。

⑧采用欧式柱式白色路引,上面的花朵以红色玫瑰花为主,与主色调相契合。

⑨主桌的花要显示高贵典雅,放置垂吊式的花团,主要以红白玫瑰花为主。

5. 婚礼流程

①迎亲。新郎到达新娘家,遇堵门习俗,这时候新娘团开始刁难新郎,要求新郎团唱情歌,直到新娘团准入为止。进了大门,还有新娘房门,双方人马面对面谈话。新郎接新娘游戏,此时,新郎团处于劣势,通常只有"挨打"的份,必要的功课是每人10个以上的俯卧撑、爱的宣言、情歌数首、回答姊妹们的各种难题。

②找新鞋。寻找新娘的婚鞋,有的新娘不忍心看到新郎出糗的样子,会事先偷偷告诉新郎,婚鞋藏在哪里。一般新娘都是藏在婚纱里面的,新娘藏鞋,有"拜倒在石榴裙下"的意义,稍微为难一下新郎才会让他对得来不易的新娘更加珍惜。

③在婚礼未开始之前,播放音乐《今天是个好日子》。

④新人进场,灯光灭。音乐起,《Could this be love》(艾薇儿)是一首很轻快而又洋溢浪漫氛围的音乐。首先由两位花童将新娘带入场内,步伐一定要稳,缓慢(花童一定要一男一女,分别手提花篮边走边撒花瓣)。其次是新人,伴郎和伴娘在新人后面。

⑤宣读新婚誓词。新人首先宣读新婚誓词,然后在装裱精美的爱情证书上签下各自的名字,或者是伴娘捧着印泥,新人将手印按在证书上,代表对爱情的承诺。

⑥接下来在婚礼司仪的主持下,交换戒指,男女花童各执一根筷子,筷子上面套着戒指,两枚戒指不再互相佩戴,而是通过互相配合交换到对方的手上。

⑦倒香槟。婚礼司仪独白(由一个人的精彩到两个人的世界,在今晚将由两位新人共同注入幸福的香槟酒)。

⑧切蛋糕。在蛋糕上用裱画果酱画上圆,寓意爱情的马拉松长跑结束,从此之后圆圆满满。新人可以把切好的蛋糕分给现场的各位来宾,也可以递给父母表达自己对父母养育之情的感恩。

⑨父母发言。双方父母代表发言并给予祝福,同时新人也要表达对父母的感恩之心。不要太煽情,避免现场气氛过于悲伤。

⑩分享爱情故事。两位新人各自讲一个生活中的爱情瞬间,或感动,或浪漫,或温馨的瞬间。

⑪回忆过去。在婚礼司仪的主持下播放新人的VCR,包含很多重要瞬间,比如相识、相知、表白、求婚、领结婚证等各种细节,令人感动的瞬间,既可以带动现场婚礼的氛围又可以让新人重温温馨的感觉。

⑫抽奖环节。在迎宾处的祝福收集卡抽取卡片来决定今天的 5 位幸运来宾,让来宾说出对新人的祝福,然后送出小礼物。

⑬游戏环节。让新郎背着新娘跑一圈,边播放《猪八戒背媳妇》的音乐。同时,给新人准备好锣鼓,新娘要一边敲锣鼓一边喊:今天我要嫁人了,新郎则喊:今天我要娶媳妇了。

⑭吹气球。(音乐《Nobody knows》,这首歌气势磅礴,最适合玩游戏时播放)找五对未婚男女上台和新人一起做游戏,给一对三个气球,分别让他们各自背靠背挤爆气球,谁先挤爆就会发现气球里有个纸团,上面写着"礼物",就会得到礼物。这个游戏既可以和现场一起互动,又可以使现场氛围更热烈。

⑮新娘传递捧花。(音乐:门德尔松的《婚礼进行曲》,整个乐队以隆重而庄严的气势呈现出富丽堂皇的婚礼主题,表现了有情人终成眷属的喜悦,又传递着人们对新婚夫妻的祝福和对圣洁爱情的礼赞)新娘可以抛弃传统的抛捧花的习俗换而传递捧花。首先在捧花上系一根绳子,然后再拿其他的绳子假装都系在捧花上,让未婚的小姑娘分别来牵,最后只有一根是系在捧花上的。

⑯新人退场,休息,准备晚宴(音乐《Unforgettable》)。

⑰晚宴开始:席间由新人的同学团献上节目,配乐《Marry you》。这是一首特别轻快的乐曲,充满浓浓的浪漫气息,由同学团男女生配成情侣表演。

⑱选用红色婚车,前四辆车上用花朵拼成"爱,一直在"四个字。

⑲婚纱礼服:新娘着白色婚纱,新郎着黑色礼服。

⑳新娘腕花可以起到画龙点睛的作用,选用浅色系腕花,不至于突兀。

㉑新娘捧花采用圆形,显得圆润而又饱满。

㉒结婚请柬采用信封式请柬,印有新人的结婚照片,既具有特色又特别具有纪念意义,在下面附注"爱,一直在"的字样。

㉓摄影师从新人准备时开始全程跟踪拍摄。

6. 婚礼注意细节

①花车车队安排好到位时间、排列顺序、起车时间、路线图,摄像车要有专人安排负责。

②新郎迎亲时带的礼品由专人负责,新郎要将手捧花,新郎、新娘胸花及红包分别带好。

③迎亲车队出发,领车应控制车队速度,要均速,不宜太快,便于摄像。

④婚礼庆典开始,婚礼司仪宣布新郎、新娘入场时,新郎、新娘进场要慢走,前面跟有撒花瓣人员,并要有几处放烟花。

⑤新郎、新娘典礼时的表情最关键,一定要放松、自然,面带微笑听从司仪安排,各个动作要尽量慢一些,给摄影、摄像师留出拍摄时间,在交换礼物喝交杯酒时要面向摄影、摄像师。

⑥典礼后更换礼服,为来宾点烟敬酒开始,首先要给家人中年长的长辈先点烟、敬酒,再给父母、长辈点烟、敬酒,然后给新娘、新郎单位领导点烟、敬酒。点烟时,点一个人就要把一桌点到或让到。

⑦点烟、敬酒后,还需要两家人照相合影,新娘家的人照相合影,新郎家的人照相合影,同学、朋友合影。

⑧要为司仪、摄影摄像师、乐队歌手、演艺人员及帮忙没有就餐的工作人员安排就餐。

⑨宴会结束后,一定要注意安排好送两家客人的车辆,保证每个来宾回去有车座。

【案例2】

"漂洋过海的信"主题婚礼策划方案

1. 策划理念

每个人都免不了对结婚有一番美好的憧憬。把婚礼办得更隆重或更简朴,更温馨或更热烈,与众不同,成了许多人结婚的梦想。由于婚庆市场的逐步完善及其提供的服务越来越周到,加上现代人日益求新、求异的思想,新人们对于"创意婚礼"的需求也呈同步上升的趋势。尤其是对于追求创新、敢于表现、思维活跃的年轻人来说,已经不满足于传统的、中规中矩的婚礼形式。在这个日益强调个性的时代,个性婚礼还未成为主流,所以创意婚礼就显得特别有意义。现今婚庆行业的发展中个性化婚礼的策划层出不穷,有以时间为线的怀旧婚礼,有以场地为特色的唯美婚礼,在形式上标新立异的特色婚礼更是不胜枚举。作为一名策划师,我觉得最好的婚礼策划则需从人出发,细心倾听新人之间的爱情故事,根据新人自身的特质和爱情故事量身定做,选择适合的主题,策划出属于新人自己独一无二的梦想婚礼。

"漂洋过海的信"这一婚礼主题是为异地相恋最终步入婚姻殿堂的新人策划的,通过这场婚礼给他们的故事一个美好的阐述,留给他们一生最美好的回忆。近年来,因全球经济危机影响,各国留学费用大幅降低,出国研习的人群越发壮大,加上各地人口涌入城市这一热潮,导致不少恋人身处异地,经过时间的检验、生活的考验还能保持对这份爱情的执着,这样的感情更需要勇气。"漂洋过海的信"这一主题来源于这些由种种原因经历过异地相恋的新人。信是早期寄托思念的媒介,这些恋人也因为距离的阻隔,只能通过网络和书信来寄托思念。他们的故事就像一封写不完的信,这封写满他们对彼此思念的信,最终在这重要的一刻寄到了对方的手里,花一生时间细细品读。主题中的信也正是恋人身处异地寄托思念的载体,但这一刻这封信可以亲自交到对方的手中,面对面地念给对方听。

2. 婚礼时间

推荐5月到10月,这期间,温度最为适宜。选择节假日方便亲属和朋友参加婚礼。具体婚礼时间可根据新人计划进行调整。

3. 场地选择

新世界紫澜门大酒店。该酒店是沪上热门的婚宴酒店之一,位于上海黄金地标——繁华的南京路步行街尽头新世界城十二楼,总面积近一万平方米,地理位置优越,交通四通八达,方便宾客参加婚宴。酒店五星级装潢,典雅高贵,宽敞明亮。

4. 婚礼主题创意

婚礼采用地中海浪漫风格,以白色蓝色为主色调,信封作为婚礼布置的主要元素。贝壳、沙石装饰婚礼仪式中走过的通道,通道两侧以百合、满天星花艺路引作装饰。酒店顶棚以透明氢气球装饰,增添温馨气氛。迎宾区装饰挂有香槟玻璃瓶的树,玻璃瓶中放有信纸装饰。在场的每桌桌面都装饰有透明蓝色香槟瓶,里面放有写着恋人爱情故事的信纸,宾客能聚在一起细细品读,互相交流。结合地中海风格的欧式烛台进行装饰,烛光、玻璃瓶、透明气球和泡泡等透

明色彩的映射和融合,渲染婚礼色彩,渲染婚礼浪漫氛围。特别的婚礼仪式设计让新人成为全场注目的焦点,也让现场来宾感觉到贴心,营造出一种被幸福包围的气氛。

5.婚礼格调

温馨、浪漫、简约为婚礼的主要格调,旨在给新人创造独有的婚礼体验。

6.婚礼亮点

以信为线索,将恋人异地思念的故事和情感娓娓道来,以微电影的形式开场向在座宾客讲述这对恋人远距离的爱情故事,又以诵读书信的出场方式表示双方的美好恋情。另一方面,把双方的思念融汇成一纸情书在婚礼现场传达给对方,场面唯美,更是为这类恋人量身定制,增进双方感情。以书信为装饰主题,色调清新简洁。突出主题的地方除了装饰和入场方式以外,还将细节方面也考虑其中,比如,婚宴中的食物都取与主题相关的名字,如远方的信,恋你等特色菜名。餐桌上装饰的玻璃瓶放有写着新人相识的故事的信纸,供宾客阅读品味,达到情感上的互动,更能得到宾客的美好祝福。婚礼屋顶装饰的氢气球上写有各国的语言"我爱你",唯美浪漫。采用温馨的烛光仪式,运用光线来调节婚礼现场的浪漫气氛。婚帖的设计、婚礼的现场布置、婚宴的形式上都进行了构想,皆与主题相融合。整个婚礼的策划就像一段故事,向在座的宾客娓娓道来,每一段小小插曲都是属于恋人独有的爱情恋歌。

7.仪式流程设计

①迎宾仪式:宾客于迎宾区签到,填写信纸图案的祝福卡片,并与新人合影留念;婚礼司仪致欢迎词,并宣布仪式即将开始。

②入场仪式(用微电影做引子,新郎新娘出场):

灯光暗,音乐响起。舞台中央的大屏幕上放映新郎与新娘从最初相识相恋的过程,画面切换到双方在不同的地域生活的两个画面,微电影中的旁白以自述形式表达两人在不同的国度(地区)的生活以及对对方的想念和寄托。以时间为线索,引导到最终相遇,至今共结连理。此时电影结束,音乐响起。新郎、新娘以对话的形式诵读写给对方的信,一边缓缓地从舞台两侧出场,聚光灯追随。若新郎、新娘具备才艺也可以表演才艺的方式出场。

新娘步行至舞台前方,新郎站在通道尽头。花童递上蜡烛,新娘与其父亲手捧蜡烛,点燃花童手中的蜡烛,新娘在父亲的带领下走向舞台,来到百合花花艺拱门下,新娘的父亲将新娘交给新郎,并送出殷殷祝福。新娘与新郎互相交换誓言,两人手拿一支蜡烛,将舞台中央的大蜡烛点燃。蜡烛婚礼象征着新人的结合。

③婚礼仪式:主持人上台介绍新人;主婚人主婚;证婚人证婚;新郎、新娘宣读誓言;新郎、新娘交换戒指;新郎拥吻新娘。

④感恩仪式:新郎、新娘的父母上台表达对儿女的祝福和殷切期望。

⑤倒香槟酒仪式。

⑥喝交杯酒。

⑦切蛋糕仪式。

⑧婚宴开始。

在上甜点的时候,给每位客人一张信封图案的卡片,让他们在感觉最甜蜜的时候,写下他们的祝福。

⑨新人敬酒。

⑩领奖环节:让宾客在顶棚的氢气球上寻找写有奖品的气球,由新人赠送奖品。

⑪亲属朋友才艺展示。

⑫新娘敬茶。

⑬新人送客。

8.注意事项

请柬中写明婚礼形式,并附上婚礼的具体地点、交通图及交通到达方式,确保宾客及工作人员能根据请帖的信息准时到场。

婚礼当天,安排婚礼督导,从早跟到晚,安排好婚礼各个环节,尤其是白天迎亲部分及婚礼举办前场地布置的全程督导,确保安全无误。

提前进行现场勘察,确保场地大小构造符合婚礼要求。投影幕大小、投影机流明度要满足要求;由于婚礼对投影视听设备要求比较高,因此要事先对设备进行检查。

烛光仪式要与婚礼司仪事先沟通,因为有很多有关使用蜡烛的规定和限制,要注意可能引发事故的空调设备等。

举行烛光婚礼的新人有关蜡烛的挑选应选择燃烧速度慢的蜡烛,而且事先一定要检查场地的防火设施是否齐备。

提早对现场地形进行了解,根据场地设计现场布置方案;确认装饰品是否缺损,装置是否稳固安全。

抽奖互动环节需安排人员控制现场秩序,防止出现推挤,保持良好秩序。

策划师与司仪要事先进行沟通,该主题策划在主持过程中需要良好演绎去渲染气氛。策划师、司仪及新人之间的良好沟通是确保婚礼圆满举行的必要条件。

9.总结

"漂洋过海的信"这一主题婚礼的策划是以一种亲切的方式向宾客诉说异地相恋的新人从相知相恋到步入婚姻殿堂的唯美爱情故事。在婚礼当中穿插了许多新人与宾客情感上的互动环节,拉近了彼此的距离,带动了现场气氛。策划师更需要懂得倾听,发掘恋人之间的故事去创造出专属于这对恋人的特色婚礼。这个主题的策划送给那些经历过分隔两地的重重考验,坚持到最后一刻步入爱情殿堂的人群。

【案例3】

"网络情缘"主题婚礼策划方案

1.婚礼背景

新人是在虚拟的网络中认识的,大多数人认为网络中的感情是不可靠的,但是不能完全否定网络也存在真实的感情。每个人在这个世界上都是独特的,那么两个人能够牵手共度一生的爱情更是独一无二的,所以每对新人都应该有一个属于他们的婚礼主题。

2.婚礼主题

网络情缘。

3. 婚礼地点和时间

2013 年 1 月 3 日在酒店草坪举办。

4. 婚礼介绍(色调)

因为场地是在草坪上举办,所以主色调是绿色,但是同时也掺杂着甜美的粉红色系。在布置场地的时候同时选择粉色的玫瑰作为主要花卉,以下花卉中会具体介绍。

5. 婚礼形式

"网络情缘"+"浪漫草坪"。

6. 婚礼主题亮点

婚礼的背景板上贴上新郎亲手为新娘折叠的千纸鹤,背景板不够贴的话,可以在背景板的上空,固定住一些绳子来悬挂千纸鹤,将背景板布置成梦幻的公主房间。

7. 婚礼迎宾仪式

宾客在迎宾区签到并与新人合影留念。

8. 婚礼环节具体内容

①主持人致辞欢迎来宾,并宣布仪式即将开始。

②新郎首先出场,此时小天使出现,告诉他,他的公主在幸福门下等着他(旁白配合),新郎跟随小天使走到幸福门前,呼唤着自己的爱人,门打开,一个花童手捧烛台,新娘在父亲的带领下来到幸福门下,新娘的父亲将新娘交给新郎,并送出殷殷祝福。新郎、新娘一起手挽手伴着《婚礼进行曲》,缓缓踏入幸福大道。

③介绍新人出场:主持人用电视访谈的形式对新人进行介绍,在幽默的气氛下,让大家感受到欢快的气氛。

④证婚:证婚人宣读结婚证书并致证婚词(背景:歌曲《童话》高潮部分,泡泡机营造浪漫感觉。蛋糕仪式:歌曲《约定》)。

⑤现场互动:婚礼司仪提问一些关于新人的一些背景故事等,例如猜数字:每组 9 人上台,主持人负责猜数字,猜新郎、新娘确立感情的时间和领结婚证的日期。回答正确的得到相应的礼品。

⑥感恩仪式:把新人从小到大的照片制作成音乐相册,最后是婚礼司仪的出场,播放新人提前准备好的成长相册,主持婚礼仪式。

⑦父母代表讲话:双方父母上台发表自己的想法,表达对儿女的祝福。

⑧新人发表感言:新人对此时此刻的心情,发表感想。

⑨交杯酒仪式:准备两种代表爱情的饮料,可乐代表甜蜜,苹果醋代表酸涩。

⑩灌注香槟塔:晶莹的蓝色是新人最喜欢的颜色。注意场景的烘托,泡泡机和婚礼司仪旁白要到位。

⑪切蛋糕仪式:新娘准备了一份礼物送给新郎,给新郎一个惊喜,新娘自己讲出送礼物的含义。新郎也同样有一份礼物送给新娘,新郎的礼物上场(蛋糕)。新郎深情告白最后由婚礼司仪引领,共同切蛋糕,彼此喂对方吃一小口,寓意甜甜美美。

⑫新娘抛绣球:将俗套的抛花球改良为扯丝带。

⑬仪式结束,婚宴开始。婚宴分为两个部分。采用中西结合式,长辈们在酒店的包间中用餐,年轻的宾客在草坪的游泳池旁边用餐,以西餐、冷餐会为主。

⑭新人敬酒。新人给长辈们和到来的亲朋好友们敬酒,接受亲戚朋友的祝福。

⑮许愿仪式。新郎、新娘许愿,立下誓言,永远恩爱。永结同心,孝敬双方父母。

⑯新娘敬茶。新娘给自己的公婆敬茶。

⑰婚宴结束,新人送客。新人与宾客合影,并欢送宾客。

9. 婚礼场地布置

①酒店草坪婚礼入口:由一扇充气龙凤拱门横跨正门。

②签到台用纱艺及粉色鲜花装饰,凸显主题温馨淑女系,让每一位到场来宾提前感受现场气氛。同时可以在台前与新人合影留念。

③迎宾牌用新人照片设计成网络流行的样式,桌子上加粉色荧光纱艺及粉色玫瑰花装饰。

④幸福鲜花门。用半鲜花门装饰,粉色玫瑰加百合为主,寓意新人百年好合,白头偕老。幸福门过道白色两米宽地毯,撒上鲜花瓣,两侧加烛光,新娘会在上面走完作为少女的最后一段路程;地毯两边是10对鲜花路引,寓意新人一路有朋友和亲人相伴。

⑤餐饮区每桌以新人喜好区别桌次,建议按花名命名,例如玫瑰、百合、牡丹等。主桌用鲜花装饰造型设计,桌位上桌布椅子套粉色,配白色椅背纱(蝴蝶型)。

⑥仪式区采用粉色纱幔背景,再加上六根鲜花花柱,凸显出大气及浪漫的喜庆色彩。舞台两侧一对泡泡机随时增加现场浪漫气氛,舞台右侧是心形烛台,左侧是香槟酒,香槟酒塔中点点的荧光冰块,在香槟酒倾注的时候,闪闪发光,就像新人的生活一样五彩斑斓。蛋糕周围是鲜花装饰的花艺,香槟塔周围有鲜花和纱点缀,凸显出浪漫和温馨的喜庆氛围。

10. 相关配合单位

①鲜花店:仪式现场布置,宴会现场布置,婚车布置,手捧花(新娘、伴娘)。

②制作印刷店:请柬、迎宾牌、指示牌、桌卡、席位卡、签到簿、回礼包装等。

③礼服店:新郎、新娘、伴郎、伴娘、司仪礼服。

④小型乐队:3～6人。

⑤婚车车队:数量、型号、颜色等。

2)以色彩或季节为主题

【案例1】

"蓝色之爱"主题婚礼策划方案

1. 创意介绍

在西方文化中,水是荡涤人心灵的最纯净的介质,在中国也有"清水出芙蓉"的美好诗句流传。亲水的情结是许多人儿时的梦想,以水为主题,以蓝色为基调,打造一个至真至美的关于爱的童话故事,所有故事都以水为中心层层展开,用情感拨动每位来宾的心弦。

2. 婚礼概述

白色玫瑰和绿植的清香,大海的蓝色充满了整个大厅,亦真亦幻,深沉、博大的蓝色使人间与大海相连,宜人的气息穿透来宾热烈的掌声,飘逸到海底深处海洋公主的身旁。浪漫、梦幻的气氛让每一位来宾仿佛置身于爱情的童话国度。此时,每个人都期待着美丽公主的出现,她的那位白马王子又将以怎样的方式与她携手今生呢? ……两条充满灵性、活泼亮丽的小金鱼,在两位美丽天使手捧的玻璃器皿中欢快地畅游着,新人接过这来自童话国度的祝福,在许愿池前将自己一生一世的承诺告诉给这可爱的精灵,共同将这份爱注入圣洁的池水中,从此一生不离不弃,永浴爱河,开始爱情旅行! 幻彩的灯光,震撼人心的乐曲,将这一刻永远定格在所有来宾心中。

3. 场景设计

①主典礼台:根据新人的要求,并运用今年婚礼最具时尚的设计元素,将演绎完美爱情的舞台打造成纯美、炫目的爱情与个性的展示空间,亦真亦幻、唯美浪漫。

第一,主背景:纯净的白与象征爱情博大的蓝是主典礼台的背景,利用专业舞台灯光把背景装点得层次分明,让背景更具时尚特点,与整个婚礼的主题相呼应。

第二,典礼台左侧:由鲜花点缀的礼桌上放置一个晶莹剔透的许愿池,池中漂浮着嫩黄色花瓣,随着灯光的摇曳泛出五彩的光晕。

第三,典礼台右侧:礼桌上架起一个鲜花的千世姻缘池,千世姻缘从此刻因爱而飞翔! 池水的光芒交相辉映更加突出了婚礼的唯美和璀璨。

第四,典礼台外侧:放置一台高流明的投影仪,播放着新人的爱情故事,让所有来宾沉醉其中。婚礼上的每一幕都将展现在所有来宾的眼中,使大厅里每个角落的来宾都能感受此刻的难忘和感动。

②通道:铺满鲜花的海浪之路,引领新人走向主典礼台。通道两侧是高贵神秘的8根蓝色水柱鲜花路引,将走在幸福通道上的新人照耀得美轮美奂。

③典礼区入口:设置一间蓝色的海洋公主的绣房。它和路引、主典礼台的设计格调一致,相互映衬,完美地营造出了海洋的味道。

④在主婚礼大厅两边的四根柱子之间,用蓝色的薄纱相连,在柱子壁灯的映照下更显得温柔迷离,屋顶上装满蓝色的薄纱从舞台处一直与海洋公主的绣房纱亭相连,纱亭里吊椅上就是今天最幸福的新娘。

⑤大厅入口:签到台和新郎自己制作的卡通婚礼指示牌。

4. 婚礼流程

①开始前的暖场。大厅主灯光熄灭,《心有独钟》的音乐响起,两部追光在来宾中闪烁扫动,幻彩的主典礼台灯光奇异变幻,将所有来宾的视觉、听觉唤醒,用感官的冲击告诉来宾:今天的婚礼将会是与众不同的、引人入胜的,期待感油然而生。婚礼督导与来宾交流,讲解今天婚礼的安全注意事项,调动来宾做婚礼前的热身,为婚礼作最后的准备。

②开场白。欢快、跳跃的音乐结束后,浪漫的乐曲响起,舞台的灯光停止了闪烁,追光投向舞台一角,主持人来到舞台一角,简短讲述爱情故事:"在大海的王国里有一位美丽的公主,今天她要和一位多年来一直对自己心有独钟的心上人开始爱的旅行了……"在主持人的示意下,昏暗的大厅里,公主的纱亭首先亮起了闪烁的灯光,映照着待嫁公主幸福的脸庞,吸引了所有来宾的眼球。

③主持人讲述在公主面前这条铺满鲜花的银色海浪之路,这是一条通向幸福的最后一段旅程,在这段路的另一端等待着公主的心上人。在主持人的示意下,从纱亭开始向舞台方向逐

一燃起灿烂的烟火,幸福通道两边亮起蓝色水柱,水中是上下游动的小鱼,烟火和灯光逐一亮到舞台两边的烟火燃起的时候,我们看到帅气的新郎出现在来宾的视线里,所有的来宾用掌声迎接王子的到来。

④此时此刻,追光灯分别投向鲜花海浪之路的两端,那是一对心心相印的恋人,他们深情地互相望着对方,海浪的声音充斥着整个婚礼大厅,荡涤着所有人的心灵。我们仿佛一下子真的来到了海边,共同见证着一对多年相恋的爱人最珍贵的时刻。

⑤舞台上专业的干冰机制造出效果。新郎犹如踏着海浪去迎娶他的新娘,面对着自己的美丽新娘,新郎说不出的欣喜和感激。在主持人的引导下,在来宾的掌声中新郎深情款款地手拿鲜花走向自己的新娘,在海蓝色的纱亭前新郎深情地献上自己亲手制作的手捧花,亲吻新娘的纤纤玉指,掀开新娘的洁白头纱,牵起自己心上人的手,踏上新的爱情旅程。

⑥互赠婚戒。教堂般神圣的音乐响起,天使手捧荧光戒枕(透明的杯子)将两枚晶莹的婚戒送上,新郎拉起了新娘的纤纤玉手,将婚戒戴在了她的手指上。这浪漫、温馨的一幕最终在灿烂的焰火中,在新人的热吻中得到了永恒的升华。

⑦永浴爱河。

⑧千世姻缘。

⑨亲情展现。新人道出在自己成长过程中父母倾注的关怀和爱护,新人虔诚地为父母献上一杯香茗,感谢父母一直以来对自己的关怀和爱护。新人和父母共同走上舞台,留下全家幸福的合影。

⑩婚礼特别嘉宾致辞。(此婚礼不再安排证婚、主婚讲话,保持婚礼的整体性和连贯性)

⑪感谢来宾。感受着亲朋好友的祝福,体会着爱情的甜蜜,新人不能忘了朋友们的支持和关怀。真挚的谢意、温情的话语表达着对每位来宾的感谢。

⑫主持人一段讲述后,《心有独钟》的音乐再次响起,那是第一次新郎爱的告白,也是新郎对新娘一生的承诺,新郎拉着新娘的手再次唱响这永生的诺言,走向新的爱情旅行。

5. 婚宴流程

①新人换装后上台,由新郎父亲讲话感谢来宾。

②主持人邀请所有来宾全体起立,共同举杯祝福新人。

③婚宴开始。新人依次敬酒,敬酒结束后换装恭送来宾。

【案例2】

"爱在春天里"之油菜花田园风格篇主题婚礼策划

1. 前言

在马国福的《作为草根的油菜花》文章中曾有这样一段话,"三四月的时光里,你只看见千朵万朵的黄花攒足了劲在田野里肆意地开着。你没有看到它们以种子的物态钻入地下时,如何隐忍着春寒,默默地蠕动,抱着咬定大地的信念,在破土而出的那一刻,把春天一毫米一毫米,一厘米一厘米地抬高。"文章中表达出油菜花的坚韧、执着、纯真、生命力旺盛、团结、不媚俗的品质,正寓意着爱情的真谛,同时也表达出美好的事物一旦脱离本身的土壤,失去自然的本性,成为世俗的附属品,就丧失了生命力,这就好比婚姻就像油菜花一样,而爱情则是肥沃的土壤,若是失去了爱情的婚姻就如同失去土壤的油菜花,就会丧失生命力,失去最本质的纯真。因此,此策划是以"爱在春天里"为主题,油菜花为中心的田园风格婚礼。下面就让我们详细地将此类婚礼进行阐述。

2. 婚礼概况

春光明媚,万物复苏,很多相恋已久的恋人都乐于将自己的好日子选择在春日里,象征着富有生命力的爱情。因此春日主题的婚礼在市面上形形色色,琳琅满目,婚礼主题自然都如百花齐放般的出其不意。而本主题婚礼主线为油菜花,旨在策划一场关于油菜花的田园风格的婚礼。以油菜花为主线的婚礼主题可有如下几种选择:爱在春天里、爱洒春日、爱和春天有个约会、情定四月天。

3. 婚礼整体流程

①婚礼前期准备。

第一,婚礼现场设计构思。

场地选择:首先将婚礼拟定为室外婚礼,选择一块较好的油菜种植基地,以油菜花田为婚礼场地。(最后是周围分散着油菜花田,中间一块空地作为婚礼现场)

颜色选择:纯洁、朴素,富有生命力的爱情,以嫩黄色、白色、淡绿色为主色调,以营造出一种清醒自然的感官享受,白色和淡绿色主要体现出清新之雅,低调不俗媚,而嫩黄色却能点缀这些清新感,跳跃的颜色使现场色彩上不显得沉闷,反而显出春日里的活泼,且显现出本主题油菜花的本色,使主题与场景互相烘托,渲染气氛。

形式:偏西式,而中间穿插中式婚礼内容,中西结合,恰到好处。

场地区域划分:按照来宾的签到顺序,将婚礼现场划分为三个区域,分别为礼宾签到台、仪式区域以及宴会区。签到区用于来宾签到所设,仪式区则是非常重要的区域,可以舞台形式设定,且将位置放置于中间地带,宴会区则是体现细节的地方,因此将宴会区设定为环绕着仪式区周围的圆环形式,使婚礼氛围更加具有温馨亲近感,就像在进行一场家族聚会。

第二,婚礼前期准备。

手捧花准备:可选择春日里开的鲜花,且主要色调偏清新为主。

腕花:腕花可选择用白色、绿色绸缎绳子缠绕油菜花,给每位来宾系上,以让来宾有参与感和温馨感。

胸花:新郎的胸花可以新娘的手捧花的鲜花材料制作,以凸显相互照应的寓意。

婚车的准备与装饰:车花也是婚礼中的细节,不可忽视,花车的细节也一样不可忽视。新人在下车后可在婚车边留念合影,算是讨了个吉利好彩头。婚车的花艺布置也要符合婚礼主题色调,婚车上同时可放一些小装饰,比如说玩偶,新人合照之类的。

请柬设计:请柬需要沉稳清雅的设计理念,可在请柬中添加新人婚纱照,以及新人的爱情宣言以表达对来宾的诚意和敬意。

喜糖盒设计:喜糖盒设计可以呼应春天的主题,设成七彩色,温暖、田园,色彩斑斓渲染结婚气氛。

②现场流程。

来宾签到;

奏乐;

司仪致辞宣布婚礼开始;

播放新人视频;

由新娘父亲将新娘带入会场,引至新郎身边;

司仪与新郎新娘进行互动,交换戒指;

游戏互动环节,将腕花上标号相同的人叫上台玩游戏;

亲朋好友来串门,邀请新郎、新娘的亲朋好友上台来表达对新人最真挚的祝福;

放飞心愿环节,将载满祝福的气球放飞,互动现场观众一起放飞。

4.婚礼现场布置

①现场入口:摆放拱形门,主要给来宾留下第一印象,当来宾看到拱形门,就能感受到此次婚礼的风格气息,也就是引导来宾客观感受的作用。拱形门上可用气球以及花卉点缀,突出婚礼主题。

②停车牌:在停车场附近摆上富有特色的停车牌,以油菜花等春天开的花点缀,且标出新郎、新娘的姓名,以指示来宾正确路线。

③现场入口指示牌:需标明婚礼时间和新人姓名,可用一块欧式工艺风格木板,营造出清新脱俗的效果,也给人很清爽温馨的感觉。

④礼宾区——背景墙:采用婚礼主色调(嫩黄色、白色、淡绿色)相同的颜色布置,采用精致小巧的花艺组成装饰。

⑤礼宾台:与婚礼主色调相搭配布置,采用浅色布艺及花艺组成装饰,可用米白色桌布,桌子上可摆放花艺,可以油菜花为主,放置木制工艺点缀签到台。在签到簿上可留白,让来宾写下对新人的祝福。待来宾签到完毕后,可让来宾随即抽取腕花,每个腕花上都有标号,后面可以作为互动环节所用,选取号码相同的两人进行游戏环节。

⑥合影区:可供新人及亲朋好友再次合影留念,更是婚礼的第一处美景,可以让来宾在第一时刻感受到婚礼的氛围,可为婚礼大大增色。合影区可用鲜花排列成爱心形或者"LOVE"字样,使整个合影区更加显得引人注目,成为一道亮丽的风景线。

⑦表演区:在宴会区和仪式区交界处放置表演区,可以进行乐队表演或者放置音响设备。届时可播放田园风的音乐,或者轻快的乡村乐曲,如《You belong with me》此类的歌曲,以突显婚礼主题。

⑧路引:用于引路,可用花卉缠绕边缘,上面摆放心形挂饰,在拱形门和宴会区处引出一条路,体现出神圣感,此路也可为新娘出现而铺。

⑨礼宾座位摆放,为斜插式面向宴会区,周围可以自助餐形式摆放食物和饮料。放置一张主桌,上面放置香槟塔和蛋糕等。

5.设计创意细节

①新娘手捧花和新郎胸花的相互呼应。

②新郎的纽扣花:选择较适合的花朵,做成纽扣花,使新郎看上去精神抖擞,意气风发。

③蛋糕花:将可食用的花瓣随意撒在结婚蛋糕上,使得结婚蛋糕瞬间变成一件艺术品,也

体现出春天的气息,和婚礼主题相呼应。

④喜糖:可选择水果口味或者花卉口味的糖果,在微小的地方也能让宾客感受到浓郁的田园春日气息,以此增添对婚礼的好感度。

⑤在婚礼现场可现场制作新人手模,以体现新人心手相依,心心相印。

⑥明信片:在婚礼结束后,新人可向每位来宾寄出一张感谢的明信片,以表示感谢,也为婚礼取得圆满结局画上一个句号。

3)以空间为主题

【案例1】

草坪婚礼策划方案

1. 主题策划

①主题:尊贵、时尚、浪漫、圣洁。

②主色:红、白、紫色。

③主要装饰品:红色地毯、白色/粉色/金色缎带、紫色纱幔、绢花铁艺拱门等。

④创意简约说明:白色象征着婚礼的纯洁和神圣,是西式婚礼的不二选择。采用局部紫色调布置更添高贵、浪漫,使气氛中增添了独特的梦境感,寓意二人幸福的梦想终于在这一天成为现实;粉色轻盈飘逸,暖意柔和,浪漫唯美,与新娘的气质相互辉映,十分符合女士天马行空、喜爱幻想的特质;运用彩色花瓣及白色羽毛作为除了礼服之外的婚礼布置,在婚礼中并不常见,是大胆的创意之一。为达到理想的效果,对羽毛的色泽、材质和造型都有一定的要求。红色是传统中国婚礼中运用得最广泛的颜色,象征着喜庆、热烈,在本设计方案中,还意味着爱情的浓烈;本方案西式婚礼的圣洁添加中式喜宴的红火,再以欧式风味的饰品作点缀,打造另类温馨庆典。金色是永恒的流行色,不仅标榜了时尚,也继承了传统的富贵之气。在红与白这两个对比鲜明的色彩中间以金色进行调和,成为二者的过渡与点睛之笔。缎带、蝴蝶结是女生的最爱,光泽饱和的缎带立体感强烈,视觉效果好而成本也较低,而流光溢彩的蜡烛也可以体现同样效果,将所有宾客置身于烛光晚餐的浪漫情调中。飘逸的缎带和跳动的烛火,使会场整体布置灵动起来,赋予了生命。

2. 会场布置

①迎宾牌:使用长脚立式迎宾牌,缀以用珠光白色或淡绿色缎带包扎好的常春藤和白色羽毛,制成瀑布式下垂样式,用料需丰满。迎宾牌用内附精美写真内容:"2013年我们结婚啦!"下附新郎、新娘名字。

②迎宾台:长方形桌子2张,上面铺红色桌布及精美台花一个;全新2本红色嘉宾签到簿,签字笔2支。全新透明玻璃长形立式容器1~2个(装礼金红包用),容器下部系金色宽缎带。摆放宾客名单卡片(奶白色)。宾客到场签到后,持写着自己名字的卡片跟随引座员前往自己的席位就座。若还有多余的空间,可摆放1~2盘喜糖、喜烟。

③宴会会场铺红地毯。从入口处开始,间隔摆放2~3个精美绢花拱门,形成一条通道一

直延伸至中央舞台处。(客方引座员要注意提示来宾不要碰触及损坏拱门绢花。)

④餐桌使用米白色或绿色桌布,座椅也使用同色椅套(如果可以,每个椅套背面系一朵波斯菊或紫色绢花)。使用白色餐具(筷子为黑木样式),米白色餐巾(叠好以后横躺着放,不要立起)上面撒上红玫瑰花瓣作点缀。另外每桌摆放一份台花,在台花四边摆放的宾客名单卡上写明每一桌安排好的宾客名字。宾客名单卡用奶白色。

⑤每张餐桌上放置2包喜烟、2个打火机;雪碧、可乐各1瓶,啤酒2瓶,瓶口均系金色细缎带;每个座位上喜糖1~2盒(酒店每桌提供两个打火机,其他物品客人自理;若预算允许的话可以自行设计喜糖盒,最好为奶白色)。

⑥舞台风格。背景以红、白、紫三色宽缎带做布置,间隔从上方垂下,拖曳于舞台上。其间点缀已穿了白色羽毛及彩色珠子的银色长线,从上方垂下,或长或短,距离或宽或窄。舞台顶端搭个架子,用常春藤缠绕,略垂下各色缎带和羽毛珠帘,舞台四周摆放金色或白色艺术立柱,柱顶摆放各色花球,垂下常春藤。新人自制婚照展架背景可以立在舞台前沿。

⑦舞台上侧设置投影仪和投射屏幕,另一侧摆放音响设备,由会场提供无线麦克风2~3个。

⑧会场四个角落均摆放大花篮。

3.婚礼流程

①新娘化妆。相关负责人带领新娘去化妆,并打电话通知新郎。

②花车装饰。车队负责人带回捧花和胸花,到达车队集合地。

③所有车辆在集合处排序,每个司机发一张路线图,负责给每个司机发一份礼品(包括摄像师、摄影师)。

④出发接新娘。摄影师、摄像师坐摄影车,新郎、伴郎、司仪坐头车,接亲人员坐第二辆及第三辆车,车辆总管坐车尾,车辆全去。安排人员负责四样礼,同时携带鞭炮、礼花弹、彩带、红包、散装烟、糖。婆家其他人员在新房等待接回新人。

⑤到新娘家。工作人员负责给门卫送一包喜烟、喜糖。到新娘家后,先放鞭炮一挂。新郎下车,等接亲人员集合后,开始挤门(声音要大,用力要小,不要把门挤坏,尽量用红包和甜言蜜语攻关),进入娘家后,献花、带胸花、找鞋、穿鞋、吃荷包蛋、与父母、亲戚合影。

⑥车队开始调整车序。新郎在娘家时,车队进行调整车序。头车调整的位置要方便新娘上车和车队出发。

⑦接新娘出来后。工作人员打礼花弹、撒花、喷彩带。新娘应在花车后排居中坐,伴娘在右,新郎在左,伴郎在前排。

⑧从娘家开始出发。新娘家的送亲人员在第2、第3、第4辆车,接亲人员坐后几辆车。

⑨到新房。新娘下车时工作人员放鞭炮、打礼花弹、喷彩带、撒花等。新郎接亲人员招呼娘家人及接嫁妆。(到酒店后,招呼娘家送亲人员到宴席座位,注意全程招呼。)

⑩从娘家出发时,挂门帘的亲友携带好门帘,跟随司仪坐第2辆车,到新房后应先挂门帘(准备红包),然后进洞房。

⑪在新房安排照相、摄像。新郎、新娘和亲友、同学、同事,家人合影。

⑫出发到酒店。车队全部去,所有人都乘车去酒店(注意不要将东西忘在车上)。负责招呼娘家人上第2、第3、第4辆车(上原车)。

⑬准时到酒店门前迎接新郎、新娘车队。放鞭炮、打礼花弹、彩弹。在门口迎接嘉宾。

⑭仪式开始。司仪宣布婚礼开始;新人就位(奏乐、两个礼花弹从两侧喷向新人上方,有条件的可以用鲜花花瓣抛撒);证婚人宣读并颁发结婚证;新人交换结婚信物;拜高堂并改口;新人互拜;向来宾鞠躬答谢;双方单位领导致贺词;双方家长代表致答谢词;来宾代表致辞;新人喝交杯酒;婚礼礼成,喜宴开始。

⑮新娘换完衣服后,尽快敬酒,由娘家长辈开始,由新郎给娘家人敬酒,新娘给婆家人敬酒,不认识的亲友,应相互介绍,并改口。

⑯敬酒结束后,新人应在门口送客人和亲戚,留下的车送人及物品回家。

⑰送客结束后,负责新人以及帮忙的人员用餐。

⑱负责送还婚纱。

4. 创意细节

①温馨的座位卡。在每个宾客的餐位前放一份小礼物,比如,如果是草坪婚礼,除了平时多数采用的鲜花束以外,可以放一只憨态可掬的小羊,并写上"欢迎你的到来"这样的贴心话。

②晶莹的冰雕。如今,冰雕出现在婚礼上不足为奇。在餐宴的布菲台上,用冰雕成一种对新人而言非常有意义的形状,或者是新人的宠物,或者是新人自己的形象都很有新意。

③婚礼卡通。制作一个卡通形象作为新人爱情的象征,把它印在婚礼仪式装饰上。分享新人的爱情故事,让婚礼司仪在举行结婚仪式时讲述新人的爱情故事,让所有的客人见证新人浪漫的爱情。

④个性主婚用词。婚礼司仪问在座的宾客是否同意新人的结合,宾客们一定会高兴地鼓掌并大声的叫喊:"我们同意!"

⑤甜蜜祝福。在上甜点的时候,给每位客人一张卡片,让他们在感觉最甜蜜的时候,写下对新人的祝福。

⑥铺设甬道。为新人婚礼仪式中走过的甬道做一些小装饰,比如:撒上从海滩上捡来的贝壳,或者撒上一些秋天的红叶。

⑦亲自派送礼物。不要让每位宾客去领取礼物,把礼物亲自送到每位宾客的手上,这样新人可以和所有的宾客交谈,并接受他们的祝福。

⑧爱的箴言。把新人如何相遇的故事写成卡片放在餐桌上,这样宾客会聚在一起细细品读,互相交流。

⑨播放新人成长经历的录像。用幻灯机或者制作一个简板,把新人从小时候一直到现在的照片在婚礼上展示出来。

⑩个性花饰。把新人所在城市的市花作为婚礼上的装饰花朵,或者新人结婚所在地的花材作为新娘婚礼上的捧花的组成部分。

⑪散播爱的语言。在点心碟上题上有趣的或者感人的词语,比如:新人名字的字母组合,或者像"钟爱""珍爱""幸福"这样的新婚题词。

⑫展现新人的爱情足迹。在婚礼仪式中,可以引用新娘和新郎谈恋爱时写的浪漫卡片或者情书中的片段,来展现新人的爱情足迹。

【案例2】

沙滩婚礼策划方案

1. 婚礼基调

从爱琴海吹来的浪漫旋律,清新怡人的海滩婚礼,一切灵感都来自蔚蓝的海洋。那么,蓝色绝对是唱响海滩婚礼的主题。抛开传统婚礼的矜持与束缚,蓝色海洋、蓝色的薄纱、蓝鸡尾酒,海滩婚礼的基调一切都是那么洁净清透,令人心驰神往。粉色遇蓝色,公主梦幻般的温馨感觉与醇香爱情的完美演绎,在烂漫的沙滩婚礼上,营造别具一格的韵味婚宴。新娘就像童话故事里走出来的公主,与王子举行了盛大的婚礼,之后过着幸福快乐的生活。

2. 婚礼时间

2012年10月1日下午,秋初,是举行海滩婚礼的好时节。一般来说,举办这种形式的婚礼都会选择黄昏时刻,看着夕阳西下时的美丽景色,承诺牵手一生的誓言。

3. 婚礼地点

选择热带或者亚热带的北海银滩,那里风光宜人,而且气候更为温润,昼夜温差不大,可以全天狂欢。

4. 婚礼流程

①迎接嘉宾。芬芳艳丽的鲜花拱门下,高贵典雅的新娘身穿洁白的婚纱,手捧鲜艳的捧花和帅气稳重的新郎肩并肩在沙滩迎宾区处喜迎嘉宾的到来,拱门的两侧布置新人主题浪漫迎宾海报,帅气的伴郎和漂亮的伴娘分列在新郎、新娘的两侧迎接嘉宾的到来。(婚礼现场重复地播放浪漫的音乐。)

②创意沙画比赛。在碧海蓝天的背景下,新人及宾客在事先准备好的场地内充分发挥自己的想象力进行沙画创作,悠扬的音乐缓缓地流淌着,共同为新人送上最诚挚的祝福。

不参加沙画比赛的宾客可欣赏具有当地特色的文艺表演,并品尝准备好的特色美食,中途也可观看比赛进程,并提出自己的建议,最后宾客可参加沙画比赛的优胜者投票,获胜者可获得神秘大奖。

③进场前的准备。

a. 现场停止播放音乐,婚礼主持人、婚礼督导、音响师、摄影师、灯光师等各就各位准备婚礼庆典的开始。

b. 新郎在鲜花道路中间等候,新娘的父亲手挽新娘在入口处等候进场。

④开场。开场序曲→婚礼倒计时(配乐—霍斯特《欢乐使者》),一段悠扬而又舒缓的钢琴曲拉开婚典的序幕(时间控制在1分钟之内)。

司仪登台(立即更换配乐为:班得瑞乐团 HYMN《赞美诗》),致欢迎词(时间控制在4分钟之内),深情旁白中(立即更换背景音乐为班得瑞乐团 Give me your hand《执子之手》),新娘的父亲手挽新娘走近新郎(时间控制在3分钟左右)。

新娘的父亲把新娘交给新郎(音乐声加大,司仪不说话)。

司仪欢迎新人致辞,随着所有嘉宾祝福的掌声,美丽的新娘和英俊的新郎缓步进入沙滩婚宴会场→踏着庄重的旋律(立即更换音乐)婚典仪式正式拉开帷幕。

司仪简短介绍新人,新婚盟誓仪式,注意用语简洁。

司仪致辞,新人切蛋糕仪式,注意简洁。

司仪致辞,新人倒香槟仪式,注意简洁。

司仪致辞,新人交换信物仪式详细流程如下:小天使拿着新人的信物走向新人→新人互赠定情信物→新人高举双手展示爱情钻戒→全体嘉宾送上祝福的掌声→此时,司仪宣布新郎吻新娘→新郎深情地吻新娘(配乐:《等我爱你》高潮版)→冷焰火燃放。

司仪致辞,证婚人证婚仪式。

司仪致辞,海滩婚礼走道处,双方父母携手缓步来到舞台,三拜仪式(配乐:感谢爸妈)。

新娘父亲作为家庭成员致欢迎词。

新人与双方父母共同举杯答谢谢嘉宾的到来及祝福。

新人全家退场,嘉宾散场(配乐)。

来宾到休息自助餐区内休息,晚宴开始。

宾客在品尝美食的同时欣赏事先准备好的记录新郎、新娘恋爱过程及爱的宣言的MV,了解新人的恋爱过程,让在场所有嘉宾共同见证。

嘉宾退场,婚礼浪漫结束。

5. 婚礼现场设计

①仪式台及迎宾区设计。

婚礼仪式台设计:用999朵红玫瑰把新郎、新娘的婚照围成一个心形的婚礼仪式台背景,用白色、蓝色、紫色气球装饰仪式台。

迎宾鲜花大拱门:用白色的百合和粉色的纱帐。

用玫瑰花瓣铺撒迎宾道,用非洲菊做成精致的小路标。

②露天沙滩会场的布置。

在仪式区域内,用浅粉色的薄纱包裹着纯白色的椅子,同样质地、相应颜色的纱幔做成别致的天棚。

婚礼现场边边角角最好都缠上雅致的轻纱,白色的玫瑰和银色的小风铃会更加增添婚礼的浪漫气氛。沙滩上立着的鲜花拱门,淡淡的花朵时刻散发出诱人的芬芳。

在会场中央用蜡烛围成心形。

③自助餐区设计。

会场两边为自助餐区,长方形自助餐桌,白色餐布,各种水果、甜点、葡萄酒、鸡尾酒、果汁、鲜花和餐具。

来宾休息和用餐的区域内,精致的餐具、西式的摆台、素雅的餐布,每一张桌子上都要放置一盆造型甜美的由热带兰花组成的中心花饰及精致的席位卡,无处不在的海洋饰品时刻散发着大海的味道。

【案例3】

热气球婚礼策划方案

1. 热气球婚礼概述

热气球,给人类的飞翔之梦插上了翅膀,将这个梦想渲染得五彩缤纷,绚烂夺目,人类激情的创造力和想象力通过热气球表达到了极致。和爱人相拥在热气球上举行结婚典礼,让蓝天、白云来见证爱情,在几十米的高空和爱人一起俯瞰美景,那种自豪和兴奋自然不言而喻。选择一处地势平坦、绿地宽敞的地方作为典礼场所较为理想。漫步于蓝天白云间的热气球带给人们无限惊喜,热气球体积庞大、色彩艳丽,极具视觉冲击力。鲜艳飘浮的热气球沾染着婚礼的喜气,吸引了无数惊讶而羡慕的目光,将是一个刺激且无与伦比的独特婚礼。

2. 前期准备

印制来宾引导图、主宾桌席位卡,准备好升空热气球、充气大篷。

结婚当天午餐、篝火晚会的安排及自助式晚餐、烧烤的准备。

新婚套房、化妆间及宾客房间的提供。

婚礼司仪及摄像师的确定。

背景板的制作,花房、花门、罗马柱、典礼台的搭建。

婚礼预演。

3. 婚礼流程

调试音响系统,主宾席台卡放置,用六根罗马柱(每侧三根相连)及鲜花、小盆花在草坪上隔离出新人入场通道。

背景音响系统通知各位来宾前往指定地点,在花门处将写好的祝福卡挂在许愿树上,随后将许愿树置于典礼台上;同一时刻新人前往升空热气球旁准备。

礼仪小姐准备好托盘、敬茶器具、交杯酒、印泥及心形卡、红色丝带。

双方父母在主宾席上就座;同时新人乘坐热气球升空让摄影人员在热气球上跟拍新人,其他的拍摄车、观光车六辆及婚车在路边就位。

结婚典礼正式开始:(开场音乐:《今天你要嫁给我》)

伴郎、伴娘上前迎接两位新人走下吊篮,为新人打开停在路边的婚车车门。

车队出发,拍摄车在前,其后紧跟装饰一新的观光车。

车队在典礼台附近的路边停下后,新人沿入场通道经过花门登上典礼台。

证婚人证婚。

新人交换信物。

喝交杯酒。

奉茶改口。

燃放礼宾花,所有的来宾一同分享甘醇的香槟和精美的结婚蛋糕。

欣赏篝火晚会,开始自助晚餐、特色烧烤。

来宾即兴在晚会上表演节目。

婚礼结束。

4. 婚礼注意事项

①热气球婚礼要注意的一个重要环节是天气,因为婚礼举行的时间较长,所以很难预测婚礼当日的天气状况,建议选择少雨少风,气候宜人的季节举行婚礼。

②要选择可以送外卖的饭店,不要忘记考虑餐具、酒杯、桌椅、台布、服务人员、冰柜、加热设备及运输条件,还有必要的遮阳伞、消毒水、食品保鲜膜等。

③注意环境保护,垃圾、废弃物、残余食品等,一定要及时丢进垃圾袋,举行一个绿色、文明的婚礼。

④选择的场地要宽敞,适合热气球升降和宾客活动。

⑤热气球婚礼需要准备充气大篷、遮阳伞、桌椅、饮品、花房、花门。

4)以交通工具为主题

【案例1】

自行车婚礼策划方案

1. 婚礼要求

浪漫、时尚、个性。

2. 创意说明

随着天气转暖,户外运动越来越受到人们的欢迎,而自行车运动又是一项非常绿色环保的运动,这种运动时尚、个性。简约的自行车婚礼越来越受到年轻人的青睐和追捧,尤其适合短途婚礼,或者去酒店或婚纱影楼等地方迎接新娘。

3. 婚礼团成员准备

婚礼团成员最好以年轻人为主,人数至少20人,男女等比例,婚礼团成员的主要工作就是协助新郎用自行车迎接新娘。

4. 自行车的准备

自行车最好由婚礼团成员自己准备,自行车以新为宜,新郎自行车的后座必须能够载人。

5. 迎亲队伍的装饰

婚礼团成员男士最好穿西服,女士可以穿便装,每个婚礼团成员可以佩戴红色胸花。"主车"用气球、鲜花、丝带装饰,为了增加队伍的壮观性,可以把每辆自行车都装饰一下。

6. 行车路线图的确定

选择人流量比较大,比较宽阔的主干道作为行进路线。

7. 自行车婚礼的流程

新郎带领婚礼团成员出发迎亲。

到达新娘家或者酒店、婚纱影楼,除了迎亲队伍中的自行车婚礼成员之外,其他的成员可以包车(面包车或出租车)去酒店。

新娘到达酒店,休息或补妆之后出门迎宾。

婚礼仪式正式开始。

婚礼仪式礼成,婚礼宴席开始。

新人送宾客。

8. 自行车婚礼的注意事项

①新人自己需要负责整个接亲途中的安全问题。

②最好配备维修工具和对讲机。

③考虑参加人员的体力情况,体力差者最好不要参加。

【案例2】

游轮婚礼策划案

在西方国家,游轮婚礼已经成为一种时尚。想象宽敞干净的游轮载着你的亲朋好友,将游轮驶向爱的港湾,在热带的阳光下,在蔚蓝的大海中,在亮丽的游轮上,身穿水手服的船员们分列两旁,新人伴着音乐由舷梯缓缓走上甲板,让海风吹起洁白的婚纱,由船长为你们主持婚礼,水天共鉴,这一刻将会成为永恒。

游轮婚礼的特点在于:相对狭小的游轮空间同浩瀚无边的大海有机结合为一体,能使你的婚礼张弛有度,伸展自如,颇具特色。

1. 游轮婚礼流程如下

①新人和宾客登上游轮。

②司仪主持开场。

③司仪提问。

④主持人致辞。

⑤证婚人致辞。

⑥交换礼物、信物。

⑦新人赠言。

⑧放飞白鸽。

⑨新人致答谢词。

⑩新人三拜。

⑪放逐装有美好心愿的漂流瓶。

⑫开香槟,喝交杯酒。

⑬喜切蛋糕。

⑭共同举杯祝福。

⑮新娘换上礼服。

⑯婚宴开始,敬酒,接受来宾们的祝福。

⑰燃放烟花。

⑱入夜,甲板露天舞会。

2. 注意事项

①举行游艇婚礼的新人应了解游艇的正常运行状况,以及救生设施是否齐全,最好能请两位专业救生人员,以防意外之需。

②泡泡机。为了渲染婚礼的浪漫气氛,可以准备两台泡泡机,如在放飞白鸽的时候喷出透明飘逸的气泡,在迷离的阳光下,折射出五彩缤纷的光芒。

③背景音乐。A.可用电声乐队四人组合来演奏现场音乐。B.用音响设备直接播放,但是一定要记住请一位十分了解婚礼程序的专业DJ。

④可在露天舞会前放一些烟花,增添婚礼的喜庆气氛。

5) 其他主题婚礼策划方案

【案例1】

"梦兮·化境"主题婚礼策划方案

1. 风格定位

全新视觉震撼特效布置,专业演出舞台及灯光巧妙运用于婚礼设计;将西式婚典中圣洁、浪漫、庄重、典雅发挥到极致;完整的构思理念,精心编排的剧情创意及多种全新道具的首创,更将婚礼打造成一部诗歌般恢宏的盛典。

2. 婚礼场地布置

饭店正门处,左右各放置×形迎宾牌,将新人的写真海报装裱在×支架上方。×迎宾牌上简单地以蓝色雪纺纱、鲜花装点。×迎宾牌能在酒店有两场婚宴的同时准确地将宾客带到盛大的婚宴举办的具体位置,体现一对新人的待客之道。

婚礼的主通道以金光大道铺垫而成,最前端为欧式浪漫水晶亭。欧式浪漫水晶亭以法式雪纺纱装扮,当所有的灯光开启之时,各种色彩的闪耀将共同烘托出魔幻灯光的特效;主通道两侧设置浪漫鲜花路引。

主舞台正中央设置欧式鲜花三联背景,采用米黄色欧式雪纺纱幔布局,红色雪纺纱点缀,背景正中央悬挂婚礼英文:Wedding,周边以白色羽毛点缀。

3. 婚礼流程

主持人登台致开场词,邀请新郎登场(音乐响起,一号、二号机位追光灯打向鲜花水晶花亭。礼仪为新郎撩起水晶珠帘,新郎步上舞台。)

主持人与新郎、来宾交流。

新娘出场(一号、二号机位追光灯转移至欧式浪漫水晶亭,一号机位追光灯打向主宴厅大门处,新娘在四名手捧梦幻水晶魔球的伴娘簇拥下缓缓走到舞台上)。

新郎迎接新娘,新人共同来到主舞台上(工作人员撒花瓣)。

婚礼司仪问誓,新人言誓(泡泡机制造出彩色泡泡)。

新人交换爱的信物。

新人在舞台之上点燃烛引,并共同引燃鲜花水晶烛台,象征着一个新家庭的诞生(婚礼督导低位引导,同时接下烛引)。

举行香槟仪式。

新人拥抱。

证婚人、主婚人登台讲话。

新人向父母敬茶。

新娘抛捧花。

婚礼结束,婚宴开始,新人换装、补妆,准备敬酒。

婚宴结束,送宾客。

【案例2】

浓情夏日"橙心橙意"水果主题婚礼策划方案

1. 婚礼创意介绍

①能够装点婚礼的备选水果很多,如柠檬、橙子、金橘、石榴、青苹果等,都是色彩鲜艳又比较耐放的水果。如果希望婚礼整体感觉明快清新又充满活力,可以用橙色系水果搭配绿色系或者是蓝色系花材;如果希望婚礼充满丰收的愉悦感,偏红色系的水果就是很好的设计元素。也可以通过谐音取其更好的寓意。

②让婚礼每个角落都充满水果香。既然是水果主题,当然是让水果出现在婚礼设计的各个细节中最能令来宾印象深刻。不要忽略婚礼现场的每一个角落,最好选择一些水果香味道的熏香或者香蜡,点缀于空间中,让整个婚礼现场都弥漫着清新的水果香气,把婚礼变成一个甜蜜又充满幸福感的水果伊甸园。

③细节处体现最精致的设计。用精心挑选的甜橙作为花器,搭配简约的花艺设计,就能体现出新人独到的用心。主桌花花艺的设计,在精美的丝带上粘贴上小小的花瓣和鲜花装饰,既很好地平衡了高挑花器产生的距离感,也为整个设计平添了优雅气质。

2. 婚礼风格

以橙子为主,其他水果为辅的水果主题的西式婚礼。

3. 婚礼场景策划

会场布置:以橙子和石榴为背景的新人婚纱照或艺术照彩色喷绘为典礼主背景板。设立以水果为主的拱门,带叶子,体现清新自然;整体色彩协调一致、装饰元素以橙子和绿叶为核心。

服装:现场新人服装、主持人服装、乐队服装及演奏席布置、礼仪人员服装以西式服装进行统一。可以将新娘的婚纱设计成鲜绿色,与水果主题的清新凉爽一致。新郎穿高档的西服即可。

请柬样式:把请柬放进装满沙子的小瓶中,作为"瓶中信"送到邀请的每一位客人手中。请柬的底色设计成橙色,以心状为底,这样既可以与我们的水果主题相呼应,又给人诚心之感。

婚礼的甜点:冰淇淋,口感比较清凉,例如:柠檬味、西瓜味。

相关活动:在新郎和新娘交换戒指之后,将事先定做的水果样式的氢气球发给每个客人,让客人将他们想祝福新郎和新娘的祝福语现场写好放进气球中,并亲手将它们升空。

4. 婚礼流程

新郎、新娘化妆,摄影师、化妆师到位。

婚礼的工作人员将现场布置妥当。

新郎、新娘在宴会厅门口迎宾。

证婚人、介绍人、来宾、主婚人及亲属入席。

侍者将事先准备好的水果拼盘给客人送上。

结婚典礼开始,司仪上台,并开始奏《婚礼进行曲》。

新郎上台,新娘由父亲牵手上台。

司仪主持结婚仪式。

证婚人发言,宣读结婚证书。

来宾代表发言,祝贺词。

新郎、新娘交换信物。

放飞氢气球。

开香槟酒、切结婚蛋糕、喝交杯酒。

双方家长上台,家长代表发言,祝贺词。

新郎、新娘向双方家长三鞠躬,向来宾三鞠躬,相互三鞠躬。

合影。

司仪宣布宴会开始(婚宴口味以清新自然为主,不宜过重),新人准备敬酒。

婚宴结束,男女傧相引新郎、新娘退席,赠送客人礼物(礼物用绿色荷叶包裹,上面用草带裹扎一朵白兰,散发出清新自然的气息)。

5. 婚礼注意事项

①新人在拍婚纱照时,最好选择简洁风格,可以直接在照片的背景上多加点水果图案,或者是以水果为道具的个性化照片。这样可以在其中挑选出一张比较有特色的照片作为婚礼举行当天的背景板,将其放置在大厅门口和大厅主结婚台的墙上。

②在婚礼前一天晚上,要将婚礼现场布置妥当。提前一天将婚礼中要用到的水果买好,妥善保管,在婚礼的前一天晚上将前一天买好的水果安置就位。另外,与酒店协商好,让他们准备婚礼所需要的水果和水果拼盘。

③放飞气球的事项要写在邀请函中与客人协调好,避免客人到时候反感。

【案例3】

个性凸显,婚礼走向策划时代
——你搞访谈类节目,我推情景剧表演

国庆黄金周,我市共有6 000多对新人举办婚礼。为了让自己的终身大事给来宾留下与众不同的印象,现在的婚礼不再是吃饭喝酒这么简单,新人们越来越追求婚礼的个性化。很多新人给婚庆公司提出了这样的高要求:"我们想要一场独一无二的婚礼!"婚庆公司和司仪们也挖空心思拼创意,推出更多的新花样。曾经流行一时的复古婚礼、西式婚礼、草坪婚礼、童话婚礼等都不算什么了。

"野战婚礼""营救"新娘

于小姐和刘先生是一对野战迷,两人平时都喜欢玩野战游戏。本月2日,他们举行了一场"野战婚礼"。在婚庆公司的策划下,婚礼现场布置成了战场的样子,舞台烟雾、对讲机、铁丝网等装备各就各位。刘先生和他的几个哥们身着迷彩服,头戴钢盔,手戴护腕,腿绑护膝,脚蹬军鞋。婚礼开始了,身着婚纱的美丽新娘被"敌人""劫持"了。刘先生爬过铁丝网,穿过"枪林弹雨","歼灭"了所有"敌人",最终救回了新娘,两人激动地拥抱在一起。几个人的表演夸张搞笑,引得台下宾客哈哈大笑。

浪漫情景剧感动宾朋

袁小姐和先生10月4日举行婚礼,婚礼就是一场浪漫感人的情景剧。袁小姐告诉记者:"年初,我就与好几个婚礼司仪沟通过,希望帮我策划一场特别的婚礼,让所有的来宾为之感动。"司仪把她的婚礼策划成一出情景剧,再现袁小姐和先生从相识、相恋到结婚的过程。

婚礼的第一幕,新郎、新娘穿着学生装坐在一起下围棋。这时,司仪开始讲故事了:"那一年,男孩16岁,女孩14岁。他们都喜欢下围棋。男孩总是让着女孩,每次赢了之后,女孩总是很高兴……"后来,两人考上了不同的高中,又过了几年,男孩出国,两人似乎像两条平行线,走不到一起。10年后,两人在南京禄口机场意外相遇,这次偶遇,两人再也没有分开。

袁小姐80岁的爷爷参加了孙女的婚礼,他感慨地说:"现在孩子们的婚礼就像一台精彩的晚会。舞台、灯光,还有那么多道具,两个新人就是演员,给大家表演节目,真让我开了眼界,我们当年和这没法比。"

(资料来源:《南京日报》,2009-10-16,有删减)

专家评析:

婚礼策划是一个婚礼的统筹安排,一切婚礼内容的开展都要以婚礼策划为基准,婚礼策划是一场婚礼的精华所在。如今婚礼承载的功能越来越多,新人们对婚礼的要求越来越高,作为

婚礼策划的亮点——婚礼创意成为一场完美婚礼的"法宝"。现代婚礼要求婚礼策划机构加大对婚礼策划的投入力度,对婚礼策划中的婚礼创意更要视作重中之重。

复习思考题

1. 简述一个好的婚礼需要哪些方案。
2. 常见婚礼策划方案包括哪几种婚礼形式?
3. 仔细品味本章所列综合案例,总结每种婚礼形式的特点。
4. 尝试写作婚礼策划方案。

第10章
婚礼人员管理

【学习目标】

1. 掌握婚礼人员组织的含义。
2. 掌握婚礼来宾席位的一般安排方式。
3. 了解婚礼来宾组织的注意事项。
4. 掌握婚礼工作人员的分类。
5. 熟知总负责人、前台接待、后台酒宴主管等人员的职责。
6. 掌握婚庆事务人员的设置及各人员的职责。
7. 了解婚礼人员(包括新人)的基本礼仪。

【学习重点】

本章的主要内容是婚礼人员的组织,包括婚礼来宾的组织以及婚礼工作人员的组织,重点掌握婚礼来宾席位的安排方式以及婚礼工作人员的设置和各婚礼工作人员的职责。

【案例导入】

晓东和笑笑的婚期将至,一大堆琐事围绕着两人,一个重要的部分就是如何安排参加婚礼的人。婚礼举行得再好再隆重,观礼宾客的体验才是最重要的。晓东和笑笑作为婚礼的主角,当然知道这一点。于是在婚礼策划师的指导下,晓东和笑笑努力安排好每一个婚礼细节,尽可能地让来宾有最美好的婚礼体验。

晓东和笑笑的婚礼在酒店举行,对来宾的服务从请柬就开始了,两人的婚礼请柬背面附带了婚礼酒店的地图、酒店停车位的具体地点等。在确定到底邀请哪些来宾的问题上,晓东和笑笑也着实费了一番心思。酒店迎宾区的布置尽量做到显眼而宽敞,连签到本也多准备了几份,婚宴区尽可能留出相应的通道,引导人员也多加了几个。除了这些,晓东和笑笑对来宾人员就餐的婚桌也进行了精巧安排,每一桌都安排了一两个熟悉的人照顾大家,让大家不至于感觉到被冷落,对婚礼上的老人和孩子,晓东和笑笑也安排了专门的朋友负责。婚礼还没开始,晓东和笑笑就开始打电话给特殊的亲朋。两人在婚礼上也为亲朋准备了丰富的小游戏,增加与来宾的互动。

晓东和笑笑尽量为来宾做好每一个婚礼细节,这是现代婚礼所必备的,也可以给亲朋对婚礼留下深刻的印象。总的来说,婚礼中"人"的因素不容小觑,除了婚礼上的来宾,还有哪些人需要注意呢? 这一章我们要学习的内容是婚礼的人员管理,主要介绍在整个婚礼过程中,对婚礼来宾和婚礼工作人员的组织安排,并提及在婚礼人员组织过程中的一些注意事项。通过本章的学习,可以了解整个婚礼中关于人员管理的几个重要方面——婚礼人员组织究竟包含了哪些内容;如何进行婚礼人员组织;有哪些问题在组织安排过程中需要注意等内容。本章内容既是对前面几章知识的补充,也为后面几章关于婚礼活动组织的内容打下基础。

婚礼人员组织是指在整个婚礼流程中对宾客的安排和对总负责人、酒宴负责人、车辆负责人、接待负责人、婚礼司仪等工作人员的职责划分,使他们各行其是并相互配合,以使整个婚礼顺利进行。

10.1　婚礼来宾组织

婚礼来宾一般包括新人的父母、亲戚及父母的朋友同事、新人的朋友和同学、新人的同事和业务伙伴等。一场圆满的婚礼要求对婚礼来宾做出最适当的组织安排。

10.1.1　婚礼来宾座席的一般安排方式

中国自古至今就是极讲究礼仪的国家,对于婚礼上来宾的组织安排也是非常讲究的,像座席的安排就讲究圆满,这与婚礼讲求吉祥美满之意相同,所以座席的安排一般有以下几种:

①两桌直立形:两桌直立形多为家宴,1 为尊位桌,上席安排给新人,余位按家人尊老顺序安排。

②三桌一字形:1 为尊位桌,视实情设立新人桌。

③四桌正方形：1 为尊位桌。两家人及个别宾客参宴，近门处安排家人亲戚。

④五桌倒梯形：正对着门的桌为尊位桌，此时新人应安排在尊桌。

⑤六桌双排形：不等同于三桌一字形，正对门第二排中间桌为尊位桌。

婚宴是新郎、新娘举办婚礼庆典的重要礼仪环节，在婚宴中不可忽视宾客祝酒和新人谢客，因此应在宴会中开设新人桌，这一设置对新人有着极为特殊的意义。但新人桌不一定居于右位，往往设置在左位，以区别于长辈。如果没有长辈参宴，新人桌可视实际情况放大，加入双方父母和亲戚，但也可为此专设父母桌。新人双方的父母、祖父母一起列席入座，如果座位不能坐满，则可加入家中的重要亲戚和身份尊贵的宾客。

另外，婚宴每桌都要远近适当地安排与新郎、新娘相关的人，让他们坐在各桌的次要位置上，一来可向宾客的到来表示谢意，二来可在用餐时关照宾客。这样的婚宴不仅能让举办人愉悦，也会让参宴者悦目暖心，使传统婚礼的亲情、爱情、友情得到情感的延续。一般来说，可以按照以下几种分类办法安排来宾座席：

①父母亲戚、父母的朋友、同事。双方的父母应有各自单独的席位，父母的长辈、姐妹兄弟可安排在同一桌或相邻的同区域桌，给长辈一个较尊贵的席位，也方便父母照顾他们，座位顺序索性让父母自己安排。通常新娘与新郎父母桌应靠近主桌并分列红地毯两侧，同一方来宾在同一区比较方便交流。

②新人的同事朋友、业务伙伴。对于这部分人，新人应在长辈之后首先招呼，互相熟识的尽量安排在同一桌，不熟识的则需在每桌安插一位熟悉的好友及时照顾，这样会礼貌一些，同时把他们安排在整个宴会区的中段。

③新人的同学好友。这些人大多是新人的死党，不必刻意招呼，一定会耐心等新人的出现，不妨把他们安排在宴会区最后几桌，既让他们自得其乐，也避免了闹酒影响整个婚礼的进程，当然，这部分人中间也包括帮忙的工作人员。

除了上述几种方法，举行婚礼在安排宾客的座位时，要兼顾到以下几点，使新人的婚宴显得更加完美。

①了解婚礼来宾。有些吵闹的客人应该尽量安排在乐队或者音箱附近，否则他们谈话的声音很可能会高过音乐声；把老人或年长一些的人安排得离乐队或者音箱远一点；可以把刚做了父母的朋友还有一些从事相关工作的人安排在一起，这样他们就能很容易地找到共同话题——孩子或是相关的事情，这样没有一个人会感到无聊。

②安排单身朋友坐一起。把所有的单身朋友安排在一起是一件非常有意思的事，新人的高中同学或者大学同学也可以坐在一起，但是最好坐的那一桌也有认识的朋友，以免陌生人在一起无话可说。

③一些细节考虑周到。尽量让客人们感觉舒服自在。如果有客人刚刚丧偶，则不要让其坐在都是结了婚的人群里，最好是让亲戚或者老朋友与其坐在一起。

④具体场地具体分析。如果结婚场地可以提供大小形状不同的桌子的话，新人的安排就可以视具体情况而定，这样会让客人们感觉新鲜而有趣。

安排座位时可以请餐饮部门提供桌位图，并为每一桌编号或取好名字，这样排座位会比较能照顾好方方面面，把这张桌位图和按桌列印的来宾名单多准备几份，方便来宾入座的同时，尽显新人的细致和周到。如果要更谨慎一点，最好在宴客前一周打电话给来宾，邀请并确认对方是单独前往或携家眷光临,不但可以切实掌握来宾人数,还可以顺便联络感情,一举两得。

【相关链接】

婚宴座位的安排方法举例

1. 室外婚礼的座位安排

室外婚礼的座位安排可参考以下方法。

①年长或身体不佳的宾客应让其坐在有遮挡的凉亭、纱帐、花棚内,不要让他们在阳光下暴晒过久。

②不要把有小孩的席位安排在临近湖泊、洼地、公路、斜坡等有安全隐患的地方。

③了解宾客中是否有人有花粉过敏症,这些宾客不应安排在花圃周边。

④室外婚礼最大的特点就是自由。因此大多数宾客的座位不用特意安排,让宾客自由行走,可以使婚礼氛围更加活跃。

2. 中式婚宴的座位安排

中式传统婚宴需要服务人员一道道为宾客上菜,因此应选择较大的餐桌。座位的安排也不可过于紧凑,需留有上菜的位置。

3. 自助式婚宴的座位安排

自助式婚宴的座位安排可参考以下方法。

①自助式婚宴上来宾走动较多,需要在席间留出足够的行走空间。

②在自助式婚宴上,热爱美食或热爱社交的朋友要考虑周到,细致安排,投其所好。

4. 婚宴主桌的安排

主桌是喜宴的核心。婚庆公司在安排婚宴主桌时,可参考以下方法(表10.1)。

表10.1 婚宴主桌的安排

不同情形	安排方法
新人坐在主桌中央面对大家	新郎坐在新娘左边;新郎左边是他的父亲;新娘的右边是她的父亲;新郎父亲左边是他的母亲;新娘父亲右边是她的母亲;父母的长辈坐在新人的对面;证婚人坐在长辈的旁边;贵宾坐在证婚人旁边
新人不落座	新郎的父亲坐在主桌的中央;新郎左边是新娘的父亲;新郎的母亲坐在新郎父亲对面;新郎左边是新娘的母亲;长辈在新娘父亲边落座;证婚人在新娘母亲边落座;贵宾坐在证婚人旁边
新人家族人数过多	可以安排两张主桌,双方父母各在一张主桌;双方长辈、贵宾分别坐在两桌
一些风俗习惯	新人的父母、长辈按照性别分桌,分成两桌,主桌后面摆放的是新人双方家人亲属餐桌,左边是新郎的亲戚、同事、朋友,右边是新娘的亲戚、同事、朋友

10.1.2 婚礼来宾组织的注意事项

婚礼上，客人非常多，难免有照顾不周的时候，如果要做到面面俱到，让来宾无可挑剔，就需要在婚礼策划时，注意以下事项。

1）请柬上写清婚礼的地点

如果新人举行婚礼的地点是一个新建的酒店，客人们可能不太熟悉行车路线，可能导致婚礼当天，新人不断接到来宾问路的电话，选择新建酒店的新人有必要在婚礼策划的请柬中塞上一份非常详细的地图，以确保每个人都能顺利找到目的地。对于那些实在不熟悉路线的朋友，可以专门为他们请一位熟悉地形的朋友负责这些人的交通问题，在请柬上留下交通负责人的手机号，让他们随时沟通。

2）在请柬上注明对宾客着装的要求

不同的宴会有不同的着装，在写请柬时，必须要告诉客人是否着正装出席，以避免客人穿错衣服。另外，如果婚礼是在室外举行，那么就必须在请柬上加以说明，让来宾有所准备，不要出现以下情况：凉爽的天气，客人却穿得很单薄，冻得发抖；炎热的午后，客人却穿得很暖和，热得满头是汗。如果婚礼是在五月的郊外举行，早晨、傍晚的温度会比较低，要提醒客人，或者让亲戚朋友带话，让大家带件外套。如果婚礼是定在六七月的阳光午后，则最好搭设帐篷，准备一些纸扇、太阳伞和充足的冷饮。另外，应尽量将婚礼中最重要的部分——宣誓等部分安排在光照不强的早晨或傍晚，这样宾客就不会因为天气而不满。

3）避免发生让客人有受到冷落感觉的情况

新人要努力和所有的客人都说上一句话，向来宾表达谢意。参加婚礼的人一般包括双方父母的亲戚、新人的朋友和双方父母的朋友三部分，在宴会开始前的时间，新人可以安排几个人分别招待不同的客人，让自己的朋友招待各自的朋友，让新人双方的表姐、表弟等迎候父母的亲朋好友，这样客人就不会觉得受到冷落了。

在宴会期间，新人向每一桌的每一位客人敬酒表示感谢。宴会结束后，新人以及双方父母安排一小队人在门口等送每一位客人，寒暄要简短。

4）宴会酒水要充足

婚宴上除了红酒、白酒、啤酒外，还要多准备一些鸡尾酒；也不要在宴会一开始就开酒，先上一些美味的小菜让来宾先填一填肚子，这样做也可以防止客人喝醉酒。开一个别有趣味的果汁宴会，果汁既有益身体健康，也可以保证酒水的充足，还可以节约一笔费用开支。

5）保证婚宴现场通畅

自助餐或是室外婚礼，一定要考虑洗手间的问题，不能因为这件小事导致排队事件的发生。专业人士建议，如果不想排队，平均每25位客人就需要准备一间洗手间。酒店服务生应该尽量用托盘装上食物，在客人之间来回走动，随叫随到，这样就可以避免客人起身，保证现场通畅。如果婚礼来宾相对较多,可以考虑撤换巨型长条桌,请酒店摆一些分散的小圆桌,既别致又可分流人群。另外,如果是自助餐,可以让音响师定时广播号召大家有序地到固定桌子取食物,保证婚宴井井有条地进行。

6)避免客人坐在一起无话可说,出现冷场

要有技巧地安排座位,家人和好友的座位要安排得近一些,而纯属应酬的一般客人无妨坐远一点。尽量确保相互比较熟的人坐一起,比如新娘的亲戚朋友坐一起,新郎的亲戚朋友坐一起,而那些单身朋友也要照顾到,可以安排他们坐在最热闹的一桌。

另外,也可以安排一些环节,让大家彼此能熟悉起来,比如新人们可以在每桌的桌牌上写一句话,告诉大家连起来就是你们的爱情故事,那么好奇的朋友就会每桌去看,这样会让大家很快熟悉起来。

7)避免将婚宴时间拖得太长,让客人想归归不得

有时候婚宴拖的时间太长,客人已有回意,但碍于新人仍在尽兴,不好意思提出离开。客人这么做,是出于礼貌;反过来,新人就更应该为客人着想,不必直接说"晚会到此结束",也许还有很多人没玩够。但是,新人可以间接地暗示,比如向全场宣布马上就要进行切蛋糕,这一般是婚宴的最后一项节目,此时要走的人就可以开始准备了。

总之,在对宾客组织安排时,要尽量考虑周全,努力照顾到每一位在场宾客,把新人愉悦的心情传递给每一位前来送祝福的人。

【相关链接】

婚宴的祝酒时间和顺序

祝酒,即在正式宴会上,由男主人向来宾提议,提出某个事由而饮酒。在饮酒时,通常要讲一些祝愿、祝福类的话,甚至主人和主宾还要发表一篇专门的祝酒词。

①婚宴的祝酒时间。敬酒可以随时在饮酒过程中进行。要是致正式祝酒词,就应在特定的时间进行,并不能影响来宾的用餐。祝酒词适合在宾主入座后、用餐前开始,也可以在用过主菜后、甜品上桌前进行。

②婚宴的祝酒顺序。一般情况下应按年龄大小、职位高低、宾主身份为序(表10.2)。

婚宴上,新人给来宾敬酒、点烟、剥糖是一套不可或缺的流程。

表10.2　传统的祝酒致辞顺序

祝酒致辞顺序	内 容
向新郎祝酒	由伴郎或由亲戚朋友提出
向新郎新娘祝酒	如今这种方式已演变成仅向新娘敬酒

续表

祝酒致辞顺序	内　容
新郎的回敬	包括对新娘的感激,对首先敬酒人的感谢,对双方父母的感激,以及向伴娘们敬酒
伴郎的回敬	伴郎代表伴娘们向新郎表示感谢(通常新娘会紧接着新郎的回敬,送出自己的祝福,然后才是伴郎感谢伴娘们)
其他人	主婚人或密友送祝福
新娘父亲敬酒	代表新娘父母,感谢全体嘉宾光临,宣布喜宴开始

10.2　婚礼工作人员组织

　　婚礼是一场隆重、庄重、喜庆的活动,在整个婚礼举办现场中会有非常多的工作需要有人做,合理地安排婚礼工作人员的配置能大大地提高婚礼的工作效率、提升婚礼的专业度、提升婚礼的秩序化。所以,婚礼现场的工作人员需要进行合理的分配安排。

　　在漫长的婚礼发展史中,婚礼的举办显得越来越烦琐,为婚礼举办所需要的人员和所要做的事情也越来越多,为了举办一个成功的婚礼需要进行人员工作任务的分配。婚礼策划方面无须新人操心,这一块主要由婚礼策划公司负责安排,新人只需要牢记婚礼的相关流程即可。

　　婚礼现场中,酒店需要提供相应的服务人员,包括礼仪小姐、酒店人员、保安等。礼仪小姐主要用来引导来宾,并为来宾提供相应的礼仪服务,在迎宾中以六位礼仪小姐为好,在酒店内部拐弯处也安排好礼仪小姐进行引导工作,在婚礼现场也需要准备好2~4名礼仪小姐,这几名礼仪小姐主要负责配合婚礼现场中新人、主持人的工作。在婚礼安全方面则由保安负责,保安的数量视婚礼规模而定,通常在停车场、婚礼外围、婚礼现场都需要安排好相应数量的保安,各个地点的保安负责各自的安全工作。

　　工作人员的配置和工作安排都需要视婚礼实际情况而定,在各种不同的婚礼工作中安排好相应数量的人员,安排好工作人员的工作,安排好工作人员遇突发事件的处理方式等。最好不要造成婚礼工作人员的重叠,这样容易造成工作分配不明、职责不清的情况发生,在工作中较容易发生错误。

　　所有婚礼工作人员的积极配合,是一场婚宴能够顺利进行不可或缺的部分。要想让所有的婚礼工作人员做到良好配合,就需要对婚礼工作人员进行明确的职责划分,也就是我们说的工作人员组织。婚礼当天工作人员按职责可以划分为总负责人、前台接待、后台酒宴主管、婚庆事务四个部分。

10.2.1　总负责人

　　总负责人也就是整个婚礼的管家,负责整个婚礼过程中所有人员及相关事宜的协调和调

度,也可以称为婚礼总管。其具体职责有:

①协调婚礼团队工作,作为总调度,将相关工作表发到相关人员手上,并联系他们解决突发状况。事先与新人沟通好开支总额和款项,并分袋装好。

②负责支付各类账目,若由他人代付者,要第一时间清账。

③陪同新人迎宾,并负责保管红包。若有宾客红包未署名的,及时补上。

④及时统计来宾到达情况及数目,致电未到者并协调婚礼、婚宴的流程及间场时间。

⑤跟进各个环节,间场时间招呼客人,为新人及各相关人员作准备。

⑥为新人准备好多个给小孩的红包。

⑦一旦发现有礼物、装饰品等物资不够,应立即补购。

⑧调动服务员上菜。

⑨婚礼结束后与饭店结账。

⑩婚礼结束后清点物品。

⑪布置婚房,挂气球、贴喜字、清点物品。

⑫协调婚庆公司,负责监督他们进行照片展台的布置,布置用的照片和画架以及新人到达后,需要放的鞭炮、彩带。

⑬配合婚庆,协调场内灯光、音乐等相关事宜。调试 DV 确认可以播放。确保两次进场仪式全场暗灯,音乐声音适当,选曲正确,追光灯追到位。

⑭保管好展示台上的版画照片和水晶照片。身份证、笔记本电脑、房卡最后交给新人。

⑮检查鲜花,安排鲜花摆放;负责安排头车,头车装花。

⑯婚礼前一天安排酒和饮料运去饭店,和婚礼当天各桌酒的协调。

⑰安排人摆好背景、路引、气球门柱等场地布置。

⑱安排好主桌亲属在仪式开始前及时到位;安排好托盘物品的补充。

⑲给车队封礼、拆花车的鲜花,车队到了酒店不管客人下车与否按约定给礼车封喜礼;安排专人迅速拆花车的鲜花,花车引擎盖上的花团原样取下送到签到台装饰。

⑳在星级酒店举行婚礼还要和酒店保安衔接,不要让其他车紧贴酒店大门台阶处停放。因为花车一般不从正常的行车道进入酒店,多是选择酒店台阶下的广场进入,然后停在酒店门前,这样视觉开阔,利于制造宏大的现场效果。如果酒店门口有喷泉要提示酒店打开。

㉑代表新人和酒店商议以下事项:

a. 婚礼没有开始不要上凉菜。因为婚礼开始时要喷花、撒花,容易污染菜肴;上好凉菜也不利于来宾集中注意力观礼。

b. 凡是非约定的消费,酒店必须征得酒店总管或主家同意,避免非正常支出过多。

c. 与酒店印证婚宴酒席总数,确定首次开席总数;尽可能安排十人一桌后开席,避免浪费。

d. 注意婚宴酒席要在正中留出新人出场过道和婚礼现场应有的空间。

e. 商定酒水放置地点、供应程序等,并有专人负责。

㉒婚宴结束后提醒、帮助新人收摊;安排服务人员就餐;检查是否有客人遗失物品;收拾剩余烟酒、剩菜打包等。

10.2.2 前台接待

1）签到

负责签到的人员要条理清晰,语言表达能力强。在安排时,这个位置的人员尽量能多一点。签到人员的职责有:

①了解来宾名单、座席安排表、桌位分布图。

②于婚礼前一小时到达现场。

③向婚礼总管领取来宾名单,座席安排表、桌位分布图。

④负责来宾签到,领位员根据来宾名单索引,引领就座。

⑤对已经到达的来宾,督促签到,并做记号,以便获取上座率信息。

⑥始终保持签到处有一名领座人员。

⑦保管好签到处的各类小物品。

⑧签到处物品和婚礼签到本最后统一交给相关负责人。

2）迎宾

迎宾工作人员的职责主要是和签到人员相互配合,迎接来宾,指引位置;提示来宾看座位平面图;协调大厅座位安排。

3）伴郎、伴娘

婚礼中最不可或缺的来宾非伴娘、伴郎莫属,他们在婚礼中起着举足轻重的作用。伴娘通常是新娘的闺中密友,伴郎则是睡在新郎上铺的兄弟,没有好的交情是当不了伴娘、伴郎的。伴娘、伴郎必须未婚,人数对等,从身高上尽量不要比新人高太多。

伴郎、伴娘在婚礼当天都要衣装得体,时刻注意与新人形影不离,为新人提供他们最需要的贴身服务。伴娘如果穿伴娘服就不要化浓妆;伴郎着正装。

注:伴娘、伴郎的服饰应该和婚礼的主色调相一致。伴郎、伴娘具体职责有以下 10 个:

①随时陪伴新人,不离左右。

②时刻观察新娘的仪表和服饰。帮新人简单地整理服装、礼服裙摆以及头纱,如有一些小细节的走光或者疏漏立即告知新人,与化妆师一起采取补救措施。

③密切关注新人的需要,伴郎、伴娘要有"眼色",接新人手上的东西,帮他们腾出手保持良好的仪态;看到新人热泪盈眶,及时递上纸巾等。婚礼中许多新人因为忙碌或是激动会忘记休息或饥渴,伴郎、伴娘一定记得提醒他们注意休息、喝水、吃饭。

④协助新人收取红包,看管好红包。(随身带笔一支,遇到未署名的红包立即联系新人确定送礼者姓名)。

⑤掌管化妆间的钥匙。陪同新娘化妆更衣,并在每次化妆完成前 5 分钟出来告知司仪以及婚庆公司作好下一场准备。

⑥负责引导证婚人上台、下台。做到彬彬有礼,笑容可掬。

⑦用戒枕送上对戒,送交杯酒时,注意走位不要挡住摄影镜头(走到新人的背后,送完立即

退出摄影镜头）。

⑧敬酒时手拿一瓶真酒，一瓶替换的可乐，跟随新人。（建议提前半小时服用海王金樽一包。）

⑨有人闹酒时应借助伴郎、伴娘的特殊身份，晓之以理，勿硬拼。伴郎、伴娘应注意观察，遇到难处理的问题，可以要求新人的父母干预（男方的亲属找男方的父母出面，反之，找女方的父母出面圆场）。

⑩整个婚礼的过程中重点环节带头热烈鼓掌喝彩。

10.2.3　后台酒宴主管

后台酒宴主管的职责主要是协调和控制现场，其职责比较繁杂，一般由婚礼策划师（婚庆事务）、婚礼现场督导（婚庆事务）、婚礼司仪（婚庆事务）多人共同配合。

①明确婚宴桌数，所备物品数量，包括烟酒、喜糖、女宾礼物、桌卡、×展架、座位图、签名卷轴、签到笔、下午的小点心等。

②搬运婚礼用品、物资至酒店，放置在化妆室内，并保管房卡。

③把婚车上的花拿下来用在布置上，主婚车的花放在签到台，两捧鲜花用在感恩仪式上送给新人父母，放在化妆间，养在水中。

④联系酒店负责人，督促酒店人员摆放饮料、酒水。

⑤联系酒店负责人，负责向某些专业工作人员派发喜糖。

⑥联系酒店负责人，负责将新人交杯用的对杯、切蛋糕用的刀让婚庆公司装饰一下。另外，向酒店要三张会议长桌当展示台，让酒店在上面铺一层装饰性桌布和摆一张讲台（事先已和酒店确认提供的），婚庆公司会负责布置。两个托盘，上面有红色垫布。

⑦监督婚庆布置签到台、X展架、座位图、签名卷轴；排放座席牌、摆放烟盒、小点心。

⑧掌握会场的物品用量。

⑨协调酒店上菜速度，提醒服务员在仪式开始后暂停上菜。

⑩分发喜糖，女宾礼物。

⑪客人所需多加菜肴或服务需知晓并与酒店确认。

⑫与酒店方确认最后实际产生的费用。

⑬和婚礼总管确认金额，结账。

⑭整理未使用的多余物资，打包、运回。

10.2.4　婚庆事务

婚庆事务主要包括证婚人、主婚人、伴郎、伴娘、婚礼策划师、婚礼司仪、现场督导、婚礼秘书、摄影师、化妆师、音响师、灯光师、酒店主管、行程主管、车队主管、物品主管、采购员等。这些人员并不是婚礼必需的人员，可以适当地按婚礼规模进行删减或者职责合并。其中，证婚人、主婚人、伴郎、伴娘、婚礼策划师、婚礼司仪、灯光师等人员的相关情况在前几章已经大体介绍，这里不再一一赘述。

1）现场督导

①开场前检查交杯酒、烛台蜡烛、点火器、香槟塔、茶水等。

②开场前检查戒指放置的指定位置。

③告知伴郎、伴娘的走位、台位，以及在台上的协助事项（话筒、手捧花）。

④告知新郎、新娘的走位、台位，场上注意事项（递话筒、接话筒），交换信物、宣誓、拜父母、拜来宾、夫妻对拜，新人喝交杯酒时不拿手捧花，其他时候要拿手捧花；上场后要给来宾鞠躬示意，观察新郎、新娘外表有无不妥。

⑤告知双方父母的座位和新人的改口环节，拜父母时的座位，帮助搬凳子，父母讲话时递话筒。

⑥开场前30分钟和10分钟，用麦克风广播婚礼仪式开始的时间，通知各部门工作人员到位：灯光、音响、录像、照相、冷焰火、礼花弹、花童、戒童。

⑦开场前5分钟，监督新人是否到达指定位置，并通知婚礼司仪。

⑧开场前通知宾客婚礼注意事项，必要时宣布婚礼开始（鞠躬退下）。

⑨开场后维持现场秩序（劝阻来宾、疏导小孩等）。

⑩指挥、协调全场的灯光、道具（泡泡机、烟雾机、追光灯、舞台灯、特效等）。

⑪为新人引路。

⑫为新人递上点火器，开启香槟，递上蛋糕等。

2）婚礼秘书

①协助与酒店的关系，包括酒席桌椅的摆放位置、舞台布置需酒店提供的设备、签到台的安放等。

②组织新人入场仪式，包括进场人员的次序，其他工作人员的位置，如摄影师、摄像师、花童各自的位置及职责。

③安排音乐并组织实施。

④协调灯光控制问题，负责灯光控制的强弱和时间节点，灯光控制条件为酒店可能情况下的灯光控制，不提供无限制的灯光控制服务。

⑤负责婚礼仪式上必需的道具准备，如托盘、蜡烛、纸笔等。

⑥负责邀请参与婚礼仪式的嘉宾并提供指引服务，如嘉宾、父母、长辈登台讲话等。

⑦提供烛光仪式的指引服务。

⑧新人换衣服及其他流程提醒服务。

⑨负责对伴娘和伴郎进行指导。

3）摄影师

①负责使用、保管摄影工具，对摄影用品的租赁或采购提出建议。

②严格遵守婚礼现场的秩序，不可影响婚礼的正常流程。

③用心拍摄每一个镜头、每一张相片，为新人找到最佳拍摄位置。

④提前作好摄影准备，不让新人等候太久，正式婚礼仪式前清理摄影用品，保证器材正常

工作。

⑤提前咨询化妆师,了解举行婚礼的新人有多少套衣服,需要拍多少张照片,以便做好安排。

⑥拍摄前及时与新人交流,满足新人的心理需求。

⑦外拍时,提早准备好要带的相机、道具,并在外拍本上注明带走多少器具,同时负责保管和带回它们。

4)化妆师

①负责使用、保管化妆用品,每天清洗套刷、粉扑,同时对易损坏的化妆品(如口红、胶水)妥善保管,可以重复使用的要及时存放,另外,提出化妆用品的采购建议,保持化妆品台面的整洁和干净。

②遵守纪律,爱护公司公物,严格执行公司各项规章制度,不准擅离职守,给新人化妆时不做与化妆工作无关的事。

③在化妆前主动为新人介绍化妆程序,注意征求新人的意见。

④有良好的职业道德,化妆时,神情专注,动作要轻快、熟练,要根据新人的要求认真细致地做出新人的理想造型。

⑤保管头饰、首饰、假发、头纱及手套的各化妆师,必须对本月所使用的用品分类、分色、分新旧并进行登记,以便对遗失或坏掉的加以补充。

⑥化妆台上的头饰、首饰、假发、头纱及手套架上摆放用品必须整洁有序,条理分明,容易取放。

⑦跟妆的工作人员要随时根据新人的要求及婚礼流程为新人补妆。

5)音响师

①提前检查音响设备完好,及时为新人提供服务。

②负责音响设备的使用和维修保管。

③认真做好音响设备的维修和保养。

④认真学习关于音响设备的专业知识,熟悉设备结构、性能和原理,判断故障准确。

⑤严格操作规程,杜绝修理不及时或质量不过关影响婚庆服务。

⑥保管好维修工具和设备,做到工具齐全、设备完好,账物相符。

6)行程主管

①负责全程迎亲引导、迎亲主持。

②负责婚礼道具、设备的运送、卸载。

③协助新娘家属接送及宾客接送。

7)车队主管

①帮助新人按民俗要求因地制宜拟定行车路线、迎娶时间,并确定双方迎送人数,安排足够的迎亲车辆。行车路线定下后最好能预先跑一遍,做到用时、交通管制、禁行等心中有数,然

后划出正规的能一目了然的行车路线图并标明出发地、新娘家、酒店,整理车队及酒店主管、新郎等相关人员的联络方式。迎娶时间以保证上午10:30回到酒店为最好。依据这个标准考虑路程远近、交通状况拟定什么时候出发,什么时候到新娘家。整体时间设计还要有最少15分钟的预留时间,应付堵车等突发事件。

②车队主管要对花车足够重视,什么时候开始装饰花车,什么时候完毕都要心中有数。同时,胸花、手捧花、鲜花瓣也要一个不少地准时带回。花车最好在出发前半个小时回到出发地,因为新郎出发前还要用身份花、手捧花等。

③婚日早晨按约定时间排列车队。摄像车在最前面,离花车最少60 m就位;然后花车打头,其余依据礼车档次的高低考虑民俗的要求依次排好,要求组成笔直的一条线;给每辆车发行车路线图并在礼车倒车镜上按民俗讲究系红布条、红花,车后面贴"喜"字。

④车队到新娘家后依据新娘家地形考虑车队进入、摆放、调头等问题。车队出新娘家还要考虑新娘家街坊邻居拦喜,一般备喜糖、喜烟应对。

⑤车队到酒店后,花车按约定位置停放(花车一般不走正常的车道),车队主管要提醒配合酒店主管给车队封喜礼,待新人下车后拆车花等。

8)物品主管

①负责工作人员的早餐、午餐、酒店喜字等的摆放。
②宴会物品的补充发放及控制。
③负责酒店香烟发放。
④负责保管笔记本、投影仪、光盘、电话等物品,负责接听电话。

9)采购员

①与婚礼各主管咨询具体采购事宜,及时完成婚礼的物品采购。
②控制降低采购成本,严格按流程进行采购,对供应商进行管理及考评。
③严格执行婚礼物品合同管理规定,按时签订相关合同,并在第一时间将合同传递给与婚礼相关的各负责人。

此外,婚礼上还有一些辅助人员,比如礼炮手、撒喜糖、撒鲜花等。撒喜糖撒得越晚越好,最好在新娘上花车后,娘家人也上得差不多的时候撒;撒喜糖要注意防止围观群众哄抢提兜;撒喜糖时还要注意不要一次撒完要留一点以备有人拦喜时用。礼炮手打礼炮时要仔细阅读礼炮的说明书,观察风向,一般顶风打。注意按现场指挥人员要求的时间、方位准时打响。

【相关链接】

婚庆工作管理制度

1.婚庆业务由具有职业资格的婚礼顾问负责接待策划,并签订婚礼订单。
2.每个婚礼服务必须有完整的手续、合同、策划书,交财务备案。

3. 婚礼服务订单填写内容详细,字迹清楚(包括新人姓名、联系电话、地址、所订服务项目、应付金额及预付金额等)。新人的特殊要求:如鲜花种类、数量;气球编织的造型、颜色、名标的字体、颜色、大小等非常规要求,均需详细在婚礼订单上注明,以免在安排时出现错误。

4. 婚礼服务订单签订后,婚礼顾问应按照签订的服务项目向负责婚礼安排的人逐项交代清楚,以便能及时、准确地安排。

5. 婚礼顾问谈单时打折权限在 9 折之内,如有特殊情况需超出者,应提前向主管领导请示,按主管领导批准的折扣与新人签订婚礼服务订单。

6. 客人签订婚礼服务订单时应交付服务项目的 50% 作为订金,车辆使用前交齐全款同时与车辆供应商签订用车合同。

7. 收入现金必须在填写订单的同时开收据,并与订单客户留存联。一同交给客人。

8. 婚礼订单签订后应及时安排车辆及工作人员,并填写婚礼服务安排登记表和婚礼服务订单登记册并报主管经理签批。

9. 各岗位工作人员工作前应到公司领取工作单及结账收据。

10. 婚礼前一天应将所有车辆安排到位及重新通知各岗位工作人员,确定时间,并将各个婚礼现场所需要的物品准备妥当交每场婚礼秘书点验,婚礼结束后婚礼秘书应如数交回婚礼用品。

11. 提醒各岗位工作人员婚礼当天到岗后及时打电话通知公司并保证联络通畅。

12. 负责婚礼安排的人在婚礼前一天应将每场婚礼各岗位工作人员劳务登记表交给财务,以便工作人员领取酬金时有足够现金支付。(周六、周日的婚礼应在周五前交给财务)

13. 主持人、摄像师、化妆师、车辆、鲜花、婚庆用品等资料应及时输入计算机。

14. 定期做婚庆市场调查,了解价位波动情况并记录,以便及时调整报价。

15. 每月工作点评,每月工作点评好的给予奖励。

16. 熟悉各类档案摆放位置并随时将新资料归入档案,要有规律。比如:盘、照片和文件等。

17. 提前 10 天结清应结款项。

18. 旺季不能休。正常班9:00—18:00;晚班12:00—21:00。有客人不能休,休息提前安排值班表。

10.2.5　婚礼人员的基本礼仪要求

①婚礼工作人员整体听从婚礼策划师的安排、指挥,工作人员各司其职,各负其责,相互配合,在约定的时间内把自己承诺的服务工作准时完成,严禁推诿。

②随时随地准备簇拥新人,服务人员、来宾的站位最好在新人的后面,使其充分感受"一生一次的主角的幸福"。

③不要挡镜头。摄像机与新人之间的直线距离间,婚礼工作人员或来宾不要遮挡或者来回走动。

④注意庆典的安全问题。彩桶是易燃品,使用时要避火源,点烟时要避开喷射的彩桶。

⑤注意喜庆用品的均匀使用,不要扎堆用,最好是婚庆全天都有喜庆用品烘托气氛,不能出现到最后没有喜庆用品可用的情况。

⑥注意闹喜时给新娘以基本的尊重。喷射彩桶时不要往新娘脸上喷射。

⑦注意服饰整洁,忌衣饰邋遢,穿违反吉利的服饰;闹喜忌讳恶作剧。

10.2.6　婚礼当天新人的基本礼仪

1)新人迎宾站姿:给人完美的第一印象

迎宾时的站姿不是新人们一般认为的挽着手,站在一起那么简单,想要给宾客留下完美的开场印象,有很多讲究。首先,两人的背要挺直,头、臀部和脚后跟成一条直线,有种向上伸展的感觉。新郎要特别注意腹部不要突出。同时,两人的身体可微微向内侧,成内八字形,这样拍出来的照片,要比正面照漂亮很多。

(1)侧面要注意的细节

新娘应该站在新郎左侧身后约 15 cm 处,将手轻轻地挽在新郎的左臂上,从侧面看,只要让手指微微露出一点即可。

(2)精神状态很重要

新娘可以表现出羞涩娇美的神态,但千万不要身体歪斜,背也不挺直,给人精神不振的感觉。

2)鞠躬致意:鞠躬不要此起彼伏

婚礼上常常需要新人向来宾们鞠躬致谢,这时候只是点头,或是动作幅度太小,显得过于轻率;但弯腰过度,又让人觉得夸张做作,对于不常鞠躬的国人来说,事前的练习是必要的。正确的做法是两人的动作幅度可以较小,但一定要认真,尽量保持一致。

(1)鞠躬的最佳角度

鞠躬的时候,背一定要挺直,不能弯曲,腹部以上部位向前倾,通常为15°左右。注意鞠躬的时候不要抬眼看人。

(2)新娘要防止走光

新娘最好事先练习一下弯腰的角度,确保婚纱或礼服不会走光,如果胸部设计比较低的话,注意不要过度前倾。

3)捧花的握法:注意捧花的位置

婚礼中把捧花当作火把一样拿进场的新娘并不少见,所以新娘们在注意捧花是否美丽的同时,更要关心一下自己的仪态。通常,捧花的位置应该在腰部偏上一点,或者稍微低点在小腹部位,花束应稍向外,便于拍照时展现最美丽的一面。

4)进场走姿:抬头挺胸,自然大方

新人进场的时候,应保持步伐一致,目视前方,新娘的视线严格来讲应该稍稍向下,但个性随和的新人也可以自然地向身边的来宾致意。因为新娘当天都穿着长长的礼服,为了防止新

郎不小心踩到裙边,新娘要走在新郎身后半步远左右,总体上形成新郎引导着向前走的姿势。

(1)新娘的走姿要诀

将脚趾翘起,用脚尖将裙摆轻轻踢起,再以脚尖着地,这样一步一步平稳地向前移动,注意不要露出脚尖。

(2)不要挽得太紧

新娘注意不要将新郎挽得太紧,否则看上去好像要揪住想逃跑的新郎一样,既不雅观,又很滑稽。

5)上台阶:动作考验新人默契

新郎帮助身披长纱的新娘登上舞台的台阶,常常成为婚礼中温馨动人的一幕,但怎样挽扶新娘才最有效呢?新郎可以先上前一步,比新娘高一个台阶,然后轻轻搂住新娘的腰,再一起慢慢登上舞台,此刻默契的新人一定能够成为全场的焦点。上台阶动作是新郎展现绅士风度的良机,新娘可以用行动来提醒粗心的新郎,自己先放慢脚步,等新郎来挽扶,再提起裙子迈步上台阶。

6)坐姿:坐着也不能放松

新人入主座,在台下聆听来宾发言的时候,千万不要如释重负地想"哎呀,总算坐下来了",然后浑身放轻松地坐下去。相反,要保持住紧张感,特别是穿婚纱的新娘,如果太过放松或是身体太前倾,很可能春光乍现。如果礼服有些紧身,不妨将双腿并拢,略微倾斜,这样可使双腿看上去更加修长。

(1)"潇洒"的坐法不可取

新郎不要浑身放松,整个人都陷在椅子里,否则裤脚会提起太多,不美观,双腿不要分得太开,大约保持与肩同宽。

(2)新娘的苗条做法

新娘在椅子中间轻轻落座,略微扭腰,再将上身挺直,这样能使肩部看上去稍窄,身材显得更加苗条。

7)揭头纱:避免揭头纱时的尴尬

如果头纱揭不好,很可能破坏婚礼庄重的气氛,新娘有责任用优雅的形体动作协助新郎完成这一动作。新娘应该先挺直背,用惯用的那只脚作为主要支撑,另一只脚向后跨一小步,微屈膝盖,双手在腹部交叠,要注意腰不要太过弯曲,否则臀部很容易撅起来,显得不美观。新郎也要注意动作,新郎手持面纱的宽度应和新娘的肩宽相同,手略高一些,避免头纱被新娘头饰钩住,掀起头纱再顺手帮新娘整理一下,更显体贴。

8)接吻:自然接吻是关键

接吻时,新人嘴唇相互触碰的位置要注意,新娘需要在接吻前用餐巾纸把口红擦得淡一些。

9）交换戒指：虔诚一刻不能大意

交换戒指的时候戴不上，或是姿势很难看，可不是在电视剧里才会出现的情景，事前一定要好好练习。新娘先将捧花和脱下的手套交给伴娘或工作人员，轻轻伸出左手，新郎左手托住新娘的掌心，右手用大拇指、食指和中指夹住戒指，轻轻为新娘戴上。注意两人的目光应专注在戒指上，戴到指根后可亲密微笑，最后把脸转向来宾，开心地亮一下戒指。

（1）手指之间须保养

为了使戒指交换顺利，新人双方都要注意别让手指肿起来，否则出现使劲往上套的局面会很尴尬。

（2）手的位置也需要注意

交换戒指时，手应该位于腰部附近，千万不要把对方的手拉到眼前，死死握住，很煞风景。

10）切蛋糕：容易出彩更容易出错

切蛋糕是婚礼上最能"谋杀"摄影师胶卷的时候，因为是近景，所以一定要注意手的姿势和每一个小细节。新娘的双手握着刀柄，新郎用右手盖在新娘的手腕上，左手搂住新娘的腰。切的时候两人的视线要保持一致，先专注看蛋糕，确定切入的角度和位置，再将刀慢慢地往后平拖，切好后一同看向来宾，微笑示意。

（1）手的握法三步骤

新娘右手握住刀柄，新郎左手盖在新娘右手上，新娘再将左手轻搭在刀柄上。

（2）蛋糕的切入角度

刀切入蛋糕时的角度要留心，举起刀时，手势需平，切忌刀头向上，惹来宾不适或笑场。

11）点蜡烛：新郎引导新娘是关键

很多新人点烛台失败就是因为离桌子太远了，所以不得不伸长了手臂，结果是下颚突出，情不自禁地龇牙咧嘴。其实新郎和新娘的手臂长度不同，如果新郎将手臂伸长，新娘再凑前也没用，此时新郎作为引导者，不妨让新娘在前，并搂住她的腰，使新娘先尽量靠近桌子，保持漂亮的姿态。

12）敬酒：切莫让酒杯遮住脸

很多新人在拿到婚礼当天的照片之后发现，敬酒的时候，酒杯遮住了自己的脸，在这里有必要讲解一下正确的姿势：随着"干杯"的话语，新人应该满怀感激地将酒杯向自己的外侧斜上方举起，与脸部基本持平。注意手握住酒杯柄的时候，不要翘起兰花指，这样不仅不雅观，还有做作之嫌。新娘可以将一只手的手指并拢，捏住酒杯柄，然后用另一只手托住酒杯底部，这样的姿势也很优美。

13）倒香槟：姿势标准可省力

如果新郎不是亲手开过10瓶香槟，最好请服务生代劳帮助自己开香槟酒。倒香槟的时候,新郎通常右手托住瓶身较宽的部位,以支持整个瓶身的重量,左手可以辅助右手控制方向;新娘的右手在前握住瓶口,左手搭在瓶身的后面,配合新郎。注意倒香槟时对准第一只酒杯的正中位置,速度不可太快,以免酒水冲倒杯塔。

【案例】

婚礼变成敛财新途径　赴婚宴成为中国人心头纠结

新人在双方父母与亲朋的祝福下步入婚姻的殿堂,这本是见证幸福的时刻;然而,幸福的场面却日渐奢华,观礼的"份子钱"也水涨船高,婚宴"赴"与"不赴"成为不少中国人心头的"纠结"。

1. 礼金与期盼同看涨

27岁的李婉菲将一沓粉色的百元人民币作为礼金塞进"红包"。她的挚友在春节假期步入婚礼的殿堂。结婚送礼物,在当下的中国已成为历史,现在流行凑"份子钱"。"红包"里现金的多与寡,成为参加婚礼的幸福见证者们心中的"纠结"。

"如果我的份子钱比大多数人少,会很尴尬的,特别是好朋友结婚的时候。"李婉菲说,"红包的薄厚,或多或少反映着彼此的友情和亲密关系。"

尽管经济拮据,李婉菲和丈夫也拒绝在婚礼红包上"吝啬"。在过去的一年,夫妻二人参加各种婚礼已花费15 000元。

李婉菲说,同事婚礼通常给200元红包,或者取"六六大顺"的吉利与同事两人包600元红包;普通朋友结婚通常是500元红包;而对于挚友,1 000元以上的红包是常事。

奢华婚礼随着中国经济增长而日渐盛行。婚礼越奢华,新人对婚礼礼金数额的期盼也越高。此外,越来越多的婚礼选择在节假日举办。公共假期让平时各自忙碌的亲朋观礼相聚更加便利。

26岁的单身小伙儿胡逊之在北京的建筑行业工作。在2012年的元旦假期和春节,他要参加3场婚礼。而已经过去的2011年国庆节假期,两场婚礼已经让他"付出很多"。"尤其是从那些不太熟悉的同事手中接过他们的婚礼请柬时,我会很为难。凑份子的礼金真的令人头疼。"胡逊之说。

2. 奢华婚礼开销是根源

20年前,中国人并不会为当今的"婚礼份子钱"而烦恼。彼时,结婚的新人收到更多的是礼物,比如脸盆、毛毯,或是有纪念意义的礼品。

55岁的葛阿姨于1986年在北京结婚。她与丈夫举办了简单的仪式,见证幸福的亲朋大约30人。除少量"红包"外,葛阿姨收到很多像床上用品、家居装饰等礼物。

"我想是因为现在的人都太挑剔,结婚送礼物才显得不中用。而且'份子钱'送少了,连祝福也显得变轻了似的。"葛阿姨说。

臻爱今生国际婚礼策划公司总经理刘宁在接受采访时表示,近些年婚庆花销呈上升趋势,越来越多的新人不惜用奢华的场面来记录这"一生一次"的时刻。

据刘宁介绍,他公司接手的白领客户平均婚礼花销是 25 000 元。这只是婚礼仪式的策划、布景及摄影摄像的费用,不包括婚车、餐费、酒店住宿等。

"奢华的入场仪式、绚丽的声光电效果,甚至是潜水婚礼、极限运动婚礼,新人在婚礼中求新求变的需求是近年的趋势。此外,在双方老家,共同工作城市多地办婚礼也成为一种流行的现象。"刘宁说。

此外,刘宁坦言,日渐复杂的婚礼程序正在带动鲜花、喜糖、摄影、服装、酒店住宿、金银饰品、汽车、房地产等更多产业。"婚礼的奢华,与中国喜事大操大办的传统文化有关,也与当下生活富裕、眼界开阔有关。"刘宁说。

3. 婚礼不应成为敛财途径

在网络流行的包含房产、轿车、装修、度蜜月、办酒席、交女友等花销的"2011 年中国十城市娶亲花费清单"上,深圳、北京、上海以超过 200 万元位列三甲。"早点结婚,物价在涨,后果自负"成为调侃与告诫。

中国社会科学院学部委员刘庆柱指出,近年来"礼金"数额随结婚排场而攀升,甚至有新人将奢华的婚礼视为敛财的途径,给观礼亲朋带来很大压力。

"参加婚礼有时面临两难的心情,观礼者会为新人真诚祝福,但礼金的增加又为难了很多人。这种风气有碍中华民族婚庆习俗,不应提倡,而应转变。"刘庆柱说。

"送礼金的现象与过去三十多年经济发展,人民生活水平提高有关,但也不是必然结果。在许多经济水平比中国高的国家,婚礼却办得简单而不失热闹。"刘庆柱说。

42 岁的德国人彼得·杰克逊在北京做老师。2011 年,他已受邀参加 4 场中国婚礼。彼得一直很好奇到底要给多少"份子钱"才算合适,因为这种习俗在他的家乡是没有的。

"欧洲的婚礼通常在教堂举办,场面远没有中国婚礼盛大。我们那儿结婚不给钱,而是送礼,但也不是必须要送礼。"彼得说。

刘庆柱表示,中国的年轻人需要开拓新的结婚方式,而不是攀比婚礼排场和礼金,这实在是一种不应提倡的浪费。

(资料来源:新华网,2012-01-30,有删减)

专家评析:

婚俗礼仪中的一些礼尚往来使礼金与人情挂钩,现代婚礼档次的提高给一些参加婚礼的嘉宾造成无形的压力。人们在举行婚礼时有时会注重婚礼工作人员的组织而忽视了现场来宾之间的感受,要想婚礼得到应有的效果,攀比婚礼排场和礼金是不可取的。在如今的社会,婚礼所提供的远比礼金多,因此,新人应该在追求婚礼个性的同时,更多地关注婚礼的人文价值,而不是盲目攀比,造成不必要的浪费,甚至是人际的不和谐。

复习思考题

1. 简述婚礼来宾婚宴座位的安排。
2. 在进行婚礼来宾婚宴座位安排时有哪些需要注意的地方?
3. 婚礼工作人员主要可以分为哪几部分?
4. 简述婚礼总负责人的职责。
5. 简述婚礼前台接待的职责。
6. 简述婚礼后台婚宴主管的职责。
7. 简述婚礼婚庆事务部分工作人员主要包括哪些? 简述其职责。
8. 简述婚礼工作人员的礼仪要求。

第11章
婚礼财务管理

【学习目标】

1. 理解婚礼预算的内涵及编制。
2. 掌握编制婚礼预算的步骤。
3. 了解婚礼费用的含义以及影响婚礼费用的因素。
4. 了解婚礼费用的初步估算情况,掌握婚礼费用表的编制。
5. 学会运用婚礼费用表以及婚礼付款时间表对婚礼预算进行控制。
6. 了解婚礼财务人员的设置。
7. 理解婚礼成本以及婚礼成本控制的含义,掌握婚礼成本控制的方法。

【学习重点】

通过本章的学习,能够理解婚礼财务管理的基本内容,了解婚礼预算、婚礼费用以及婚礼成本的含义,重点掌握婚礼预算和婚礼费用表的编制,并学会婚礼预算控制以及成本控制的方法。

【案例导入】

婚礼需要多少钱？60年间,内江人的结婚成本翻了约千倍。

家住市中区公园湾村的邓国章大爷,今年85岁,他和老伴结婚已有58年。20世纪50年代,邓大爷还是内江一个土特产公司的职工,每月工资不到40元。不过,相比其他单位的职工,他的收入是比较高的。邓大爷结婚时,只邀请了双方的亲戚和特别要好的朋友参加,当时结婚,只是请客人们吃饭。婚礼当天,他准备了几桌酒席,总共花销差不多60元。

1981年,邓大爷的大儿子结婚,那时,自行车、缝纫机、手表成了结婚必备的"三大件"。后来,添置新家具和拍摄婚纱照开始流行起来,结婚的开支渐增。不过,总体计算,2 000元能办一场理想的婚礼还有富余。在邓大爷的记忆中,大儿子结婚所有开支不到2 000元。"那时候一桌酒席不到100元,就办得非常丰盛了,当时办了8桌,还不到800元。"

到了邓大爷小儿子结婚时,情况有很大不同了。邓大爷的小儿子,今年35岁,刚好结婚10年时间。小儿子结婚时,婚礼更加气派,花费了约2万元。"当时的婚宴,一桌是350多元,算是比较好的。"婚宴一共设了18桌,花费6 300多元。每一桌都要一瓶白酒和几瓶饮料,喜糖和香烟也是必不可少的。平均下来,一桌婚宴的花费在250元上下。邓大爷的小儿子结婚时,也赶时髦租用了几辆婚车,"租婚车和拍婚纱照,差不多用了5 000元"。

内江市民罗先生正在为自己的结婚花销做预算,细算下来,这笔5万多元的开支让他"压力山大"。和祖辈、父辈相比,当前日益走高的结婚成本让不少年轻人感叹"结不起婚"。在罗先生罗列的预算项目中,他打算在内江的一家酒店订20桌均价在700元左右一桌的婚宴,预计开支15 000元;请婚庆公司帮忙布置婚礼现场,预计消费5 000元;拍婚纱照的预算为3 000元;烟、酒、喜糖等预计花费10 000元;婚车车队开支在5 000元。此外,"结婚戒指、结婚礼服、鲜花预订合起来要1万多元,算下来,光是办个婚礼就要5万多元,给女方娘家的彩礼钱还除外。"罗先生介绍,他大学毕业工作两年,还没有太多积蓄,明年结婚,不得不考虑"啃老"。不过,和一些朋友相比,他的婚礼预算是很基础的。"家庭条件好的朋友,结个婚要花10多万元。"

婚礼中的"钱"是新人不得不考虑的。这一章我们要学习的内容是婚礼的财务管理,从婚礼费用估算、婚礼预算、婚礼预算控制和婚礼成本控制四个方面展开叙述。通过本章的学习,可以了解从婚礼策划到实施整个的财务情况,在婚礼上无论是想实现盈利还是想赢得美誉,婚礼财务管理都是一个重要环节。

11.1 婚礼预算

通常情况下,预算是指以价值的形式对公司生产经营和财务活动所作的具体安排。预算对于一场活动的举行具有重要意义。预算是一场活动具体事项的量化,这种量化有助于活动策划者进行宏观的协调与安排,可以看作一种重要的管理工具。预算具有以下4个优点:

①制订计划。预算有助于活动策划者通过计划具体的行为来确定可行的目标,同时能促使活动策划者仔细全面地考虑各种可能的情形,进行周全的安排,这对活动的圆满举行十分重要。

②合作交流。活动预算能够协调活动的各项具体事宜,使得活动策划者必须全盘考虑整场活动各项价值之间的相互联系,预算是一个有效的沟通手段,能促使活动各方面相互联系。

③协调功能。预算能够协调整场活动所有的资源配置和利用,在预算的执行过程中,不断地调整活动的具体实施,以达到活动最完美的效果。

④控制功能。预算能够监督各个活动相关负责人按照设定的目标执行,并在执行的过程中,通过一些信息的反馈,及时地获知预算在执行过程中出现的问题,并进行相应的调整,避免资源的浪费。

正是预算具备以上优势,它对一场活动的顺利且圆满完成具有十分重要的意义。

11.1.1 婚礼预算的内涵

婚礼预算是指新人根据自身综合情况,用货币形式对婚礼所有事项进行的具体安排。婚礼是一场特殊的活动,新人在这场活动中占据至关重要的位置,既是活动的主办方,又是活动的投资方,还必须参与活动的策划与具体执行,可以说贯穿整场活动的方方面面。因此,婚礼预算一般由新人自己负责,对于婚庆公司、婚纱影楼、花店、酒店、保险公司等合作单位,新人需要将自己的预算情况详细告知,而且其合作单位一定程度上只能负责提出建议,对婚礼预算没有干预的权力。

11.1.2 婚礼预算的编制

婚礼预算作为一种量化的详细计划,它是对婚礼活动的细致、周密安排,是婚礼活动的依据,量化和可执行性是婚礼预算最主要的特征,因此,婚礼预算是一种可以据以执行和控制的具体的计划,是对婚礼目标的具体化。

新人从决定结婚这一刻开始,就需要为新的家庭开始忙碌。从新房的购买、装修到新婚家电、家纺的购买,再到婚礼的举行和蜜月旅行,在新人看来,这些都属于结婚所用的费用,若想有一个完美的蜜月旅行,可以减少举行婚礼的花费,若是看中的是新家的具体装修和装饰,婚礼甚至可以不用举行。这些都要视新人的具体情况而定,在这里不再一一赘述。

婚礼预算是指因婚礼的举行而产生的费用。婚礼的具体项目十分烦琐,在做婚礼预算的时候,不可能任何一个细节都能涉猎,对新人来说,可以将婚礼预算分为四大部分。(接下来的部分内容借鉴相关调查数据,以2012年消费情况为准)。

1)第一部分:婚纱照和蜜月旅行(平均占总资金的25%)

之所以把婚纱摄影和蜜月旅行放在一起,是因为近年来已经有越来越多的新人开始热衷旅游婚纱照,这样不仅能将蜜月旅途中的风景记录下来,还能将两者的经费合二为一。当然,也可以将这两项费用分开进行,各占比例如下:

(1)婚纱摄影(占该部分资金的28%)

相关调查结果显示,新人留给婚纱摄影这一项目的预算一般为6 000元。无论是选择传统的影楼婚纱摄影,还是近几年十分走红的艺术工作室写真,这个价位算是比较合理的。需要注意的是,婚纱照拍摄完成后,在选片数量和制作材料上新人一定要把好关,不要轻易增加项目,

避免在最后时刻贸然超支,若是资金相对宽裕,则新人可根据情况自行安排。

（2）蜜月旅游（占该部分资金的72%）

目前,国内新婚蜜月最热的三个方向分别是海南三亚、东南亚的岛屿以及欧洲的意大利、希腊等地,而费用则呈8 000元、15 000元、50 000元的三级跳态势。以往新人一般选择在婚后数月乃至一年后才度蜜月,现在这种比率逐年降低,越来越多的新人婚后立即奔赴浪漫地点,开始甜蜜的蜜月。这也是将蜜月旅行归到婚礼预算的原因。

2）第二部分:婚前准备（平均占总资金的21%）

（1）婚纱礼服（占该部分资金的22%）

①新娘婚纱。一位新娘一般要为婚礼准备几套行头,根据相关调查,最多的数值是7套;不过最基本的数字还是3套,其中一套为白色婚纱,两套为彩色礼服（包括旗袍）,总花费在3 000元左右。以前的新娘通常去外地,比如在苏州购买婚纱。现在的新娘倾向于在本地影楼选购或者租借,方便修改也更时尚精致。婚纱租借对资金相对紧张的新人是一个不错的选择。

②新郎礼服。与其说是新郎礼服,不如说是精品西服,相对于新娘的多种造型,新郎的装扮一向走庄重而又实惠的路线,高档西服是不变的选择,价格从4 000~10 000元不等。有些新人会在西装之外另为新郎定做或租借一套中式礼服,价格在500元上下。

（2）美容配饰（占该部分资金的12%）

①新娘美容。目前全面针对新娘婚前的美容机构并不多,但还是有超过半数的新娘会选择婚前进美容院做个脸部和全身的保养护理,价格从1 000~10 000元不等。不过在婚前做个漂亮的美甲是90%以上新娘的选择。

②礼服配件。除了礼服外,婚鞋、首饰、拎包的花销也不能忽略不计。平均每位新娘会准备2~3双婚鞋搭配不同礼服,均价在每双300元左右。新郎一般会准备黑色礼服鞋一双,价格是新娘鞋的一倍。其他方面,婚礼上用的拎包也是新娘必不可少的装备,一般均价在500元。

（3）结婚戒指（占该部分资金的66%）

①订婚钻戒。随着国人对结婚概念的不断更新,购买订婚戒指的新人人数在持续增长,最新的调查已接近八成需购买戒指,其中购买的价位在1.5万~2万元的人数近半数。还有一种趋势是在国外购买裸钻在国内加工,或是在中国香港等地购买婚戒的比例越来越高。

②结婚对戒。铂金对戒以其经典、高雅、优质的形象,依然是80%以上新人的选择。但是调查显示,新人们预留在这一块的资金并不高,一般在4 000元左右。品牌和品质是新人共同的追求,新人在某种程度上应该增加对结婚戒指的投入,毕竟比起订婚戒指,结婚戒指的佩戴概率更大。

3）第三部分:婚礼筹备（平均占总资金的55%）

（1）婚礼场所（占该部分资金的68%）

①场所总价。根据相关调查,新人平均花费在婚宴场所的总价格约为45 000元,占婚礼相

关部分资金的75%,占整个结婚花费的40%,可以说是整个婚事花费最多的一部分。因此,新人在定好婚礼总预算后,预留50%左右的份额用于婚宴场所的花费。婚宴场所包括停车场所。

②婚宴。婚宴是婚礼中的重头戏,其花费也是最大的,在婚礼预算中占到50%。其具体包括:婚宴规模大小完全取决于新人自己的喜好和经济实力,但按照传统的习俗会选择双数,如8桌、10桌、16桌。有一种确定婚宴单价的方法。确认好婚礼场所大致可花费的资金,再除以预计将邀请的来宾人数,计算出每位客人的大致费用,乘以10就是可以预订的婚宴的单价。这种方法可以有效地控制婚礼的总成本。

③特殊项目花费。有的场所像草坪、仪式堂并不是免费提供给新人的,还需要留下这一部分的预算。根据会场不同,租借费用也大相径庭,比较平均的价格在4 000元上下。

④婚车租借。婚礼车队是婚礼中不可缺少的项目。随着婚礼的形式日益多样,许多个性婚礼中,有些新人会采用自行车、公交车之类的创意想法来完成接新娘的过程。婚车租赁这个环节的平均费用均价在2 000元左右。

(2)婚庆公司(占该部分资金的17%)

①婚礼策划。相关调查表明,随着婚庆公司要价越来越离谱,现在自己亲自策划婚礼或者交由会场策划布置的新人开始呈上升趋势。邀请婚庆公司全权代理的费用通常涵盖了策划费、布置费、制作费、相关婚庆人员费用而显得含糊不清。一些高级策划公司的价格可能上万元,但也有一些单纯只帮助新人布置会场的公司,策划费接近于零,这项费用要视婚礼的情况而定。虽然婚庆行业目前发展并不完善,但是专业的婚礼策划及执行团队是不可缺少的。

②婚宴布置。会场布置的花费主要集中在花材上,根据季节和选用花材的不一,价格也会有比较大的起伏。布置一场婚礼(以20桌计算)的费用大约在4 000元,想节省开支的新人可以自己购买花材请专业花店代为制作。除此之外还有新娘手捧鲜花、新郎及贵宾扣花、伴郎及伴娘捧花、花童捧花、婚礼上敬献给双方父母及主婚人的花、婚礼宴会用花、花车装饰用花。

(3)婚礼工作人员(占该部分资金的6%)

①化妆师。新娘整体造型在婚礼当日十分重要,现在婚礼上新娘平均换装的次数是4次,要找一个技巧高超、品位一流的造型师,就要留好这笔预算,目前均价是全天1 000元。

②婚礼司仪。婚礼司仪是婚礼中的关键人物,挑选时要格外注意。目前在婚礼司仪这一块的平均价格为1 000元,某些知名的人选不仅预约期长,价格也日渐高涨,有的接近2 000元。新人挑选时要注重与婚礼司仪的交流,有些司仪虽然出名,但是风格有可能不适合新人。

③摄像师。摄像师的任务主要集中在晚间的婚宴上,相对来说费用比较低,平均为800元。如果新人选择婚庆公司提供的相关人员,能得到更加便宜的价位。

④摄影师。婚礼当天的摄影除了内景,外景拍摄也很重要。摄影师的费用也相对较高,全天候拍摄的全国均价为2 000元,只拍摄当晚婚宴的均价500元,一般花费为1 100元左右。

4)第四部分:婚礼用品(占该部分资金的9%)

①结婚喜糖和喜烟。喜糖和喜烟是婚礼中的必备物品。目前,超过八成的新人会选择自己DIY喜糖盒或是自己做喜糖装饰,每个喜糖盒的价格在2元左右,想给来宾留下深刻印象的

新人,这笔费用是必须要计入婚礼预算的。

②婚礼蛋糕和婚宴酒水。很多新人会选择会场提供的免费结婚蛋糕,有的会场也会提供饮料无限量畅饮。根据相关调查,新人自己购买结婚蛋糕的均价为725元,酒水和饮料一般由婚宴场所提供,新人也会自备酒水,价格相对比较高,均价为5 000元。

③喜帖卡片。超过50%的新人会选用婚礼会场赠送的喜帖作为正式的喜帖发放。自己DIY喜帖、席位卡、桌卡等物品能给来宾带来统一的婚礼印象,比较适用于主题婚礼,均价为400元。

④结婚谢礼。对于参加婚礼的亲朋好友都需要一份充满诚意的谢礼,除此之外,要为父母准备礼服和感恩礼物,为伴娘准备一套与婚纱相配合的礼服,为伴郎准备一条光鲜的领带,买件漂亮的公主裙送给朋友来做花童的女儿,在婚礼举行过程中必不可少的红包等都是结婚谢礼所用的花费。

11.1.3　编制婚礼预算的步骤

1)列出婚礼筹备具体项目

新人开始筹备婚礼的时候,首先需要全面细致地列出所有的婚礼项目,并且标明哪些项目是婚礼中必要的,哪些项目是可以找到优惠或赠送资源的(如有些影楼会提供婚纱租赁服务,有些酒店消费到一定标准会减免服务费,有朋友是化妆师,或是有朋友可以作为表演嘉宾或者支持免费的乐队演出等)。

新人首先要做一张电子数据表(例如Excel),把预算中的每一项费用都清楚地记录下来。婚礼消费是个琐碎的过程,一定要好好落实到位,这个工作不仅可以帮助新人查清每一笔开支,还可以确保在筹备中避免任何疏忽。

2)找到自己最在意的部分

如果新人对婚礼项目中的某一项或几项有特别偏好,那么它们就是需要花费的重点。很多新人在婚礼中每个项目都想要做到最完美,呈现最好的效果,而忽略了重点,导致最后整体效果达标了却远远超出心理价位。比如,假如预算有限,一定要提前发现,自己到底更愿意要一枚大钻戒,还是要一件华美的婚纱,或是充满鲜花的梦幻婚礼现场,以便提前规划预算。

3)评估自己能接受的心理价位

在列出婚礼需要筹备的具体项目后,就要针对具体事项做出一个大概能够接受的预算范畴,要按照预算合理分配各项支出,以防超出心理价位太多而造成不必要的心理压力和经济负担。新人可以选择提前走访各个商家,询问各项的报价,了解每一项消费在市场上的价格状况。如果有的项目报价很高,问清楚原因并查看细节。如果选择婚礼策划师,应开诚布公地和婚礼策划师以及供应商讨论自身的预算情况,让他们知道你的预期花费,也可以询问他是否有更好的建议。

4)与供应商签订合同

一旦选定了婚礼供应商,一定要坚持签订打印好的包括所有细节的纸质合同,确保合同包含已经提前确认好的每一条服务项目以及相关费用,包括服务到达时间、服务者的着装、超时费用的计算等,提前讲清楚每一项的细节可以避免以后出现混淆。在一定程度上不要过于听信商家的推荐,还是要自己去看这些服务人员的水平,然后作出判断,是否喜欢这种风格,是否想要预订这项服务。

5)准备应急资金

婚礼经常会出现一些预算之外的花费,最好在整体预算内,还有一笔应急资金,通常是预算的 10%~15% 。这样的应急资金可以使新人成功应对预期之外的费用,而不会造成突然的财政危机。

【相关链接】

婚礼预算的规划

新人在编制婚礼预算时,可以对婚礼预算进行规划,花最少的钱准备最满意的婚礼。

1. 把握整体节省费用

在确定考虑好婚礼的装饰风格之前,要学会保持冷静,抵抗住那些廉价商品的诱惑,比如说便宜的蜡烛或缎带。因为往往花了零零散散的几十或者几百块钱,最后却发现毫无利用价值。另外,如果可能的话,控制宾客的人数,尽量把宾客名单控制在一个较小的范围内。人多了就需要大的场地,而且婚宴是一笔大的开支,多一个人就多一笔开销,更重要的是不能面面俱到而使宾客觉得受到冷落。

2. 婚礼喜帖巧节约

新人们都会准备婚礼请帖和感谢卡,不妨将这两张卡片合二为一,可以选择自己手绘或者定制请柬卡片。

3. 合理利用婚礼场地

如果新人选择了一个需要大量鲜花、蜡烛和纱幕装饰才能出效果的地方举行婚礼,很可能会导致预算超支。选择那些别出心裁的婚礼场地或者一个自然景色非常浪漫的地方举行婚礼,比如:春天的花园、秋日的树林或者周边风景优美的郊区,一般花费较少,甚至不用场地费,还可以一边赏景,一边享受,不需要太多装饰就可以达到事半功倍的效果。

4. 婚宴食品巧妙搭配

每一个餐桌婚宴需要 3 道程序——开胃凉菜、精致主菜和主食、甜点,各项婚宴的食品要巧妙搭配,既满足宾客的需要又要经济实惠。

5. 婚礼鲜花精打细算

婚礼花材的费用相对较高,可以不用在每张桌子上都摆放鲜花装饰,而是挑选几个重点地方,比如入口处和大厅正前方的两个拐角处,并在这些重点地方摆上一件可以让人眼前一亮的花艺作品。

6. 租赁婚车另辟蹊径

目前婚车车队都是按小时计费,对于婚礼用车,可以不用让其等一整天。

7. 朴素而珍贵的回礼

在送给来宾礼物的选择上,新人可以考虑那些便宜但又契合婚礼主题的东西,或者是新人共同制作的工艺品。另外,新人可以在季节性打折期间挑选那些原本价格很高的商品作为礼物,比如趁新年前的年末打折期间为宾客们买价廉物美的水晶相框作为礼物。

11.2   婚礼费用估算

婚礼费用是指婚礼从策划到具体执行运营过程中所发生的、以货币形式所表现的各种耗费。它包括与婚礼有直接联系的各项费用,比如婚礼用品的购买、新人造型的设计、婚礼花车的装饰,也包括与婚礼无直接联系的费用,比如婚礼策划机构的营销推广等。

11.2.1   影响婚礼费用的因素

影响婚礼费用的因素有很多,主要有以下3个。

1)婚礼的规模

婚礼的规模决定了婚礼从策划到具体执行整个过程中所用到的资源的多少,如果会场较大,会场的场景策划及布置所需的人工费用就多。

2)婚礼的品质

质量和费用之间存在着辩证统一的关系,在一定的范围内,婚礼质量越低,产生的婚礼费用就越少;如果婚礼质量要求高,则在完成整场婚礼时就需要采用更好的资源、耗费更长的时间,婚礼的费用相应就会增加。

3)婚礼执行团队的能力

在完成婚礼所需的整个过程中,婚礼执行团队的能力越强,越可以减少失误,间接降低婚礼的费用。

11.2.2   婚礼费用的初步估算

对于一场活动来说,其发展过程是动态变化的,因此,其费用无法直接计算。婚礼是一种特殊的活动,在确定举办一场婚礼的时候,通过制订基本的婚礼策划方案,需要对婚礼的费用进行初步估算,一方面检验婚礼费用是否严重超出新人的接受范围;另一方面可以宏观把握婚礼费用的具体去向,对下一步婚礼的策划与组织打下基础,提供初步凭证。通常,婚礼费用的初步估算得到认可,婚礼基本事项具体确定下来之后,这些初步进行的婚礼费用的估算会被修正、添加,到最后被敲定。例如,为了方便选择,婚宴承办商会提供基本普通菜式和豪华菜式的费用对照。婚礼费用中婚宴的最后开支则取决于婚宴最后选定的菜式。

通常情况下,对一场活动的费用进行初步估算时,主要包括请帖费、住宿费、交通费、场租费、排练费、膳食费、舞台布置费、视听设备费、灯光照明费、特效费、摄影费、摄像费、席位卡费、菜单费、来宾礼品费、活动印刷材料费、宣传材料费、保险、风险评估保障费、活动策划管理费、酒水费、音乐费、娱乐活动费、安保费、工作人员劳务费、电费、通信费、托运费以及其他杂费等费用。

新人若想圆满地完成婚礼,需要专业花店、婚纱影楼、婚庆公司、婚宴酒店四个婚礼供应商。除婚纱影楼,专业花店、婚宴酒店与婚庆公司的联系较为密切外,各相关负责人还要进行细致的沟通,对整场婚礼的策划细节要准确地把握。专业花店负责鲜花花材的提供,包括婚车装饰用花、会场布置用花、新娘造型用花、新娘捧花、各种扣花或领花等。婚纱影楼负责婚纱照的拍摄,有些影楼会提供婚纱礼服的购买和租赁服务。婚宴酒店则提供婚宴场地、婚宴菜肴及服务人员提供的餐间服务,新人若举行户外婚礼,则需要采取婚宴外包,也需要联系相关的婚宴酒店。在某种程度上,婚庆公司具有典型的中介性质。理论上,婚庆公司提供婚礼策划、化妆跟妆、摄影摄像、婚车租赁、婚礼司仪、场地布置、监督执行七大块的服务。但是目前婚庆行业尚不完善,上述很多服务都是各婚礼合作单位交叉提供的,比如花店会提供婚车租赁服务,婚纱影楼会提供化妆跟妆服务或者摄影摄像服务,某些知名婚礼策划师或者婚礼司仪有自己的工作室等。这说明婚庆行业急需调整市场的规划,在如今婚庆需求缺口日益增大的时代,婚庆公司需要提升自身的专业服务技能,婚庆行业内部各机构各司其职,保证婚庆行业的健康良性发展。

如前所述,婚礼是一场特殊的活动,婚礼预算主要由新人自行决定,因此,对于婚礼费用估算的内容主要站在婚庆公司的角度进行阐释,主要包括婚礼策划、化妆跟妆、摄影摄像、婚车租赁、婚礼司仪、场地布置六个部分。

11.2.3　婚礼费用表

确定婚礼费用的几个模块之后,要进行婚礼费用表的初步编制。

首先,用Excel电子制表或其他财汇软件制作一份不考虑成本情况的婚礼内容设计。用计算机制作婚礼费用表可以使婚礼策划师迅速了解婚礼的基本情况。

其次,在婚礼内容的设计上加入费用或价格,然后根据新人的预算情况做出快速的调整。

最后,根据新人的需求及预算情况对婚礼具体内容进行增减,婚礼策划师可以在宏观上迅速了解整个婚礼费用的变化。

在婚礼费用表的编制过程中,对婚礼内容中必须保留的项目要重点突出,其余项目则留作选择,还要对确定增加的项目随时计入婚礼费用表。例如,婚宴是婚礼活动中的一项主要内容,而菜单和席位卡可以提高婚礼的档次,但并非必要,那么在新人预算允许下,或者在菜单和席位卡对于婚礼的整体设计风格至关重要的情况下,除餐饮费用外,还必须确定随时将菜单和席位卡的成本计入初步婚礼费用估算中。

如果包含婚礼最基本内容的费用初步估算已经超出了新人的预算范围,那么应该认真考虑是否该取消原计划的一些内容,或者是否该尽可能地进行调整。例如,为了符合婚礼设定的格调,保留菜单和席位卡而将饭菜的档次降低。如果婚礼费用的初步估算在新人预算计划之内,则可增加备选活动项目。

11.3   婚礼预算控制

新人一旦确定了婚礼预算,接下来的挑战就是严格将婚礼费用控制在预算范围内。控制预算总体来说并不意味着在婚礼水平上大打折扣,而是另辟蹊径,富有创意地进行灵活变通的筹备,从而举行一个符合自己个性的婚礼。

预算控制清楚地表明了计划与控制的紧密联系。预算是计划的数量表现。预算的编制是作为计划过程的一部分开始的,而预算本身又是计划过程的终点,是一项转化为控制标准的计划。预算控制的一般程序包括预算执行和预算分析两个环节,具体又包括以下步骤:下达执行、反馈结果、分析偏差、采取措施。预算控制的方法主要包括预算授权控制、预算审核控制和预算调整控制三种类型。

婚礼预算控制依据新人的婚礼预算情况,在预算执行中将婚礼活动的具体执行过程中发生的所有费用都控制在婚礼预算内,同时,通过对婚礼预算中各项费用落实情况的分析,对婚礼各具体事项进行适时调整,保证婚礼在预算范围内达到最佳的执行效果。

婚礼作为一项特殊的活动,其预算的控制主要依赖于婚礼费用表及婚礼付款时间表。如果新人选择婚礼策划师来策划婚礼,那么婚礼控制就属于婚礼策划师的工作,否则新人自己需要对这些费用的情况进行及时的落实与调整,以使更好地控制预算以及完成婚礼活动。

11.3.1   运用婚礼费用表进行预算控制

开始进行婚礼策划之后,用前面提到的 Excel 来制作费用表,列出各项拟定预算。这样一来,可以将婚礼各项内容设定在婚礼活动中而不至于超出预算,同时婚礼各项费用就会一目了然。通过这种方式,新人或者婚礼策划师还可以了解婚礼经费的处理情况,可以对各种不同备选方案进行比较,并且还可以控制婚礼活动不超出新人的婚礼预算指标。例如,根据具体策划将费用表制作完成之后,根据新人的预算标准,就可以决定对于餐桌上的摆设,是否可以不使用精美花饰,而是用酒店免费提供的蜡烛(使用真蜡烛还是电蜡烛取决于酒店的情况和消防规定),以便将钱节省下来为鸡尾酒招待会做一些特别的安排。

新人或者婚礼策划师的目标是使新人的婚礼活动别开新面,令人难忘,同时又不会超出新人的婚礼预算。因此,婚礼策划师必须使出浑身解数,竭尽全力做到这点,不要等到婚礼活动结束时才发现严重超支。新人要经常进行对账——每次出现新的支出或者做出任何修改或变动,都要对费用情况及时更新,这样才不至于因为意外的经费而感到措手不及。

由于婚礼活动内容各不相同,婚礼费用表并无固定的公式或格式,开始制作费用表时,将整个婚礼活动的整个过程从头到尾考虑一遍,列出大纲,包括搬运设备、撤离婚宴会场、装卸设备、排练费等费用计入预算,然后再回头将具体费用以价格的形式填入表中。预算中的所有情况要毫无遗漏地全部记录下来,比如,不要接受花店或者是婚车车队的口头承诺。在当今社会,人事变动犹如家常便饭,员工的流动性非常强,今天做出口头承诺的人,明天可能已经辞职了。婚礼的各项条款及要求都要有书面凭证,确保婚礼各个供应商将合同中的内容表述得清楚明白。这点对新人来说尤为重要,婚礼策划师需要适时对新人进行提醒和指导。

新人按时检查是否还有其他额外费用需要列入总账,确保将其计入婚礼费用表,比如,婚宴酒店会根据实际用电情况来收取电费。对于这种情况,可咨询近期举办的类似活动,参考其费用来估计婚礼的用电费用。这就要求电子制表必须简明扼要,同时条理清晰,能够迅速而便捷地反映出婚礼的特点,使人轻而易举地了解具体项目的增减对婚礼的影响。

增减活动项目时,新人要及时对婚礼费用表进行调整,并保存新文件,随时掌握婚礼费用情况,以便在婚礼活动内容的选择上作出合理的决定。新人在接到账单时,先进行核对再付款,确保各款项严格按照事先协定的价位支付,不带有任何隐含的意外费用,同时要及时调整费用表。每接到新账单时,新人可以将实际支出记录下来,与其预算费用进行比较,以了解预算的费用是否准确,以及总账单中是否存在有前期中遗漏的支出项目。这项工作同样可以交付婚礼策划师来做,毕竟新人作为婚礼的主角,需要享受婚礼的整个过程。

新人和策划师要特别留意那些无正式签约与签收的收费,毕竟婚礼活动各环节比较烦琐,几百块钱的费用是不会列入合同条目的。如果任何事项中出现预算失误,要迅速调整,从而弥补超出部分的费用差异,比如在进行婚礼请柬的设计时,要考虑到其大小或重量引起的邮资。

有两种情况需要特别注意:

一是婚礼费用表没有进行及时更新,最后婚礼总费用就会受到严重影响。如果对费用的变动进行随时更新,那么婚礼活动开始时的实际情况和预算就不会有太大的出入。这样,如果婚礼活动开始时需要临时增加一些内容也能应付自如。此外,费用表的及时更新可以使新人或者策划师了解当前的财政情况,作出合理的决定。例如,晚餐后是否能够为来宾免费提供水果,又或者预算中的盈余充足,可以为每位来宾准备一份特别的小礼品。

二是从创意策划阶段进入正式的实施阶段后,早先设计的活动内容可能会出现变动,需要临时增加内容的情况时常发生。例如,原计划的普通婚宴只需要按部就班,但是菜品很差导致婚宴后需要补办一个冷餐会。这样,积少成多,开支就会像雪球一样越滚越大。这就要求新人或者婚礼策划师随时更新婚礼费用表的同时,新人需要在婚礼费用表中设置一份额外的准备金,通常为婚礼总预算的10%左右。

11.3.2　运用婚礼付款时间表进行预算控制

除了制订婚礼费用表外,还需要制订一份付款时间表,用来查看是否需要调整付款日期,同时作为新人和婚礼策划师沟通的工具。婚礼是一项烦琐的工程,为了确保婚礼顺畅圆满执行,新人不可能全部支付其所有费用,一般是先付定金,婚礼开始时付三分之一定金,婚礼结束后付剩下的三分之二定金。

新人和各婚礼供应商都要制订付款时间表。在签订合同时,婚礼策划师应该告知新人的支付条款与付款条件,并在合同中写明付款日期与金额,同时在时间安排上要留一定的缓冲空间。新人在和各供应商签订合同之前,要了解付款时间是否存在问题,如果有问题的话支付条款和付款条件还可以进行必要的调整,并签字落实。

婚礼费用表是制订婚礼付款时间表的基础。如果婚礼内容或者嘉宾人数发生了变化,则需要将婚礼付款时间表进行修改,并且在支付下一笔费用之前,相应地调整付款金额。

11.3.3　婚礼财务管理人员的设置

在婚礼当天,新人需要应对许多来宾,时间本就不充裕的他们,更无暇顾及婚礼当天的财务事宜。酒店趁机乱收费,贪污剩余的酒水;宾客随意点菜、加菜;婚礼供应商追着新人要钱等,这些事情或多或少造成了不必要的麻烦与尴尬。新人可以设置相应的婚礼财务管理人员来进行婚礼财务的管理。

1)婚礼财务总管的职责

负责总控婚礼当天发生的财务事务;负责与酒店的财物管理、交接;负责监控临时发生的财务状况。

2)婚礼财务总管的要求

①值得信任:任何财务总管都必须以信任为前提。
②有"三心":细心、耐心、责任心。
③亲密:除非十分敬业并有经验的专业人士,否则想要让婚礼财务零差错,必须是与新人十分亲密的人。耐心、细致的家人、长辈、闺蜜是最适合的人选。

3)婚礼财务总管的工作内容

①婚礼筹备前期购买烟、酒、糖、茶的数量统计、核对。
②与酒店交接所有婚礼用品,如烟、酒、糖、茶。
③婚礼进行中所有物品的发放、增补、数量控制。
④婚礼当天与所有供应商进行结账,核对项目内容。
⑤婚礼用品的收回、出库。
⑥处理临时发生的财务费用。

4)选择婚礼财务总管的要点

①充分放权:财务总管要有绝对的控制权,所谓"用人不疑",在财务问题上,这更是必需的。
②充分熟悉:财务总管要充分熟悉婚礼当天的所有要求与流程,了解婚礼状况,能够全权理解,代表新人的意图,做财务上的绝对发言人。
③绝对细致:财务总管要发现各种细枝末节的问题,要有"宁滥勿缺"的劲头,不放过任何一分不该花的钱,也绝不吝惜任何一分必需花的钱。

11.4 婚礼成本控制

11.4.1 婚礼成本与婚礼成本控制

成本是为达到一定目的而付出或应付出的资源的价值,可用货币单位加以计量,同时也是为达到一种目的而放弃另一种目的所牺牲的经济价值。婚礼成本控制即为圆满地完成婚礼而必须付出的资源的价值,同时也是婚礼具体事项选择时放弃另一种选择所牺牲的经济价值。尽管新人对婚礼预算进行了编制,但是婚礼成本也是必须要考虑的问题,是婚礼财务管理的一项重要内容,其重要作用是在源头上减少婚礼的预算,而不是在实际执行中对婚礼预算进行控制。婚礼成本问题贯穿婚礼举行的始终。

成本控制是由成本控制主体在其职权范围内,在成本发生以前和成本控制过程中,对各种影响成本的因素和条件采取的一系列预防和调节措施。成本控制的对象是成本发生的过程,包括设计过程、采购过程、生产和服务提供过程等所发生的成本控制。开展成本控制活动的目的就是防止资源的浪费,使成本降到尽可能低的水平,并保持已降低的成本水平。成本控制提倡预先控制和过程控制,因此,成本控制必须遵循预先控制和过程控制的原则,并在成本发生之前或在发生的过程中去考虑和研究为什么要发生这项成本? 应不应该发生,应该发生多少,应该由谁来发生,应该在什么地方发生,是否必要? 决定这些问题后应对相关过程活动进行分析和改进。

婚礼成本控制是指通过对婚礼整个过程进行分析对比,对婚礼举行的整个过程中所发生的各种费用进行计算、调节以及监督的过程,同时,婚礼成本控制也是一个挖掘婚礼其他可能性,寻找一切可能降低婚礼成本途径的过程。进行成本控制可以使新人在根本上杜绝婚礼的浪费,使婚礼预算更精准。

【相关链接】

婚礼成本控制小技巧

1. 拉长婚礼准备期

较长的准备时间意味着新人拥有很多的机会找到在各个领域里商品质量和服务都较为合适的婚礼供应商,更精确地把握婚礼预算。另外,在婚礼将近的这段时间里,新人也可能会因为某些额外的收入积累更多的婚礼预算。

2. 精明选择饮品

很多婚宴场地,比如酒店,会提供消费式的酒吧(按件计费宾客消费的酒水)或是开放式的酒吧(既定的平均费用乘以宾客的人数)。那么,如果新人邀请的宾客大多是软饮料的爱好者,选择消费式的酒吧就会比较合算。但是要提醒新人注意的一点是,选择信誉好的酒吧才能保证消费计数足够正规,值得信赖。

3.巧妙安排时间

避免在周六晚上举行单身聚会。一般情况下,聚会场所的收费在周六晚上为最高。实际上,选择将聚会时间移到周五或是周日晚上的话,费用可能会降低一些,工作日的晚上还会更低。

4.选择在淡季结婚

婚礼举办的旺季是每年的五月到十月。所以,在除此之外的时间段里,如一月,就可以不必面对因为供不应求而水涨船高的价格,而是有机会找到价格适中的卖家。对于选定在一月份某个周五举行婚礼的新人来说无疑要比选择在五一、十一举行婚礼节省很多,由于当时不是婚礼的旺季,因此婚庆公司和很多酒店的婚宴都在打折。当然,这要视新人的具体需求而定。

5.避开热门节日

情人节的鲜花必定是年度最高价,新人会为此付出高于平时几十倍的价钱;而圣诞节前夕也会有很多家庭和朋友找地方庆祝,酒店的预订率一定很高,新人的婚礼就被压缩时间,超时的费用也会加倍。

6.婚礼当天活动不要超时

新人要严格按照预先确定的时间安排来进行各项活动,以免因为超时被要求支付租车、场地和乐队的额外费用。

11.4.2 婚礼成本控制的方法

婚礼成本控制主要从两个方面考虑,一是个性且有意义的婚礼策划,二是合理支配婚礼费用,去除冗余,减少不必要的开支。

1)婚礼策划

婚礼策划是成本控制中很关键的一个环节,新人与婚礼策划师要坦诚、充分地沟通,根据新人的爱情故事以及经济情况进行创意策划,合理运用各个充满新意的婚礼环节将婚礼成本控制在可接受范围内,使婚礼策划方案既能满足新人个性化的需求,又能为刚组建的新家庭节省开销。婚礼策划确定了婚礼的形式,不同形式的婚礼花费不一,但婚礼的关键人物——婚礼司仪是必不可少的。

2)合理支配婚礼费用

首先,新人自己要考虑清楚,婚礼想重点突出什么,是漂亮的婚纱还是美美的婚纱摄影?是精致的首饰还是五星级的婚宴? 新人要在婚礼策划师的指导下,将自己觉得不需要不重要的环节进行筛减甚至剔除。虽然婚宴必不可少,但是要确定新人是想和重要的朋友和家人一起温馨地吃饭还是要大张旗鼓地宴请各方。另外,新人要严格控制来宾的人数。

其次,对那些费用超支又不愿意删减的项目可以自己动手,或者发动亲朋好友帮忙完成,至于场地布置这种环节还是要交给婚礼专业人士来完成。如果新人觉得鲜花价格太高,可以与花艺师协商,在造型和配材方面进行合理策划,做到简约却不简单。

最后,新人再次审查婚礼预算表,控制不必要的浪费。

总的来说,在控制婚礼费用上,把重点放在婚礼策划上。新人与婚礼策划师充分沟通,通常婚礼策划师会尽心给新人提供一个满意的策划。同时,婚庆公司可以用市场化的思路来整合资源,从结婚日子的选定、婚纱照的拍摄到蜜月旅行的整套过程,为新人拿到最低的折扣价。

3)婚礼地点选择

通常大多数人的婚礼场地都是在酒店里众人相聚,举杯共贺新人喜结良缘,虽然热闹又省了新人的不少精力和时间,但是难免缺乏了创意,而且在酒店举办婚礼,婚礼开支预算也相对较高,对婚礼现场色调和宴会菜单等也没有办法根据自己的想法来实施。新人可以选择将婚礼地点换到其他更有趣的地方,比如乡间的别墅、市郊的景区,甚至大学校园或者公园都是不错的举办婚礼的地点,不仅能给宾客带来新颖有趣的体验,还可以节省婚礼开支。

4)婚礼花材选择

新人可以选用当季开放的花朵作为婚礼用花,比如,新娘捧花一直以来被赋予美的意义,新娘捧着它步入礼堂,见证整个婚礼的幸福时刻,被视为婚礼上必不可少的重要组成部分。新娘捧花的花材有很多选择,如今先进的温室技术让不同品种的鲜花几乎在每个季节都能看到它们的影子,可是这些先进的技术背后也需要支付更多的金钱。若不是对新人意义重大,新娘的捧花不一定非要由名贵的花材制作,每一个季节都有自己专属的鲜花开放,可以利用最能代表这个季节的花种作为新娘捧花的选择。

5)婚礼服饰选择

如果婚纱礼服对于新人的意义不是十分重大,选择租赁的方式也是一种明智的选择。除此之外,还可以选择一款样式简单、价位较低的婚纱,新娘和母亲一起做简单的造型,既节省了价格又使婚纱具有纪念意义。另外,新人可以让伴娘自由挑选礼服。有些新娘会同时请来好几位自己的好姐妹做自己的伴娘,让伴娘们穿上相同颜色、款式相近的礼服是近年来婚礼上的流行,可是这无形中也增加了婚礼预算中一笔不菲的开支。

6)婚宴的选择

婚宴的选择既要顾及婚礼来宾的品位和喜好,也要充分考虑新人自己的预算。为了节约开支,在选择婚宴时可以关注相关酒店的折扣和优惠信息,仔细甄选适合自己婚礼风格的酒店。另外,婚礼菜单不要制订得太复杂。婚礼当天宴请亲朋好友是不能缺少的一个环节,但是制订的婚礼菜单太复杂、太庞大往往容易造成浪费。不如从追求菜单的数量改为追求菜单的质量,选择一家有特色的餐厅或者其他地方吃不到的私房菜,不仅可以让婚宴更有特色,还能给宾客们留下一个难忘的用餐回忆。

7)婚礼喜帖的选择

对于婚礼喜帖的选择,假若新人不是特别在意,可以放弃传统的纸质婚礼邀请函。通常纸质邀请函是婚礼预算中不能遗漏的部分,精美、华贵的邀请函会占有一部分婚礼开支,要节省结婚开支预算,可以先从邀请函上下手。在信息交流如此快速便捷的网络时代,新人不如为自己专门建立一个婚礼网站;放上两位新人精美的结婚照,还可以将两个人从认识到相爱到求婚再到步入婚姻殿堂中每一个感人或有意义的瞬间,以照片或者文字的形式放在网站上,并根据自己的喜好制作精美的电子邀请函,附上自己的婚礼网站网址,通过博客、微博或者电子邮箱群发给各位亲朋好友,邀请他们来参加婚礼。不仅浪漫温馨有纪念意义,也符合新人追求时尚的个性,同时还避免了制作纸质邀请函的代价,环保又独特。

8)婚戒的选择

钻戒的价格从几千元到上万元不等,主要与钻戒的质量与做工有关。新人若想要节约婚礼的开支,裸钻要比成品钻戒便宜很多,同时收藏价值也比较高。

9)婚纱照的选择

婚纱摄影一般会有很多后期及隐形消费。为了节约婚礼费用,新人不妨选择自带婚纱以及配饰,提前做好美甲工作,像一些化妆品,如指甲油以及其他一些在婚纱摄影过程中会用到的东西都可以事先自带,以减少不必要的开支,同时也避免了化妆品交叉混用的情况,减少不必要的麻烦。

10)新娘妆容的选择

新娘妆需要花费不少的婚礼费用,在准备结婚之前,新娘可以预先申请会员资格,这样可以获得相应的优惠。当然,若是在婚前几个月做好基础护理,也能省下不小的开支。

【相关链接】

婚礼预算规划让钱花在刀刃上

新人对婚礼预算规划一无所知可以被原谅吗?不能!新人婚前把经费精打细算地弄好是必须做的事,不能因为懒而浪费更多的金钱。

1.设置一个总预算

清楚了解婚礼所有细节后,就可以根据每一项细节花费,大致计算出婚礼的花费总额,并依据自己实际的经济情况,设置一个预算上限。

2.砍掉花费高的部分

寻找品质与价格之间的平衡。昂贵的一个细节不一定能为婚礼带来更好的体验,也许钱花费不多的一个细节也能达到同样的效果。

3.了解预算比例

有经验的婚礼策划师会总结一些比较科学的预算配比,坚持这个预算分配比例,可降低预算失控超支的风险。当然也可以在这个基础上按照自己的想法调整自己的预算分配。

4.制作预算费用工作表

列出婚礼的每项费用,按照实际可能的花费分配预算,可以帮助你了解超支和结余的情况,还可以帮你灵活分配结余的花费。

5.创建你的婚礼愿景

首先确定婚礼风格,可以从举办婚礼的季节、场地、主题等几个方面综合考虑。

6.根据现有方案调整预算

你可能会发现,在某些方面省下来不少钱,那么,把这些钱用在真正需要花销的项目中去,最后,你会发现这样做婚礼可达到更好的效果。

7.货比三家

不要怕跑断腿,多咨询几个商家没有坏处,比较他们的服务态度和商品品质,从中选择性价比较高、服务态度好的。

8.向结过婚的朋友取经

结过婚的朋友在与商家打交道方面经验丰富,而且清楚哪些方面容易误入商家陷阱,让他们推荐服务好的商家。

9.主次分明

如果预算有限就要有所取舍,尽量挑选几个可提升效果的关键点进行筹划和设计,这样才能真正大放异彩。

10.预算可参考分配

(1)45%婚宴:包括场地、酒水、蛋糕、司仪、婚礼用品、停车费等项,是婚礼的重头戏。

(2)15%珠宝:见证新人结合的婚戒和佩戴的珠宝。

(3)15%造型:包括婚纱、礼服、配饰、化妆发型等。

(4)10%花艺:鲜花的费用可能会轻易超标,一定要注意规划。

(5)10%摄影摄像:包括摄像、拍照、婚礼相册、制作光盘的费用。

(6)5%保险金:建议预留出意外风险金,以备出现失误或意外之需。

11.大家来支招

(1)自己做设计师:自己动手设计请柬和其他视觉的设计。

(2)巧用装饰:可以用其他装饰,比如用蜡烛代替鲜花,或者可以寻找并选择一个原本就装饰精美的婚礼场地,在原来的基础上略加装饰和修饰即可。

(3)DIY装饰:一些细节装饰可达到非常好的效果,却要花一大笔钱。如果新人想省下这些钱,准备好材料自己DIY吧,但前提必须是新人有充足的时间。

(4)租用礼服:新娘从仪式到after party结束后,需要换2~3套服装。如果选择量身定制每一套,将要花费大笔置装费。最好是量身定制一套,购入一件价格划算的礼服成衣,再从高端礼服店租赁一套,这样既保证光鲜的形象,又不至于花费太多。

(5)降低婚宴餐饮规格:不必在全城最好的酒店预订顶级的婚宴套餐,这样做只会浪费钱。在高端婚宴酒店选择中低端套系,菜品一样精致、美味,绝对不会失面子。

(6)请朋友帮忙:如果你身边有摄影师、造型师朋友,那简直太好了!一定邀请他们帮忙。他们不会收取你高额费用,但是你一定要准备一些体面的礼物送给他们表示感谢,这样才不失礼貌,也不会伤害你们的友谊。

【案例】

"低配"婚礼涵养节约文化

日前一对新人在乘坐北京地铁的照片走红网络,他们身着中式大红礼服,将地铁作为"婚车",随行的几名伴郎、伴娘还给来往行人分发喜糖。这对"90"后新婚夫妇称此举是想让婚礼与众不同,倡导绿色出行,没想到还意外收获了陌生人的友善和祝福,终生难忘。

婚礼作为一种仪式,在一个人的一生中具有里程碑式的意义。婚礼是新人收获祝福的时刻,是承担责任、实现角色转变的起点,是传承民族文化传统的重要平台与途径。但是随着时代的进步,婚礼最初的象征意义逐渐丧失,最终沦落为攀比炫富的竞技场,仿佛只有豪华车队的"高配"婚礼才算真正的婚礼。相比而言,这对"90"后新婚夫妇将地铁作为"婚车"就显得格外"寒酸"。但是我们应该为这样的"低配"婚礼点赞,以倡导绿色出行,涵养节约文化。

"低配"婚礼彰显了公民节约资源、保护生态环境的责任担当。这对"90"后新婚夫妇以身示范,用婚礼这一仪式来倡导绿色出行,充分体现了公民个人对于建设资源节约型、环境友好型社会的责任担当,为众人树立了榜样。社会是由个体组成的,良好的生态环境、健康社会风气的塑造离不开每个个体的创造和努力。"见善如不及,见不善如探汤",若每个公民都能牢固树立看齐意识、主人翁意识、积极主动承担环保责任就一定能聚沙成塔,集聚起建设美丽中国的磅礴力量。

"低配"婚礼符合节约资源、保护生态环境的发展理念。"人因自然而生,人与自然是一种共生关系,对自然的伤害最终会伤及人类自身。"资源的总量是有限的,而人类的需求是无限的,很多资源都具有不可再生性,而生态环境一旦遭受破坏往往难以修复。世界卫生组织公布的空气污染报告显示空气污染"已经成为人类健康所面临的最大环境风险"。这对"90"后新婚夫妇用"地铁"代替婚车,不仅节约了石化燃料,减少了对空气的污染,还为缓解交通压力贡献了力量,向人们传递了贯彻节约环保理念的正能量。

促进资源节约,保护生态环境不是一朝一夕的事,建设美丽中国必须久久为功。"人心齐,泰山移。"如果每个人都能像保护自己的眼睛一样保护生态环境,不只是婚礼实行"低配",而是将节约理念、绿色理念贯穿生活的点点滴滴之中,社会就能够实现可持续发展,美丽中国也会指日可待。同时,政府也要积极完善公共交通网络,为"低配"婚礼营造良好的舆论环境,为节约文化的建设保驾护航。

(资料来源:中国网,2016-09-28,有删减)

婚礼铺张浪费成诟病

眼下随着"90"后的婚礼越来越多,婚宴主办方也变得"年轻化",家长更是担心"不够吃"而多点些菜品。随着生活水平的提高,很多市民更是不屑"打包"。市民张女士说,参加婚礼吃完饭后,看到桌上一筷子都没动的鸡肉,她当时很想打包,但看到别的桌席上没人这么做,自己也就不好意思了。某饭店老板说,对婚宴上没有吃完的饭菜,多数市民碍于面子不会打包;只有不到三成的客人会在婚宴结束之后打包。满桌的剩菜全部倒进了泔水桶,而这种情形几乎在每场婚宴后都会发生。

近年来,婚礼奢侈浪费问题也一直饱受诟病。近一两年来,最轰动的莫过于黄晓明、杨颖、周杰伦、昆凌,吴奇隆、刘诗诗的婚礼了。虽然婚礼对于一对新人来说是一件非常具有意义的事,很多人都想要自己的婚礼是独一无二的,最浪漫、最完美的。这种心理也就滋生了很多不该有的奢侈浪费。虽然明星和普通人的婚礼花销无法控制,但是现在国家已经在严格把控公职人员婚礼的铺张浪费。婚礼只是一个仪式,感情和生活才是最本质的。婚礼的浪漫和特殊不一定要表现在豪华程度上,其实有意义的婚礼是有很多表现方式的。

(资料来源:齐鲁财富网,2016-05-09,有删减)

专家评析:

如今婚礼的排场越摆越大,铺张浪费的现象不胜枚举。将低碳、节约的理念运用到婚礼中,是社会文明的体现,也是宣扬新人生活态度的好机会。在婚礼这个特殊的场合,现代流行的环保生活、适度消费的观点是值得赞扬和肯定的,不铺张浪费,同时又可以获得来宾的称赞和祝福,树立自己的良好形象,相信婚礼"低配"会受到越来越多新人的青睐和追捧。

复习思考题

1. 简述婚礼预算的内涵。
2. 婚礼预算的编制需要涵盖哪些基本方面?
3. 编制婚礼预算的步骤有哪些?
4. 影响婚礼费用的因素有哪些?
5. 如何进行婚礼费用的初步估算。
6. 简要介绍婚礼费用表及其编制。
7. 简述婚礼预算控制的内涵。
8. 如何运用婚礼费用表进行婚礼预算控制?
9. 如何运用婚礼付款时间表进行婚礼预算控制?
10. 简述婚礼财务人员的设置。
11. 简述婚礼成本与婚礼成本控制。
12. 进行婚礼成本控制需要考虑哪两个方面?
13. 进行婚礼成本控制的具体方法有哪些?

第12章
婚礼设备和用品管理

【学习目标】

1. 理解婚礼设备与婚礼用品的含义。
2. 了解婚礼设备和用品的购买与租赁。
3. 掌握婚礼设备和用品的运输与装卸。
4. 了解婚礼设备和用品的维修与保养。

【学习重点】

婚礼设备和婚礼用品都是婚礼举行所必备的,通过本章的学习,理解婚礼设备与婚礼用品的含义,了解其购买、租赁、维修、保养等基本情况,重点掌握婚礼设备和用品的运输与装卸。

【案例导入】

网友小雯最近参加了朋友的婚礼,二维码签到、微博墙、微信推送一样都不少。饭桌上,旁边的女士们忙着自拍和拍桌面上的喜糖盒子发微博,男士们则趁仪式尚未开始用电子设备浏览新闻,新郎也跟着感叹,"灌我酒的人不多,但找我拍照的挺多"。

小雯这才发现,电子设备已经慢慢渗入婚礼中,不仅是婚礼当天,整个婚礼的筹备和计划也有电子设备渗入。小雯还发现国外的一些关于婚礼的信息图,讲的是互联网如何介入人们的"大日子",这显现出婚庆领域的新商机,颇有意思。

首先人们使用婚礼博客等互联网服务来找"灵感",每周可能会在上面花费 10 个小时的时间。而国外一系列的婚礼策划、预算管理等应用也层出不穷。47% 的新人都有在手机中安装类似的应用来管理自己的婚礼日程。还有越来越多的新人热衷在网上淘婚礼需要用的服装,以及订蜜月旅游。美国每年在婚礼方面的线上购物花费是 86 亿美元。在社交网络方面,新人会使用电子婚礼邀请函代替纸质请柬。如今很多人都免不了在婚礼场合使用电子设备,一种新潮的做法是与其想办法让宾客"抬头"多交流,还不如让他们在互联网上也能够好好"玩转"婚礼,干脆在微信做个花絮直播页面,让宾客们多一种方式融入婚礼。

上述小雯的想法毕竟过于新潮,很多婚礼仍然不能接受,那么除了上述的电子设备,婚礼上应该有哪些设备和用品呢? 这些设备和用品又是怎样进行具体管理的呢? 婚礼是一场特殊的活动,上述两章分别介绍了婚礼活动中"人"和"财"的组织,这一章我们要学习的内容围绕婚礼中的"物"——婚礼设备和用品来展开。通过本章的学习,可以全面把握婚礼活动设备和用品的具体组织,与前面的内容联系在一起,从而在整体上全面把握婚礼的组织。

婚礼设备是指婚礼中所用到的各种器材和设备,具体包括仪式区策划用到的灯光设备、音响设备、特效设备;摄像摄影器材、婚车等。婚礼用品在婚礼场景策划一章已经具体介绍。婚礼用品和道具是进行婚礼场景策划的主要工具,除了鲜花这一重要的婚礼用品之外,还包括拱门、地毯、彩桶、气球、礼炮、绸缎等用品。

婚礼用品是一个广泛的概念,随着婚礼场景策划的精细化与个性化发展,无法将婚礼用品进行严格的分类和罗列。另外,婚礼用品具有很强的装饰意义,与婚纱礼服、喜糖、喜烟、婚用酒水等物品要区别开。上述物品的组织与使用在各章节中已经介绍。同婚礼用品一样,婚礼设备也是一个广泛的概念,比如可升降的舞台也算是婚礼特效设备。总的来说,是否用电可以作为婚礼用品和婚礼设备的主要区别。静态动态、体积大小在某种程度上也可以用来区别婚礼用品和婚礼设备。

12.1 购买与租赁

美轮美奂的婚庆盛典,少不了各式灯光照明,专业的追光灯、LED 灯等,这些婚礼设备与器材自然需要专业的婚礼策划公司提供。如果酒店能提供部分相对基础的视频音响设备和 LED 灯等,可以节省部分开支。而且,酒店具备的灯光音响设施等经过了长期的与场地硬件设施的磨合,一定程度上减少了意外事件的发生。作为婚庆策划公司,灯光设备及音响设备是自行采购还是选择到相关企业租赁的形式,则需要视自身情况而定。

12.1.1　婚礼音响设备

婚礼音响的好坏直接影响着婚礼是否顺畅地进行。从婚礼音乐到婚礼司仪的声音表达都是通过音响传送。现在新人在订酒店的时候,很多酒店是可以提供免费的音响服务的,但是往往达不到婚礼对音响设备的要求。专业的音响音量再大也不会觉得刺耳和吵闹,让在场来宾感受到流畅悦耳的听觉享受,而普通音响会使婚礼现场显得嘈杂。

婚庆公司可以根据自身的情况,选择采用直接购买或是租赁的形式提供婚礼音响设备的服务。这两种形式各有利弊,直接采购虽然花费较多,平时也需要对设备进行维修和维护,但是婚礼音响师对设备比较熟悉,在一定程度上避免了意外情况的发生,同时提高了婚礼执行团队的执行能力;采用租赁的形式着实可以省下购买及保养、维修的费用,但是减少了设备使用的便捷性,在一定程度上也增加了意外发生的比率。如今,专业的婚庆公司都会配备自己的婚礼音响设备。

婚庆公司在采购音响设备时,可以参考以下方法:

第一,听音质,即声音的质量。音质是音响器材中最重要的一环,一件音质很好的器材,其外在表现就是舒服、耐听。

第二,辨音色,即声音的颜色。音色越暖声音则越软;音色越冷则声音越硬,太软或太硬当然都不是很好。音响器材就如乐器一般,越贵则音色越美。

第三,听高、中、低各频段量感分布控制力。"这对喇叭的高音太强、低音太少",这句话就是高、中、低频段的量感分布的直接描述。

第四,在采购婚礼音响设备的时候,尽量携带一名专业的音响师。

婚庆公司若选择租赁音响设备,则必须签订租赁合同,规定相关的婚礼音响设备使用细则。

12.1.2　婚礼灯光设备

在婚礼日趋大型化、专业化、演出化的今天,灯光在婚礼中扮演着越来越重要的角色,在购买灯光设备时,首先要了解婚礼灯光在婚礼中的作用,具体来说,婚礼灯光有以下几个作用。

1)专业照明作用

一场室内婚礼中没用灯光的参与是不可能完成的,摄影、摄像、仪式、布景都需要灯光的辅助配合,当宴会厅原有的灯光不足以满足这些工作所需的条件时,就需要借助专业的舞台灯光来进行补充,比如面光灯、追光灯等。

2)营造婚礼现场氛围

灯光在婚礼中最重要的作用就是营造现场氛围,或温馨,或浪漫,或喜悦,或感动。灯光的变化决定着整体婚礼环境的变化,而婚礼环境的变化从视觉和心理上直接影响着现场来宾的情感变化。

3）突出重点,制造特殊效果

婚礼仪式中某些特定的环节需要灯光来制造特殊的效果,比如新人入场,追光灯就能起到突出重点,营造温馨浪漫氛围的效果;一段动感的开场音乐,电脑灯不断变换的颜色和图案就能配合音乐的节奏给人带来强烈的视觉冲击,留下深刻的印象。

婚庆公司根据灯光在婚礼中的作用设置相应的专业人员,婚礼灯光专业人员一般有以下3种。

（1）灯光设计师

灯光设计师是整个婚礼灯光的总导演,根据婚礼现场的设计方案和婚礼仪式流程负责进行创意构思,结合宴会厅实际情况完成婚礼整体灯光的设计工作。

（2）灯光控制人员

灯光控制人员是在婚礼过程中,根据"灯光现场执行表"负责操作和控制灯光的人员。

（3）灯光搭建人员

灯光搭建人员又称装台人员,主要根据灯光设计师的要求进行灯光的搭建、安装、调试等工作。

以上准备工作完成后,婚庆公司可以在专业人员的指导下采购婚礼灯光设备,并咨询专业人士的意见,同时列出必须采购的婚礼灯光设备的清单。

如果婚庆公司规模较小,可以选择租赁的形式,同时也不用配备专业的灯光师,但是这种情况降低了婚礼灯光运用的专业程度,不能很好地保证婚礼灯光效果,同时增加了意外发生的可能性。婚庆公司租赁灯光设备时,要签订相关协议。

12.1.3 婚礼特效设备

所谓舞台灯光效果设备,在这里是指烟雾机、雪花机、泡泡机、缤纷炮等。婚庆公司可以运用这些设备,在婚礼举行过程中再现或塑造某些场景,提升婚礼现场的氛围。

婚礼特效设备在婚礼上的应用在某些程度上来说不是特别广泛,值得注意的是,一些摇头灯、幻彩灯等也属于婚礼特效设备。在提供特效设备的形式上,婚庆公司大多选择直接购买,因为本身数量不多,而且操作也相对简单,没有什么专业的要求,只要经过简单的培训即可。一般婚礼现场的特效设备由婚礼督导负责。婚庆公司在购买婚礼特效设备时也要仔细分析自身的需求,同时咨询专业人士。

12.1.4 婚礼摄影摄像器材

摄影、摄像服务在婚庆公司所提供的服务中至关重要,因此,婚庆公司会直接购买摄影、摄像器材。一般来说,婚庆公司在采购摄影、摄像器材时,可以参考以下方法:

①选择信誉良好的品牌或商家。摄影、摄像器材属于高新技术产品,口碑较好的品牌可能掌握了良好的技术,可以提供相对专业的器材。好的商家在进货渠道上会有所选择,为了对顾客负责,信誉较好的商家会挑选对他们负责的供货商,因此,在他们那里进货可能不是最便宜

的,但是最可靠的。

②要选准器材。摄影、摄像器材种类很多,每个型号都有独特的侧重点,婚庆公司应该结合婚礼的特点及自身的情况准确选择器材。另外,婚庆公司在购买前尽量挑选那些已经经过实践考验,被证明能长久使用的相机或镜头。那些已经被大家认可为故障率较高、出问题较多的机种不要购买,商家推荐的器材也要谨慎选择。

a. 体积。婚礼作为人生的一件大事既然要拍摄影像当然要显得气派,最好能选择那些大个儿的摄像机。虽然体积大、机身重的摄像机长时间地拍摄摄像师会比较累,但是它的稳定性好,同时让人看起来会显得专业,能够让新人觉得很有面子。

b. 质量。摄像机的质量是重中之重,不是看摄像机是模拟的还是数码的,也不是看摄像机有什么功能。一个好的重要的镜头在婚礼这种特殊场合下只会出现一次,把握不好就会错失良机。婚庆公司一定要选择高质量的摄像机,确保达到高解像度及色彩,重现效果时色彩还原更准确,细节更极致,更忠实于自然的色彩。

c. 适应性。婚礼拍摄一会儿要拍摄室外景色,一会儿又要拍摄室内场面,一会儿光线强,一会儿光线弱,这种情况下摄像机的适应性就显得非常重要。

d. 防抖。在进行婚礼拍摄时,很多场面不能用三脚架,有时需要在行进的过程中拍摄,防抖功能好的摄像机可以减轻画面的动荡,婚庆公司最好选择具有光学防抖系统的摄影摄像器材。

③注意"价格陷阱"。除非情况特殊,一个品种的器材价位不会相差很多,一定要警惕商家推出的优惠价格,注意"价格陷阱"。如果婚庆所在地有厂家的维修点,而且资金相对充足,则要尽量购买"行货"。

④关注售后保修服务。无论是"水货"还是"行货",摄影、摄像器材都享有一定的售后保修服务。在购买时,婚庆公司需注意了解在什么期限内,出现什么问题,使用到什么成色是可以退换或保修的,向店家仔细询问细节,并写在保修单上;随机的包装盒、说明书,甚至包装泡沫,也不要轻易扔掉,因为如果使用时有问题,需要换货,都能够用到这些东西。

⑤不轻信网上价格。网上的器材基本上是"水货",是非正规渠道的进货,自然进价便宜了很多。另外,网上店铺是无库存式的经营方式,除了一些热门器材,其他的器材基本是现要现进的。

12.1.5 婚车车队

婚车车队属于特殊的婚礼设备,在之前的章节已经或多或少地介绍过婚车的装饰及组织。对婚庆公司而言,购买一个婚车车队是一笔庞大的开支,因此,目前市场上婚庆公司提供的婚车车队也是租赁或者是协议租赁的。婚庆公司在租赁婚车时要签订相关合同,最好签订长期合同,保证提供的婚礼服务的品质。

对新人而言,婚车车队的车辆除了极少数由新人朋友免费提供外,租赁是婚车车队使用的唯一方式。目前市场上主要有三种婚车车队租赁形式。

1)租赁自驾婚车

现在很多新人喜欢选择租赁跑车或其他特别车型自驾车接亲。自驾车租赁婚车时要注意的项目比较多,首先要了解租赁公司可供车辆的车型、车况等基本信息,然后确认所需要的各类证件、租金、押金等情况。

租赁自驾车时,新人还需确认限制公里数以及超出里程的收费标准。租赁婚车除有公里数限制外,还会有时间的要求,签订协议时,也需确认超时、续租等情况的计费规定。为了确保自身权益,租车方承诺的每一项义务都必须落实在协议上,双方签字盖章确认后尚可生效。

最后一项也是最重要的一项则是填写验车单,在填写验车单的时候一定要仔细检查每一个项目,以免在还车时发生不必要的纠纷。在验车时,首先从外观进行检查,例如车体是否有划痕,车灯是否完整,车锁是否正常,然后再确认车内器械是否完好,比如冷冻液、机油、电瓶状况等。外表检查完毕后则可以进入驾驶室,检查油表、刹车、空调等设备的运行状况,并进行试驾,实际演示每一项功能。对不熟悉的车型和一些特殊的功能,一定要进行咨询确认后再进行操作。

2)拼车租赁婚车

拼车租赁婚车,一般是通过车友会凑齐自己想要的车型进行接亲仪式。通过车友会租赁婚车是一种比较稳妥的办法,因为车友会一般会有专人进行调配,并且车源充足,价格也不算很高。但为了避免纠纷的发生,在与车友会签订协议时,还应注意以下几点:

①婚车行驶路线安排,里程数要求;
②婚车集合时间、地点确认,假如不能及时到达的赔偿、补救办法;
③婚车的车型、数量、颜色以及排列方法、车号要求等;
④婚车租赁总负责人、结账方式与结账时间;
⑤婚车司机的餐饮是否负责等。

3)服务商提供婚车

如果从婚庆公司直接租赁婚车的话虽然价格略高,但会使新人很省心。因为婚庆服务商要进行全程的婚礼管理,他们最了解新人的每一项需求与具体行程安排,通过他们统筹管理婚车会很方便。但新人一定要签署一份婚车使用协议,在协议中要明确写清:婚车到达时间地点、限制里程数、租赁时间、婚车车型、颜色、数量,假如违反条款双方的责任等。

12.1.6 婚礼用品

对婚礼用品进行细分可以分为小型的婚礼用品,如喜字、拉花、飘纱、绸缎、气球等和大型的婚礼道具,如舞台、背景纱幔、烛台、蛋糕台、拱门、路引、地毯等。

小型的婚礼用品就是采用直接采购的方式,花费较少,新人都能够接受。而大型的婚礼道具对婚庆公司而言可购买也可租赁,目前婚礼道具租赁的厂家或公司有很多。若是婚庆公司的资金有限,婚礼道具采用租赁的方式是一个不错的选择,毕竟婚礼风格多变,婚礼道具也需要不断地推陈出新,以营造不同的婚礼氛围。另外,对一些普通常用的婚礼道具如舞台、地毯、蛋糕台、香槟台等,婚庆公司可以自行购买,这些道具在形式上变更速度不快,而且装饰意义较小,可以重复使用,同时也简化了婚礼道具运输以及租赁合同签订的烦琐程序。

需要注意的一点是,无论婚庆公司购买小型婚礼用品还是租赁大型婚礼道具,安全性是必须要考虑的,对小型婚礼用品,彩带最好选用阻燃的类型,气球也选择氦气球而不是氢气球;对大型婚礼道具要严格把控质量,签订相关合同或协议。

婚庆公司在购买婚礼用品或道具时,可以参考以下方法:

①在采购婚庆道具前,可以先到同行的店里了解一下,看看现在市场上流行的婚礼用品或道具以及目前新人的需求,这样可以有效地采购有针对性的婚礼用品。

②可以选择去观摩几场婚礼,打开思路,为自己的采购做铺垫。

③婚礼用品生产厂家的比较。可以通过网络搜索、同行介绍等找到婚礼用品或道具的厂家信息。采购时,最好亲自到厂家参观一下,更直接地了解产品,为以后的长久合作打下基础。

④精准选购合适的婚礼用品。婚庆公司要从自身的实际出发,精准选购婚礼用品或道具,最好将所选定的婚礼用品一站式购全,这样发货、接货、维修都很方便,价格也相对低廉,同时可以有效地节省时间。

12.2　运输与装卸

婚礼设备和婚礼用品的运输和装卸在婚礼过程中十分重要。一般婚礼设备在婚礼正式举行的前一天即婚礼彩排的当天已经安装调试完毕,部分婚礼用品如舞台或者背景纱幔等也已布置完毕,剩下的鲜花或者飘纱、气球的装饰则要等到婚礼正式开始当天上午着手准备。

在介绍婚礼设备及用品的运输与装卸之前,首先要介绍一下婚礼的彩排。

12.2.1　婚礼的彩排

随着婚庆市场的日益繁荣,婚礼服务公司或独立的婚礼策划人也如雨后春笋般林立繁多,在拼完了价格、场地布置及创意的个性特色之后,服务水平也越发占据重要地位。婚礼彩排的次数及质量逐渐成为婚庆公司标榜的服务砝码。

1)婚礼彩排的内涵

婚礼彩排就是婚礼正式举办前,在实际婚礼举办地点,主要婚礼参与人全程预演婚礼的过程,涉及一整套婚礼流程的排练,所有设备的检查,主持人全套串词等。

除了婚礼策划及执行人员外,参与婚礼的人员尤其是新人是第一次亲身参与婚礼,他们对流程,对实际婚礼中可能发生的状况大多不了解。彩排的过程就是一个熟悉流程,明确每一个人工作职责的过程,非常重要。

2)婚礼彩排包括的内容

(1)流程演练

不同婚礼主题,婚礼形式各异,西式仪式大多包含入场、证婚、交换戒指、拥抱亲吻、倒香槟酒、抛手捧花、退场等;而中式仪式中,敬改口茶,长辈给新人红包、长辈及嘉宾发言等也必不可少。彩排的过程需要涵盖所有这些流程,这样可以做到整体把控或预测时间,以免关键的仪式错过吉时或整体拖延太久。如果婚礼仪式中包含特殊,带有一定难度的环节,比如遥控飞机送戒指等,彩排就显得尤为重要。

(2)参与人员

除了必须参加的新郎、新娘,伴郎、伴娘也必须出席,如入场、退场的仪式,他们需要提前知晓并熟悉;父母最好能出席彩排,在新娘入场、敬改口茶等环节,需要他们的倾情配合。彩排不仅能熟悉流程,考究好每一个细节,还能消除参与人员的紧张情绪,保证他们在实际婚礼中做到最好。嘉宾发言部分,考虑嘉宾的时间或精力上的限制,可以不出席,但整个彩排过程要预留出这部分时间,也要单独告知本人;婚礼策划人员也需要到场,他们是整场婚礼的总导演,而相关的摄影摄像师也最好能到婚礼现场,实际设定最佳拍摄角度等。

(3)设备检查

婚礼中会运用到麦克风、音响、灯光、投影等设备,婚礼场地不同,相关的电源、投影幕布等辅助设施需要调试,不仅测试设备本身的健全性,还要根据实际宴会空间的大小,调节最佳音量及灯光明暗度。如果没有彩排环节,万一婚礼中设备出现故障,会严重影响婚礼服务以及新人和来宾情绪。

(4)婚礼司仪串词

婚礼司仪是一场婚礼的名片,每一场婚礼的主持包含基本的婚礼主持套词、结合本场婚礼的特色及婚礼现场突发问题的即兴发挥等,而婚礼彩排是婚礼司仪提前有效融合前两部分内容的机会,此外,其他人整体的彩排也是在婚礼司仪的主导之下,因此婚礼司仪必不可少。

3)婚礼彩排注意要点

①一定要完整地彩排一整套仪式,这样才能精准地掌握整体流程的时间。

②如果发生了一些小的误差或问题,一定要当场解决。婚礼当天一定会比彩排时更加紧张和慌乱。同时,发生过的小问题要安排人负责,确保不再发生。

③新娘最好能穿婚纱、婚鞋彩排一遍。婚纱有裙撑,或者是长拖尾,新娘很可能不习惯走路,提前彩排也能更好地保持配合音乐,与新郎步伐一致等。当然为了保持婚纱整洁,可以找专人拎起裙摆。

12.2.2　婚礼设备和用品的运输

婚礼彩排当天,婚礼现场所需要的婚礼设备及大型婚礼道具要运送到相应的婚礼举办酒店。如果新人举行的是户外婚礼,对婚礼设备尤其是灯光设备的要求相对较低,需要挑选适当的婚礼设备,既能保证婚礼质量,又可以避免不必要的浪费。另外,如果新人婚宴酒店有安全的空间可以存放婚礼当天要用的婚礼用品,则可以在婚礼彩排当天一并运到酒店,避免不必要的浪费,又可以降低婚礼当天的执行难度。

在婚礼设备和用品的运输过程中,要有物品主管或者专人负责,注意行程的安全,也要对婚礼设备和用品负责,同时保证按时到达婚宴酒店。对摄影、摄像器材,婚礼彩排完毕后可由摄像师、摄影师带回婚庆公司或代为保管,因为大部分婚礼设备如灯光、音响、投影等在彩排日安装调试后不用拆卸。

12.2.3 婚礼现场设备的装卸

婚礼设备的安装和拆卸是一项重要的工程,具有工程量不大,但工程技术含量高、工程灵活性强、承担的责任较大等特点。每一套婚礼设备都有其安装和拆卸的特点,在这里不再一一赘述。总的来说,对婚礼现场设备的安装和拆卸要注意关键的两点,一是管线的铺设,二是安全性要求。

婚礼的规模越大,品质越高,管线的铺设就越复杂。对于音响系统,一般铺设的管线包括话筒线、声箱线、控制线及部分电源线;对灯光系统及其他系统,一般铺设的管线也包括电源线和控制线。婚礼现场设备的铺设不同于普通工程的铺设,只是通过地毯或者遮挡物进行遮挡。铺设这些管线的主要目的是保证各设备的正常运转,同时保证各婚礼设备互相之间不存在干扰。对婚礼设备的安装,管线的铺设有三方面的要求:首先,不同设备的管线要分别铺设。这样做的目的是减少各设备间的互相干扰;其次,同一处铺设的管线数量不能过多。这主要是为安全考虑,也能够降低各设备间的干扰程度;最后,现场的走线必须合理、规范,同时尽可能地保证美观。

另外,婚礼设备的安装和拆卸必须将安全作为时刻需要重视的问题。

首先,婚礼设备的配电、用电必须安全,例如:不允许线路超负荷供电,这就要求控制用的开关和插座必须合理地选用,不能强行改变其物理形状或连接方式进行使用等;其次,管线的铺设要合理,线路的连接要规范;最后,线路之间的分布要考虑互相工作时在安全上有无影响。

婚礼设备的安装和拆卸相比较而言,婚礼设备的拆卸相对容易。因为对整个灯光、音响、特效系统管线的铺设已经熟悉,所以,在切断电源的情况下,婚礼设备的拆卸过程相对简单,同时仍然要注意安全问题。婚礼设备的安装相对是比较复杂的,需要考虑各种情况,包括婚礼场地、舞台的设计,酒店电源排线的设计,婚礼的具体要求以及设备本身的特点和设备间的相互影响情况。接下来简单介绍婚礼设备的安装步骤。

①要进行管线铺设。合理规范地布置管线,同时保证美观和安全。

②要进行各种棚、架的安装。这项工作虽然技术含量不高,但是相对危险,在人流量比较集中的婚礼现场,责任十分重大。在保证相对美观的同时,更需要保证稳固的设备安装,同时所有的设备安装件都必须增设可靠的保护措施。

③进行各种设备的安装。安装设备必须在管线铺设正确、棚架安装完工后进行,因为音响灯光的设备不仅价格较贵,而且许多设备需要避免尘土的沾染。设备安装一定要牢固,保护措施要完备,特别是灯光设备,位置高、质量重而且经常移动,一般又在人流量比较集中的上方,必须绝对确保安全。

④供电线路、控制线路和信号线路的连接。这是一项需要细致认真和技术性较高的工作,应该由技术过硬且责任心强的人员进行。在连接线路时,需要注意以下两点,一是连接方式必须确保在无电状态下进行,因为音响灯光设备的电源供应要求不尽相同。如果在安装时就提供电源,不仅安全性差,而且很容易损坏设备;二是线路连接必须符合各婚礼设备的连接规范。

⑤对安装、供电线路、连接情况进行检查。因为音响、灯光、特效整个系统涉及的连接点比较多,在安装时也有可能个别原因发生错误,所以,细致的检查是有必要的。一般的检查包括设备安装是否安全,供电线路是否合理,各连接点是否正确,各设备开关是否正常等。

⑥以上各安装步骤都完成后,进行设备调试。因为婚礼的形式不同,没有统一的设备调试方法,这就要求婚礼前必须安排彩排,同时在彩排过程中保证用到所有的设备。

12.2.4 摄影摄像器材的运用

婚礼正式举行的当日,摄影师和摄像师很早就要赶往外景地进行拍摄。摄影、摄像器材在婚礼彩排日使用后,及时对相关问题进行排查和调整。彩排结束后,摄影、摄像器材要带离婚宴酒店或婚礼举办地,同时保证婚礼当日不能耽误摄影师、摄像师的拍摄工作。

婚礼正式举行的当日,摄影、摄像师的拍摄工作要尽可能地涵盖婚礼的各个精彩瞬间,一般包括新娘化妆过程,新郎迎接过程,回婚礼举办地以及婚礼仪式全过程、婚宴过程。因此,摄影、摄像师要随时携带摄影、摄像器材,抓拍每一个精彩的环节。

12.2.5 LED 显示屏的运用

随着科技的发展,LED 显示屏的成本不断降低,近几年使用 LED 显示屏的婚礼越来越多。总的来说,LED 显示屏主要出现在比较高端的婚礼上,会使整个现场显得气派非凡。因此,在婚礼设备的使用上,不妨在使用纱幔背景的同时,同时安装 LED 显示屏。

LED 显示屏安装和拆卸均比较方便,同时作为近几年才兴起的新设备,在本身作用和烘托场景方面是其他设备无法取代的。LED 显示屏可以使整场婚礼的档次提高,也让婚礼的丰富性增加,同时可以设计出更多更好更浪漫的环节。LED 显示屏的具体作用如下:

(1)画面背景

LED 显示屏比较亮,在没有任何环节的时候,LED 显示屏应该有一个定场画面作为背景,这个定场画面可以和背景纱幔相配合,同时迎合婚礼主题,使婚礼舞台整个场景与婚礼主题融为一体。另外,LED 显示屏本身比较显眼,只需要很简单的纱幔就能营造出很好的舞台效果。

(2)婚礼短片

LED 显示屏画面更加清晰流畅,用 LED 显示屏播放开场短片能够使现场效果更加完美。

(3)配合场景

LED 显示屏可以在婚礼进行过程中,配合婚礼不同环节,切换到各种需要的主题背景,使婚礼显得多变而梦幻,比如说到新娘是一位美丽的天使的时候,画面背景出现一双美丽的白色翅膀,新娘站在一双翅膀中间;在泡泡机运作的时候,LED显示屏背景可以切换到梦幻彩色泡泡,使整个场景融为一体。

12.2.6　婚礼用品的运用

大型婚礼道具如婚礼舞台、背景纱幔、地毯、路引框架和拱门框架等都要在婚礼彩排日布置完毕。婚礼正式举行的当天,要严格按照婚礼场景策划的要求,运用各种婚礼用品细致地布置婚礼现场。

12.2.7　婚车车队的组织

关于婚车车队的组织主要从婚车排序、线路设计、婚前预跑以及婚车装饰、正式使用五个方面展开,主要内容由婚车总管进行安排和监控。在确定婚车车队后,婚礼前一天即彩排日,要召集车队所有车辆进行具体事宜的安排。首先对婚车车队的排序落实到位,然后进行具体的线路设计,准备完毕后,婚车车队要在车队总管的指挥下进行预跑,以确定时间、熟悉地点和流程。

婚礼当日,婚车车队首先到制订场所进行装饰,然后去接新郎及伴郎,准备妥当后,正式出发去接新娘,最后将新郎、新娘及相关人群送往婚礼举办地。以上是婚车车队的全部组织工作,车队总管负责所有具体细节和注意事项。

12.3　维修与保养

婚礼设备和用品的维修保养是以直接购买为前提的,关于婚礼设备与用品维修的部分比较简单,要关注婚礼设备和用品的售后服务,若超出保修年限,则需要选择信誉及口碑良好的维修单位进行维修。对婚庆公司而言,关注婚礼设备和用品的保养远比关注其维修要重要得多,对婚礼设备和婚礼进行专业保养不仅可以防止设备老化,还能够减少设备和用品维修的次数,减少开支。

12.3.1　婚礼音响设备

科学地保养音响器材是延长其寿命的关键。下面介绍一些音响器材日常维护技巧。

①音响器材正常的工作温度应该为18~45 ℃。温度太低会降低某些机器(如电子管机)的灵敏度,太高则容易烧坏元器件,或使元器件提早老化。夏天要特别注意音响器材的降温和保持空气流通。

②音响器材切忌阳光直射,也要避免靠近热源,如取暖器。

③音响器材用完后,各功能键要复位。如果功能键长期不复位,其牵拉钮簧长时间处于受力状态,就容易造成功能失常。

④开关音响电源之前,把功放的音量电位器旋至最小,这是对功放和音箱的一项最有效的保护手段。这时候功放的功率放大几乎为零,至少在误操作时不至于对音箱造成危害。

⑤开机时由前开至后,即先开 CD 机,再开前级和后级。开机时把功放的音量电位器旋至最小。关机时先关功放,让功放的放大功能彻底关闭,再关掉前端设备时,不管产生多大的冲击电流也不会殃及功放和音箱。同样关机时要把功放的音量电位器旋至最小。

⑥机器要常用。常用机器反而能延长机器寿命,如一些带电机的部体(录音座、激光唱机、激光视盘机等)。如果机器长期不转动,部分机件还会变形。

⑦要定期通电。机器在长期不使用的情况下,尤其在潮湿、高温季节,最好每天通电半小时。这样可利用机内元器件工作时产生的热量来驱除潮气,避免内部线圈、扬声器音圈、变压器等受潮霉断。

⑧每隔一段时间要用干净潮湿的软棉布擦拭机器表面,不用时应用防尘罩或盖布把机器盖上,防止灰尘入内。

⑨从电子学的原理来说,任何电子设备在带电工作状态都不应该连接或断开其他设备,带电插拔有源设备是十分危险的,甚至麦克风这样的无源设备也不提倡带电插拔。需要提醒的是千万不要开着功放去接音箱线,因为音箱的接线柱距离一般都很近,两条音箱线又是紧紧地并行的,接线时往往会不小心将喇叭线短路,其后果是迅速烧毁功放。

⑩在放大器热机时不要扭大音量或者放一些爆棚的音乐。因为功放元件刚开机时处于冷状态,这时就让其大电流工作会缩短其寿命。在刚开机半小时内只放一些轻柔的音乐或用中等音量听音乐,待机器热身后再开大音量。

⑪在清洁机体时,建议不要用水擦拭机器。音响设备的外壳以金属材质居多,水会对外壳造成浸蚀,而且水的导电性也不适宜用来做清洁剂,同时也不要使用挥发性的溶液型清洁剂,例如汽油、酒精之类。尽量选择软布擦拭机器,减少对机体的划伤。

12.3.2　婚礼灯光及特效设备

灯光及特效设备的维修保养相对音响设备而言较为复杂,也比较琐碎,基本上需要做到每周定期检测以及每月设备保养。

每周定期检测范围包括:灯泡是否能正常点亮,所有设备连线是否正常,所有设备是否能正常使用,包括灯控开关、换色器控制、电脑灯动作等是否正常;信号是否能正常控制灯具,特效设备是否正常使用,并装满所需材料,例如:烟雾机、雪花机、泡泡机等。

每月的设备保养及检测包括:机械设备的检测,包括电脑灯的电机、换色器的电机、特效设备的喷嘴等;检查所有线路。检测是否有断点、破损、是否漏电,在使用中难免有些人为因素使线路出现各种各样的意外情况,比如暴露的线材被踩断、经常插拔的线材或有断点、偶尔因为洒上饮料会使线路漏电甚至短路等,这个检测应该十分细致。清理灯具内外部的灰尘及垃圾。灯光在使用中本身就会有一些垃圾,例如灯泡爆炸残留在灯体内的残片,另外长时间暴露在观众区的电脑灯、特效机械容易落入一些垃圾,比如彩带条、玻璃碴、酒水饮料的残液等,所以要将灯具外部的垃圾及污物擦拭干净,并将灯具内部的垃圾清除。

此外,除了上述的每周定期检测、每月全面检查外,灯光师一定要对设备及环境的所有情况非常了解,做到有事及时处理,这样才能在得到良好视觉环境的同时有足够的安全保障。在灯光设备运用过程中要注意以下几点:

①开场前半小时,打开所有设备,进行低温预热,同时检测所有设备及线路。低温状态是指灯光微亮即可;

②开机预热 15 分钟后将所有设备归零,让设备散热,散热时间不短于 15 分钟;

③设备散热后,即可进入婚礼彩排或者婚礼正式举行阶段;

④婚礼结束,宾客离场后,灯光师应关闭所有设备,并让设备散热 15 ~ 20 分钟,然后才进行拆卸。

12.3.3　婚礼摄影摄像器材

摄影摄像器材的清洁与保养比较精细,最常用的清洁工具有气吹、羊毛笔、镜头纸(布)、专用的镜头清洁液、纯棉手套和擦镜布以及小的手势式吸尘器;保养工具有防潮箱、镜头包等。

1)气吹

气吹主要用于吹掉摄影摄像器材镜头片上的灰尘和杂物,这是清洁镜头片的第一步。在清洁摄影摄像器材镜头片时,一定要先用气吹将灰尘吹掉,再用镜头纸擦拭,否则会划伤镜头。

2)羊毛笔

羊毛笔主要用来清除镜片或 LCD 表面那些比较顽固的灰尘。羊毛非常柔软,用来清洁镜片比较合适,清洁时要轻轻地扫。羊毛笔可在摄影用品店里购买,挑选时一定要没有杂毛。在羊毛笔的使用过程中绝对不可以用手直接接触笔端,否则手上的汗渍会粘到镜头上,非常难清洁。

3)镜头纸、镜头布

目前,市场上流行用超微无纺镜头纸和超级细纤维镜头布来清洁摄影器材。它们是采用独特的工艺加工制造而成,可以保证自身是绝对无尘的。这样就会避免在清洁相机时造成二次污染。

镜头纸是用来擦洗镜头的主力工具,具体操作步骤如下:

①将镜头纸轻轻地卷成棒状;

②用力拉断,此时就会看到断面处的纸纤维会像毛刷一样;

③将镜头纸沾一点镜头清洁液擦洗。

用镜头纸、镜头布清洁镜头时,应注意以下两点:

①动作要轻柔。清洁时要从镜片的中心擦起,以螺旋形慢慢擦到外圈,擦完一遍后检查一下,如果没有擦干净一定要换一张镜头纸,否则镜头纸上沾的灰尘会再次污染镜头。

②镜头清洁液不要太多。镜头清洁液将纸湿润了即可,否则镜头清洁液太多,会顺着镜片

的缝隙流到镜头上。

4）专用的镜头清洁液

镜头清洁液的主要成分是溶剂。镜头清洁液一般用来清除手印、油渍等顽固的污渍。选择镜头清洁液时,最好选用高质量专业的相机清洁养护用品,然后与超微无纺镜头纸或超级纤维镜头布搭配使用,效果会更好。

5）擦镜布

擦镜布,即采用特殊编织工艺的纯棉布,质地柔软,而且纤维不会掉下来,适合用来清洁机身、镜头套筒或 LCD 表面。但最好不要用它来清洁镜片,否则可能造成划伤。

6）手持式吸尘器

当空气比较干燥时,在使用吹耳球和羊毛笔时,最好将整个摄影器材放到吸尘器口旁边。这样可以将清洁下来的灰尘直接吸走,以免飘散到空气中又再次落到镜片上而造成二次污染。在使用时注意不要将吸尘器口碰到机身或镜片。

7）纯棉手套

整个操作过程应遵循先外后内、先机身后机头的顺序进行。在整个操作过程中最好戴上比较紧的薄手套,这样不会影响具体操作。

12.3.4　婚礼用品

小型婚礼用品多为一次性,对于飘纱或绸缎装饰品,可以定期清洗。大型的婚礼道具要定期进行擦拭,擦拭时一定要选择软布,铁制品可适量用一些油性保养液。

【案例1】

婚庆服务质量缩水困扰新人　司仪忙赶场婚车迟到

据市婚庆服务行业协会透露,今年"十一"黄金周本市共有 7 000 余对新人办喜事,市场供不应求,服务质量缩水,给新人造成困扰。

10 月 1 日在红桥区一家酒店举办婚礼的张先生向记者反映,原本定在下午 5 点 18 分开幕的典礼,由于婚车在接新娘时迟到,典礼推后了一个小时。记者联系车队后了解到,该婚车租赁团队在当日下午共承接了四场婚礼的接亲任务,由于第一场的新人未按时出门,加上扎堆结婚道路拥堵,便造成了后面三场婚礼的"连环迟到"。

"即便没有时间上的延误,由于司仪要赶场,典礼时长被压缩也是常有的事。"资深婚礼策划人周靖透露。一般来说,与新人签订的合同中只对流程环节有量化规定,典礼时长靠司仪的现场发挥来灵活掌握。因此在婚礼高峰期,许多司仪引导新人草草走完流程后便赶往下一场婚礼。淡季里40分钟到1个小时的典礼时长,在旺季里往往被压缩到半小时左右,质量效果难免打折扣。

市婚庆服务行业协会会长潘树辉表示,假期后关于婚庆质量缩水的投诉总是集中出现。建议新人提前与婚庆人员落实服务细节,在合同中详细约定服务时间、项目、费用、双方的违约责任、争议解决方式等内容,以便维权。

(资料来源:天津北方网,2012-10-03,有删减)

【案例2】

新婚夫妇婚礼受影响　讨个说法难

新娘陈小姐委屈地说,昨日上午10时许,先是一位嘉宾在进门时被酒店门口的旋转门夹坏了鞋,接着在婚礼进行的过程中,音响设备出现了故障,造成婚礼两次中断,而且第二次中断时间长达四五分钟,让新郎、新娘在嘉宾和亲朋好友面前很尴尬。最后结账时,新郎向酒店提出减免1 000元婚宴费用作为补偿,酒店当时同意减免零头也就是700多元,但是在去总台结账时酒店方又要按原价结算,感觉被愚弄的他们很生气,而且还听到了很多员工在议论他们想赖账等说法,更是让一对新人接受不了,直到晚上10时,他们与朋友还在酒店交涉,而这时离他们婚宴结束已经过去了八个小时。

(资料来源:华商报,2012-01-07,有删减)

专家评析:

由于婚庆服务市场处于发展初期,市场上仍有很多不规范的现象,很多婚庆公司提供的服务具有典型的中介性质,很多业务均是和花店、影楼、酒店合作完成,一旦到了婚礼举办高峰的三、四、五月,婚礼人、财、物任何一方面组织不善,都容易出现很多婚礼组织的问题。比如上述案例中的婚车迟到、音响设备出现故障等,这些都是婚礼组织不利给婚礼带来的影响。婚礼组织是婚礼策划得以实施的保障,婚礼策划虽然能够使婚礼出彩,但是,婚礼组织却能够保证婚礼正常顺畅地举行。如果婚礼组织不善,婚礼策划也无法很好地执行。

复习思考题

1. 简述婚礼音响设备、灯光设备的购买与租赁。
2. 简述婚礼摄影摄像器材的购买。
3. 简述婚礼用品的购买与租赁。
4. 婚礼彩排的内涵是什么?
5. 婚礼彩排的内容有哪些?
6. 婚礼彩排有哪些注意事项?
7. 简述婚礼设备与用品的运输。

8. 简述婚礼现场设备的装卸。

9. 简述 LED 显示屏的运用。

10. 简述婚车车队的组织。

11. 简述婚礼音响设备的清洁与保养。

12. 简述婚礼灯光及特效设备的检查与保养。

13. 简述婚礼摄影摄像器材的清洁与保养。

第 13 章
婚礼安全

【学习目标】

1. 理解婚礼风险管理的内涵。
2. 掌握婚礼风险的防范与对策。
3. 了解婚礼用品的安全问题,掌握相关措施。
4. 理解婚礼现场安全的类型,掌握相关措施。
5. 掌握婚礼突发事件的类型及处理。
6. 了解户外婚礼突发意外事件的化解。

【学习重点】

通过本章的学习,能够理解婚礼风险管理的内涵,了解婚礼用品安全、婚礼现场安全以及婚礼突发事件处理的基本要点,重点掌握婚礼用品安全、婚礼现场安全的防范措施以及婚礼突发事件的处理措施。

【案例导入】

一个阳光明媚的中午,位于呼和浩特市新华东街的维力斯大酒店正在举办一场婚礼,为渲染气氛鞭炮齐鸣。此时,在内蒙古财税职业学院上学的 20 岁女大学生姚静雅步行路过此处,从空中落下的一只二踢脚在她的眼前爆炸,将其左眼炸伤。据目击者介绍,给新人帮忙的人发现有人被二踢脚炸伤后,与姚静雅的同学一同将她送到内蒙古医院接受治疗。据内蒙古医院眼科的一位医生介绍,姚静雅的伤势较重,刚被送到医院时左眼上有约 3 cm 长的伤口,眼睛里全是血。据了解,姚静雅是乌兰察布市丰镇市人,目前她的家人已经带着她到北京同仁医院接受治疗了。姚静雅的母亲告诉记者,炸伤姚静雅眼睛的人现在也不接电话了,他们一分钱也没有出。

随后记者走访了呼和浩特市义乌小商品批发市场以及呼和浩特市祥和商场。在呼和浩特市义乌小商品批发市场经营婚庆用品的一位商贩告诉记者,礼花有些其实是不安全的,该礼花内装有少量气体,有的是易燃气体,安全阀的内部是铁片装置,按动时容易产生火星,导致内部的易燃气体燃烧,那样从花筒里喷出的就会是火龙,这种礼花售价较低。彩带也是易燃材料制成,在喷射时一旦遇到明火,马上燃烧。有的商家从顾客的安全出发,会将安全注意事项告诉消费者,有的则一味向消费者推荐婚庆用品。

针对存在安全隐患的婚庆用品大行其道,同时又事故频发的尴尬境地,一些市民和正在筹办婚礼的市民均表示,只要注意些就可以了。记者在呼和浩特市祥和商场采访了正在为儿子的婚礼选购婚庆用品的呼先生,他表示,只要加强防范就可以避免事故的发生,如果因为怕发生事故而不放炮、不喷射礼花和彩带,婚礼就不热闹也没意思了。一位刚举办了婚礼的男士认为,结婚是一生的大事,如果场面不热闹,会遗憾一辈子,发生事故毕竟是少数,只要在购买婚庆用品时去正规的商场选购,在保证质量的前提下加强防范就可以了。

正如案例中所说,婚礼安全是第一位的,婚礼策划与组织在追求唯美浪漫的同时,必须注意最基础也是最重要的一点,那就是婚礼安全。这一章我们要学习的内容围绕婚礼安全展开,从婚礼用品安全、婚礼现场安全以及突发事件管理三个方面进行阐述,并讨论了关于婚礼组织的风险管理问题。通过本章的学习,可以了解关于婚礼安全方面的各个问题,为婚礼的完美策划与组织提供基础保障。

13.1 婚礼风险管理

13.1.1 婚礼风险管理的内涵

任何形式的婚礼都是基于对未来情况(包括天气、交通以及顺畅的流程)的预测之上的,是基于正常的人员管理和组织之上的,而在婚礼的实际运行当中,这些因素都可能发生变化,各个细节都存在不确定性,都是不可预知的。这些变化可能使原来的婚礼计划、方案受到干扰,使原定的婚礼策划不能实现。这些事先不能确定的内部或外部的干扰因素,统称为活动的风险。

婚礼风险管理是指婚礼策划师根据婚礼的具体特点,细致全面地分析婚礼中可能存在的风险,进行风险的识别,并根据风险所能引起的安全问题进行评估,在此基础上,运用多种方法对婚礼活动所涉及的风险实行有效的控制,采取主动行动,尽量扩大风险因素的有利结果,妥善处理风险因素造成的不利后果,以最小的成本保证安全、可靠地完成既定的婚礼策划方案。婚礼风险管理的主要任务是婚礼风险的识别,婚礼策划师应该熟知各种类型婚礼的风险因素所在,识别婚礼风险因素的来源,确定风险因素发生的主客观条件,并能够对风险因素所带来的后果进行合理的评估,通过风险识别,可以将那些可能给婚礼带来危害的风险因素识别出来,作为制订风险应对措施的依据。本章前一部分所述即是婚礼主要的风险因素。

根据婚礼风险的可预测性,可以将婚礼风险分为已知风险、可预测风险和不可预测风险。已知风险是指在认真、严格地分析婚礼流程及策划方案之后,就能够明确经常发生的,而且其后果也可以预见的风险。通常情况下,已知风险发生的概率较高,但是后果不严重,只要稍加控制即可避免。可预测风险是指根据婚礼策划师多年的经验,可以预见其发生,但不可预见其后果的风险。这类风险可能导致相当严重的后果,但是一般可以事前采取措施进行预防,在婚礼正式开始前,一定要提前进行婚礼的彩排工作。不可预测风险是指有可能发生,但是其发生的可能性即便是经验丰富的婚礼策划师也不可预知的风险。不可预测风险又称未知风险或未识别风险,一般是外部原因引起的,比如地震、暴雨等。

13.1.2　婚礼风险防范与对策

风险是客观存在的,但并非不可防范,关键在于婚礼相关负责人是否意识到风险管理的重要性。对于已经意识到的客观存在的风险,就会采取应对策略,从而适应或改变它。换句话说,婚礼相关负责人可以通过主观努力,尽可能适应客观条件的变化,从而使风险最小化。所谓风险对策,就是为达到上述目的而采取的方法。

1)风险回避

风险回避主要是中断风险源,使其不致发生或者遏制其发展。回避风险有时可能不得不做出一些必要的牺牲,但较之承担的风险,这些牺牲比起风险真正发生时可能造成的损失要小得多,甚至微不足道。比如新人从未接触过热气球或者从没学过潜水,却想要一个个性突出的热气球婚礼或者深海婚礼。比起独特的婚礼形式,婚礼安全问题更值得考虑,因此,婚礼负责人可以选择更适合新人的婚礼形式来策划婚礼。回避风险虽然是一种风险防范措施,但应该承认的是,这是一种消极的防范措施。回避风险固然能避免损失,但同时也失去了发展的机会,新人会因此而选择其他婚礼策划机构。

2)损失控制

损失控制是指减少损失发生的机会或降低损失的严重性,设法使损失最小化,主要包括预防损失和减少损失。

(1)预防损失

预防损失是指采取各种预防措施以杜绝损失发生的可能,比如仔细排查婚礼活动举行的每一个细节或者进行婚礼活动的彩排以发现问题。这种防患于未然的风险措施是最重要的风险防范措施,是婚礼风险防范措施中最常用也是最应该用的一种。除此之外,新人可以跟婚庆公司或者酒店签订合同,作为一种风险的提醒。

（2）减少损失

减少损失是指风险已经不可避免地发生的情况下,通过种种措施以遏制损失继续恶化或控制其扩展范围,也就是说使损失局部化。这就要求婚礼执行团队有一定的应变能力,当遇到意外情况发生时,要学会随机应变,比如婚礼司仪进行圆场或者摄影师改拍其他场景。

3）风险转移

风险转移是风险控制的另一种手段。在婚礼策划方案执行过程中,难免有一些风险无法防范也无法进行有效控制,婚礼相关负责人只能采取转移手段以降低所承担的风险。风险转移并非损失转嫁,也不能认为是损人利己的行为,很多风险转移后并不一定同样给他人造成损失,其原因是每个人对每种风险的承受能力不一样。比如,婚庆公司若是自己不擅长婚纱摄影工作,可以不设置相关机构,而是将其外包给影楼。关于婚宴的执行,婚庆公司只负责监督实施,让酒店负责具体承办等。

4）风险防范的财务措施

（1）风险的财务转移

所谓风险的财务转移,是指风险承担者寻求外来资金补偿确定会发生或已经发生的风险,包括保险的风险财务转移（即通过保险进行转移）和非保险的风险财务转移（即通过合同条款进行转移）。

保险的风险财务转移的实施手段是购买保险。通过保险,投保人将自己本应该承担的归咎责任（因他人过失而承担的责任）和赔偿责任（因本人过失或不可抗力所造成的风险责任）转嫁给保险公司,从而使自己免受风险损失。

非保险的风险财务转移的实施手段则是除保险以外的其他经济行为,例如根据婚礼合作合同,婚庆公司可以将新人在婚纱拍摄过程中发生的风险转嫁给影楼。

非保险的风险财务转移的另一种形式是通过担保银行或保险公司开具保证书或保函。根据保证书或保函,保证人必须履行担保任务。

（2）风险准备金

风险准备金是从财务的角度为风险作准备,在计划（或合同报价）中另外增加一笔费用。例如,婚礼策划师通常根据婚礼策划可执行的难易程度在给新人的报价上增加一笔不可预见的风险费,但是这种形式在婚庆行业不成熟的今天,可能会使企业丧失竞争的优势。

任何活动的举行都伴随着风险问题,其最差的情况是引起婚礼安全问题。一场活动的每一个微小细节都可能导致安全事件的爆发,婚礼也不例外。婚礼作为一种个性活动,其安全问题越来越受到人们的关注。在如今婚礼成为一场"秀"的时代,人们往往被婚礼的形式和内容所吸引。对于任何一场活动,包括婚礼,最重要、最基础的其实是如何圆满完成。一场婚礼的圆满完成,最重要的是周密的策划。本书的主要内容就是通过婚礼策划与组织,既确保婚礼的圆满完成,又使其缤纷出彩。作为一场活动,总有一些安全问题值得与之相关的人注意,比如婚宴中毒、礼炮引发爆炸等。当然,作为一场活动,婚礼中可能出现的安全问题远不是人们可以预测的。下面我们将从几个主要方面讨论婚礼安全的问题,婚礼的圆满举行需要关注的细节。

13.2　婚礼用品安全

13.2.1　婚礼用品的安全问题

婚礼用品和道具在婚礼场景布置一章已经具体介绍,整个婚礼仪式都是在圆满举行的基础上进行设想的,圆满是新人在所有结婚程序中最关注的事,新人们大都会与婚庆公司事先在婚庆形式和内容上作好协商。可是,无论婚礼形式如何,婚礼安全才是最基础和最重要的。在追逐个性婚礼的今天,婚礼用品安全问题越来越突出。

1)焰火、礼炮等易燃易爆物品引起的安全问题

2011年在山东菏泽举行的一场婚礼上,当新婚夫妇走入礼堂的时候,亲朋好友向新人身上喷射彩带和冷焰火时发出了火星,在新人身上立刻引燃了大火,随后新人被紧急送往医院。尽管新娘和新郎伤势并不严重,但是由于大火发生在婚礼上,这桩意外给双方家庭留下了永久的阴影。同年,天津市一对新人举行婚礼时,由于婚庆公司装置有误造成冷焰火烧坏地毯,饭店索赔1万元,结婚当天他们只好交了5 000元押金才回家。之后找到位于山西路上的婚庆公司,该公司态度十分恶劣,根本对此不予理睬。据天津市仲裁委婚庆工作站负责人、市婚庆服务行业协会会长潘树辉介绍,他们近日接到的投诉中不少是关于婚庆用品的安全问题,其中一场婚礼中,由于使用易燃的喷雾彩带,引燃了新娘的头发并造成烧伤;另外还有一对新人婚礼中使用劣质冷焰火,喷出的大量烟雾导致在场一位老人窒息而死。婚庆公司诚信服务行业内需标准规范。婚庆当天使用的诸如彩带等用品,要么由婚庆公司提供,要么由新人自己购买。但至今全国范围内少有正规的婚庆用品专卖店,这就对一些小型婚庆公司此类用品的进货渠道产生了质疑。而一些曾使用过彩带的新人表示,很多人举行婚礼时的彩带主要是在小百货批发商城购买。由于婚礼这一活动程序烦琐,新人们又普遍缺少经验,在进行婚礼用品的购买时,很少有人关注品牌、厂家等,也很少有人反映婚礼用品质量的问题。

2)化妆品混用引起的安全问题

除了焰火、喷雾彩带等易燃品,关于婚礼用品安全的情况还有很多。李女士在婚礼第二天发现额部、脸颊出现红疙瘩,经医生诊断是皮肤过敏。李女士回忆近日并没有换用化妆品,而症状正是在婚礼卸妆后才出现的,她怀疑很可能是跟化妆师的化妆品有关。

目前婚庆的跟妆服务方主要有三类:婚纱影楼、新人请来的朋友和婚庆公司。这三类服务方提供的专业化妆师水平良莠不齐。高等专业水平的化妆师都习惯使用专业化妆品,而有些

一般水平甚至非专业的化妆师,大都追求效果,不太注意化妆品是否专用,其中更多情况下会出现眉笔、唇膏之类的化妆品多人多次交叉使用的情况。

3)婚礼用电引起的安全问题

如今,婚礼活动的举行往往要使用许多电器设备,或为了照明,或为了营造气氛,婚礼用电就成了大的问题。如果使用得当,可以给婚礼增加气氛;如果使用不好,不但营造不了效果,还会存在安全隐患。时尚婚礼多采用效果器和灯光秀,其用电量是很大的。比如市面上的干冰机通常有 2 000~6 000 W 三个挡位,使用 2 000 W 这个挡位效果不好,喷出的神奇烟雾不是很饱满,要是选择 6 000 W 这个挡位,必须另外接电;追光机一般需要的电量也比较大,必须单接电源;其他效果器,电流虽然不是很大,但设备同时开启,瞬间电流变大,很容易引起跳闸断电或者安全问题。灯光秀也是一个用电的大工程,大型的灯光秀需要搭载太空架,根据婚礼规模确定灯头数量。还有其他的设施设备,比如 T 台星光大道、旋转与升降水晶舞台、新闻灯、大型LED 显示屏等。因此,在策划婚礼的时候,一定要了解酒店的用电情况,在新人确定酒店后,与酒店进行充分的沟通、协商。

4)婚礼食物引起的安全问题

婚宴是个喜庆的餐宴,中国人的婚宴讲究好名字和好彩头,但是美味与美味凑到一起并不总是美妙的事情,也许它们会相克。现在的婚礼追求独特,婚宴也增加了很多中西结合的新元素。菜品和菜色是重点,婚宴开始前的甜点、酒水和饮料的搭配,都可以成为婚宴的亮点。婚宴菜单以及流程的安排是否合理会影响宾客的情绪,有时上菜的顺序不一样也会引起客人消化不良。而婚宴中还有很多食品安全的搭配禁忌,容易引起食品安全问题,比如虾蟹类食物绝对不能与维生素 C 同食,会导致严重的食物中毒;啤酒和其他酒类混饮会导致酒精渗透,更容易使人喝醉;还要注意的一点是,茶叶中含有的咖啡因与酒精结合加重醉酒程度,婚宴菜单中要注意这些细节。酒精也不可以与咖啡混饮,二者同饮会对人产生强烈的刺激。近几年,婚礼使用的巧克力、喜糖等也频频出现问题,虽然不涉及食品安全,但是也会影响婚礼的质量。

以上几点是关于婚礼用品的基本安全问题。作为一个有机整体的婚礼,任何一个细节都可能引发大的问题,比如夏天人们为了驱蚊,会在皮肤或者衣服上涂抹花露水,若遇到火星也会引起燃烧;作为婚礼中常用的道具的气球,若使用氢气,遇火会燃烧并爆炸,若是周边有吸烟的人,一不小心就会引起事故;指甲油也是化学物品,遇火也迅速燃烧。这些都是小的细节,可是也需要婚礼负责人的提醒和仔细排查。

13.2.2 相关措施

1)从正规渠道购货

不论是举办婚礼时使用的烟花爆竹、烟、酒、喜糖,还是婚礼其他用品,最好从正规渠道进货,不但要防止假货的进入,引起宾客的不愉快,更要防止劣质烟花爆竹引起的安全问题。在购买婚礼用品的时候,无论婚礼形式多重要,摆在第一位的还应该是婚礼用品的质量。活动是一个有机系统,任何一个小细节都不容忽视,引用一句国外活动策划师的话来说,"对于活动的举行,你觉得会出问题的地方就一定会出问题"。因此,绝对不能贪图便宜而导致婚礼质量的下滑和安全隐患。在购买任何一件婚礼用品时都必须提前了解相关属性,不能轻信任何人对购买渠道的保证,还要适当学习辨别婚礼用品真伪的方法,确保其质量。

2)确定婚礼现场用电负荷和线路安全

无论婚礼现场在哪里举行,若婚礼现场要使用大型设施设备,一定要调查清楚婚礼现场的用电负荷。假如婚礼在酒店举行,婚礼用电超出酒店负荷的话,轻则跳闸断电,重则发生火灾。安全用电无小事。线路问题也需要注意。对用电线路进行排查,电线尽量不能有破损,如有破损需立即采取保护措施。另外,插座应独立放置,不可与导体、易燃物相接触,整体线路必须远离水源。

3)做好合同签署注明工作

无论婚宴规格的大小,新人都应该和商家有一个书面的约定,在定好菜色的同时,也要保证菜肴品质不会出现问题。提供婚宴的酒店一定要在保证健康无害的基础上保证可口美味。如果酒店没有提供相应的合同,新人也要和酒店签署相应的协议或者说明,担保自己的菜肴没有问题,并且约定赔偿事项。签署协议,不仅是事后维权的保证,更重要的是给酒店一个警示,让酒店方主动注意食品安全,尽量不要出现问题。作为婚礼负责人,出于对婚礼质量的考虑,也要指导新人主动签订合同或者相关协议。另外,如果烟花爆竹、烟、酒、喜糖等物品委托婚庆公司购买,也要和其签订相关合同或者协议。

4)尽量规范婚庆服务的标准

婚庆服务在近几年的发展中日趋成熟,婚庆公司也正在向专业化方向努力。一些已受到百姓认可的婚庆公司,每年都在专注于行业投入,公司从硬件到人员都在自觉地进行管理和升级。而最近几年,豪华婚车的误点、换车、改装和彩带伤人等问题频出,使消费者对婚庆公司的信任度降低。很多婚庆公司都以个性新式婚礼重新吸引消费者,但服务的完善不只在于一个新颖的形式,对于一对新人和他们的家属来说,一个完满的过程就是最大的满意。这就需要婚庆公司乃至整个婚庆服务市场,以诚实守信的原则,重视细节和安全的服务态度,保障给新人留下一个美好的回忆,要完成这样的保障就需要尽量规范婚庆服务的标准。

13.3　婚礼现场安全

13.3.1　人身安全

1)工作人员在工作中的受伤

现代婚礼针对舞台效果都会设计一些小的亮点,那就要求灯光师、音响师、现场督导等婚礼执行团队人员熟练地操控各种设施设备，一些婚礼的小高潮会让婚礼工作人员手忙脚乱，而且一些小的创意环节会要求婚礼工作人员爬高摸底，一旦一些微小细节没处理好，婚礼现场的工作人员在工作时可能会出现一些小意外。

2）来宾因为取食拥挤而受伤或者不愉快

保持婚礼现场通道畅通的重要性前面已经谈过。在热闹的婚礼现场，来宾可能会因为取食拥挤而受伤，或者是造成不愉快，尤其是一些小孩子。若婚礼选择在室内举行，那么在传统的中餐婚宴上，可以安排服务员及时为客人提供服务。假如新人举行的是一场时尚浪漫的户外婚礼，这种情况尤为需要注意。因为户外婚礼一般采取自助餐的形式，不会有服务员来把菜送上来，只能在仪式结束后，自己端着盘子去取食。但是来宾同一时间去取食，毕竟场地有限，取食区更加有限制，难免会有点拥挤。如果在这个时候发生点小摩擦可能会有身体上的碰擦，而且身体上的碰擦也会导致来宾的不愉快。

3）新人本身因为紧张而出现的小插曲

关于新人当天需要注意的礼仪在前几章已经谈过，但是正式的婚礼毕竟只有一次，新人难免会因为紧张而出现各种各样的小插曲，比如新娘高跟鞋折断或者踩到裙子，新郎早上接亲因为前一天的单身派对而迟到等。对新人来说，普遍缺少婚礼的相关经验，加上各种紧张情绪，任何事情都是有可能发生的。这就要求婚礼相关负责人在正式婚礼举行前对新人进行相关培训，告知新人容易出现的婚礼小意外，而一旦出现一些小意外，婚礼司仪也要有一定的应变圆场能力，保证婚礼和谐浪漫的氛围不被破坏。

4）婚礼司仪圆场词举例

（1）在新人入场的时候，《婚礼进行曲》没有响起来

新人迈着优雅的脚步走上了婚礼的红地毯，在通往幸福的道路上，朋友们，就让我们用我们热情和美丽的嗓音为他们唱响《婚礼进行曲》！（带领大伙唱《婚礼进行曲》）

（2）新人在踏上星光大道的时候，星光大道的灯光不亮

其实，每个人的心中都有一条星光大道，而今天这对新人的星光大道就在朋友们温情的双手之中。朋友们，请把你们手中的打火机、蜡烛还有手机亮起来，为一对新人铺开一条幸福的星光大道！

（3）新人在入场时，路引被新娘的裙子带倒

花儿再美也有凋谢的时候，而永恒不变的是永远美丽的真情，当美丽的新娘带着这美丽的真情翩然走过的时候，连花儿也不禁羞涩地低下了头。

（4）新人交换戒指时将戒指忘记带到现场

当一个空空的戒指盒呈现在大家面前，所有的人都会感到意外，其实，没什么可意外的。因为新郎说，戒指象征着神圣的挚爱，象征着他真诚不变的心灵。所以，今天，新郎要将自己的一颗心当作戒指送给新娘，同时，他也要告诉大家，新娘就是他心中那枚神圣的戒指！

（5）用来装戒指的空爆球没有破

美丽的圆球就像他们的爱情一样牢固和圆满，伴着这份圆满的爱情，我们请督导师将两位新人的结婚戒指呈上来，让一对新人为爱受戒！

（6）新人切蛋糕时没有蛋糕刀

在人们的日常生活中，总是习惯了用刀来切蛋糕，但是今天，新人却不会这样做。因为今天他们结婚了，他们要用这成双成对的筷子将这甜蜜的蛋糕切开，和大家一同来分享！

（7）婚礼进行中蛋糕塔倒了

当美丽的蛋糕塔倾倒在地的一刹那，所有的甜蜜和浪漫也将一同洒满大地，洒满人间！

（8）新人倒荧光香槟塔时发现装荧光液的瓶子是空的

幸福的生活需要我们自己去编织，而幸福的美酒也需要我们自己去灌溉。有请一对新人亲自去拿起桌上的美酒，共同来灌溉你们爱的源泉！

（9）香槟塔不小心被碰倒

香槟塔欢呼着倾倒在大地上，他们的爱也像河流一样洒满了人间。从今天起，无论他们走到哪里，爱之河流也将流向哪里！

（10）新人点烛台时长时间点不着

真爱无垠，大爱无疆，两位新人的爱今天感动着我们每一个人，因为他们的爱也深深地包含着我们每一位朋友！就让我们请出其中的一位嘉宾代表，和新人一同来点燃这爱的烛光！

（11）婚礼进行中突然停电

灯光虽然灭了，朋友们，请大家不要感到意外。因为我们今天做的是一场烛光婚礼。一对新人将把他们的爱化作他们手中的烛光和大家一起分享，也希望这爱的烛光把所有美好的祝愿一同点亮！

（12）烛台突然倒了

点点烛光照亮大地，美丽的爱情也在心间轻轻荡漾。百年好合不再是梦想，烛台舞动着爱的乐章！

（13）新人举行草坪婚礼的时候突然下雨

爱的甘霖从天而降，把幸福和吉祥带给人间。从今天起，两位新人将手牵着手，肩并着肩，风雨同舟！

（14）当主持人让新人接吻的时候，新人因为害羞不配合

这一吻，新人还真有点舍不得。不过没关系，幸福永远在前方，好戏也永远在后头，等到今晚洞房花烛的时候，再让他们吻个够！

（15）新人的父亲（母亲）由于激动而说不出话

此时此刻，新人的爸爸心里充满了幸福和激动，在这里我想简单地采访一下这位慈祥的老人，今天，您老感到幸福吗？……

（16）新人在拜天地时香炉倒了

一对新人的爱情感动了天地，在不久的将来，他们的香火也将像花儿一样，在大地上悄悄

绽放!

（17）婚礼过程中录像师临时换录像带

一场完美的婚礼总是离不开朋友们的祝福,今天两位新人的婚礼也不例外,所以,在这里我想对现场的来宾朋友们做一下采访。

（18）夫妻对拜时新娘头上的皇冠掉到了地上

皇冠落在地上,大地也充满了富贵吉祥。在今后的生活中,这份富贵吉祥将从头到尾伴随着他们。

13.3.2　财产安全

1）新人当天的随身物品

婚礼一般从早上接新娘开始,这个时候新郎可以把手机放裤子口袋里,而新娘穿着婚纱多半是不会把钱包、手机等物品随身携带的,也不会专门背个包,多半是将这些物品交给伴娘。到了婚宴场地,有的新人在酒店设置婚房,一般会把贵重物品放一起锁在婚房里,但是没有婚房的新人这些东西一般很难处理。很多新人把婚纱礼服还有随身的包放在化妆间里,因为化妆师都是在化妆间里等新人换衣服、换装,一般不会离开化妆间。可是在举行婚礼这样一个热闹喜庆的日子里,难免会出点小意外,虽然这是一个小的细节,但是一旦出现物品丢失,难免影响新人心情,尤其是红包等贵重物品,丢了更是得不偿失。通常情况下,新人可以选择让酒店安排一个安全的地方放置随身物品。

2）婚礼的烟酒喜糖

不管婚宴是在中午还是在晚上举行,所有婚宴现场要用到的物品如烟、酒、喜糖等都要提前送到酒店。但是,一般新人是不会那么早到酒店的,这时就需要安排一两位亲戚或朋友来帮忙保管这些物品。如果在酒店婚宴厅的旁边就有新娘的化妆间或新房的话,可以将这些物品放在里面,比放在酒店宴会厅里要安全。如果新娘的化妆间或新房不在宴会厅旁边,或者在其他楼层、地点的话,那么肯定不方便将这些物品放在那里。这样只能将婚礼用品放在宴会厅里,这就更需要专人来保管。烟、酒、喜糖一定要安排专人来看管。

3）来宾的贵重物品

如果发现来宾的随身物品丢失了,最难过的应该是新人。新人都不愿意看到来宾因为参加自己的婚礼而损失什么,比如照相机、手机等。举行婚礼的婚宴场地一般都是开放式的,陌生人也有机会混进婚宴区,毕竟是大喜的日子,别人前来道贺总是不能拒绝的,这样就增加了财物丢失的风险。特别是来宾正在高兴的时候或者是喝醉的时候,这些小意外的发生难免会给婚礼造成不良影响。

4）酒店的财产因操作失误而损失

这种情况是很多的,有可能是婚庆公司的工作人员设施设备的操作失误而造成酒店的损失,也有可能是来宾,尤其是小朋友,破坏了酒店的设施。这些问题就需要经验丰富的婚礼策划师负责做好预防工作,任何一个细节都要认真考虑。因迎接新人给酒店造成的损失,酒店是有权索取相关赔偿的。因此,婚礼任何一个细节都需注意,避免造成不必要的损失。

13.3.3　相关建议

1)人员的合理分工

婚礼现场人员的合理分工是保证婚礼正常进行的第一步,婚礼活动这样一个系统工程,责任明确到个人是活动顺利举行的基本保证。任何一个岗位都要安排专人去负责,而且责任划分得越详细越好。另外,最好用表格的形式把具体人员的姓名、联系方式和负责的项目写好,这样到时联系比较方便,临时发生什么事也方便找到负责人。除了婚礼的工作人员,新人的亲友也需要进行分工,尤其是伴郎、伴娘,担任的是新人贴身管家的角色。一些细小的问题也需要安排妥当,比如将进出红包分开由不同的专人保管,避免当天因为人多和混乱而错发红包的尴尬,在婚礼交换戒指的环节使用仿真的钻戒等。

2)提醒在场人员提高自我意识

采用适当的方式提醒婚礼在场人员提高自我保护意识,注意自己的人身安全,也要保管好自己的随身贵重物品。首先对于新人自己,作为婚礼的主角,自我保护意识必须要提高,一生只有一次的婚礼,其重要性不言而喻。新人在婚礼现场首先要保护好自己,然后才能招待好来宾。其次是婚礼的来宾,要选择适当的时机提醒在场的宾客对自己的贵重财物提高警惕,同时也要注意安全,不要因为地面杂物而绊倒,造成不必要的伤害。最后是婚礼的工作人员,在进行设施设备的操作时也要注意安全,一定要沉着应对,不能因为慌张而引发安全事故。

3)高危险以及复杂项目的看护

现在的婚礼为营造完美的舞台效果,使用了很多灯光设备和效果器,有些追光灯还需要在现场搭建灯光架,有的项目还是比较危险的。在婚礼现场,对于高危和复杂项目,除了需专业人员进行具体操作,现场督导或者其他负责人还需要在旁边保护和监督,遇到问题及时地提醒和解决。这样就要求婚礼执行团队进行密切的配合。

4)酒店提供安全的地方

这点主要是针对没有婚房的新人,举行正式婚礼的当天确实有很多东西需要存放,比如烟、酒、喜糖、新娘换下来的衣服和鞋子,还有给来宾的一些礼物和奖品,这些都需要有地方摆放。要是没有安全的婚房,建议和酒店协商,让酒店提供一间安全的最好有锁的房间。这样的要求酒店一般都会尽量满足。

5)合同的签订

为了应对未知风险,新人一定要把和酒店还有婚庆以及工作人员的合同签订好,这点不管是从财产还是从人身安全上考虑都是很有必要的。比如说财产,和酒店签好了一些存放物品的协议,一旦发生物品丢失的情况,可以按要求索赔。另外,如果因为婚庆公司工作人员的误操作把酒店的一些物品损坏,这部分的损失最好也要进行责任划分,应该由婚庆公司方承担而不是新人。更重要的一点,对婚礼现场可能会发生的人身安全,和婚礼相关负责人签订合同是重要的保障。

【相关链接】

婚礼中的老人和儿童

1. 婚礼中的老人

(1)防止摔倒是重中之重

有些老人很少去宾馆、饭店,穿的鞋非常不适合在光滑的地面上行走,稍不留意就可能滑倒。还有,一般饭店和宾馆的台阶上铺了红地毯,每个台阶上都有固定用的铜棍或其他东西,有些老人一脚踩不稳就有可能被绊倒。

腿脚不利落的老年人在婚礼现场最好不要轻易走动,因为现在婚礼上的布置越来越花哨,有喷干冰的设备,有增加气氛的吹泡泡机,这些设备的电线和电源接线板有时布置得不是很合理,甚至藏在地毯下,极易将老人绊倒。

孩子们喜欢在现场奔跑打闹,老人站着聊天时,如果被孩子从后面撞到,也很容易跌倒。出于安全考虑,老人最好是坐着聊天或者站在墙角聊。

(2)现场吵闹要有心理准备

婚礼现场上大大小小的气球,随时都可能被吹爆或被淘气的小孩捏爆,声音不大,却可能让老人吓一跳。婚礼上少不了拉花,弹出的瞬间能突然发出比较大的声响。香槟酒开启时也有较大的声响。老人一般都被安排在前面就座,主席台两侧巨大的音箱,有时甚至是轰鸣声,对心脏不好的老人也是一个刺激。

(3)提前准备些小点心

婚礼的开饭时间有时会比较晚,习惯了提前吃饭的老人,有可能出现低血糖,因此,这些老人尤其是糖尿病患者,一定要提前准备无糖的小点心。新人的父母起床比较早,更要吃好早点。

2. 婚礼上的儿童

(1)跟孩子的父母打好招呼,照看好自己的孩子

直接简单地跟孩子的父母说明这个问题,请他们在婚礼中照看好自己的孩子,不要让他们乱跑。在通知这一问题的时候,语气需要委婉一些,告诉他们婚礼现场会有很多的道具,地上也会布线,出于对孩子的安全着想,尽量不要让孩子乱跑。

(2)在婚礼现场安排适合小朋友的节目,吸引他们的注意力

如果婚礼现场有很多小孩子,难免会有嬉闹、奔跑的情形发生,在婚礼上安排适合小朋友的节目是吸引小朋友的不错选择。除了节目之外,婚礼司仪还可以跟小朋友进行互动,让他们来表演节目,这样也间接增强了婚礼的趣味性。

（3）尽量专人看护好小朋友

父母的话以及婚礼司仪的一些互动能吸引住小朋友，小朋友一嬉闹就会完全忘记父母的叮嘱，这时最好还是专门安排认识的人看护好小朋友，让他们在一边玩耍。如果有小朋友走到比较危险的地方，一定要给小朋友一些严厉的提醒。

13.4 婚礼突发事件处理

13.4.1 婚礼常见突发事件处理

1）突然停电

婚宴进行到一半时，酒店突然停电，灯全灭了，来宾全体哗然。这时候应该怎么办？婚礼现场的突发事故包括：现场突然停电；音响出现故障，要用的音乐放不出来；典礼上的背景板突然掉下来；礼花或是彩弹"哑巴"了；香槟塔被碰倒，杯子碎了；新人的婚礼蛋糕上写的名字不对等。

婚礼负责人除了在婚礼进行之前仔细检查每一件东西是不是完整、设备是不是良好外，还要准备一些应急方案，比如小节目、小礼物、小游戏等，当发生音响问题、光线问题时，可以及时进行弥补。婚礼一般要准备烛台，进行烛光仪式的环节，这个烛光仪式一般放在主仪式举行完之后才进行。如果停电，烛台可以照明，如果碰见酒杯碎了、背景板掉了等意外，婚庆服务人员可以及时关灯，然后把它当成新人点蜡烛的信号，从而"化险为夷"。

2）弄脏婚纱

买婚纱时新人应当询问当场清洗的方法，但最好是留到婚礼结束后再清洗，这样的处理效果较好。酒或者香槟酒洒上的污点应立即处理，在婚纱下面垫块毛巾，用白醋或洗涤精擦洗，之后用吸水纸吸干以免留下印记。关于各种婚纱清理的办法，婚礼策划师应该熟知。

其实，从家里出发到婚礼举行地而保持婚纱一尘不染并不困难，关键是事前计划好，时间允许的话应该指派某个人检查新娘将坐的轿车座位上是否干净。尤其在冬季或雨天出入轿车要格外小心，出车前，花点时间将裙摆收起来，使它不会拖到地面，上楼梯或进门廊时都要小心谨慎，可以请求别人帮助。另外，静电会使婚纱迅速蒙上一层灰尘，新人在穿衣前应在地上铺一张床单。

3）下雨

对于天气的问题，任何人都无法提前预知，即便是超级策划也无法预知天气变化情况。如果不想看到一个淋了雨的狼狈新娘，作好事先准备依然是最好的办法。

首先，确保伴娘或司机有大雨伞可以撑开保护新娘的整体造型。另外，尽量让新郎将新娘背到干燥的地方，或者干脆暂时在行程中套上雨鞋，但是要记得在进酒店前把雨鞋脱下来。

4）花车来晚

这是婚礼中一个十分棘手的问题，对于花车的行车路线要提前一天熟知，在安排上也要提前30分钟以防发生意外，如果花车还是没有按时到达，新娘可以选择和一个开车来的家人或好友同行，然后与新郎在途中碰面。当然，这种情况最好不要发生，一定要做好准备工作防患于未然。

5）高跟鞋折断

喜好各异，没人能保证当日的新娘一定是能穿着高跟鞋走路甚至奔跑的"能人"，而且为了配合当日的穿着和气质，又不得不搭配高跟的礼鞋，一天下来一定很累，所以可能会有扭到脚折断鞋跟的尴尬。为了应对这一问题，新娘最好选择质量较好的鞋子，鞋跟也不宜过高。但是如果鞋跟真的折断，那么要记得在婚礼前准备两双以上和婚纱相配的高跟鞋。这样的话即使鞋跟折断也不用惊慌，可以利用裙摆遮挡，悄悄地换上准备好的另一双鞋子。

6）堵车

最好在婚礼前一天和酒店方沟通可能会出现的问题，同时提醒宾客具体的道路情况，新娘会因堵车情况而迟到，因此，在行程安排上，车队要预留到达的时间，甚至花时间熟悉路线。如果堵车情况依然无法避免，那么新娘首先要做的就是沉着冷静，保持好自身的仪容，然后打电话联系婚礼相关负责人，让他们想好应对措施，进行及时的补救和解决。

7）花店员工送错花束

首先要安抚新人的情绪，让新人保持整体仪容，然后想办法补救，可以让花店员工回店铺里重新取。如果花店无法及时补救，可以让一个可靠的朋友或亲人致电当时能想到的所有花店，询问是否能赶制出相应的花束。

婚礼当天，如果花店无法送货上门，就让婚庆公司的工作人员亲自去花店拿取。万一时间来不及，就选单朵的玫瑰或者兰花握在手里走向红地毯，如此反而显得独创且高贵。

8）发生过敏反应

不管怎么样，在婚礼当天最好还是准备一些药物。婚礼上的紧张和忙碌更容易导致一些老人疾病的复发，例如：哮喘、泌尿系统感染等。最好的办法就是在身边准备一个小药箱，让伴娘或者是婚庆公司工作人员随身携带，以备一些突发事件。另外，在婚礼前两周就要开始为婚礼作准备，在饮食上需要注意，新娘也不冒昧使用之前没用过的化妆品、保湿霜等，如果一旦发生过敏反应，短时间内是很难恢复的。

9）婚礼中有人喝醉

这是婚礼中发生率较高的情况，如果当天有来宾喝醉，一定要妥善处理，尽量不能让他们待在人多的地方，要么请他们早点回去休息，要么将他们送到酒店房间的沙发上休息。一定要避免在婚礼中发生醉酒打架的事件。另外，如果有人在婚礼之前喝醉了，首先尝试各种办法使其尽量保持清醒,不能让他们喝咖啡或者浓茶,这样只会让醉酒的人更兴奋好动。在筹备婚礼期间为自己制订一张婚礼当天的程序表,并在婚礼之前预演一遍,这样就不会发生太大的醉酒意外。在婚礼正式开始前的一段时间,对要发言的人进行提醒,一定不要喝醉。

10)食物非常糟糕

婚礼是一件大事,如此重要的场合新人应该事先品尝或知晓酒店的食物。如果遇到特殊情况,食物已经变凉,卖相糟糕或者分量太小,可以按照合同进行维权投诉。万一已经来不及做出改进,可以让酒店方举办一个免费的自助餐或者点心作为补偿。

11)酒店赠送项目与婚礼策划有冲突

一般酒店赠送的项目有软饮限时免费畅饮,香槟、婚房、红地毯、灯光音响、桌花、背景布置、蛋糕、菜单或请柬等印刷品。如果想使用其他颜色的地毯或不锈钢 T 台,定制有个性化印刷品时,可放弃酒店提供的费用不高的红地毯和印刷品。桌花、背景布置、蛋糕与婚礼创意有冲突时,可先和婚礼策划师、酒店负责人讨论能否加以改造、协调,比如在布幔背景上加上自己的 LOGO 或花艺装饰,让酒店按照婚礼色彩提供桌花,或者换成提供迎宾区、等候区、鸡尾酒区的装饰,还可以问酒店是否可直接提供花材。

12)婚礼当天来宾人数突然增加

关于婚宴桌数一般都会建议多预留两桌宴席,以应不备之需,最好确保不会出现没有桌位的局面。建议婚礼前半个月左右再跟每个客人确认到场情况,然后告知酒店桌数是否有变动。订婚宴时确认酒店的车位数、免费车位数以及附近停车场的情况,提示客人最好不要开车来。最好给客人打印统一的停车证,即使收费也可由新人统一支付给酒店。

13.4.2　容易发生在婚礼现场的意外

①因不确认工作人员及婚车的出勤情况、路况,时间没有计算到位导致新人的情绪紧张。发生这样的情况主要是双方缺乏沟通,相关负责人应该填写联系表,明确责任人并让双方人员签字。

②话筒不出声,话筒的音质不好。在婚礼开始前就应该试音,并确保话筒的电量十足,最好有备用的话筒。

③音响设备的连接线虚接,音响突然没声音或者有噪声。在婚礼开始前半小时,找到酒店的音响师,在连接好一切音响设备后,要反复试音,确认没有问题后将连接的接口用胶带粘贴好。

④香槟塔倒了;荧光香槟塔的鸭嘴没对齐或者没放接荧光液的杯子;荧光液没装入容器或者装入的时间太早导致不发光;香槟酒瓶盖没打开。

婚礼开始前的 15 分钟要确保香槟酒是打开的,如果香槟塔倒塌应及时找到酒店的相关负责人,将香槟塔迅速还原,确保不伤到来宾。最好的办法是提前确定好道具不会发生意外。

⑤烛台点烛器上没放蜡烛;烛台旁边没放火柴;烛台上的蜡烛捻没拨正;蜡烛的捻点不着要先试点一下。

在婚礼开始前检查烛台点烛器上是否放好蜡烛,烛台周边是否有微风和易燃物品,顺手将蜡烛的烛捻拨正,工作人员最好随身携带打火机。

⑥蛋糕刀是不是到位;蛋糕刀上包的一层膜是否去掉;切蛋糕时要切最下面一层。

在婚礼现场,蛋糕到场后,婚礼现场督导应该立即检查蛋糕刀是否到位,蛋糕刀是否干净整洁,在婚礼上要用标准的礼仪姿势,示意新人切蛋糕的最下面一层。

⑦泡泡机不正常运转,能否遥控。在婚礼开场前检查泡泡机的摆放位置,电源插头是否接好,确认泡泡机是不是遥控的,遥控器是不是放在了便于取到的位置。

⑧泡泡机在释放泡泡的时候尽量不要过量,过量会导致新人摔跤。泡泡机内的泡泡液不要过多,在释放时要注意控制释放的量,过多会导致新人滑倒。

⑨冷焰火一定要放铁底座;有安全措施防火;确保冷焰火处50 m内无儿童玩耍。在婚礼上如果有冷焰火,一定要确保各方安全,检查周边是否有易燃易爆的物品,在放射冷焰火的时候婚礼督导一定要在附近,确保婚礼现场安全。

⑩确认现场地线及地毯是否都已经粘贴牢固,不要被踢掉插头及绊倒嘉宾。

在婚礼开场一个小时左右时,一定要保证婚礼地毯、舞台地毯以及所有的电线都已固定好,不要让儿童接近。

⑪追光灯电压是否够用;容易烧坏灯泡,最好预备灯泡;确保追光灯的位置不影响婚礼后期的效果。在确认好新人所订的酒店后,要与新人或宴会销售确定酒店的一切硬件设施,最好在婚礼前进行调试,做到心中有数。

⑫酒店礼仪小姐在传递物品时找不到人。在婚礼开场前,准备好所有的道具并确认,如果在非常紧要的关头,找不到酒店的礼仪小姐时,应该自己立即递上,也可以让伴娘或伴郎协助。

⑬交杯酒杯没准备;可乐、葡萄汁或者香槟酒没准备。在婚礼进行时,发现没有准备交杯酒杯及饮料时,可以找备用的酒杯,倒上些许白酒后兑上白水。

⑭改口茶具没准备;茶水没提前倒好;茶水过烫,双方父母不敢喝。根据婚礼的流程来看,在改口环节开始前准备好改口茶具,如果没有准备,可以向酒店的服务人员索要。切忌茶水不要过烫,要用手试试温度,手背可以触摸茶杯不感到烫即可。

⑮仪式快开始,各工作人员没到位。确认好没有到位的工作人员的位置在什么时候能够到位。及时与新人沟通。保证婚礼现场的整场秩序。如有条件的情况下可以安排新人与来宾合影。

⑯头车到酒店没人迎亲。提前与新人沟通好,在新人的婚车快到酒店的时候,安排到场的嘉宾提前到酒店门口迎亲。

⑰突然找不到戒指等其他仪式用品。在婚礼现场搭建前,将所有的道具进行清点。不要忘记带齐所有道具。通知新人将要带上的物品清点归类。不要在当天忘记婚礼上的重要东西,提前交代给伴郎、伴娘保管好。如果发现找不到了,可以戴事先预备的对戒。还要注意安抚新娘的情绪。

⑱仪式中的环节冷场,司仪突然改变流程。自己先不要慌张,及时和司仪沟通,协助司仪渲染场地气氛,例如带头鼓掌等。

⑲签到笔或者签到簿不够。工作人员提前交代新人根据来宾的数量来准备签到本,如果实在不够用可以建议客人将名字写在红包的后面,直接交给新人,或是写在签到本的背面。

⑳红包准备不足。提前准备好红包,一般按照来宾数量的一半准备即可,如果实在不够用,建议来宾将钱直接交给新人,再由新人的亲人保管。

㉑现场撒花瓣或者接捧花人选没提前安排好。花瓣发蔫了。

将蔫了的花瓣扔掉,主动找到新人的朋友帮忙分发,让大家依次站到通道的左右,保证均匀即可。

㉒仪式时间到了,现场的嘉宾人数还不到一半。及时与新人沟通,让新人给来宾打电话,确认延迟婚礼的准确时间,如果时间拖得太长,尽量将所有靠边的客人往中间协调一下。

㉓主持人、新人父母及新人嘉宾等主要人物没佩戴胸花。新娘的手捧花坏了或是没有到位。及时找到胸花,让伴郎、伴娘帮忙戴上,及时进行简单的修剪工作,与花艺师及时地沟通。

㉔来宾不知道就座的位置,现场秩序紊乱。安排现场新人的朋友帮助指引。

㉕切灯速度太快或者太慢。提前将流程告知灯光师,及时用耳麦控制灯光师的操作。

㉖新人在台上时面容僵硬。婚礼督导在台下示意新人要保持微笑,与主持人配合,活跃整场的氛围。

㉗新人入场步伐太快。新人交换戒指时展示的姿势不正确。在婚礼彩排时告诉新人督导手势的意思,如果现场还是出现错误,为了确保后期的效果,尽量不要上前纠正。

㉘新人入场走位错误。西式男右女左,中式男左女右,及时改正,在进场前就要进行专业及简单的姿势培训。

㉙新人换服装时间过长。化妆师手法慢。新人换服装后入场要通知司仪时间。

平复新人情绪的同时婉转地告诉新人时间已经到了,嘉宾们很期待,同时告诉化妆师加快手法。保持和主持人的沟通,确保主持人能够掌控时间,做到活跃氛围。

㉚花材没有保持好水分,变得枯萎。及时与花艺师进行沟通,组织工作人员将花材进行修剪,确保现场效果和后期的效果。

㉛婚礼中有人喝醉酒闹事。及时将醉酒来宾安置,建议亲朋将其送回家,与主持人沟通,平息来宾的情绪,确保婚宴完整结束。

㉜红包丢失。提前告诉新人将贵重物品由专人看管,避免损失,如有丢失及时和新人与主持人沟通,取消其环节,避免不必要的尴尬。

㉝伴娘、伴郎抢镜头。彩排时告诉伴郎、伴娘准确的位置,如果在现场,伴郎、伴娘还是抢镜头的话,及时示意伴郎、伴娘不要挡住镜头。及时引导摄影、摄像师找到最好的摄影、摄像的角度。

㉞主婚人、证婚人在台上讲话时过度紧张,影响了舞台的效果。在婚礼开始时,婚礼督导要知道主婚人、证婚人都是谁,在什么地方就座,找到他们与他们沟通,舒缓他们的紧张情绪。

㉟追光灯摆放位置不对,打出来的效果是阴阳脸。在搭建的时候就要与灯光师沟通,在婚礼开始前要进行调试,如果需要换位,一定要在婚礼开场前调试好。

㊱干冰放在安全位置,注意不要让儿童接近。将干冰放在安全的位置,确定需要放干冰的时间,注意戴上手套。不要让儿童及不专业的人士接触到。

㊲气球饰物在仪式没开始漏气或爆了。了解气球或是饰物的特性,将容易破损的物品放在安全的地方。

㊳工作人员坐在新人的酒席上休息。及时告诉工作人员这里面是来宾就座的地方,询问

其工作准备的情况,告诉其员工区在什么位置。

㊴工作人员吃拿新人食物及红包。及时阻止,委婉地和新人沟通。

㊵来宾带走、损坏仪式道具等物品。及时并委婉地阻止,及时收好损坏的道具,避免道具的损坏程度更加严重。

㊶在新人或是来宾讲话时,因其紧张远离话筒导致传送的音量过小或根本就没有声音。督导在听到声音与正常的声音不一样的时候,可帮助讲话的人拖一下话筒,或是要求音响师加强话筒的音量。

㊷在婚礼休息的环节中,嘉宾突然要求增加自己准备的节目。第一时间询问新人是否同意,与主持人沟通,尽量不要影响新人和来宾的情绪。

㊸在婚礼开始前或婚礼进行中花门或是路引倒塌。首先调动身边的人员帮忙扶起,确定是否有人员受伤,将地面收拾干净,保证婚礼的正常举行。

㊹婚礼中游戏环节混乱。婚礼督导要协调嘉宾,鼓励嘉宾上场,必要时找到负责签到的人员,一起带动场上的氛围,切忌不能冷场。

㊺摄像师的磁带没有带够。提前通知摄影师婚礼流程的时间和新人的要求,提醒摄像师带够磁带。

13.4.3　户外主题婚礼意外事件的化解

经过精心装扮,在阳光、草地之中举行一场梦幻般的户外婚礼,但纯天然的自然环境和户外设施,有时也会给婚礼造成一些尴尬的场面。下面就聚焦户外婚礼最容易发生的几个尴尬场面,并提出化解的方法及需要特别注意的地方。

1)天有不测之风云

浪漫的草坪,清澈的湖水,这一切本来是那么完美,谁知一场大雨,把原本美好的草坪婚礼浇得七零八落,美好的景色被乌云遮住,宾客也陷入了撑伞观礼的窘境。

化解方法:在选择户外婚礼的场地时,一定要同时查看这个婚礼场地是否有配套的室内备选场地,并且与酒店方负责人提前约定好突发情况下的补救措施;看完场地后在准备婚礼方案时同时也一直要跟进这个备选方案,例如准备物品清单以及做婚礼布置平面图的时候。户外婚礼场面开阔,外界干扰较多,因此,也要观察、考虑场地周边环境。多方面兼顾才能做到有备无患。

2)颠簸折腾了悉心打扮

户外婚礼的场所通常离新人的住处较远,因此,许多新娘在家中打扮好之后,按照传统礼俗,乘婚车来到郊外,在路上饱受颠簸。待新娘到达婚礼现场时,不仅疲惫不说,更是晕车呕吐,头发乱了,妆也花了,多年后回看也不禁失笑。

化解方法:新娘的化妆尽量在婚礼当日早晨在婚礼场地配套的酒店直接化妆,节省了行驶时间,也使得新人可以轻松地享受婚礼,并且化妆师可根据现场的光线、气氛来具体设计及调整新娘的造型特点,时间上更充裕。新郎可到酒店的化妆间迎亲。

3）亲友四散

"花童在哪辆车上？""为什么我儿子还没有来？"这样混乱的场面在户外婚礼是很多见的。

化解方法：合理安排交通，可让亲朋好友乘新人统一安排的大客车一同前往目的地。这样不但方便大家准时到达，而且也较为经济实惠，同时也避免个别人缺席导致延误流程的事情发生，令大家都能有一个轻松的心态参加婚礼。

4）隆重婚纱易生意外

当音乐声响起，新娘在父亲的陪伴下优雅地走上了红地毯，没想到，就在新娘向宾客挥手示意的时候，她突然跌向前方，原来是婚纱的长摆被草坪间的树根挂住，造成了这样的尴尬。

化解方法：选择轻便时尚的短婚纱。与适合在宴会厅内穿着的拥有珠片、镶钻、蕾丝等设计元素的闪耀华丽婚纱不同，在户外举办婚礼可选择显得自然大气的婚纱，感觉轻松却又不失隆重。如云一般的纱质婚纱也是不错的选择，太过华丽夸张的婚纱不适合户外婚礼。时尚前卫的新娘甚至可以考虑短款婚纱，会给人留下活泼可爱的印象。

5）天气炎热令宾客不适

在炎热的天气长时间举行户外婚礼，很多顶着烈日观礼的宾客已经非常不耐烦了，宾客不仅汗流浃背，身体状况不理想的更可能脸色发白。新人及家属一边扇风递水，一边连连道歉，本是大喜之事，却多了这样不协调的场面。

化解方法：按时间表进行，缩短时间。最有效的化解方法便是合理有效地控制时间。婚礼进行时，来宾均站立于草坪四周，而且还面临风吹日晒的境地，因此要尽量减少其等待的时间。应该在筹备时做好婚礼流程表，当天严格按照时间表上来进行，不可冗长拖沓，且尽量不要在现场任意修改流程及安排，避免导致混乱场面。

6）户外餐饮的"不速之客"

在户外举行酒宴的婚礼，席间，难免会看到一些宾客一边用餐，一边驱赶着身边环绕的小昆虫，既好笑又尴尬。无论多么昂贵的菜色在户外的宴席上，难免受到环境的二次污染。虽然说婚宴就餐环境的优美非常重要，但也应重视卫生的重要性。

化解方法：户外行礼、室内用餐。举办婚礼最为集中的春秋两季，气温偏高，是昆虫活跃期，且大多数地区会有风沙，如果选择在户外办仪式，应该选择于宴会厅内用餐。如果觉得这样气氛不够好，可在用餐之后，加办一场户外酒会，配合完美的灯光音响设备、绚丽的冷焰火、精彩多样的游戏和节目环节，将会给你一个非常美妙难忘的婚礼。

7）周边环境声浪太大

由新人精心挑选的乐队，马上开始演奏了。为何站在较远处的宾客，只见歌手呈陶醉状在表演，却听不见音乐呢？而且嘈杂的现场环境根本无法令人静下心来，去聆听音乐之美。

化解方法：良好的音响设备。打造户外婚礼的重中之重便是音响设备。由于没有天然的屏障，婚礼中拢音的效果没有室内效果好，就需要有良好音质的音响来为整个婚礼的声音部分增加渲染力度。否则,前面新人和主持人声嘶力竭,后面观礼嘉宾却没有听清,更甚者,会影响现场摄像的效果。因此,准备一套良好的音响设备是十分必要的。

8)醉酒宾客

一场婚礼变成了澎湃的派对,每个人都流连忘返,不知不觉夜幕降临,许多好友都已烂醉如泥,面对眼前的残局,新人不知如何是好。

化解方法:派对后住宿安排。在郊外举办婚礼,一定要预订一些当地酒店的房间,以防酒醉或家远的亲朋好友无处安身,妥善安排好来宾的衣食住行,是新人应该做到的。在婚宴结束后,确定好需要住宿的人员,根据这些人员的关系和性别划分房间,并安排好次日宾客的活动日程,包括活动时间、退房时间、早餐时间等。

【案例】

伴娘婚宴上醉酒身亡　喜宴变葬礼谁的过错

在中国,无论是婚礼还是聚会,甚至是葬礼都喜欢热热闹闹,热闹没有什么,可是在这些场合所有的气氛都离不开"酒"。有人说中国人喝酒不要命,不醉不归这样的话正是中国"酒界"的老话,可是拿命来喝酒真的好吗?

2016年9月11日,农历显示是八月十一,是一个宜嫁娶的好日子,俗称黄道吉日。今年28岁的杨某作为伴娘,也打扮得漂漂亮亮参加了这次婚礼。一场婚礼的程序热闹地走完了,杨某就坐下和大家一起吃吃喝喝,没想到同桌的朋友都太热情了,一直劝她喝酒,传言杨某喝了3瓶白酒、3瓶红酒和20瓶啤酒,不过这肯定是假的。杨某确实喝了很多酒,导致她酒精中毒,在婚礼现场倒下了,现场的人都慌了。杨某在不省人事的情况下被送往医院,抢救无效身亡。医生告诉我们,杨某的死因是酒精中毒,还有呕吐物堵塞呼吸道,窒息身亡。

(资料来源:中国行业咨询网,2016-09-20,有删减)

谨防"野蛮婚闹"闹出人命

2016年9月,一段野蛮婚闹现场的视频在网上热转。一对小夫妻举行婚礼,众人为了凑热闹,拿起干粉灭火器对着新郎猛喷,随后新郎倒在地上无法说话,有人大呼"快拿水!"新娘也非常着急地跑过来。干粉吸入过量极易导致肺炎,堵塞呼吸道差点闹出人命。

在国人的传统观念中,结婚是人生大喜之日,必须够喜庆、够热闹。亲朋好友欢聚在一起,不管是出于给新人加深"结婚不易"的印象,还是遵从"不闹不兴旺"的民俗,有分寸、有节操地闹闹也属人之常情无伤大雅。但是,在社会越来越文明的当下,如果闹婚走向低俗粗鄙甚至触犯道德和法律底线,那就不可取了。

首先,公共场所是市民的共有空间,不是任何一个人的私密空间。这就要求我们在公共场所应注意自己的文明言行。上述闹婚闹剧中,虽然新郎明确表示"我觉得结婚的时候就是要经得住闹,就算被'整'也愿意。但是,无论是"怪异裸奔"还是把新郎绑在电线杆上,或是把新郎扒光扔到海里,这些闹婚陋习多半不曾考虑公众的感受,实属低俗,如将其搬到公共场所实在是不雅。

其次,在自家屋里闹婚也不是可以肆意妄为的,凡事应有度,闹婚亦是如此,否则就过犹不及,喜剧变悲剧了。这样的例子并不少见,有的整人游戏因出现意外让新娘新婚日住进病房;有的捉弄手法恶俗不堪让新婚夫妇有了心理阴影;更有甚者对伴娘动手动脚,直接进了牢房。好端端的喜事被搞得乌烟瘴气,这就完全失去了闹婚的初衷。僭越道德底线甚至触犯法律底线的闹婚着实该取消了。

（资料来源:长江网,2016-09-26,有删减）

专家评析:

婚礼习俗文明是人类文明的重要部分。低俗粗鄙的闹婚陋习显然与眼下的文明礼仪格格不入,而且存在严重的安全隐患。然而,冰冻三尺非一日之寒。要想真正摒弃这种低俗闹婚,还需社会、政府以及自身的密切配合,还需教育与惩戒相结合,共同营造"拒绝低俗闹婚、文明办喜事"的良好氛围。婚礼参与者应该加强自我约束,不要做不道德的事情。

复习思考题

1. 简述婚礼风险管理的内涵。
2. 简要叙述婚礼风险防范与对策。
3. 关于婚礼用品有哪些安全问题?
4. 简要介绍关于婚礼用品安全的相关建议。
5. 关于婚礼现场安全主要有哪几方面? 分别叙述。
6. 针对婚礼现场安全有哪些相关建议?
7. 婚礼中主要有哪些突发事件? 简要叙述其处理方法。
8. 举例简要介绍在婚礼现场容易发生的意外。

第14章
婚礼组织方案——综合案例

【学习目标】

1. 掌握婚礼组织方案的构成。
2. 了解婚礼时间安排、婚礼人员组织、婚礼财务管理、婚礼设备与用品管理的常见案例。
3. 掌握婚礼组织方案各部分的要点。

【学习重点】

本章内容以婚礼组织方案的案例为主,通过对婚礼组织方案各部分方案案例的学习,能够熟练掌握婚礼组织方案各部分方案的要点,理解婚礼组织方案的构成,学会撰写婚礼组织方案。

【案例导入】

2011 年 1 月 28 日,据外媒报道,对每个女孩来说,一生中最重要的日子莫过于结婚的那一天。很多人甚至会花上一年的时间去准备婚礼庆典。但是,来自英国的妮奇·布莱迪却在踏上红毯前,一波十折,被迫取消婚礼十次。

2008 年,因为妮奇的兄弟姐妹不愿意把自己的孩子带出国,准新人被迫取消了婚礼。2009 年 5 月,两人举办家庭婚礼,因为邻居投诉太吵,婚礼中途取消。同年,因为退潮,这对准新人被迫取消了在船上举行婚礼的计划。在斐济某风景如画的岛上举行的婚礼也擦肩而过。更离谱的一次是,举行婚礼的酒店被重订了两次,因为一家酒店不能接待两位新娘,妮奇不得不重新择日结婚。

上个月,妮奇终于如愿以偿地在爱丁堡披上婚纱,走向红毯。婚礼举行前的过程还是异常波折,差点成为第十一次被取消的婚礼。因为暴雪天气影响,伯恩茅斯机场航班取消,他们的婚礼差点告吹。为了结婚,再一次成为准新人的他们,坐火车赶去南安普顿机场。打算过夜后,乘飞机赶往苏格兰结婚。不幸的是,航班又被取消。尽管天气恶劣,最后他们和另外两位朋友冒着风雪,驱车 364 英里到达目的地。新娘终于准时踏上红毯。

完美的婚礼策划固然重要,但是婚礼当天的实际运行则是婚礼圆满举行的关键,如案例中的英国新娘,虽然婚礼的取消有很多客观因素,但婚礼组织不当也是婚礼被迫取消的原因。婚礼组织涉及婚礼当天人、财、物的实际运作,包括时间、地点等总体安排,是婚礼成功举办的重要保障。好的婚礼策划的执行是以协调顺畅的人、财、物的组织为保障的。这一章我们要学习的内容为婚礼组织方案,从婚礼时间安排、婚礼人员组织、婚礼财务管理以及婚礼设备与用品管理四个方面进行介绍。婚礼组织方案是用以指导婚礼人、财、物具体组织的文本方案,涵盖婚礼人、财、物组织的各个方面。

14.1　婚礼组织方案构成

婚礼组织方案是对婚礼活动人、财、物的具体组织的书面表达形式,和婚礼策划方案一起指导整个婚礼的举行过程。婚礼组织方案具体包括婚礼时间安排、婚礼人员组织、婚礼财务管理、婚礼设备与用品管理。

14.2　常见婚礼组织方案

14.2.1　婚礼时间安排

婚礼时间安排分为婚前筹备时间安排和婚礼当天时间安排。

【案例1】

婚礼筹备时间安排范例

婚礼筹备计划

1.决定婚礼日期、地点、仪式及婚宴方式。

2.确定婚礼预算。

3.草拟客人名单。

4.召集亲友讨论婚礼计划。

5.确定伴郎、伴娘。

6.确定主婚人、证婚人。

7.制订婚礼计划书。

婚礼倒计时:5个月——订酒店

1.开始收集各种关于饭店的杂志、小册子。在结婚旺季,著名的酒店会出现爆满的现象,要提早决定婚礼的举行场地,提前预订。

2.酒店挑选之后,挑出两三家,亲自查看会场,并制作一张候补场地的清单。把自己感兴趣的场地的地址、价格、菜单、联系人都写上。

3.决定婚礼举办场地后,正式预约饭店、场地。在预约的时候要把违约金、变更期限写清楚。

4.婚宴预约。估计来宾人数;估计酒席数量;选择婚宴地点;确认酒席菜单、价格;确认婚宴现场的音响效果;与酒店协调婚宴布置等细节;预订酒席;付订金。

婚礼倒计时:4个月——拍婚纱照

1.开始选择结婚礼服。如果是准备自己购买礼服可以稍微晚点,但如果是租借礼服,那么要提前预订,否则可能被别人捷足先登。

2.拍婚纱照。挑选婚纱影楼、购买礼服;预约拍摄日期;拍照;选片;取货;冲印或喷绘。

婚礼倒计时:3个月——预约工作

①预定结婚请柬。

②选择结婚戒指。

③预约好结婚当天拍摄照片和录像工作的人员。

④向公司提出请结婚假的申请。

婚礼倒计时:2个月——正式发出请柬

1.找好结婚司仪、接待。

2.准备好婚礼的演讲词。

3.发出结婚请柬。注明希望对方在收到请柬一个月内给予答复,长辈、上司、恩师、媒人等要亲自送请柬,以示尊敬。

4.预约品到达的确认。

5.送订婚礼金。

6.确定邀请客人的名单,并指定大致预算。

7.与婚礼所有联系人沟通。就婚礼筹备计划和进展与父母沟通;发喜帖给亲友;电话通知外地亲友;网上发布结婚通知;再次确认主、证婚人;及时更新亲友受邀信息;对于重要亲友再次确认。

婚礼倒计时:1 个月——订购婚礼用品

1.决定好婚礼仪式的各项程序,并制订好完整的计划,包括菜单、装饰、蛋糕、香槟等。

2.确定好新娘、新郎的发型师、化妆师。

3.订购新郎、新娘婚纱礼服。

4.请柬回复确认。

5.准备好接送亲友的车辆。

6.新娘美容保养。

婚礼倒计时:2 周前——婚礼预约

1.制作宴席的座位表,书写婚礼致辞。

2.确认远方宾客的住宿。

3.对预算的再次确认。

4.根据客人的喜好确定婚礼的内容和各种节目。

5.购买喜糖、酒水等。

6.婚礼化妆预约。选择化妆地点;与发型师、化妆师沟通;确认婚礼当天的造型;预约化妆具体时间。

7.婚庆用车预约。确定婚车数;选定婚车司机;预约扎彩车时间地点;确定婚礼当天婚车行进路线及所需时间;预约婚车。

8.婚庆摄影、摄像预约。确定摄影、摄像师数量;选定婚礼当天摄影、摄像人员;安排摄影、摄像分工;准备摄影、摄像器材和胶卷录像带;预约摄影、摄像。

9.确定婚礼司仪,就婚礼当天计划与设想与之沟通。

婚礼倒计时:1 周前——婚礼用品订购

1.确定全部预约。

2.结婚注册。

3.检查婚礼当天所要带的东西,如婚纱、小饰品、结婚戒指、喜糖等。

4.婚礼用品订购。喜帖、红包、喜字;彩带、拉花、喷雾;烟、酒、饮料;糖、花生、瓜子、茶叶;录像带、胶卷;预订鲜花;预订蛋糕、水果。

5.其他。调换崭新钞票;确定滚床儿童;为远道而来的亲友准备客房。

婚礼倒计时:前 2 天

1.与婚礼的所有联系人再次沟通。就婚礼准备工作完成情况与父母沟通;根据准备情况就婚礼当天仪式进程与主持人作最后沟通;与伴郎、伴娘再次沟通;最后确认帮忙的亲友;最后确认婚宴、车辆、摄影像、化妆等细节准备情况。

2.确认婚礼当天发言人的准备情况。主、证婚人发言准备情况;父母代表发言准备情况;来宾代表发言准备情况;新郎、新娘在仪式上或闹洞房可能会遇到的问题。

3.最后确认婚礼当天所有物品准备情况。新郎、新娘最后试穿所有礼服;将婚礼当天要穿的所有服装分装;准备两瓶假酒;准备婚礼当天新郎、新娘的快餐;最后检查所有物品并交于专人保管(新娘的新鞋、结婚证书、戒指、红包;糖、烟、酒、茶、饮料;焰火道具等)。

婚礼倒计时:前1天

1.进行婚礼彩排。

2.婚礼车队预跑。

3.保证充足的睡眠及休息。

4.将闹钟调到指定时间。

由于婚礼形式及内容各不相同,婚前准备工作也不尽相同。另外,上述日程安排可做成表格的形式,如表14.1所示。

表14.1 婚礼筹备日程安排表

时间	婚礼筹备日程安排表		备 注
婚礼前1周	婚庆沟通	1.与婚礼策划师沟通婚礼准备细节 2.与化妆师沟通及确认婚礼当天服饰及造型 3.沟通婚礼当天流程 4.沟通婚礼仪式流程	可咨询婚礼策划师
	婚庆摄像确认	1.确认摄影摄像数量 2.确认摄影摄像师 3.安排摄影摄像分工	严格规定时间和地点
	婚车确认	1.确认婚车车队及婚车司机 2.告知具体路线安排	安排时间预跑
	婚礼司仪确认	确认婚礼现场具体细节	婚礼前一天彩排

【案例2】

婚礼当天时间安排(酒店)

化妆:伴娘。伴娘协助新娘穿婚纱,同时清点要带到酒店的物品。

6:30 新娘起床,化妆师到新娘家为新娘化妆。

7:00 化妆师到场。

7:30 摄像、摄影师到,拍摄新娘化妆过程。

7:30 新郎发型做好后到花车地点做花车装饰。

8:30 新娘妆完成,通知新郎。

婚车:伴郎。伴郎协助新郎收好手捧花、胸花等物品,并分发喜烟和红包给婚车司机。

7:30 开始扎彩车。

8:30 彩车完成(伴郎为新郎佩戴胸花,自己也佩戴)。

9:00 所有婚车到达新娘家。

接新娘

9:00 伴郎准备好鲜花、红包。

9:00 伴娘藏好新娘的鞋,与新娘及女方家人等新郎的到来。

9:10 新郎带领兄弟们开始接人。

9:15 敲门、盘问、塞红包、挤门(伴娘带众姐妹问新郎问题)。

9:30 新郎找新娘的鞋(向新娘送花,佩戴手腕花)新人吃汤圆及向女方父母敬茶。

9:30 礼炮师到位(打4只礼炮)。

9:35 车队出发(伴郎为新郎打开车门后,新郎让新娘先上车,自己再上车,伴娘可以挨新娘坐,伴郎可以坐副驾驶位)。

10:10 新郎、新娘出发至外景。

酒店准备

10:00 将糖、烟、酒、茶、饮料等带至酒店。

10:10 最后检查婚礼布置安排、音响、签到处等细节,新人方确认宴席安排。

10:30 新人方准备好新郎、新娘迎宾香烟、打火机、糖及签名册,空红包。

11:00 礼炮师到位酒店门口。

外景拍摄

10:10 新郎、新娘拍摄外景。

10:40 外景结束。

10:40 拍摄完毕回酒店。

酒店迎宾

11:10 新郎、新娘到酒店(摄像摄影师提前到达,作好准备后新人方可下车,伴郎打开车门先让新郎下,新郎再接新娘下车,4支礼花炮,新娘进行简单补妆)。

10:40 签到处人员就位。

11:10 引导人员门口就位。

11:20 新郎、新娘、伴郎、伴娘门口迎宾(伴郎挨新郎站,伴娘挨新娘站,伴郎端烟,伴娘端糖,新娘为来宾点烟)。

婚礼仪式

11:00 婚礼司仪准备。

11:10 音响准备。

11:30 戒指准备。

12:00 迎宾结束,客人全部进场。

12:10 伴郎、伴娘就位,父母就位,婚庆公司工作人员就位。

12:16 新郎、新娘就位。

12:16 音乐暖场,酒店关灯。

12:18 婚礼司仪提示后进入正式婚礼仪式。

婚宴

12:48 婚宴正式开始。

12:50 新郎、新娘退场、速食,新娘换礼服。

13:00 新郎、新娘逐桌敬酒。

14:00 敬酒结束:新郎、新娘换装进餐、休息;清点所剩烟、酒、糖等;统计晚餐人数。

晚宴

18:00 晚宴准备开始。

19:30 晚宴结束。

闹洞房(依新人情况具体安排)

21:30 开始闹洞房,女方藏结婚证,新郎找结婚证,其他节目自由发挥。

22:30 宾客离开。

【案例3】

婚礼当天时间安排实例

婚礼总流程

6:30 婚车到婚庆公司扎花。

6:40 新郎、伴郎去整理头发。

7:40 新车到达新家。

8:18 新郎出发。

8:48 新郎到达新娘家。

9:58 新郎、新娘出发回新家。

10:28 新郎、新娘到达新家。

11:28 新郎、新娘从新家出发到酒店。

11:38 到达酒店。

12:08 婚礼开始。

13:18 新郎、新娘敬酒。

14:58 新郎、新娘出发外拍。

19:00 新郎、新娘到答谢宴酒店。

女方家活动安排表

5:30 专车接新娘化妆(未定)。

7:30 回家作好准备。

8:18 新郎、伴郎从家中出发,带上红包、手捧鲜花、戒指,伴郎拿上胸花(随时与女方家联系)。

8:48 新郎到达女方家。

新娘、新郎相互戴花,伴郎、伴娘相互戴花。

新人拜见女方父母,新人给女方父母剥喜糖吃,敬茶。

新人吃饺子。

新人与女方家人合影。

9:58 新郎接新娘及女方送婚人出发。

11:08 新娘家人乘专车去酒店。

14:30 婚宴结束,新娘家人乘专车回家。

男方家里准备流程

家庭总管: 人员名单:

6:40 新郎、伴郎去整理头发。

7:30 全体帮忙人员到位。

7:40 新郎、伴郎回到家,新郎开始换衣服,伴郎协助,摄像师准备摄像。

8:18 新郎出发后开始贴喜字。

8:20 联系婚庆公司

10:08 家庭总管组织人员欢迎新人。

10:38 家庭总管组织所有家中帮忙人员乘专车至酒店。

11:08 所有家中亲朋乘专车至酒店。

11:10 摄像师录新房。

11:28 新郎、新娘从新家出发到酒店。

酒店准备工作安排表

酒店总管: 人员名单:

婚宴前准备工作由×××负责与酒店协调。在新人来之前,酒店内工作人员做好以下工作:

1. 与酒店联系预留 8 个车位、安排横幅、桌签、指示牌、签到桌、音响、换衣室、储藏室、舞台布置等。同时注意联系工作人员装饰气模门、气球拱门、鲜花柱、蛋糕、香槟塔、烛台等。

2. 婚庆公司扎好酒店大门气模门、气球拱门各 1 个。

3. 负责人与酒店厨师联系协调上菜时间。

4. 负责人与酒店服务人员联系安排摆台、酒水摆放。

5. 负责人联系新人到达时间。

新人到达酒店:

1. 负责人安排演艺活动表演。

2. 酒店总管负责安排签到人员、领位人员。

3. 总管等人负责组织欢迎仪式,落实撒花、喷彩条、放飞气球人员。

4. 酒店总管负责协调酒店所有灯光、音像、投影仪、DVD 到位。

11:38 新人到达酒店,酒店总管负责组织欢迎仪式。

11:18—11:58 引导员负责安排人员就位。

12:08 婚庆典礼开始。

13:28 新人敬酒,总管负责组织人员分发喜糖。

14:48 总管负责安排新人外拍事宜,带好喜糖、喜烟、门票费。

14:30 女方家人由专车开始准备送回。

14:40 男方家人、亲朋由专车送回。

14:50 总管负责进行酒店清场、物资运输工作。

18:00 新人答谢婚礼工作人员和晚宴酒店。

【案例4】

婚礼当天时间安排(教堂)

目前教堂婚礼的组织形式有两种,一是在下午或者傍晚举行仪式,然后回市内举行晚宴;二是在上午11点左右举行仪式,紧接着举行比较随意的午餐宴会派对,通常在草坪、花园等户外场合举行。

教堂婚礼的结婚流程相对中式婚礼简单,正式的晚宴是开支最大的部分。教堂婚礼的前期准备包括:

1.婚前两周

发送请柬,到教堂的宾客应该是双方父母、主要亲属和特别亲近的朋友,而其他大部分客人可直接请他们到举办婚宴的饭店。

2.婚前一周

进行新娘的皮肤护理和发型修剪,同时新郎应与神父再做一次沟通,确定细节,与摄像师、化妆师等人随时保持联系,及时得到关于结婚当日应注意问题的提示。

3.婚前两日

与即将参加婚礼的宾客落实到场时间和具体人数,考虑好交通问题及座位编排;提前一天精心准备两个花篮送到教堂以示对圣母的敬意。

4.婚前一天

将所有细节一一推敲一遍,检查是否有遗漏事项,养精蓄锐。

5.婚礼当日时间安排

1)仪式在上午举行

7:00 新娘开始化妆,要求在8:00前完成。

9:30 花车布置完成,新郎准备出发迎接新娘,因为上午的活动较多,时间一定要把握好。

10:00 新郎到达新娘家,新人共同前往教堂参加婚礼。

10:30 教堂婚礼开始。

11:30 在唱诗班的颂歌中,婚礼结束。

11:40 新人与来宾、神父拍照留念。

12:00 午餐宴会开始,一般设在教堂外的草地。

2)仪式在下午举行

教堂婚礼流程——仪式

17:00 仪式开始,神父到位、播放进场音乐;伴郎、伴娘先进入场地,分两边面对宾客站好;戒童将戒指交给神父。

17:03 随着婚礼进行曲,新娘挽着父亲入场;父亲将新娘交到等候已久的新郎手中。

17:10 全场肃静(停止奏乐),新娘、新郎交换戒指并宣誓。

17:15 证婚人致辞。

17:20 仪式完毕,音乐响起后新人退场,宾客鼓掌庆祝并向新人抛撒花瓣。

17:30 新人与来宾拍照留念。

教堂婚礼流程——宴会

17:40 乐队奏乐,宾客陆续进入餐厅,可以享用餐前开胃小菜和饮料。

18:10 新人进入餐厅后上第一道菜,侍者们给客人斟香槟,重要来宾致辞。

18:40 开胃菜后,新郎、新娘跳第一支舞。伴郎、伴娘及其他客人随后进入舞池一起跳舞。

19:00 重新入座等待主食。

19:30 上甜点的同时,继续舞会。

20:00 新娘抛花束。

20:10 新人在客人们间穿梭为他们的光临表示感谢,提供咖啡及各种餐后饮品。

20:30 新郎、新娘一起切蛋糕。

【案例5】

婚礼当天时间安排(户外)

户外婚礼的婚宴一般采用自助餐的形式,不再另设正式的婚礼宴席。其婚礼形式的时间安排与一般形式基本一致,但在婚礼当天有几点需注意:

1. 婚礼开始前两个小时左右要将场地布置完毕,以便来宾合影留念。

2. 要安排婚礼专用的大客车接亲朋好友一同前往婚礼现场。

3. 现场乐队、礼仪小姐及服务生等人员提前到位,调试好音响,各尽其责。

4. 亲朋好友到场后可以先自由活动,摄影师应该在这时就开始服务。

5. 新娘的化妆应在现场完成,化妆师可根据现场的气氛来具体设计新娘的妆面造型。

6. 婚礼可适当地缩短时间,因为来宾大多时间都是站立着,而且还面临风吹日晒。

7. 婚礼、婚宴的时间在2小时左右为宜,席间可安排游戏等助兴活动。

8. 户外婚礼可以添加一些"放飞爱情"的环节。

14.2.2　婚礼来宾组织

婚礼来宾组织包括邀请、迎宾、引领、座位编排以及婚宴结束后的送别。关于来宾的组织相对简单,在婚礼人员组织一节已经详细介绍,这里不再一一赘述。

户外婚礼和教堂婚礼都是西式婚礼的一般形式,新人与宾客交流的机会很少,来宾均是在神圣的气氛中默默地表达对新人的祝福。教堂婚礼或户外草坪婚礼对于来宾的组织和一般婚礼相似,也需要邀请参加婚礼仪式见证的宾客,并且进行引领工作,前期进行座位的编排以及婚宴之后送别宾客,与一般婚礼不同的地方有三点:第一,西式婚礼中见证婚礼仪式的宾客要谨慎选择,因为受到婚礼仪式区大小的限制,新人要挑选关键的亲人、同事和朋友。第二,新人不参加宾客的引领工作,一般由伴郎负责。第三,婚宴和仪式分开,仪式区座位的编排是西式婚礼与一般婚礼最大的区别。

户外婚礼和教堂婚礼仪式区的大体布局相似,两侧来宾席在仪式区前对称排列,客人所坐的座位通常为靠背长椅,当然也有用折叠椅布局的,这种布局的来宾席通常按照家属、贵宾、领导、同事、同学和朋友的顺序安排座位。教堂婚礼需要遵循一定的礼仪,宾客的座位安排也有

一定的讲究,普通的西式婚礼可以遵循教堂婚礼的客人座位安排方法,具体来说有以下两点需注意:

1)家属最靠前

进行教堂婚礼的座位编排时,需要将新人最亲近的家属安排在宾客席的第一排,如果家属人数很多可以安排在第二排和第三排。通常新郎的父母坐在右侧宾客席最靠近地毯的位置,然后依次是新郎的祖父母、兄弟姐妹等其他亲属;新娘的亲属和新郎的亲属团成对称式坐在左边的宾客席。

2)女方客人在左、男方客人在右侧

通常在教堂婚礼上,新郎的客人都安排在右侧的宾客席,而新娘的客人都安排在左边的宾客席,左右两侧的客人结构基本相同。通常最前一两排是新人的家属,其后是新人邀请的贵宾和领导,然后是新人的同事、业务伙伴、同学和朋友等。如果一方的客人来得比较多,最简单的方法就是让同事、朋友等在两边随便坐,这样他们就都能有一个很好的观礼视线。

酒店婚礼桌位安排与教堂婚礼座位安排如图 14.1 和图 14.2 所示。

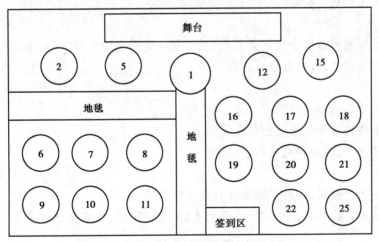

图 14.1 酒店婚礼桌位图

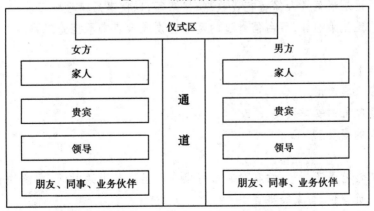

图 14.2 教堂婚礼座位图

14.2.3　工作人员组织

【案例1】

婚礼组织与分工（项目类型）

婚礼组织分工：财务组、接待组、后勤组、秘书组、专业组。

高层管理

（4人　双方父母）

1.确定婚期及提出婚礼形式的建议。

2.传授婚礼礼俗及婚礼注意事项。

3.为婚礼开支预算作参考。

4.由新人商议确定宴请宾客名单。

5.准备婚礼上的发言稿。

备注：

1.在第一次婚礼筹备组会议召开之前，要与双方父母商议决定1~4项内容。

2.如发生意见冲突，请做好协调工作。

财务组

1.会计1人

①负责整个结婚筹备过程进出款项的记录。

②负责来宾签名、礼金和礼品的收纳。

2.出纳1人

①负责统一支付款项，如婚宴酒席后与饭店结账等。

②负责婚礼用品的购买，如签名卡、座位卡、请柬、酒、烟、糖果和红包袋等。

备注：

①所有款项记录请负责人保留花费收据、发票等，以便事后清理账目。

②如双方均无兄弟姐妹，可由信得过的两名密友或亲戚来承担此工作。

接待组

1.总招待员1名

①负责主桌来宾邀请。

②负责全场座位的安排调度。

③招呼客人的需要。

备注：

总招待的职责范围还包括：婚宴时掌握每桌人数坐满与上菜时间，注意饮料的补充并负责为摄影等工作人员留位、留菜等事宜。

2.引座员2名

①其中一名引座员负责引导男方亲友来宾入座。

②另一名引座员负责引导女方亲友来宾入座。

备注:最好是由分别熟识男、女方亲友来宾的人担任。

3.保管员 1 名

负责婚礼协助新娘更衣,保管服装、配饰等物品。

备注:在婚礼当晚,闹完新房后物品妥善交接。

后勤组

1.酒水协调员 1 名

①负责与饭店餐厅经理协调酒水等方面的事务。

②负责收好多层式蛋糕的架子和螺丝,以便还给蛋糕店。

备注:一般饭店的酒水价格不菲,可先问明饭店是否可以自带酒水,如可以,酒水协调员请婚庆公司帮助,将所需酒水列单到酒水批发处购买。

2.交通员 1 名

①负责结婚所需车辆的租借与司机的安排。

②安排亲友来宾的交通与停车问题,并确认所需车辆的到位情况,是否需要清洗等问题。

备注:如果涉及长途交通,应考虑旅途安全。

秘书组

1.伴郎、伴娘各 1 名

①陪同新人一起预定并试穿婚纱礼服、伴郎、伴娘礼服。

②了解婚礼流程及伴郎、伴娘的工作内容。

③婚礼当天与新人一起接待来宾并负责红包的保管与派发。

备注:

a.中式婚礼的流程中有新人向双方父母敬茶一项,此时需要伴郎、伴娘分别为新郎、新娘递上事先准备好的茶水。

b.在婚礼中伴郎、伴娘还应随时注意帮助新郎、新娘收纳或递送捧花、红包、礼物、香烟、酒水等。

2.信息顾问 1 名

①负责收集婚礼资讯及婚纱信息。

②负责收集蜜月地信息。

3.DJ 1 名

负责婚礼、舞会的音乐。

备注:以上 2、3 项根据实际需要设立。

婚礼专业组

1.婚礼总策划师 1 名

①负责联络所有婚礼筹备组成员。

②统筹整体,分配协调各组工作。

③婚宴现场的布置及选定颜色组合。

④负责与婚宴场地的联络及协调工作。

备注:婚礼总策划师的工作是非常重要的,最好选富有经验、统筹能力强的专业婚庆公司的婚礼策划师。

2. 婚礼司仪1名

①了解新人的婚礼背景、设计精彩支持内容。

②典礼、婚礼程序与时间的安排。

备注:如果需要在婚礼上增加环节,一定要及时与婚礼司仪商议。

3. 造型师1名

①商讨婚礼当天的发型设计。

②了解新人所选择的婚纱及头饰式样。

③婚礼当天负责新娘的化妆、发型和补妆。

4. 花艺师1名

①新娘、新郎、伴娘、伴郎、花童等人所需花饰的购买、制作、设计及保鲜。

②婚宴现场的花艺、花门、花台、餐桌用花等,购买、制作、布置和保鲜。

③花车花艺的设计及制作。

5. 摄影、摄像师3名

①预定拍摄日期。

②1人负责全程新人的拍照。

③1人负责来宾亲友的拍照。

④1人负责全程摄影。

备注:

①如果造型师、花艺师及摄影师、摄像师为专业人员,请他们预先和主办方充分沟通,参加婚前筹备会议,请在婚礼前务必单独安排时间与他们商议以上所述事项。

②一些非专业摄影,如对来宾亲友的拍照可以交给有摄影爱好的亲戚朋友完成。而专业摄影师一般按小时收费。婚礼前的筹备会应确定拍摄时间、地点、角度和重点。

建议:召开三次筹备会议。

第一次会议——婚礼前6个月

确定内容:

1. 任命婚礼总策划师。

2. 确定婚礼筹备组人员名单。

3. 明确婚礼筹备组各组人员的职责。

4. 分配前期筹备工作的任务,如场地的预订等。

第二次会议——婚礼前4周

确定内容:各组前期筹备进展情况,尽快发现并弥补筹备过程中发现的问题,进入倒计时。

第三次会议——婚礼前1周

确定内容:最后明确筹备准备情况,确保各项工作已经基本落实。动员工作人员在婚礼当天提前到位。再次厘清婚礼当天的任务。准备好可能发生的情况的预备方案。将婚礼当天的随身手册及宾客名单、酒店菜单、仪式流程等文件发到各相关人员手中。

【案例2】

婚礼人员组织分工图

婚礼人员组织分工如图14.3所示。

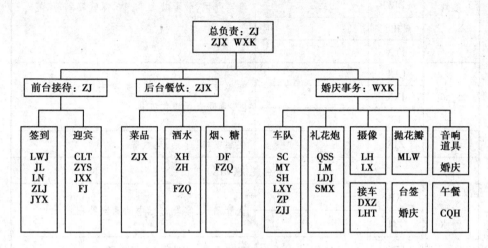

图14.3 婚礼人员组织分工图

图14.3是婚礼工作人员组织分工的一个范例。婚礼的工作被分成三部分,分别由三位总负责人 ZJ,ZJX,WXK 负责。ZJ 负责酒店前台的接待,主要工作内容为签到和迎宾;ZJX 负责后台餐饮,包括酒店菜品以及酒水、烟、糖等物品;WXK 负责婚庆事务,包括车队、摄影、摄像、化妆跟妆以及婚礼现场监督管理和工作人员午餐。总负责人下可设每个分项的负责人,负责人间应相互配合、相互协调,保证婚礼的圆满顺利举行。

【案例3】

工作人员联系表

婚礼工作人员联系表如表14.2所示。

表14.2 工作人员联系表

角 色	人 员	联系电话	职 责
总负责	ZJ		前台接待
	ZJX		后台餐饮
	WXK		婚庆事务

续表

角　色	人　员	联系电话	职　责
前台接待(ZJ)			
签到	LWJ		迎宾登记,管理礼金、礼物,保管签到簿、笔
	LN (ZLJ)		
	JL		
	JYX		
迎宾	CLT		迎接来宾,指引位置;提示来宾看座位平面图;协调大厅座位安排
	JXX		
	FJ		
菜品	ZJX		菜品安排,起菜、桌数等
后台餐饮(ZJX)			
酒水	XH		监管酒水,宴会进行中的酒水补充
	ZH		
	FZQ		组织人员,协助搬运、摆放酒水
烟、糖	DF		监管烟、糖,宴会进行中的香烟补充
	FZQ		组织人员,协助搬运、摆放香烟、糖、瓜子
婚庆事务(WXK)协调婚庆公司、司仪			
车队	SCH		负责车辆安排和调度工作、扎彩车。通知车队路线,和新郎一起安排行车计划和时间
	MY		

　　表 14.2 是婚礼工作人员的联系表的范例。前面已经提到,各负责人之间要相互合作,既保证婚礼的每项工作都有人干,又要保证各工作人员之间工作不重复、不混乱,这就显示出一份婚礼工作人员联系表的重要性。从表中可以看出,各项目由大到小依次分类,各负责人也具体到各分项,并简要标明各负责人的职责。婚礼工作人员联系表为婚礼各负责人之间的相互配合提供保障。

【案例4】

婚礼工作人员分工手册

总管:　　　　　　　　　　电话:
1.指挥组织整个婚礼各项事宜的协调运作,并安排人员分工、时间、礼品、工作人员早餐。

协助车管安排所有人员乘车。(准备证婚人、嘉宾讲话人员名单,到酒店后交给婚礼司仪)

2.安排各方面工作,不到位的地方及时协调解决。

3.整个婚礼过程时间上的控制,车队出发坐摄像车控制进度。

4.婚宴前后客人迎来送往,座位的安排。(提前制作女方、男方桌牌)

5.婚礼过程中出现的意外或紧急情况的处理。(所携物品:所有工作人员通信录、行车线路图等)

车管:　　　　　　　　电话:

1.联系召集车队及车位安排,登记车号及司机电话号码。

2.安排司机用餐。

3.张贴车队标志,给司机分发礼品及线路图。

4.在行驶途中的协调及配合总管进行时间上的控制。

5.在新娘家、新房、酒店车辆的调度及车位的安排。

6.为新娘的家人去酒店及婚宴后送新娘的主要家人安排留守车辆。

7.安排摄像车。(给司机的礼品、路线、车队标志、司机联系电话)

酒店协调人员:　　　　　　　　电话:

1.带烟、酒、瓜子、饮料、签到簿、签到笔等至酒店。

2.在酒店摆放烟、糖、瓜子、饮料、烟要散开。

3.给饭店婚宴主厨送礼品。

4.协调酒店工作人员正确摆放桌牌及新娘的换衣间。

5.婚宴过程中,对烟酒饮料不足的座位进行供给及调配。

6.告知酒店领班所有婚宴额外支出需经酒店协调人认可方可执行。

7.客人到酒店后合理安排大家入座,若位置不够,协调酒店增开婚席。

8.婚宴结束后,协调送客。收拾剩余的烟酒饮料,支付婚宴余款。(所携物品:桌牌、烟、糖、瓜子、饮料、签到簿、给厨师的礼品)

伴郎:　　　　　　　　电话:

1.早晨联系头车司机,开至花店装扮花车,完毕后带至新房,并将手捧花、胸花放在洞房。(携带扎花车的票据及电话。)

2.接亲队伍出发前领小红包、结婚证、戒指,新娘、伴娘等的胸花。

3.在新娘家挤门,派发小红包。

4.找新娘的鞋,为伴娘戴胸花。

5.帮新郎吃荷包蛋,搞好现场气氛。

6.为新人开关车门,敬烟递糖,派发小红包。

7.在新房招待客人安排客人入座。

8.在酒店陪新人接待客人,安排客人入座。

9.在结婚仪式上适时递交结婚证、戒指,搞好现场气氛。

10.在婚宴上,为新人端酒倒酒,帮新郎喝酒。

11.婚宴毕,陪新人送客人。

12.婚宴结束后,新人单独开席答谢。[所携物品:小红包、结婚证、戒指、胸花(含新娘的)、

装扮花车的票据]

伴娘: 电话:

1. 负责陪同新娘去影楼化妆,务必带上化妆预约单。

2. 随时替新娘拿花束、红包、粉盒、首饰、衣物等当日必备物品。

3. 婚礼仪式上配合伴郎表演力所能及的小节目,增添婚礼欢乐气氛,并在新人敬酒时,与伴郎配合端托盘。

摄像人员: 电话:

1. 负责婚礼当日的全程摄像记录。

2. 抓住精彩的片段及重要实况,最终制作成精美的婚礼光盘,给新人留下人生最美好、灿烂的回忆。

照相人员: 电话:

1. 整个婚礼过程中的抓拍照相。

2. 新娘家挤门、献花、荷包蛋、全家福合影等的抓拍。

3. 婚宴结束后,新人单独答谢。(所携物品:电池、照相机)

撒花人员:2人 电话:

婚礼进程中(离开新娘家,接新娘到新房、仪式前撒花)的撒花、喷彩带。(所携物品:礼花、彩带、喷筒)

放炮人员:2人 电话:

1. 婚礼接亲进程中的六次放炮环节。(新郎出发;到娘家;从娘家出发;回到新房;从新房出发;到达酒店)

2. 听从司仪、总管或督导师的指挥。放炮人员切记坐摄像车,将鞭炮放在摄像车上。

送礼人员:4人 电话:

1. 送四样礼。

2. 新娘家挤门。

3. 协助撒花喷彩带。[所携物品:四样礼(烟2条;酒2瓶;4根肋骨肉;藕2根)]

新人父母: 父母的改口红包: 父母代表讲话人名单: 大小红包的数量:

【案例5】

婚礼工作人员安排实例

一、迎亲人员

7:30 五一路长沙大厦隔壁_____ 扎花车(负责人员:_____)。

9:00 工具车一辆于东方新城取物资:

①华天贵宾楼酒店礼台处招待用散烟、散糖、槟榔及装物果盘一个;

②签到用记号笔两支,登记人礼用签字笔两支,登记礼簿两本;

③"诗蒂—花嫁喜铺"小盒喜糖两箱;

④一盘鞭炮(于新人花车到达酒店时燃放);

⑤酒席上用槟榔60小包;

⑥酒席上用芙蓉王香烟、555香烟各3条;

⑦酬谢酒店大厨的白酒一对、金白沙香烟一条、喜糖及槟榔一大包送入厨房;

⑧回赠给女方上亲的喜糖大礼包＿＿＿＿＿＿包。

将以上所有物资放入工具车内载入酒店并分好,并清点事先送入酒店的白酒、红酒、啤酒、鲜橙多、雪碧(负责人员:＿＿＿＿＿＿)。

9:00 东方新城接亲车队排好顺序,汽车贴喜字、车帖,给每位汽车司机发香烟一条、喜糖及槟榔一大包(由新郎另外给花车司机200元红包)(负责人员:＿＿＿＿＿＿)。

9:30 迎亲人员全部到位(到新娘家抢亲时人数为双数)(负责人员:＿＿＿＿＿＿)。

9:38 车队出发,放鞭炮一挂(要在垃圾车内燃放)(负责人员:＿＿＿＿＿＿)。

摄影车(要注意放四串鞭炮到车内　到达女方娘家接亲时放一挂,接亲成功出发往酒店时放一挂,上亲用完餐到达新房参观时放鞭炮一挂,上亲离开新房时燃放鞭炮一挂)(负责人员:＿＿＿＿＿＿)。

二、酒店工作人员

11:15 华天贵宾楼酒店迎宾、安排座位。

人员:＿＿＿＿＿＿负责安排新娘单位领导、同事。

　　　　　　负责安排新娘初中、高中同学。

　　　　　　负责安排新娘大学同学。

　　　　　　负责安排女方上亲。

　　　　　　负责安排新郎单位领导、同事。

　　　　　　负责安排新郎同学、朋友、学生等。

注:各人同时负责递烟、糖、槟榔。

收礼金、结账(人员2位:＿＿＿＿＿＿)。

向新郎、新娘喷彩带(人员1位:＿＿＿＿＿＿)。

带领上亲入席(人员10位:＿＿＿＿＿＿)。

到华天贵宾楼酒店新房接待(男方人员1位:＿＿＿＿＿＿)。

三、婚礼安排

(一)事前安排

车队联系:

接亲车队(共8辆)。

工具车(1辆)。

①接亲车队跟随主花车从东方新城集合到＿＿＿＿＿＿接亲,再从＿＿＿＿＿＿出发,接上亲等至华天贵宾楼酒店赴喜宴。

②一辆工具车于10月14日上午6:40到达＿＿＿＿＿＿,前往五一路"艾特婚纱"送新娘化妆,再接化完妆的新娘回＿＿＿＿＿＿候亲。

接亲成功后,工具车负责送男方部分嘉宾至华天贵宾楼酒店赴宴。

③接送女方嘉宾(用大型车,由＿＿＿＿＿＿负责)。

(二)物资购买(下一节详述)

(三)组委会

迎亲组总管:

酒店组总管:

开会:全体婚礼筹备工作人员于10月12日晚开会、统一用晚餐。

婚礼司仪于10月12日与司仪最后确认一次流程及细节问题。

婚礼摄像:

1.迎亲组应做事项

1)总管:＿＿＿＿＿＿事前应确认车队、扎花、司仪、摄像、照相、化妆的时间及相关事宜。模拟好行车路线,汽车掉头位置(参考:可向司机提供路线图;注意事项:车队路线不可重复);通信录及其设备准备就绪;出发前带齐以下物品:

(1)鞭炮3挂(出发、进门、发亲)。

(2)新娘手花一束,新娘、新郎胸花(两朵)(花店提供)。

(3)开门红包及娶亲礼物(参考:新娘鲜花一束,烟、槟榔若干)。

(4)彩纸、彩带两筒(发亲用)。

2)新娘、伴娘＿＿＿＿＿＿需于＿＿＿＿＿＿月＿＿＿＿＿＿日早上6点40分随车前往＿＿＿＿＿＿婚纱影楼,陪同新娘化妆,为新娘准备好早餐,保管衣物,然后随新娘回＿＿＿＿＿＿候亲;伴娘职责:全程紧跟新人迎宾、收礼;伴娘需准备一个大一点的包(最好是红色系)装礼金;换喜庆妆;宴后负责归还婚纱给影楼。

3)总管应安排事宜

(1)花车于＿＿＿＿＿＿到达＿＿＿＿＿＿花店扎花,带好新娘手捧花一束、新人胸花2对回新房。此项由＿＿＿＿＿＿负责。(头天确认地点、时间)。

(2)车队贴喜字,发放司机礼品(参考:一条金白沙烟、一包糖、一包槟榔),由＿＿＿＿＿＿负责。

(3)摄像车辆(参考:开天窗小车)、娶亲物资存放车辆确认,鞭炮存放及燃放落实由＿＿＿＿＿＿负责。

注:东方新城出发时燃放鞭炮一挂800响,燃放鞭炮需在垃圾车内或小区指定位置燃放。

(4)协助摄像和摄影,并担任重要协调工作。

(5)车辆编号、排队并于＿＿＿＿＿＿点从东方新城出发,此项由总管＿＿＿＿＿＿负责。

总管坐首车(摄像车)指挥行进路线及车速并及时与后方保持联系。

(6)车队约＿＿＿＿＿＿到达新娘家后,由＿＿＿＿＿＿负责放鞭炮一挂,由＿＿＿＿＿＿等分发小红包并挤门抢亲,小红包准备100个,每个1～2元。由＿＿＿＿＿＿配合总管安排车辆掉头、排队。

(7)10:48由＿＿＿＿＿＿安排上亲上车,出发时由＿＿＿＿＿＿燃放鞭炮一挂。

(8)10:50车队从＿＿＿＿＿＿出发,此项由总管控制(基本控制车队于11:30左右到达华天贵宾楼酒店,行进路线见附图)。东方新城(9:38—10:10)迎亲约40分钟10:50出发,约11:30到华天贵宾楼。

(9)总管_____与酒店分管_____保持联络,告知到达大约时间,由总管负责。

2.酒店组应做事项

酒店分管_____工作人员4位_____负责10:00以前进入酒店,点验以下物品。

(1)剑南春28瓶;王朝干红28瓶;鲜橙多42瓶;大雪碧30瓶;青岛啤酒112瓶。

(2)花嫁喜铺喜糖2件计280小盒。

(3)贵宾登记卡、签到卡。

(4)上亲礼物。

(5)2挂鞭炮(大小各一)。

(6)彩纸、欢乐彩带。

(7)签到礼台招待用散糖、散烟、槟榔等果盘。

(8)矿泉水两件。

分管应安排事宜

(1)酒店联络,与负责人及坐堂经理落实储藏室、音响、鞭炮燃放点、司仪台、礼仪小组及矿泉水(敬酒用)等,上厨房谢厨(参考:一对白酒、一条烟、大包喜糖)。

(2)分管与酒店协调好上亲席4桌,(包括亲戚),男女双方领导席1桌。

(3)设置礼台(贵宾签到处),由_____登记并收银。

(4)坐席布置,设置上亲席、高亲席、领导席、司机席。(上亲及领导席考虑合适人选相陪)。

(5)烟、酒、槟榔、饮料、签到本摆上桌,具体如下:每桌一瓶白酒,一瓶红酒,4瓶啤酒,大瓶雪碧一瓶,鲜橙多一瓶,芙蓉王一包,555一包,槟榔两包由_____负责。

(6)与车队联络,掌握时间并于酒店门口指挥车辆停放,此项由分管_____负责(计12~30个车位)。

(7)花车到后由_____燃放鞭炮1挂(最大盘15 000响)。

(8)由_____等4人向新郎、新娘施放彩带。

(9)酒店门口开烟火,引领入席由_____负责。

(10)与司仪沟通,事先调试好音响。

(四)喜宴中应该注意事项

(1)婚宴于12:28分正式开始,由分管协调司仪安排。

(2)主持结束后,司仪带新郎新娘每桌敬酒,由伴郎、伴娘_____陪同。

(3)由_____每桌发放"诗蒂"小盒糖果并收回签到卡。

(4)分管_____联系预留回搬剩余物资车辆。

(5)女方父母于开席前赠送上亲礼物,新郎、新娘宴后送客。

(6)_____率先回东方新城新房,作好泡茶迎客准备,预留2挂鞭炮,上亲到达与离去时鸣放。

（7）伴娘＿＿＿＿＿＿＿率先到华天酒店新房,安排朋友们娱乐活动及招待。

（8）＿＿＿＿＿＿＿＿负责清理并收集剩余酒水,并退回超市。

（9）＿＿＿＿＿＿＿＿结账,最后清场。

（五）下午应做事项

1. 新郎、新娘恭送上亲,＿＿＿＿＿＿＿送还婚纱。

2. 清点在场人数,预定晚餐。

3. 摄像晚上拍摄洞房。

（六）重要事项

1. 所有工作人员务必于前一天将手机充好电,保持联络畅通。

2. 所有工作人员各负其责,每个小组人员与其分管事先沟通好,各分管对主管负责。

（七）主要工作人员通信录

14.2.4 婚礼财务管理

【案例1】

婚礼预算表

婚礼预算表如表14.3所示。

表14.3 结婚婚礼预算总表

预算资金和收入			
新郎资金		新郎家出资	
新娘资金		新娘家出资	
红包收入		其他人出资	
收入合计			
支出项目			
明细类	项目名称	预算金额	实际花费	备　注
订婚	聘礼、聘金			
	订婚宴			
告别单身	兄弟酒			
	姐妹宴			
新娘	戒指			
	项链、吊坠			
	手镯			

支出项目			
明细类	项目名称	预算金额	实际花费	备　注
新娘	耳环			
	美容化妆			
	头发造型			
	化妆品			
	安瓶			
	婚纱+礼服			
	头纱			
	披肩			
	裙撑			
	手套			
	新鞋			
	内衣			
	婚纱配饰			
	包			
	其他			
新郎	戒指			
	中式礼服			
	西装套装			
	礼帽			
	衬衫			
	领带、领结			
	手表			
	皮带			
	皮鞋、袜子			
	其他			
父母	礼服			
	父母礼物			
	其他			
伴娘	礼服			
	包			
	伴娘礼物			
	其他			

续表

支出项目				
明细类	项目名称	预算金额	实际花费	备注
伴郎	礼服			
	领带			
	衬衫			
	伴郎礼物			
	其他			
花童	花童礼服			
	其他			
亲友	亲友礼物			
	其他			
喜品	请柬、喜帖			
	喜字			
	签到簿			
	签到笔多支			
	座位卡			
	窗花			
	拉花			
	龙凤烛			
	大红伞			
	娃娃鞋			
	红包袋			
	气球			
	彩带			
	彩粉			
	礼花炮			
	喜糖袋			
	喜娃娃			
	回礼、谢礼			
	子孙桶			

支出项目			
明细类	项目名称	预算金额	实际花费	备　注
喜品	印泥			
	结婚证盒			
	戒枕			
	喜碗			
	印章			
	同心锁			
	长明灯			
	对联			
	灯笼			
	敬茶碗、杯			
	喜字毛巾			
	喜纸杯			
	婚纱台历			
	开瓶器			
	中国结			
	其他			
烟、酒、糖	喜烟			
	火柴、打火机			
	喜糖			
	喜酒			
	饮料			
	水果			
	蛋糕			
	香槟			
	礼饼			
	红枣			
	花生			
	桂圆			

续表

支出项目				
明细类	项目名称	预算金额	实际花费	备　注
烟酒糖	莲子			
	喜蛋			
	蜂蜜			
	其他			
婚庆公司	策划			
	导演			
	布展			
	化妆造型			
	司仪			
	乐队			
	音响师			
	摄影			
	摄像			
	胸花			
	手捧花			
	婚礼用花			
	装饰			
	器材			
	新房布置			
	其他			
影楼	婚纱照拍摄			
	胶卷、底片			
	照片冲洗			
	相框			
	相册			
	喷绘照片			
	其他			

支出项目			
明细类	项目名称	预算金额	实际花费	备　注
酒店	宴席费用			
	开瓶费			
	服务费			
	背景舞台布置			
	荧光香槟塔			
	拱门预算			
	花道预算			
	烛台预算			
	杯塔预算			
	地毯预算			
	礼宾花			
	罗马柱			
	双心拉纱			
	冷焰火			
	追光灯			
	早到亲友食宿			
	留宿亲友房费			
	留宿亲友餐费			
	其他			
婚车租赁	头车			
	跟车			
	司机费用			
	头车装饰			
	跟车装饰			
	汽油费			
	过路桥费			
	其他			

续表

支出项目				
明细类	项目名称	预算金额	实际花费	备　注
红包	开门红			
	伴娘			
	伴郎			
	司仪			
	跟妆			
	摄影			
	摄像			
	司机			
	花童			
	滚床儿童			
	零散			
	其他			
蜜月旅行	团费/机票			
	交通费			
	签证/护照费			
	旅行用品花费			
	旅行预算花费			
	礼品、赠礼手信			
交通费	一切交通费			
其他	补充			
不可预计	杂费			
费用总计				

【案例2】

简单婚礼费用表（婚庆公司）

简单的婚礼费用表如表14.4所示。

表 14.4 婚礼费用表

项 目	项目明细	费用		备 注
		已付	待付	
婚礼策划				
会场布置				
新房布置				
现场督导				
婚车租赁				
婚礼摄像				
婚礼摄影				
音响设备租赁				
灯光设备租赁				
特效设备租赁				
婚礼道具租赁				
婚礼化妆				
婚礼用花				
新娘捧花				
婚用胸花				
婚礼摄像师				
婚礼摄影师				
婚礼化妆师				
婚礼音响师				
婚礼灯光师				
花艺师				
制作费用				
其他服务费				
其他费用				

14.2.5 婚礼设备与用品管理

【案例1】

婚礼物资准备实例

1. 烟、酒、饮料、喜糖(500对)提前两星期采购,由批发商提前在8月26日下午2:00将物品送到酒店(酒店提供房间)。

2. 点心(6样)、喜字(路喜、门喜、窗喜、碟喜、大喜、小喜)、胶水(糨糊)、粉红纸、签到笔、红包(80个)、钱箱、口布(大红口布10条(主桌由酒店提供),粉红口布390条)、气球(2包)、打气筒(脚踩的)、火柴(80盒)等到利津路采购。

3. 白酒:每桌摆放1瓶;啤酒:不上桌,根据需求上;饮料:每桌摆放3瓶(可乐、雪碧、芬达);物品由酒店负责(如无人用白酒,统一由服务员撤下放到指定地点)。

4. 矿泉水:崂山矿泉水3箱(外出录像、司机、工作人员用,酒店不使用)。

5. 香烟:共计10条(玉溪5条、中华5条、泰山2条),每桌摆放2盒,盒上放火柴。为司机和厨师长准备适当的数目。

6. 蛋糕、点心:蛋糕一个(新郎、新娘合切仪式用)、散装小点心(每桌摆放一盘糖和一盘小点心,盘上铺粉红纸,糖和小点心上放小喜字)。

7. 喜糖:盒装喜糖500对(每人2盒,其余打点用),散装混合喜糖12斤(婚宴摆桌、家里用)。

8. 茶叶:自备好茶4斤(酒店用)。

9. 口布:大红口布10条(主桌用),粉红口布390条。

10. 婚礼用品:横幅、烛台1套、装饰花柱(6个鲜花、8个气球)、胸花一套、鲜花瓣、气模门、气球拱门、鲜花拱门、钢炮(22门)、气球(由婚庆公司负责)。自购:喜字、礼包80个、签到簿2本、签到笔4支、粉红纸15张(垫盘)、窗花、糨糊、胶带、双面胶等。

11. 签到处:礼金箱由专人看管,客人到达后,提醒其在红包上写上自己的名字,投入箱内。准备礼包80个放在礼金箱旁(供个别客人用)。宴后负责分糖。

12. 香槟塔:由婚庆公司提供香槟塔和两瓶香槟(婚礼仪式用)。

13. 新人准备:婚戒两枚(分别用饰盒装好)、长筒袜两双(新娘备用)、结婚证书,新郎、新娘化妆,化妆品一套(补妆用)、婚纱、礼服等。

14. 摄影耗材:富士200型胶卷(20只);南孚电池(24节)(婚庆公司负责购买)。

【案例2】

婚庆公司准备内容实例

准备人员与物品:

1. 专业摄像:3 CCD 佳能 XL1。

2. 专业摄影：佳能 50 E。

3. 手捧花：(胸花 12 支+2 支贵宾)。

4. 手持礼炮：数量 12 型号：80 cm。

5. 落地礼炮：数量 22 型号：12-15。

6. 装饰花车。

婚礼现场布置：

1. 进口珠光气球门 1 个(家里使用)。

2. 双头大功率泡泡机 2 台。

3. 三花头鲜花沙门 1 座。

4. 写真座次表 1 幅。

5. 婚礼海报 POP。

6. 纱幔加 6 根鲜花灯柱 6 m×4 m(淡粉色)。

7. 舞台燃放 8 支冷焰火。

8. 水晶瀑布型烛台一座。

9. 气模门(有龙凤和喜字的)。

10. 跟妆人员一位。

11. 路引(通道柱)。

12. 香槟塔(心形,两瓶香槟)。

13. 同心锁。

14. 酒店门口红地毯。

赠送物品：

1. 签到本 1 本、签到笔 2 支、礼金箱 2 只。

2. 全套喜字、荧光撒花 2 包、交杯酒专用杯、戒枕(免费使用)。

【案例3】

酒店准备内容实例

1. 宴会厅红地毯(由门口铺设到舞台)。

2. 舞台(含舞台上 6 m×4 m 的框架)。

3. 酒席摆放图。

4. 桌牌。

5. 指示牌。

6. 追光灯。

7. 一楼化妆间。

8. 两个 2 m 大屏幕、投影仪、DVD。

9. 10 条大红口布主桌用。

10. 餐车一辆(圆形,直径 50 cm)。

【案例4】

婚礼物品的组织

婚礼前2周

确定婚礼所使用的婚礼设备(音响设备、灯光设备、摄影摄像设备、特效设备、婚礼道具)。

购买小型婚礼用品(气球、纱幔、绸缎、蜡烛等)。

婚礼前1天(婚礼彩排日)

8:30 婚庆公司携带婚礼会场要用的婚礼设备(灯光设备、音响设备、摄影摄像设备、特效设备)和婚礼道具从婚庆公司出发。

9:30 到达所要举行婚礼的酒店。

9:40 到达婚礼会场,进行设备的安装,道具的摆放。

11:00 婚礼彩排准备开始。

16:00 相关人员离开会场。除摄影摄像设备,其他设备留置会场。

(注:若酒店提供相关房间,可将除鲜花以外的小型婚礼用品一并带上,视具体情况进行会场装饰。)

婚礼当天

6:30 摄影师出发为新娘化妆进行拍摄。

8:00 婚车车队装饰;准备新娘捧花、胸花及婚礼用花。

8:40 婚车车队出发接新郎。

9:10 婚车车队出发接新娘(全程拍摄;燃放礼炮)。

9:40 婚车车队从新娘家出发(全程拍摄;燃放礼炮)。

10:30 婚车车队到达酒店(全程拍摄以及迎接新郎新娘仪式所涉及的物品)。

11:00 婚礼预备开始,各设备投入准备。

11:30 婚礼正式开始,各设备运行。

12:30 婚宴正式开始,相关设备运行。

14:00 婚宴结束,送别来宾。

15:00 准备清场。

15:30 婚礼设备拆卸。

16:30 婚庆人员准备携带婚庆公司设备和用品离开酒店。

【案例5】

婚庆公司婚礼上误播遗像　主家要求索赔百万

2016年10月2日,泰州市高港区永安洲镇某饭店里,一场婚礼正在举行。本是欢天喜地的一件事,可承办婚礼仪式的婚庆公司却犯了个匪夷所思的错误:因婚庆公司人员业务不熟,导致婚礼现场的显示屏上突然出现一张遗像,而且怎么也关不掉,持续了十几秒的时间,操作员最后只好将电源断掉,尴尬的一幕才暂告一段落。

主家在婚礼宴请结束送走宾客后,拦住婚庆公司人员,要求对方赔偿100万元。直到10月3日凌晨,双方矛盾仍没办法解决,随后有人报警。永安洲派出所的值班民警接警后,立即赶赴现场,随后将双方劝至派出所再行调解。

事情很明了,婚庆公司操作失误才导致了这场闹剧的发生,主要责任在婚庆公司,而且婚庆公司也意识到自己的错误,愿意适当赔偿。民警和办婚事的主家沟通时,主家所有人的情绪都比较激动,毕竟婚礼上出了这样的差错,任谁都没办法容忍。在主家的情绪稍稍缓和了一些后,派出所所长劝导主家:"事情既然发生了,下一步是要冷静找到解决问题的办法,如何弥补。赔偿100万元肯定有些不现实,我们可以在补偿上谈一谈,毕竟婚庆公司肯定也不希望发生这样的事。"

调解过程持续了整整15个小时,经过民警彻夜劝导,到10月3日下午,双方最终达成协议,由婚庆公司赔偿主家2万余元。婚庆公司负责人表示非常感谢民警们的连夜工作,不然真不知道怎么收场。

(资料来源:央广网,2016-10-10,有删减)

专家评析:

婚礼是一场隆重、庄重、喜庆的活动,在整个婚礼举办现场有非常多的工作需要专人负责。婚礼组织涵盖所有与婚礼相关的人、财、物,而且每场婚礼不相同。现在大多新人办婚礼都会交给婚礼策划公司以提升婚礼的专业度,提升婚礼的秩序化。如上述案例所述,婚庆公司工作人员的失误,导致纠纷造成婚礼不愉快的后果。这时就需要婚庆公司对其工作人员进行严格培训,认真学习操作设备的专业知识,熟悉设备结构、性能和原理。此外,婚庆公司需在婚礼正式开始前仔细检查所有相关设备、物料是否到位,保证婚礼顺利开展。

复习思考题

1. 举例说明婚前筹备时间安排。
2. 举例说明酒店婚礼当天时间安排。
3. 举例说明教堂婚礼当天时间安排。
4. 简述户外婚礼的特点及时间安排。
5. 举例说明婚礼当日的来宾组织。
6. 举例说明婚礼当日的工作人员组织。
7. 尝试绘制婚庆公司费用表(注意填充项目明细)。
8. 简述婚礼当天设备及用品(小型用品和婚礼道具)的组织安排。

参考文献

[1] 朱迪·艾伦.活动策划全攻略[M].2版.卢涤非,译.北京:旅游教育出版社,2010.

[2] 徐莉,赖一飞,程鸿翔.新编项目管理[M].武汉:武汉大学出版社,2009.

[3] 赖一飞,胡小勇,陈文磊.项目管理概论[M].北京:清华大学出版社,2005.

[4] 项亚娟.婚礼筹划规范与技巧[M].南宁:广西人民出版社,2007.

[5] 李建琪,徐鸣.婚礼完全手册[M].郑州:河南科学技术出版社,2006.

[6] 朱美化,张釉芳.婚礼花艺设计[M].武汉:湖北科学技术出版社,2005.

[7] 袁涛.婚庆实用手册[M].北京:金盾出版社,2009.

[8] 苏文菁.婚丧礼仪[M].福州:福建科学技术出版社,2010.

[9] 王军云.婚丧喜庆金典[M].北京:中国华侨出版社,2006.

[10] 马德,刘翠兰,郭运香.婚礼庆典插花[M].武汉:湖北科学技术出版社,2003.

[11] 鲍宗豪.婚俗与中国传统文化[M].桂林:广西师范大学出版社,2006.

[12] 刘衍群,滕红琴.如何开家婚庆公司[M].北京:化学工业出版社,2011.